Olympische Spiele

Peter Arnold/Hansjürgen Jendral

Olympische Spiele

Geschichte und Höhepunkte von 1896 bis heute

Copress Verlag München

Verzeichnis der Abbildungen

Allsport Photographic, Morden: Titelei, 13, 18, 22, 29, 31, 36, 37, 38, 42, 43, 51, 52, 53, 65, 69, 77, 91, 106, 115, 131, 133, 136, 146, 148, 151, 160, 164, 167, 175, 178, 179, 181, 183, 184, 185, 186, 187, 191, 194, 195, 198, 202, 203, 204, 205, 208, 209, 210, 212, 221, 227, 232, 238, 240, 241, 242, 244, 246, 248, 249, 250, 251, 252, 253. Associated Press, London: 163. BBC Hulton Picture Library: 10, 12, 14, 15, 21, 23, 24, 27, 28, 29, 32, 40, 41, 72, 75, 76, 88, 91, 93, 118, 224, 225, 226, 228, 233. Central Press, London: 8, 71, 89, 103, 128, 131, 137, 143, 234, 236, 240, 242. Colorsport: Titelei, 6, 7, 132, 166, 168, 169, 170, 171, 172, 173, 174, 175, 176, 177, 178, 179, 180, 181, 182, 183, 184, 188, 189, 190, 191, 192, 193, 196, 197, 198, 199, 200, 201, 206, 207, 208, 209, 210, 211, 212, 214, 246, 247, 248, 249, 250, 251, 252. Colour Library International, London: 84, 85. Fox Photos, London: 71, 232. Hamlyn Group Picture Library: 9, 15, 32, 35, 39, 54, 61, 130, 228. Ed. Lacey, Great Bookham: 126, 140, 154, 155, 157, 158, 159, 162, 164, 165, 174, 177, 242, 244. Mansell Collection, London: 25, 26, 67, 68, 79. Mary Evans Picture Library: 13, 14, 16, 22, 30, 34, 42, 44, 50, 53, 58, 59, 60, 63, 66, 70, 76, 78. Michael Holford: 9, 10, 11. Illustrated London News: 16. Keystone Press Agency: 8, 11, 12, 20, 45, 47, 54, 55, 56, 64, 66, 67, 70, 79, 81, 82, 83, 92, 95, 96, 97, 98, 99, 100, 101, 102, 103, 105, 111, 112, 114, 116, 123, 124, 125, 127, 128, 129, 131, 132, 136, 137, 148, 159, 160, 170, 173, 188, 230, 236, 238, 240. Popperfoto, London: 30, 36, 43, 45, 51, 53, 54, 57, 61, 62, 72, 73, 82, 88, 96, 97, 98, 100, 101, 106, 119, 120, 122, 125, 126, 134, 137, 138, 139, 140, 141, 142, 143, 144, 145, 148, 149, 150, 152, 153, 155, 156, 157, 158, 159, 160, 161, 163, 165, 169, 176, 227, 228, 233, 234, 240, 242, 243, 244, 245. Pressefoto Mühlberger, München: 163, 193. Presse-Sports, Paris: 19, 20, 21, 38, 40, 41, 46, 48, 49, 59, 64, 68, 95, 108, 109, 111, 121, 127, 130, 134, 135, 147, 152, 153, 222, 227, 228, 230, 238, 239, 240, 241, 242, 244. Rex Features, London: Titelei, 94, 122, 154, 202, 244. Sporting Pictures (UK) Ltd: 206, 212, 213, 215, 252, 253. Sven Simon, Essen: alle Umschlagfotos, 166, 179. John Topham Picture Library: 33, 99, 108, 110, 112, 113, 114, 116, 117, 119, 238.

Titel der englischen Originalausgabe:
THE OLYMPIC GAMES

Übersetzung und Bearbeitung der deutschen Ausgabe:
Hansjürgen Jendral

Printed in Spain

ISBN 3-7679-0215-X

Inhalt

Einführung

Olympische Läufer auf einer griechischen Vase, die etwa 470 v. Chr. entstand.

Die Olympischen Spiele sind das größte sportliche Ereignis der Welt. Sie gehen auf die Spiele im antiken Griechenland zurück, besonders auf die Feiern in Olympia, die über 1000 Jahre lang alle vier Jahre stattfanden.
Die antiken Spiele wurden im Jahr 393 nach Christi Geburt durch das Verbot des christlichen römischen Kaisers Theodosius I. ausgelöscht und erlebten Ende des 19. Jahrhunderts dank der Initiative des französischen Barons Pierre de Coubertin eine Wiedergeburt. Angeregt wurde Coubertin durch die Ausgrabungen der antiken Sport- und Kultstätten in Olympia. Er träumte davon, das griechische Ideal von der Harmonie zwischen Geist und Körper in einem modernen Fest von Sport und Kunst wieder zu erwecken, bei dem sich die Sportler aus aller Welt in Freundschaft messen sollten. Coubertin lud 1894 zum Internationalen Kongreß für Leibeserziehung nach Paris ein. Dort beschloß man die Wiedereinführung der Olympischen Spiele. Einer der ersten, einstimmig angenommenen Anträge lautete: »Bei den neuen Olympischen Spielen sollen keine Geldpreise gestattet sein.« Der Kongreß berief Komitees, die den Begriff »Amateur« festlegen und die Organisation der Spiele vorantreiben sollten. Damals wurde das Internationale Olympische Komitee (IOC) gegründet, seither für den Ablauf der Olympischen Spiele verantwortlich. Es ist ein Gremium, das sich selbst beruft und neue Mitglieder hinzuwählt. Die gegenwärtige Tendenz geht dahin, nur einen Vertreter pro Land zuzulassen, weil sonst die Mitgliederzahl zu groß wird. Die Mitglieder werden auf Lebenszeit berufen, können aber zurücktreten. Innerhalb des IOC gibt es das kleinere »Executive Board«, dem der Präsident vorsteht, der beim erstenmal für acht Jahre gewählt wird, und sich dann immer wieder für vier Jahre zur Wahl stellen kann. Die Verwaltungsarbeit wird vom IOC-Generalsekretariat in Lausanne (Schweiz) erledigt. Man kann sich vorstellen, daß die Organisation von Olympischen Spielen eine überaus schwierige Aufgabe ist. Deshalb vergibt das IOC die Spiele immer acht Jahre im voraus an eine Stadt. Lange Zeit waren nur Paris und London zweimal Austragungsorte der Sommerspiele (im Winter waren es Innsbruck und St. Moritz), aber 1984 kommt Los Angeles hinzu, wo die Spiele bereits 1932 stattfanden.

Die Kosten steigen

Die gigantischen Ausmaße der Olympischen Spiele sind in den letzten Jahren aus zwei Gründen zu ihrem schwerwiegendsten Problem geworden. Erstens wurden die Kosten inzwischen so hoch, daß sich viele Städte gar nicht mehr bewerben können. 1976 nahmen in Montreal Mannschaften aus 88 Ländern teil (obwohl 29 Teams ihre frühere Meldung aus verschiedenen Gründen, einschließlich politischer und finanzieller, zurückzogen). Die Kosten bürdeten den kanadischen Steuerzahlern eine Last von etwa 200 Millionen Dollar auf.
Zweitens ermöglicht die weltweite Aufmerksamkeit, die man den Spielen schenkt – Millionen Fernsehzuschauer verfolgen sie in aller

Der Altar der Hera, Tochter von Rhea und Schwester des Zeus, im Hain von Olympia, wo stets das olympische Feuer mit Hilfe von Sonnenstrahlen und Brennglas entzündet wird.

Welt – wirkungsvolle Auftritte für politische Demonstrationen und Terrorismus. Die Black-Power-Demonstration der US-Sprinter auf dem Siegespodest 1968 rief weltweit Bestürzung und Entrüstung hervor, war aber noch harmlos, verglichen mit den Studenten-Krawallen vor den Spielen in Mexiko, bei denen Hunderte von Menschen getötet oder verletzt wurden. Und unvergessen bleibt die blutige Tragödie, die sich 1972 im Olympischen Dorf in München abspielte, als palästinensische Terroristen die israelische Mannschaft überfielen. Elf israelische Geiseln, fünf Terroristen und ein Münchner Polizeibeamter wurden dabei getötet.

Unter Druck von vielen Seiten

Es ist sicher sehr schwierig, angesichts solch tragischer Vorfälle den Fortbestand der Olympischen Spiele überhaupt noch zu rechtfertigen. Coubertins Ideale von Harmonie und Freundschaft wurden immer mehr mißbraucht, sind heute fast zerstört. Aber die Idee der Spiele selbst ist es wert, daß man um sie kämpft.
Wie steht es um die olympische Idee? Coubertin sagte 1908, angeregt durch eine Predigt des Bischofs von Pennsylvania: »Die wichtigste Sache bei den Olympischen Spielen ist nicht zu siegen, sondern teilzunehmen, wie das Wichtigste im Leben nicht der Triumph ist, sondern der Kampf. Wesentlich ist, nicht zu erobern, sondern zu kämpfen.«

Diese Gefühle hätten nicht zu den früheren Spielen der Antike gepaßt. Die Griechen werteten die sportlichen Siege beinahe so hoch wie die Erfolge mit Waffen auf den Schlachtfeldern. Es wurde betrogen, und es gab Blutvergießen. Die Sieger wurden geehrt, aber auch bezahlt.
Der Begriff »Sportgeist« ist relativ neu. Zu dieser »sportlichen Haltung« gehören viele Dinge: Bescheidenheit und Anstand im Sieg, Haltung in der Niederlage, Verachtung für unfaire Vorteile, sich mit Glück oder Pech abzufinden und die Regeln zu achten, die von den Schiedsrichtern als unbestrittene Autoritäten überwacht werden. Diese Qualitäten wurden von Coubertin verlangt und anerkannt.
Der moderne Hochleistungssport ist auf seinem höchsten Standard heute beinahe komplett eine Sache des großen Geldes. Golfspieler, Boxer, Fußball- und Baseballspieler, Basketballer oder Tennisspieler können Millionäre werden. In vielen Sportarten werden ihre Dienste und Leistungen von den Klubs mit riesigen Summen bezahlt.
Angesichts des aufkommenden Professionalismus unternahm das IOC immer große Anstrengungen, Amateurstatus und Sportlichkeit zu bewahren. Früher mehr als heute. Aber das war und ist sehr schwierig. Vielleicht waren die »Säuberungsmaßnahmen« sogar übertrieben, als man einen Jim Thorpe zwang, auf seine Medaillen von 1912 zu verzichten (später wurde er rehabilitiert). Paavo Nurmi und Jean-Claude

Die 77. Session des Internationalen Olympischen Komitees fand 1976 in Innsbruck statt. Links im Bild, neben dem damaligen IOC-Präsidenten Lord Killanin, sitzt Willi Daume.

Die Anzeigetafel im Olympiastadion von Tokio zeigt, in Französisch und Englisch, die Worte Coubertins, die zum Motto der Olympischen Spiele schlechthin wurden.

Killy waren weitere Olympia-Sieger, deren Amateurstatus bezweifelt wurde. Nurmi durfte an den Spielen 1932 in Los Angeles nicht teilnehmen und 1972 statuierte man ein ähnliches Exempel an dem österreichischen Skirennläufer Karl Schranz. Später sorgten auch Praktiken wie College-Stipendien in den USA oder das Problem des sogenannten Staats-Amateurs in den Ostblockländern für Unbehagen.
Der politische Wert der sportlichen Erfolge für die Weltmächte, die inoffiziellen Medaillenspiegel beziehungsweise Nationenwertungen, die überall veröffentlicht werden, Hymnen und Flaggen bei den Siegerehrungen — dies alles hat die Nationen ermutigt, mit aller Kraft nach Siegen zu streben. Viel Aufhebens wurde im Westen um intensives Training speziell ausgesuchter junger und jüngster Mädchen in den Ostblockstaaten gemacht, wie es etwa in der DDR mit den Turnerinnen geschieht.
Dennoch bleibt die Tatsache bestehen, daß der Sportgeist, daß die Sportlichkeit bei den Olympischen Spielen noch einen bemerkenswert hohen Standard hat, stellt man in Rechnung, welchen gewaltigen Ruhm Medaillen mit sich bringen und mit welcher Hingabe um sie gekämpft wird. Trotz aller Streitigkeiten, die die Olympischen Spiele immer wieder hervorrufen, wetteifern die einzelnen Teilnehmer in Freundschaft miteinander und ignorieren im großen und ganzen nationale Vorurteile und ideologische Einschränkungen.

Die antiken Spiele

Die Olympischen Spiele bekamen ihren Namen von jenem Fest, das in Olympia in Elis im alten Griechenland stattfand. Es gab noch andere solche Feste. Ebenfalls alle vier Jahre wurden die Pythischen Spiele in Delphi gefeiert, alle zwei Jahre die Nemeischen Spiele in Argolis und die Isthmischen in Korinth. Aber die »Götterfeste« in Olympia bekamen die größte Bedeutung. Wenn die Olympiakämpfer nach Elis zogen, ruhten die Waffen. Die sportlichen Wettkämpfe waren nur ein Teil des gesamten kultischen, religiösen Festes. In Olympia stand der Altar der Rhea, nach der griechischen Mythologie die Mutter des Zeus. Man nimmt an, daß die ersten Spiele dort etwa um 1370 stattfanden.

In den frühesten Zeiten sollen die Männer einen Wettlauf um die Ehre veranstaltet haben, das heilige Feuer auf dem Altar entzünden zu dürfen. Das Rennen führte über die Entfernung von einem Stadion, was ungefähr 192 Metern entsprach.

Der Ursprung der Olympischen Spiele liegt im dunkeln. Eine der zahlreichen Legenden spricht Herakles die Urheberschaft zu. Aus Freude über seinen Sieg gegen König Augias soll er einen Wettlauf veranstaltet haben. Eine andere Legende sagt, Pelops habe die Spiele ins Leben gerufen, nach seiner Vermählung mit Hippodamea.

Fortschritt durch Frieden

Die Spiele machten einen großen Schritt nach vorne, als König Iphitus von Elis im Jahr 884 einen Waffenstillstand (ekeheiria) ausrief, der es den Gästen aus Sparta und Pisa, die mit Elis verfeindet waren, ermöglichte, ohne Gefahr für Leib und Leben an den Spielen teilzunehmen. Die Olympischen Spiele fanden immer im ersten Jahr eines Vier-Jahres-Zeitraumes statt. Dieser Zeitraum hieß Olympiade.

Erster überlieferter Olympiasieger war Koroibus aus Elis, der 776 den Stadionlauf gewann. Mit diesem Jahr beginnt die olympische Zeitrechnung. Die Spiele von 776 bekamen die Nummer 1 in den Zeittafeln der antiken Olympischen Spiele. Bis 774 war der Stadionlauf das einzige »offizielle« Rennen, obwohl auch andere Wettbewerbe stattfanden. Dann wurde ein zweiter Wettlauf, der Diaulus, über zwei Stadionrunden eingeführt, und im Jahr 720 folgte

Der Schauplatz der antiken Olympischen Spiele. Im Hintergrund die Ruinen der heiligen Tempelanlage mit den Tempeln des Zeus und der Hera und mit dem Grabmal des Pelops. Unmittelbar daneben befanden sich das Stadion und die Häuser für hochgestellte Gäste.

Rechts:
Gewichtheber bei den antiken Olympischen Spielen, Abbildung auf einer Vase.

Seite 11, oben:
Die Vase zeigt einen der antiken olympischen Weitspringer, die damals üblicherweise Gewichte in jeder Hand trugen.

Seite 11, unten:
Bei der Feier in Olympia entzünden junge griechische Frauen, als antike Priesterinnen gekleidet, das olympische Feuer auf dem heiligen Altar. Die Flamme dieser Zeremonie von 1964 wurde per Läuferstafette zu den Winterspielen nach Innsbruck getragen.

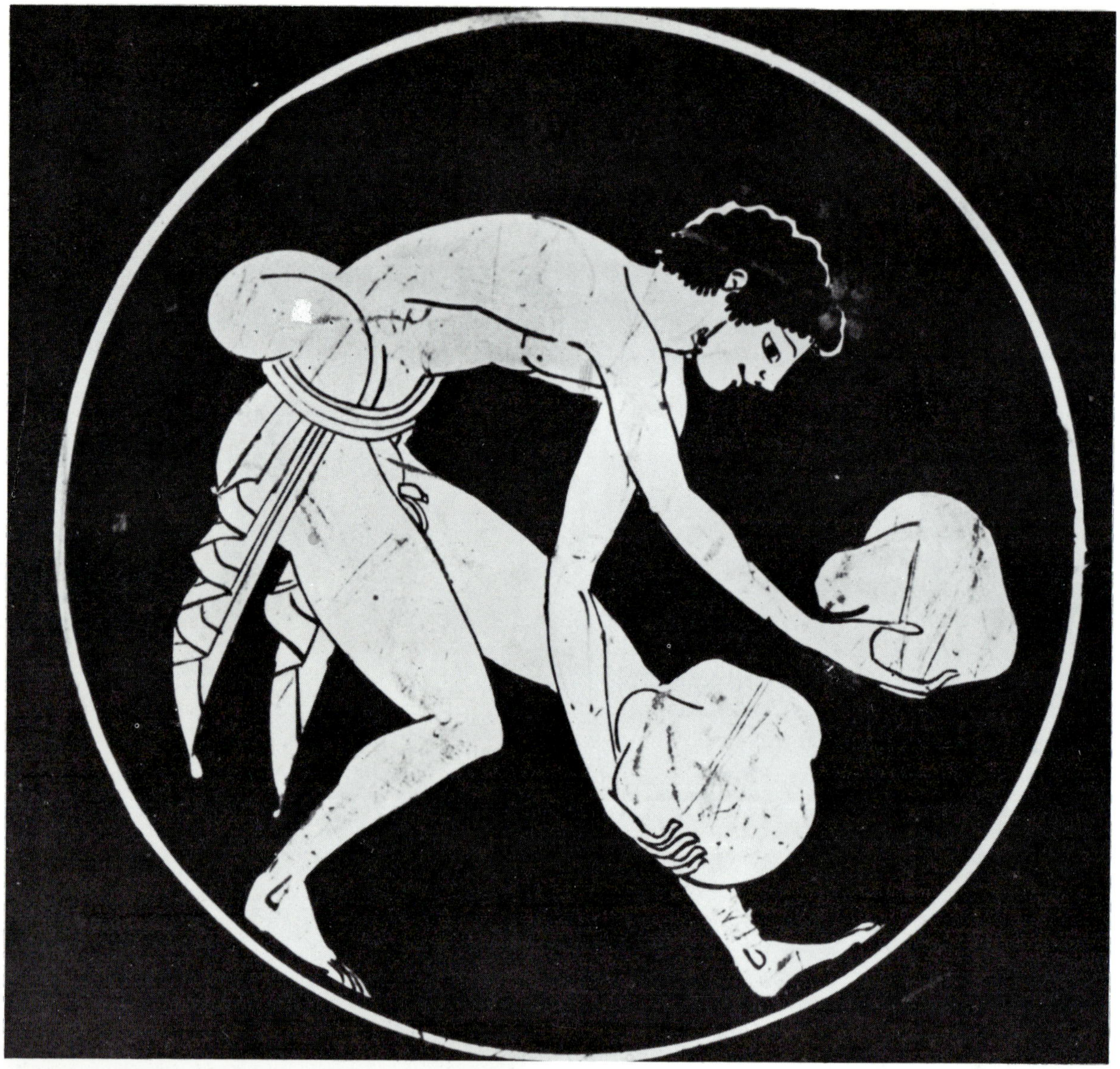

Unten:
Diese wilde Schlacht hieß im antiken Olympia Pankration. Dabei waren eigentlich nur Beißen und Augenauskratzen verboten.

noch ein dritter (Dolichus) über 24 Stadionrunden (rund 4,6 Kilometer). Ab 708 wurde gerungen, und es gab einen Fünfkampf (Pentathlon) mit Lauf, Sprung, Diskus, Speer und Ringen. 688 traten die ersten Faustkämpfer auf, 680 gab es die ersten Wagenrennen, und 648 wurde der Pankration eingeführt, eine brutale Mischung aus Faustkampf und Ringen.
Am Anfang dauerten die Spiele nur einen Tag, aber mit der Einführung neuer Wettbewerbe (schließlich waren es über 20) mußten sie verlängert werden, bis es im Jahr 632 schon fünf Tage waren. In den Urzeiten traten die Athleten nackt auf, und Frauen durften nicht zuschauen.
Dann wurden die Olympiasieger immer häufiger von Poeten besungen, Bildhauer errichteten ihnen Statuen, und die Sportler wurden auf Töpfen und Vasen abgebildet. Die Spiele verloren immer mehr ihren religiösen Charakter, sie wurden zu einem Fest für Sport und Kunst und erreichten ihren Höhepunkt im Zeitalter des Perikles (490 bis 429). Die Spiele wurden zum wichtigsten Ereignis der Zeit.

Die antiken Spiele hielten sich erstaunlich lange, über 1000 Jahre seit 776, insgesamt 293 Olympiaden. Dann kamen die römischen Eroberer, und der Verfall begann. Die fremden Soldaten sahen lieber Kämpfe zwischen wilden Tieren und Sklaven. Vom »heiligen Frieden« während der Spiele war schon lange keine Rede mehr. Die »Anbetung« des Körpers und seiner Kräfte nahm ab, je stärker sich das Christentum entwickelte. Im Jahr 393 nach Christus schließlich verbot der römische Kaiser Theodosius die Olympischen Spiele aus religiösen und politischen Gründen. Heidnische Kulte sollte es nicht mehr geben. Der Ort Olympia selbst verfiel danach rasch. Theodosius II. ließ 423 die Tempel verbrennen, Olympia wurde geplündert, und zwei Erdbeben verwandelten es 533 und 551 in ein Trümmerfeld. Es blieben nur noch Ruinen.
Was immer die olympische Idee auch über 1000 Jahre bedeutet hatte, ging verloren, bis sie am Ende des 19. Jahrhunderts von Pierre de Coubertin wieder zum Leben erweckt wurde.

Athen

Das Organisationskomitee der ersten Olympischen Spiele der Neuzeit 1896 in Athen. Zweiter von links Baron Pierre de Coubertin.

Ganz unten: Eröffnungsfeier der Spiele in Athen. An der Spitze der Teilnehmer zog die griechische königliche Familie ins Stadion ein.

Der französische Erzieher Baron Pierre de Coubertin wurde in den Jahren zwischen 1870 und 1890 stark von den Traditionen an den Schulen in England beeinflußt. Durch Training und Wettkampf sollten die jungen Menschen Selbstzucht und Selbstüberwindung lernen. Diese Erziehung, so glaubte Coubertin, hätte England zu einer Weltmacht gemacht. Coubertin litt unter dem Mangel an solchen erzieherischen Traditionen in Frankreich und glaubte, nur durch sie könnte Frankreich nach der demütigenden Niederlage im Krieg von 1871 wieder zu einer starken Nation werden.

Das Interesse am klassischen Griechenland war durch die archäologischen Entdeckungen im 17. und 18. Jahrhundert gewachsen.
Gewisse olympische Vordenker gab es schon seit geraumer Zeit. Der deutsche Gelehrte Gutsmuths hatte bereits 1793 von einer Möglichkeit der Erneuerung der Olympischen Spiele gesprochen.
Coubertin sprach über seine Vorstellungen bei Besuchen in Amerika und diskutierte 1893 mit Professoren der Universitäten Harvard, Yale, Princeton und Columbia, um die Einberufung eines Internationalen Kongresses für Leibeserziehung voranzutreiben. Dieser Kongreß fand vom 16. bis 23. Juni in Paris statt. Man stimmte den meisten Ideen Coubertins zur Wiedererweckung der Olympischen Spiele zu. Die größten Schwierigkeiten bekam er mit der Definition des Begriffes »Amateur«. Coubertin hatte schon seit langem den wachsenden Professionalismus im Sport abgelehnt. Seine Vision war die eines Amateursports, der Gesundheit und Kraft als Ausgleich zur geistigen Erziehung fördern sollte. Davon war viel in der Eröffnungsrede des Kongreß-Präsidenten Baron de Courcel zu hören. Schließlich stimmte man dem Amateur-Charakter der Olympischen Spiele zu.

Die ersten Einladungen

Coubertin selbst wählte die Mitglieder des ersten Internationalen Olympischen Komitees aus. Zunächst stießen die Versuche, die ersten modernen Spiele 1896 in Athen abzuhalten, wegen der finanziellen Probleme Griechenlands auf große Schwierigkeiten. Aber 1895 wurde in Griechenland ein Komitee gebildet, das Richtlinien und Regeln festlegte und Geld zusammenbrachte. Im Herbst verschickte Athen die Einladungen. Am Ostermontag, dem 6. April 1896, eröffnete König Georg I. von Griechenland die ersten modernen Olympischen Spiele. Schon am Vortag hatte es eine Feier bei der Enthüllung eines Denkmals für Georgios Averoff gegeben, einen Geschäftsmann, der eine gewaltige Geldsumme für die Spiele gespendet hatte. Deshalb wird manchmal der 5. April als Eröffnungstag angegeben, gelegentlich sogar der 24. oder 25. März, da die Griechen noch den alten Julianischen Kalender benutzten.
Das mußte auch die vierzehn Mann starke amerikanische Abordnung verwirrt haben. Sie

wollte eigentlich noch ein paar Tage in Athen trainieren, traf so aber erst am Abend vor den Wettkämpfen ein. Nachdem Kronprinz Konstantin eine Rede gehalten und König Georg I. die Spiele eöffnet hatte, gab es drei 100-m-Vorläufe.

Der erste Olympiasieger wurde im »hop, step and jump«, dem heutigen Dreisprung, ermittelt. Es war der Amerikaner James B. Connolly vom Suffolk Athletic Club. Er sprang 13,71 m weit. Im Stadion waren etwa 40000 Zuschauer, unter ihnen die Matrosen des US-Kriegsschiffes »San Francisco«. Und viele Menschen beobachteten die olympischen Ereignisse noch von den benachbarten Hügeln aus.

Bei diesen ersten Olympischen Spielen der Neuzeit gab es für alle Teilnehmer Auszeichnungen, für die Sieger Silbermedaillen, für die Zweiten Bronzemedaillen. Erster und Zweiter erhielten zudem Diplome, der Sieger noch einen Kranz aus Olivenzweigen, der Zweite eine Lorbeerkrone. Von den 311 Sportlern bei diesen Spielen kamen 230 aus Griechenland, und die anderen stammten fast ausschließlich aus Europa. Neben 14 Amerikanern traten noch ein Chilene und der Australier Edwin Flack an, aber der war Mitglied des Londoner Athletic-Clubs. Er gewann den 800-m-Lauf in 2:11,0 und die 1500 m in 4:33,2.

Höhepunkt der Spiele und der aufregendste Wettbewerb war der Marathonlauf. Dieses Rennen, das nicht zum Programm der antiken Spiele gehört hatte, war von dem französischen Studenten Michel Bréal angeregt worden. Er studierte griechische Mythologie und empfahl den Wettbewerb zur Erinnerung an jenen Läufer, der 490 vor Christus die Nachricht vom Sieg der Griechen über die Perser nach Athen gebracht hatte. Gerade diesen Wettbewerb wollten die Griechen, die noch ohne Sieg in der Leichtathletik bei diesen Spielen waren, unbedingt gewinnen. So stellten sie zwölf der insgesamt nur sechzehn Teilnehmer. Das Rennen führte von Marathon zum Olympiastadion in Athen über ungefähr 40 Kilometer. Zuerst lagen die Ausländer vorne, unter ihnen Edwin Flack, der Sieger über 800 m und 1500 m.

Aber bei Kilometer 36 verließen ihn die Kräfte,

Der Amerikaner Robert Garret war der erste Diskus-Olympiasieger. In Athen warf er die Scheibe 29,15 m weit.

Gratulation für den Franzosen Paul Masson, der in Athen Zeitfahren und Sprint gewann.

Athen

100-m-Finale in Athen: Als einziger nahm Olympiasieger Thomas Burke (zweiter von links) damals schon die heute übliche Startstellung ein.

Trainiert wurde schon immer. Drei Läufer bringen sich für den Marathon-Wettbewerb 1896 in Form.

und der 25jährige griechische Schäfer Spiridon Louis holte sich den Sieg. Im Stadion spielten sich unbeschreibliche Jubelszenen ab. Als Louis vor dem Stadion erschien, lief ihm Prinz Georg entgegen und begleitete ihn dann auf der letzten Runde. Es hieß, Spiridon Louis sei für seinen Sieg mit »kostenlosen Rasuren und Mahlzeiten auf Lebenszeit« belohnt worden.

Medaillen für die Sieger

Das stürmische Wetter zwang zur Absage der Segel- und Ruderwettbewerbe. Alle Sieger erhielten ihre Medaillen am letzten Tag der Spiele, am 15. April (für die Griechen war es der 3. April), in strömendem Regen. In Athen fanden 43 Wettbewerbe in neun Sportarten (Schwimmen, Leichtathletik, Turnen, Fechten, Schießen, Radfahren, Tennis, Gewichtheben und Ringen) statt.
Unter den 311 Teilnehmern aus dreizehn Ländern befand sich auch eine deutsche Mannschaft. Ihr Initiator war der Berliner Arzt und »Lebensreformer« Dr. Willibald Karl August Gebhardt. Er gründete den »Einheitsverband für Sport, Spiel und Turnen«, der einen alten

Streit zwischen Turnern und Sportlern, so unterschieden sie sich damals, beenden sollte und rief 1895 das »Komitee für die Beteiligung Deutschlands an den Olympischen Spielen in Athen« ins Leben. Am 18. Dezember 1895 lehnten die Turner, wohl wegen der Feindschaft mit Frankreich, die Olympiateilnahme ab.

21 deutsche Sportler

Am 28. März 1896 reiste Mannschaftsführer Gebhardt, der am 12. Januar 1896 nachträglich ins Gründungskomitee des IOC aufgenommen worden war, mit 21 Sportlern von Berlin nach Athen ab. Es waren die Turner Conrad Böker, Alfred Flatow, Felix Flatow, Georg Hilmar, Fritz Hofmann, Fritz Manteuffel, Karl Neukirch, Richard Röstel, Gustav Schuft, Karl Schumann und Hermann Weingärtner, die Leichtathleten Kurt Doerry und Karl Galle, die Radfahrer Joseph Rosemeyer, August Goedrich, Bernhard Knubel, Theodor Leupold und Josef Welzenbacher, der Tennisspieler Friedrich Traun und die beiden nicht zum Einsatz gekommenen Berliner Ruderer Küttner und Jäger. Die Mannschaft gewann sieben erste, fünf zweite und vier dritte Plätze.
Laut zeitgenössischen Beobachtern nahm die Öffentlichkeit weder von der Abreise noch von den Erfolgen der deutschen Athleten in Athen sonderlich Notiz.

Endspurt im Marathonlauf von Athen. Voller Begeisterung begleitete Prinz Georg von Griechenland seinen Landsmann Spiridon Louis auf der letzten Stadionrunde.

Baron Pierre de Coubertin

Seine Träume und Ideale führten zur Wiederbegründung der Olympischen Spiele. Er wurde am 1. Januar 1863 in Paris geboren und entstammte einer alten aristokratischen Familie. Coubertin studierte Kunst, Philologie und Jura. Eigentlich sollte er Offizier werden, widmete sich dann aber Erziehungsfragen.
Mehrere Male besuchte er England und wurde besonders von den Vorstellungen des Pädagogen und Theologen Thomas Arnold beeinflußt, dem »Headmaster« der berühmten Schule in Rugby. Coubertin glaubte fest daran, daß die sportliche Ausbildung ein wesentlicher Bestandteil der gesamten Erziehung werden müsse.
In einem Vortrag am 25. November 1892 in der Pariser Sorbonne empfahl Coubertin zum erstenmal die Wiederbelebung der Olympischen Spiele. Nach vielen Konferenzen und Gründung mehrerer Komitees sah er dann endlich seine Ideen und seine Ideale verwirklicht. Bis 1925, als er sich vom Präsidentenamt des IOC zurückzog, war er der führende Organisator der Olympischen Spiele.
Coubertin war verheiratet und hatte zwei Kinder. Er steckte so beträchtliche Summen aus seinem Privatvermögen in sein »olympisches Kind«, daß er seiner Familie nur wenig hinterließ, als er am 2. September 1937 in Genf starb. Sein Herz wurde in einer für ihn in Olympia errichteten Gedenkstätte beigesetzt.

Sein größter Augenblick. Marathon-Olympiasieger Spiridon Louis bei der Siegerehrung am Schlußtag der ersten Spiele der Neuzeit.

Paris

Die ersten Olympischen Spiele von 1896 waren ein großer Erfolg. Dagegen hatten die zweiten Spiele im Jahr 1900 so erhebliche organisatorische Mängel, daß sich sogar Baron de Coubertin fragte, ob die Spiele überhaupt eine Überlebenschance hätten. In der Begeisterung von 1896 hatte der griechische König gefordert, daß die Olympischen Spiele immer auf griechischem Boden stattfinden sollten. Coubertin setzte seinen Plan dagegen, die nächsten Olympischen Spiele mit der Weltausstellung 1900 in Paris zu kombinieren. Glücklicherweise scheiterten die griechischen Forderungen wegen des zerstörerischen Krieges mit den Türken 1897 und an den finanziellen Problemen der Regierung.

Viele Unstimmigkeiten und Meinungsverschiedenheiten behinderten die Vorbereitung der Olympischen Spiele in Paris. Die Organisatoren der Weltausstellung weigerten sich zunächst, die Spiele in ihre Planungen einzubeziehen. Schließlich kam es in letzter Minute doch noch zu einer Einigung, Coubertins Pläne wurden angenommen, und die Olympischen Spiele begannen am 20. Mai 1900.

Aber diese Veranstaltung war ganz anders als die Feiern von Athen oder gar die perfekten Spiele von heute. Sie dauerten insgesamt 22 Wochen, die Organisation hing mehr von Zufällen ab, die Wettbewerbe standen völlig im Schatten der Weltausstellung. Nichts schien darauf hinzudeuten, daß da überhaupt Olympische Spiele stattfanden. Im Gegenteil: gleichzeitig gingen sogar Profi-Meisterschaften über die Bühne.

Viele Sportarten wurden geboten: Fußball,

Die Engländerin Charlotte Cooper, hier beim Turnier in Wimbledon, war die erste Frau, die Olympiasiegerin wurde. Sie gewann 1900 in Paris das Tennisturnier.

Olympische Spiele 1900 in Paris. Die 500-m-Gras-Laufbahn führte durch die Bäume des herrlichen Parks Bois de Bologne.

Leichtathletik, Reiten, Fechten, Turnen, Rudern, Schießen, Schwimmen, Cricket, Croquet, Golf, Tennis, Polo, Rugby und Segeln. Rudern, Reiten und Segeln standen zum erstenmal auf dem olympischen Programm. Im Fußball gab es – wie nicht anders zu erwarten – einen britischen Sieg. Der FC Upton Park schlug im Finale eine zusammengewürfelte französische Auswahl. Eine französische Mannschaft besiegte im Crikket »England«, das von den Devon County Wanderers repräsentiert wurde. Die Schwimmwettbewerbe fanden in der Seine statt, wo die heftige Strömung für einige höchst »merkwürdige« Zeiten sorgte. Der Australier Fred Lane zum Beispiel unterbot den Weltrekord über 200 m Freistil um sage und schreibe 13 Sekunden! Es gab auch ein Unterwasser- und ein Hindernisschwimmen, beide zum ersten- und zum letztenmal. Die Amerikaner siegten im Golf, die Franzosen im Croquet, die Briten im Polo und die Franzosen im Rugby. Die Engländer beherrschten das Tennisturnier, Wimbledonsieger Reggie Doherty gewann im Einzel und Doppel. Im Tennis gab es auch den ersten weiblichen Olympia-Sieger der Geschichte: die Engländerin Charlotte Cooper, die zuvor schon in Wimbledon gewonnen hatte.

Bergab ging es viel schneller

Die leichtathletischen Wettbewerbe wurden auf einer 500-m-Grasbahn im Bois de Bologne ausgetragen. Bäume behinderten sowohl Diskus- als auch Hammerwerfer und versperrten den Zeitnehmern den Blick auf die Bahn. Letzteres war nicht besonders tragisch, denn die Sprints wurden auf einer abschüssigen Bahn gelaufen, und die Zeiten waren dementsprechend wertlos. Die Amerikaner gewannen 17 der 24 Leichtathletikwettbewerbe.

Der Star der Spiele war Alvin Kraenzlein aus Pennsylvania, er siegte viermal, im 60-m-Sprint, über 110 m Hürden, 200 m Hürden und im Weitsprung. Vielleicht gewann er nur deshalb den Weitsprung, weil dieser am Sonntag (15. Juli) stattfand und viele seiner amerikanischen Konkurrenten deshalb nicht antraten.

Die Briten holten sich die Siege über die Mittelstrecken, aber auch da nahmen einige Amerikaner nicht teil. Diese »Sonntags-Streiks« halfen auch dem Studenten Irving Baxter, der von Sioux-Indianern abstammte, im Hochsprung und Stabhochsprung zu gewinnen. Der Ungar Rudolf Bauer war der Beste mit dem Diskus vor Bob Garrett, dem Sieger von 1896. Garrett traf nämlich nur die Bäume.

Am 19. Juli konnten dann auch noch die Franzosen einen Laufsieg feiern: im Marathon! Es war – wie üblich – ein völlig unzureichend organisierter Wettbewerb, der um 14.30 Uhr bei brütender Hitze gestartet wurde. Nach vier Runden im Stadion liefen die Teilnehmer einen Rundkurs durch Paris und kehrten ins Stadion zurück. Michel Theato, Ausfahrer einer Bäckerei, kannte die Straßen am besten, einschließlich der Abkürzungen, wie man vermutete. Er siegte und rief ähnliche Begeisterung wie vier Jahre zuvor Spiridon Louis in Griechenland hervor.

Der Amerikaner Arthur Newton, der ohne sichtbare Erschöpfung Zweiter geworden war, glaubte zunächst, er habe gewonnen. Sein Landsmann Rick Grant, Sechster von sieben Teilnehmern, die das Ziel erreichten, brach dagegen nach dem Ziel zusammen. Ohne Erfolg protestierte er später beim IOC, weil ihn einer der vielen Fans, die auf dem Kurs für Verwirrung gesorgt hatten, niedergeschlagen habe, als er in Führung lag. Es gab viele sonderbare Disziplinen in Paris, u. a.: Tauziehen, 4000 m Kraul, Säbel sowohl für Fechtmeister als auch Amateure, Hochsprung und Weitsprung mit Pferden, Schießen auf lebende Tauben.

Die Weltausstellung als Konkurrenz

Diese Olympischen Spiele standen jedenfalls unter einem ungünstigen Stern. Die Weltausstellung beraubte sie jeder Attraktion, und es wurde nicht einmal deutlich, daß überhaupt »Olympische Spiele« stattfanden. Im Programm und von den meisten Zeitungsreportern wurden sie »Internationale Meisterschaften der Weltausstellung« genannt. Sogar den Ergebnissen traute man schon damals nicht ganz. Das ging so weit, daß sie erst 1912 vom IOC »rekonstruiert« und auch dann erst die Medaillen vergeben wurden.

Die prächtige amerikanische Mannschaft verhinderte, daß die Pariser Spiele zu einem echten Reinfall wurden. Ihre Anhänger stellten oft die Hälfte aller Zuschauer, und ihre Anfeuerungschöre, wie zu Hause bei College-Kämpfen, war für die Europäer so neu, daß sie die amerikanischen Fans als eine »Bande von Wilden« titulierten. Neu war auch die Starthaltung der amerikanischen Sprinter, die sich hinkauerten. Die gründliche Vorbereitung und Organisation bei den Amerikanern, in Verbindung mit ihrer herzlichen Freude über die Erfolge, standen in einem scharfen Kontrast zum Leistungsstand der Europäer, die zerstritten und eher lustlos wirkten.

In Deutschland war das Turnerlager immer noch gegen eine Teilnahme an den Olympischen Spielen. Trotzdem wurde eine Mannschaft nach Paris geschickt. Immerhin 10000 Mark waren durch Spenden zusammengekommen.

Mitte Juli traf die deutsche Mannschaft unter Führung von Dr. Gebhardt und Fritz Hofmann in Paris ein. Sie bestand aus 64 Teilnehmern, die vier Siege, zwei zweite Plätze und einen dritten Platz errangen. Nach ihrer Rückkehr waren Offizielle und Teilnehmer über die erhebliche Deutschfeindlichkeit zwar erbost, wollten aber mit ihren Protesten nicht an die Öffentlichkeit gehen.

In Paris nahmen 1319 Männer und 11 Frauen aus 22 Ländern in 17 Sportarten mit insgesamt 85 Wettbewerben teil. Die Franzosen stellten mit 20 Siegern die erfolgreichste Mannschaft.

Eine kühle Erfrischung für den Franzosen Michel Theato, der hier dem Marathonsieg entgegenläuft. Ob er an diesem heißen Nachmittag tatsächlich die ganze Strecke absolvierte, wurde von einigen Fachleuten bezweifelt.

Alvin Kraenzlein

Der Amerikaner Alvin Kraenzlein gehört sicherlich zu den großen Persönlichkeiten der olympischen Geschichte. Er war ein Musterbeispiel für Fitness und erkannte als einer der ersten, wie wichtig eine vernünftige Lebensweise und systematisches Training im Sport sind. Kraenzlein, am 12. Dezember 1876 geboren, entwickelte die moderne Hürdentechnik, und es war kein Zufall, daß sein Weltrekord über die 200 m Hürden 25 Jahre (!) lang unangetastet blieb. Auch über die 100 m Hürden und im Weitsprung hielt er lange Zeit die Bestmarken. Als er 1900 bei den Spielen in Paris vier Siege errang, war er schon siebenmal amerikanischer Meister gewesen.

Vor dem ersten Weltkrieg reiste er als Organisator für das US-Team nach Berlin, wo 1916 die Spiele stattfinden sollten. Er starb am 6. Januar 1928 in seiner Heimat.

Alwin Kraenzlein war der Star der Olympischen Spiele von Paris. Er holte sich vier Siege: im 60-m-Sprint, über 110 m Hürden und 200 m Hürden und im Weitsprung. Der Amerikaner, damals 24 Jahre alt, hatte die Hürdentechnik revolutioniert. Daß Kraenzlein im Weitsprungfinale startete, obwohl es an einem Sonntag stattfand, trug ihm Auseinandersetzungen mit Mannschaftskollegen ein, die dies aus religiösen Gründen ablehnten.

St. Louis

Schon vor den ersten Olympischen Spielen war entschieden worden, daß die Vereinigten Staaten von Amerika die dritten Spiele veranstalten würden. Als sich das IOC am 21. Mai 1901 in Paris traf, mußte es nur noch zwischen Chicago und St. Louis entscheiden. Chicago wurde gewählt. Aber wieder gab es Schwierigkeiten. Die Weltausstellung »Louisiana«, die 1903 in St. Louis stattfinden sollte, wurde auf 1904 verschoben, und die Organisatoren der Ausstellung, die keine Konkurrenzveranstaltung in Chicago haben wollten, baten darum, die Spiele nach St. Louis zu verlegen und in die Ausstellung einzugliedern. Chicago konterte mit der Empfehlung, die Spiele auf 1905 zu verschieben, was im Gegensatz zu Coubertins olympischem Konzept stand. Präsident Theodore Roosevelt wurde zum Schiedsrichter bestellt und entschied sich für St. Louis.

Die Olympischen Spiele waren also wieder eine Attraktion innerhalb einer Weltausstellung, und einige der Probleme wie bei den Pariser Spielen 1900 wiederholten sich. Im Zusammenhang mit der Weltausstellung gab es viele Wettbewerbe, die alle »olympisch« genannt wurden. Einige davon wurden aber von Profis bestritten, andere dagegen von Schülern, oder sie waren gar Meisterschaften des »Vereins Christlicher Junger Männer« (YMCA). Was wirklich »olympisch« war, mußte später vom IOC entschieden werden. Zu den Disziplinen zählten u. a.: Hoch-, Weit- und Dreisprung aus dem Stand, Gewichtwerfen, Tauziehen, Kopfweitsprung ins Wasser, Stockfechten, Tauhangeln, Keulenschwingen und Tennis.

Es war nicht verwunderlich, daß sich die Europäer, die schon wenig Liebe für die Olympischen Spiele auf ihrem eigenen Kontinent gezeigt hatten, nicht sonderlich anstrengten, um nach St. Louis zu reisen. Die Teilnehmerzahl blieb weit hinter jener von Paris zurück. Nur 617 Männer waren dabei und acht Frauen. Die Amerikaner stellten 525 (!) Sportler, 41 Teilnehmer kamen aus Kanada und lediglich 51 aus zwölf anderen Ländern. Von den 87 Wettbewerben in 14 Sportarten gewannen die USA 70, wurden 75mal Zweite und 64mal Dritte.

Es war natürlich keine Überraschung, daß die

Dreifacher Olympiasieger 1904 wurde der Amerikaner James Lightbody auf den Mittelstrecken und im Hindernislauf. Im Mannschafts-Geländelauf über vier Meilen war er bester Einzelläufer, aber seine Mannschaft wurde hinter einem weiteren US-Team nur Zweite.

Rechts außen: Kanadas erster Medaillengewinner war der schnauzbärtige Etienne Desmarteau. Im Gewichtwerfen (56 engl. Pfund = 25,4 kg) besiegte er den legendären Hammerwerfer John Flanagan um 30 Zentimeter.

1904

Amerikaner in nahezu allen Leichtathletik-Wettbewerben siegten. Diese fanden vom 29. August bis 3. September statt, und die neue Bahn der Washington-Universität war eine wesentliche Verbesserung gegenüber Paris.
Es war ein Sprinter, der den größten Eindruck bei diesen Spielen hinterließ. Archie Hahn, den sie »Milwaukee Meteor« nannten, gewann die 60 m, 100 m und 200 m. Im 200-m-Sprint wurden seine drei Gegner im Finale wegen falscher Starts mit je einem »Strafmeter« belegt. Archie Hahn hatte die Konkurrenten, wie man später meinte, durch seine Tricks beim Start verunsichert und auch zu Frühstarts provoziert. Auch drei andere Amerikaner siegten in je drei Wettbewerben. James Lightbody holte sich das 2500-m-Hindernisrennen, die 800 m und die 1500 m. So ein Hindernisrennen wurde zum erstenmal in Louisiana geboten, und die Zuschauer ließen jeden Läufer hochleben, der im Wassergraben ein unfreiwilliges Bad nahm. Harry Hillman gewann den 400-m-Lauf und die beiden Hürdenrennen über 200 m und 400 m. George Poage vom Milwaukee Athletic Club wurde in beiden Hürdenrennen Dritter, der erste Neger, der bei Olympischen Spielen eine Rolle spielte. Der dritte dreifache Sieger war Ray Ewry, der seinen »Hat-Trick« von 1900 in den drei Sprüngen aus dem Stand wiederholte. Martin Sheridan gewann den Diskuswurf mit einem neuen Weltrekord (39,28 m) nach Stichkampf mit seinem Landsmann Rose, der einzige derartige Fall in der olympischen Geschichte.
Der amerikanische Siegeszug wurde von dem kanadischen Polizisten Etienne Desmarteau unterbrochen, der das Gewichtwerfen (56 englische Pfund = 25,4 Kilo) zur Überraschung aller vor dem berühmten Hammerwerfer John Flanagan gewann. Flanagan konnte aber seine Spezialdisziplin, wie schon 1900 in Paris, auch 1904 für sich entscheiden. Ein Ire vom New Yorker Athletic Club, Thomas Kiely, der für Großbritannien startete, siegte im ersten olympischen Zehnkampf, dessen Disziplinen alle an einem Tag absolviert wurden. Jener erste olympische Zehnkampf bestand aus: 100-Yards-Lauf, Meilenlauf, 120 Yards Hürden, einer halben Meile Gehen, Hochsprung, Weitsprung, Stabhochsprung, Kugel, Hammer und 56-Pounds-Gewichtwerfen.

Der Amerikaner Martin Sheridan holte sich 1904 und 1908 den Olympiasieg im Diskuswurf. Die Sockenhalter schienen sein persönlicher Modegag zu sein.

John Flanagan, der 1896 aus Irland in die USA ausgewanderte Hammerwerfer, gewann in St. Louis den zweiten seiner drei Olympiasiege.

St. Louis 1904

Ralph Rose, 1904 und 1908 Olympiasieger im Kugelstoßen. 1904 war er auch Zweiter im Diskuswurf.

Der Berliner Schwimmer Emil Rausch gehörte zu den Stars in St. Louis. Er gewann über 880 y Kraul und über eine Meile und wurde über 220 y Kraul Dritter. Das deutsche Olympiateam brachte es auf fünf Olympiasiege, fünf zweite und sechs dritte Plätze, war hinter den USA zweitbeste Mannschaft.

Der Marathonlauf nahm einen turbulenten Verlauf. Zum erstenmal gab es einen solchen Wettbewerb auf amerikanischem Boden, und der frisch wirkende Fred Lorz lief als Erster ins Stadion ein. Man feierte ihn als Sieger. Aber es stellte sich heraus, daß er sich etwa 17 Kilometer von einem Auto hatte mitnehmen lassen und dann wohlgemut ins Stadion gelaufen war. Er wurde natürlich disqualifiziert. Der wahre Sieger hieß Tom Hicks, aber er hätte vermutlich ebenfalls disqualifiziert werden müssen. Das Rennen fand, wie schon in Paris, wieder am Nachmittag statt, und vor einem aufziehenden Gewitter war es brütend heiß. Die Läufer wurden ständig von Vehikeln aller Art behindert, und nur knapp die Hälfte der 31 Teilnehmer erreichte das Ziel. Hicks bekam Strychnin-Tabletten, die er mit Brandy hinunterspülte, und Zuschauer stützten ihn bei der Ankunft, ehe er im Ziel endgültig zusammenbrach. Er mußte in ein Krankenhaus gebracht werden und bestritt nie mehr einen Marathonlauf.

Die ersten Box-Wettkämpfe

Zum erstenmal wurde bei Olympischen Spielen geboxt. Die Amerikaner beherrschten diese neue olympische Sportart nach Belieben, belegten in den sieben Gewichtsklassen alle ersten und zweiten Plätze.

Im ganzen gesehen waren die insgesamt 87 Wettbewerbe in 14 Sportarten gut organisiert, und die Amerikaner konnten ja nichts dafür, daß die Olympischen Spiele zu einer Art Landesmeisterschaften der USA wurden. Überschattet wurden die Spiele von zwei grausigen Schlachten im russisch-japanischen Krieg, die die Schlagzeilen der Weltpresse beherrschten.

Leider gab es während der Weltausstellung auch ein Ereignis namens »Anthropologische Tage«, in dem Menschen aus weniger »entwikkelten« Ländern eine Parodie auf die Olympischen Spiele darboten. Sie verspotteten verschiedene Sportarten, und ein Liliputaner warf ein Gewicht drei Meter weit. Coubertin, der uninteressiert in Paris geblieben war, hörte davon, und er sah darin den Versuch der Amerikaner, die Sensationslust zu befriedigen. Er prophezeite, daß solche »Dummheiten« ihre Anziehungskraft verlieren würden, wenn erst einmal Neger, Indianer und Asiaten lernen würden, wie man läuft, springt oder wirft, und zwar ebensogut, wenn nicht besser, als die Weißen.

Zwischenspiele Athen 1906

Zwei Aufnahmen vom Stadion in Athen, wo 1906 die »Zwischenspiele« stattfanden. Auf dem linken Bild sieht man Turn-Wettkämpfe. Vergleicht man das Bild unten mit jenem auf Seite 15, erkennt man die neuen Gebäude am hinteren Ende des Stadions, die seit 1896 errichtet worden waren.

Die Griechen waren immer fest davon überzeugt gewesen, daß die Olympischen Spiele ständig in Athen stattfinden sollten. 1908 wollten sie Panathenische Spiele veranstalten. Coubertin fand einen Kompromiß, in dem er »Interim Games« (Zwischenspiele) für 1906 und 1910 unterstützte. Diese Spiele fanden aber nicht unter der offiziellen Schirmherrschaft des IOC statt.

Die Zwischenspiele von Athen 1906 waren gut organisiert und besucht. Sie boten ein volles Programm mit 77 Wettbewerben in elf Sportarten, einschließlich 25 leichtathletische Ereignisse im neuen Stadion von Athen.

Hoch und weit aus dem Stand

Die Amerikaner beherrschten wieder die Leichtathletik, einige Gewinner von 1904 wiederholten ihre Siege, so Ray Ewry im Weitsprung und Hochsprung aus dem Stand, Archie Hahn über 100 m, Myer Prinstein im Weitsprung und Martin Sheridan mit dem Diskus und der Kugel. Die Bedeutung dieser Spiele lag darin, daß sie das öffentliche Interesse an einem eigenständigen internationalen Sportfest verstärkten. Sie unterstrichen, wie unerfreulich und falsch es gewesen war, die früheren Olympischen Spiele in eine Weltausstellung einzugliedern.

Die Athener Zwischenspiele fanden vom 22. April bis zum 2. Mai statt, 877 Sportler (darunter sieben Frauen) aus 20 Ländern nahmen teil. Das deutsche Team bestand aus 52 Mitgliedern, die vier erste, sechs zweite und vier dritte Plätze belegten. Einen Sieg feierte die Mannschaft der Tauzieher vor Griechenland.

Start zum 100-m-Finale 1906. Zweiter von rechts ist der amerikanische Sieger Archie Hahn, der schon 1904 drei Sprintrennen gewonnen hatte.

London

Die Olympischen Spiele für 1908 waren ursprünglich an Rom vergeben worden, das den Vorzug vor Berlin erhalten hatte. Aber wieder einmal wurden die Pläne durchkreuzt. 1906 brach der Vesuv aus. Es gab viele Tote, und die italienische Wirtschaft war außerdem ziemlich am Ende. Bei den Zwischenspielen in Athen teilten die Italiener mit, daß sie ihre Bewerbung zurückziehen müßten.

Nach den Olympischen Spielen in St. Louis waren in den USA, in Großbritannien und in Deutschland Nationale Olympische Komitees entstanden, in Deutschland hieß dieses Komitee damals noch »Deutscher Reichsausschuß für Olympische Spiele«. In Athen wurde Lord Desborough, der am Fechtturnier teilnahm, gefragt, ob die »British Olympic Association« einspringen und die Spiele von 1908 organisieren könne. So wurde es dann beschlossen.

Die Erfahrungen der Briten mit regelmäßigen, großen sportlichen Ereignissen und die Zusammenarbeit mit den Organisatoren der Französisch-Britischen Ausstellung in London, die versprachen ein Stadion zu bauen, schienen zu gewährleisten, daß die Spiele perfekt ablaufen würden. Aber sie gingen doch nicht wie geplant über die Bühne. Zum erstenmal kämpften die Briten wirklich mit aller Entschlossenheit, sie wollten die Amerikaner unbedingt übertreffen. Coubertin, der die Engländer als Sportsleute und als Herrscher über viele Teile der Welt bewunderte, unterstützte den Plan, daß alle Kampfrichter Briten sein sollten. Unglücklicherweise gab es dann viele kontroverse Entscheidungen, und das Publikum zeigte sich ausgesprochen parteiisch. Die Amerikaner kamen zu der Überzeugung, daß man sie unfair behandelte, und das Verhältnis zwischen beiden Ländern war lange Zeit dadurch belastet.

Zum erstenmal Goldmedaillen

Die Olympischen Spiele in London dauerten vom 27. April bis zum 31. Oktober. Es gab 110 Wettbewerbe in 21 Sportarten, und zum erstenmal war die Teilnehmerzahl beschränkt – 12 Sportler pro Land in den Einzeldisziplinen. Aus insgesamt 22 Ländern kamen 2035 Teilnehmer, darunter 36 Frauen. London bot eine bemerkenswerte Premiere: Zum erstenmal bekamen die Olympiasieger Goldmedaillen!

Die Leichtathletik und andere Sommersportarten wurden im Juli ausgetragen, Fußball und Boxen zum Beispiel im Herbst. Die Leichtathleten trafen sich im neuen White-City-Stadion. Es standen wieder einige höchst sonderbare Disziplinen im Programm, u. a.: Diskuswerfen in antikem Stil, Speerwurf im freien Stil, Tauzie-

100-m-Endlauf 1908 in London. Sieger wurde der Südafrikaner Reggie Walker auf der Bahn ganz rechts.

1908

hen, Jeu de Paume – ein Schlagball-Spiel –, Motorbootrennen, Polo und Rugby.
Von Anfang an beherrschte die übergroße Rivalität zwischen Amerikanern und Briten die Szene. Jeder glaubte an seine Übermacht und setzte alles daran, sie auch zu beweisen.
Die New Yorker Zeitungen kritisierten den englischen Zuschauerjubel bei den »Empire-Siegen« über die Amerikaner. Die Londoner Zeitung »Times« war voller Verachtung über die heiseren »rah, rah, rah-Chöre«, mit denen amerikanische Fans Siege ihrer Landsleute feierten. Zur »Feindschaft« der britischen Presse und Zuschauer trug wohl auch bei, daß es der amerikanische Fahnenträger beim Einmarsch zur Eröffnungsfeier versäumt hatte, die Fahne vor dem König zu senken. Schwierigkeiten entstanden aus dem recht kriegerischen Auftreten des amerikanischen Mannschaftsführers James Sullivan, dem der Sieg über alles ging. Er verkündete lauthals, daß die britischen Funktionäre »absolut unfair« seien, und die amerikanische Presse griff diese Story natürlich auf. Die »British Olympic Association« veröffentlichte ein Buch unter dem Titel »Erwiderungen auf die Kritik an den Olympischen Spielen«, was schließlich zu einem Abbruch der Beziehungen zwischen den britischen und den amerikanischen Sportverbänden führte.
Die kurzen Sprints gewannen der Südafrikaner Reggie Walker und der Kanadier Bobbie Kerr jeweils vor einem Amerikaner, und die Zuschauer bejubelten die Siege des Empire über die USA. Der 400-m-Lauf brachte den größten Streit und die bittersten Gefühlsausbrüche dieser Spiele. Im Finale standen die drei Amerikaner Carpenter, Robbins und Taylor, der dann in der Staffel als erster Farbiger Olympia-Sieger wurde, sowie der britische Armeeleutnant Wyndham Halswelle. Es gab noch keine abgegrenzten Bahnen, Robbins schnitt den Weg von Halswelle und übernahm mit Carpenter die

Einmarsch bei der Eröffnungsfeier 1908 in London. Die Mannschaften zogen in alphabetischer Reihenfolge ein, mit Ausnahme der englischsprachigen Teams, die den Schluß bildeten. Die Schwimmanlage befand sich im Hauptstadion.

London

Sportler und Ereignisse der Olympischen Spiele 1908 in London:

1. Die Finnen Verner Weckman und Yrjo Saarela im Finale der griechisch-römischen Halbschwergewichtsringer.
2. Die beiden britischen Freistilringer Stanley Bacon und George de Relyskow kämpften um Gold im Mittelgewicht. Bacon siegte, aber de Relyskow holte sich auch seinen Olympiasieg, im Leichtgewicht.
3. und 4. Der Amerikaner Charles Bacon gewann den 400-m-Hürdenlauf. Der besiegte Harry Hillman (Startnummer 1) hatte 1904 dreimal Gold errungen.
5. Reggie Walker aus Südafrika, der Olympiasieger über 100 m.
6. Der Sieger im Weitsprung, Francis Irons aus den USA.
7. Begeisterte Fans trugen Reggie Walker auf den Schultern vom Platz.
8. Das Finish beim 100-m-Endlauf: Ganz rechts Reggie Walker, neben ihm der Amerikaner James Rector. Links außen der Kanadier Robert Kerr, der über 200 m gewonnen hatte.
9. Der umstrittenste Vorfall der Spiele. Ein Funktionär durchschnitt das Zielband, ehe es der Amerikaner J. C. Carpenter im 400-m-Lauf zerreißen konnte. Er hatte angeblich den Engländer Wyndham Halswelle (links) behindert und wurde disqualifiziert. Der später neu angesetzte Endlauf wurde zum Spaziergang für Halswelle, da sich die Amerikaner weigerten, nochmals anzutreten.
10. Funktionäre inspizieren die Stelle der Bahn, wo sich die Behinderung abgespielt haben sollte. Es wurde damals noch nicht in getrennten Bahnen gelaufen, die Funktionäre suchten nach »Fußspuren«.

Führung. Auf der letzten Geraden griff Carpenter Halswelle wieder an, rannte diagonal nach außen und zwang Halswelle zum Abbremsen. Die britischen Funktionäre protestierten lautstark, einer durchschnitt das Zielband. Nach Überprüfung der Fußabdrücke wurde Carpenter disqualifiziert, für die anderen drei Läufer setzte man ein neues Rennen zwei Tage später an. Robbins und Taylor weigerten sich zu starten. Halswelle lief solo und gewann die Goldmedaille.

Es war schon fast eine Selbstverständlichkeit, daß der Marathonlauf wieder zum größten Drama dieser Spiele wurde. Er brachte einen der unsterblichen olympischen Heroen hervor. Das Rennen fand am 24. Juli statt und führte von Windsor Castle zum Stadion. Es war ein sehr heißer Tag, und das Anfangstempo war zu schnell. Der Südafrikaner Charles Hefferon führte ab Mitte des Rennens und wurde vom Italiener Dorando Pietri knapp vor dem Stadion überholt. Pietri wirkte ausgepumpt, und die 90000 Zuschauer schrien auf, als er zuerst nach rechts statt nach links lief und dann erschöpft zusammenbrach. Man hob ihn auf, er stürzte wieder, rappelte sich hoch und kämpfte sich bis etwa 50 Yards vor das Zielband, wo er erneut zusammenbrach. Nun lief der Amerikaner John Hayes, der ebenfalls Hefferon überholt hatte, ins Stadion ein. Pietri wurde wieder auf die Beine geholfen, er passierte das Ziel, und man brachte ihn auf einer Trage weg. Natürlich legten die Amerikaner Protest ein. Aber Pietri wurde zunächst nicht disqualifiziert, doch dann

Links:
Der Schwede Erik Lemming gewann die erste olympische Speerwurfkonkurrenz.

Unten:
Der Amerikaner Melvin Sheppard siegte über 1500 m vor dem Engländer Harold Wilson.

Ganz unten:
Ray Ewry gewinnt den Hochsprung aus dem Stand mit 1,57 m in London 1908.

Ray C. Ewry

Als Kind war Ray C. Ewry wegen Kinderlähmung an den Rollstuhl gefesselt. Trotzdem wurde er, rechnet man die Zwischenspiele von 1906 in Athen mit, zum erfolgreichsten Olympia-Teilnehmer aller Zeiten. Von 1900 bis 1908 fanden bei den Spielen zehn Wettbewerbe im Springen aus dem Stand statt — Ewry gewann sie alle. Sein Weltrekord im Weitsprung aus dem Stand – erstaunliche 3,47 m – hatte Bestand, bis dieser Wettbewerb ab 1938 nicht mehr ausgetragen wurde. Mit unglaublicher Zähigkeit und Ausdauer hatte Ewry gegen seine Krankheit angekämpft und sie allmählich überwunden. 1908, als er seine letzten Olympiasiege errang, war er immer- [illegible] 35 Jahre alt. Er starb am 29.

Mit 1,905 m gewann der Amerikaner Harry Porter den Hochsprung in London.

Der Italiener Dorando Pietri auf der Marathonstrecke durch die Straßen Londons. Obwohl er nicht gewann, wurde er weltberühmt.

Der Marathonsieg fiel an den Amerikaner John Hayes, den seine Mannschaftskollegen auf einer Ehrenrunde durchs Stadion tragen. Pietri mußte disqualifiziert werden. Man sieht Hayes die Enttäuschung darüber an, daß Pietri viel stärker gefeiert wurde.

bestätigte ein Arzt, daß sich Pietri nach seinem dritten Zusammenbruch auf der Bahn ohne fremde Hilfe nicht mehr hätte erheben können. Pietri schlug eine Welle von Sympathie entgegen, und der öffentlichen Stimmung entsprechend zeichnete ihn Königin Alexandra mit einem speziellen Goldpokal aus. Als sein Name bei der Preisverteilung vorgelesen wurde, ließen die Zuschauer den kleinen Italiener minutenlang hochleben. Kurioserweise ging Pietri unter seinem Vornamen in die Sportgeschichte ein, denn in der Teilnehmerliste war sein Name mit P. Dorando angegeben worden. Sogar die Karte, die ihm die Königin zusammen mit dem Pokal überreichte, trug diesen Namen. Auch die meisten Zuschauer nannten den unglücklichen Marathonläufer bei seinem Vornamen, und so wird er heute noch in vielen Büchern als Dorando geführt.

Die Schwimm-Wettbewerbe fanden nach der Leichtathletik die meiste Beachtung. Ihr Star war der Engländer Henry Taylor, der drei Goldmedaillen, über 400 m Freistil und 1500 m Freistil und in der Staffel, gewann. Charles Daniels (USA) schwamm Weltrekord über 100 m Freistil und holte sich seine siebente olympische Medaille.

Erstmals Frauenwettbewerbe

In London gab es Frauenwettbewerbe im Bogenschießen und im Tennis; zum erstenmal wurde eine Wintersportart in das Programm aufgenommen: Eiskunstlauf. Bei den Männern siegte der berühmte Ulrich Salchow (Schweden), der insgesamt zehnmal Weltmeister wurde, was später nur noch Sonja Henie gelang. Eine von den insgesamt drei deutschen Goldmedaillen in London gewann das Münchner Eiskunstlaufpaar Anni Hübler-Horn/Heinrich Burger und eine von den fünf deutschen Silbermedaillen die Eiskunstläuferin Elsa Rendschmidt (Berlin).

Die britischen Sportler holten sich mit großem Vorsprung die meisten Medaillen dieser Spiele (56 Gold, 48 Silber, 37 Bronze gegenüber 23/12/11 der US-Amerikaner), aber die Amerikaner sicherten sich den Löwenanteil an Leichtathletikmedaillen, die als die wichtigsten angesehen wurden.

Abgesehen von den Streitigkeiten waren die Spiele in London ein großer Erfolg. Zum erstenmal in der olympischen Geschichte kamen die Teilnehmer einheitlich gekleidet und hinter ihren Fahnen zur Eröffnungsfeier. Die üppige

Der Engländer Henry Taylor, der schon zwei Einzel-Goldmedaillen im Schwimmen errungen hatte, wird hier gefeiert, nachdem er seiner Kraulstaffel zum Sieg verholfen hatte.

Unterhaltung bei den zahlreichen Banketts für die bis zu 1000 Gäste hielt Teilnehmer und Funktionäre von April bis Oktober bei guter Laune. Die sorgfältige Organisation der Spiele, trotz der erneuten Verbindung mit einer großen Ausstellung, und die Tatsache, daß alles vorzüglich klappte, veranlaßten die Griechen, nun endgültig alle ihre Pläne fallenzulassen, zwischen den Olympiaden »Interims-Spiele« abzuhalten. Die geplanten Zwischenspiele für 1910 fanden nicht statt.

Die deutsche Mannschaft kämpfte in London ausgesprochen unglücklich. Die »Deutsche Turnerschaft« machte noch immer nicht mit, schickte aber 24 Turner, die allerdings nur Schaukämpfe zeigten. An den offiziellen Wettbewerben nahmen 106 deutsche Sportler (Frauen nur im Eiskunstlauf) teil, die bisher größte deutsche Olympiamannschaft. Aber sie brachte nur drei Goldmedaillen (davon eine im Eiskunst-Paarlauf), fünf Silbermedaillen (eine im Eiskunstlauf der Frauen) und vier Bronzemedaillen heim. Sie scheiterte an fehlender Vorbereitung.

»Man hatte die Einwirkungen des englischen Klimas und der ungewohnten englischen Küche nicht in Betracht gezogen und die Teilnehmer unmittelbar vor den Wettkämpfen an die Themse geschickt. Die Folge davon war, daß kaum einer am Tage des Wettkampfes im Vollbesitz seiner Kräfte war. Alle klagten über schlechtes Befinden und verdorbenen Magen!« Das schrieb damals der 26jährige Carl Diem, gerade Vorsitzender für Athletik in der Deutschen Sportbehörde geworden.

John J. Flanagan

John Flanagan stammte aus Irland, wo er in Limerick am 9. Januar 1868 geboren wurde. Er lernte das Hammerwerfen in seiner Heimat, emigrierte 1896 in die Vereinigten Staaten, wurde Polizeibeamter und gewann 1897 seinen ersten von sieben US-Titel. 1900 feierte er in Paris seinen ersten Olympiasieg und wiederholte diesen Erfolg 1904 in St. Louis und 1908 in London. Neben Al Oerter ist Flanagan der einzige Athlet, der hintereinander drei Goldmedaillen im selben, noch heute bestehenden Wettbewerb gewann. 1904 wurde er Zweiter im Gewichtwerfen und Vierter mit dem Diskus. John Flanagan starb 1938 in Irland.

John Flanagan gewann dreimal hintereinander das olympische Hammerwerfen. Diesen »Rekord« in einem heute noch bestehenden Wettbewerb übertrumpfte erst Diskuswerfer Al Oerter mit vier Siegen in Folge

Stockholm

Das neue Olympiastadion von Stockholm wurde gleichermaßen wegen seiner Architektur wie wegen seiner hervorragenden Laufanlagen bewundert.

Ganz unten:
Einmarsch der schwedischen Mannschaft zur Eröffnungsfeier 1912. Die Spiele wurden für die Gastgeber zu einem großen Erfolg.

Die Olympischen Spiele für 1912 wurden der Stadt Stockholm im Jahr 1909 zugesprochen, und die schwedische Regierung versprach dem IOC volle Unterstützung. Ein neues, schönes Stadion und ein 100-m-Becken für die Schwimmer wurden gebaut. Die Schweden betrieben die Vorbereitungen mit ganzem Herzen.
Die festliche Stimmung hielt während der gesamten Spiele an. Ganz Stockholm war mit Fahnen geschmückt, und die Gastgeber wurden mit einem perfekten Wetter belohnt. Es gab keine jener Zwistigkeiten wie bei den Spielen 1908. Diese Olympischen Spiele von Stockholm kamen wohl am nahesten an Coubertins ideale Vorstellungen heran, und sie setzten ein Maß für alle kommenden Spiele. 2490 Männer und 57 Frauen aus 28 Ländern nahmen an 102 Wettbewerben in 13 Sportarten teil. Zu den Disziplinen gehörten u. a.: Querfeldeinlauf, Kugelstoß beidhändig, Diskuswurf beidhändig, Speerwurf beidhändig, Tauziehen und Tennis.

Einführung der Zielfotografie

Bei der Eröffnungsfeier am 6. Juli 1912 (die Spiele dauerten tatsächlich vom 5. Mai bis 22. Juli) beeindruckten die Vorführungen von 200 weißgekleideten Turnern und der Einmarsch der Athleten. Das neue Stadion und die Anlagen drumherum hatte der Engländer Charles Perry entworfen, der auch schon die Laufbahn bei den ersten modernen Spielen 1896 in Athen gebaut hatte. Man zollte den Anlagen in jeder Hinsicht Respekt, alles war perfekt, wie auch das Stadion selbst mit seinen achteckigen Türmen und seinen gewölbten Eingängen. Zum erstenmal in der olympischen Geschichte verwendete man die Zielphotographie und die elektrische Zeitmessung. Im Stadion gab es Sitzplätze für 30000 Zuschauer, die die Leichtathletikwettbewerbe mit einer gewaltigen Begeisterung und einer bemerkenswerten Unparteilichkeit verfolgten. Vorbereitung und Durchführung waren mustergültig, offenbar hatten die Spiele nun zu ihrer eigentlichen Form gefunden.
Neu im Programm waren der Moderne Fünfkampf, Schwimmwettbewerbe für Frauen, die heute klassischen Leichtathletikstaffeln sowie die Langstreckenläufe über 5000 m und 10000 m. Zum erstenmal gab es auch Kunstwettbewerbe in Musik, Malerei, Architektur, Bildhauerei und Literatur. Die Goldmedaille für ihre »Ode an den Sport« bekamen die »Deutschen« Georg Hohrod/M. Eschbach. Wie es sich später herausstellte, waren diese Namen Pseudonyme. Der Autor war kein anderer als Baron Pierre de Coubertin höchstselbst! Die Amerikaner eroberten in der Leichtathletik ihre Vormachtstellung zurück, gewannen alle Laufstrecken bis zu den 800 m, wobei sie sich zehn der zwölf möglichen Medaillen sicherten. Ralph Craig siegte über 100 m und 200 m. Er nahm noch als 59jähriger Segler an den Spielen in London 1948 teil.
Den 400-m-Lauf holte sich Charles Reidpath mit dem olympischen Rekord von 48,2 Sekunden, nur eine Zehntelsekunde vor dem Münchner Hanns Braun, der als Soldat im Ersten Weltkrieg fiel. Im 800-m-Lauf hatte Braun dann

das Pech, hinter drei Amerikanern nur Vierter zu werden, wobei James Meredith in 1,51,9 Minuten neuen Weltrekord lief. Hanns Braun, vier Jahre vorher in London Dritter in 1:55,2, lief diesmal 1:52,2 Minuten.
Die neueingeführten 5000 m und 10000 m kündigten der Welt einen neuen, alle überragenden Star an: Hannes Kolehmainen, den ersten der »fliegenden Finnen«. Die 5000 m waren das herausragende Rennen dieser Spiele. Die drei Favoriten hießen Kolehmainen, Bouin (Frankreich) und Hutson (Großbritannien). Aber Kolehmainen und Bouin führten vom Start weg und machten das Rennen unter sich aus. Erst führte der Finne, dann der Franzose, dann liefen die beiden so gleichförmig nebeneinander, daß man glaubte, nur einen Menschen zu sehen. Auf der vorletzten Geraden legte Bouin einen Zwischenspurt ein und hatte schnell drei oder vier Meter Vorsprung. Aber auf der letzten Runde schloß der Finne wieder auf. Bouin sah sich um und erblickte den Finnen direkt neben sich. Ein paar Meter liefen sie nebeneinander, dann warf sich Kolehmainen als Erster ins Ziel, mit etwa einem knappen Meter Vorsprung. In 14:36,6 lief er neuen Weltrekord, war um eine Zehntelsekunde schneller als der Franzose.

Der »fliegende Finne«

Die 10000 m verliefen ganz anders, Kolehmainen gewann mit einem Vorsprung von über einer halben Minute. Er siegte auch im 12000-m-Geländelauf und schaffte zusammen mit seinem Team noch Silber. Im 3000-m-Mannschaftslauf lief Kolehmainen im Vorlauf neuen Weltrekord, doch sein Team erreichte das Finale nicht.
Der Marathonlauf wurde zu einem Triumph für die Südafrikaner, die Gold und Silber in Empfang nahmen. Diesmal forderte dieses Rennen ein Menschenleben. Der Portugiese Lazaro starb nach einer Herzattacke im Krankenhaus. Die Nachricht von seinem Tod wurde den vielen Zuschauern verschwiegen, die das Ende der Spiele feierten und den Marathonsieger Kenneth MacArthur auf den Schultern zu seinem Hotel trugen.
In Stockholm gab es den ersten leichtathleti-

Zieleinlauf über 100 m. Die Amerikaner machten die Medaillen unter sich aus, Ralph Craig gewann überlegen.

In Weltrekordzeit holte sich der 19jährige Amerikaner Ted Meredith den 800-m-Sieg vor seinen Landsleuten Sheppard und Davenport.

Das 5000-m-Rennen wurde zu einem großen Duell zwischen dem Finnen Hannes Kolehmainen, der hier in Führung liegt und schließlich auch gewann, und dem Franzosen Jean Bouin, für den nur Rang zwei blieb.

Stockholm

Der Südafrikaner Rudolph Lewis gewann das Rad-Straßenrennen über 320 Kilometer.

m-Lauf. Ein amerikanischer Indianer namens Jim Thorpe gewann den Wettbewerb aus dem Handgelenk, siegte in vier Disziplinen und wurde Dritter mit dem Diskus. Der Norweger Ferdinand Bie wurde Zweiter, und der Amerikaner Avery Brundage, der spätere IOC-Präsident, belegte Platz fünf.

Das Verdikt gegen Jim Thorpe

Ein paar Tage später begann der Zehnkampf. Er dauerte drei Tage, aber es war schon am ersten Tag klar, daß nur Jim Thorpe gewinnen konnte. Er war Bester in vier Disziplinen, dazu war er zweimal Zweiter und viermal Dritter. Nach der damaligen Berechnung betrug Thorpes Punktzahl 8413 Punkte, fast 700 mehr, als der Zweite, der Schwede Hugo Wieslander, aufwies. Jim Thorpe belegte außerdem den vierten Rang im Hochsprung (1,87 m) und den siebenten Platz im Weitsprung. Ein Jahr später nahm man Jim Thorpe alle Medaillen weg und strich ihn aus den Ergebnislisten, weil entdeckt worden war, daß er vor 1912 in einer unteren amerikanischen Baseball-Profiliga gespielt und dafür eine geringfügige Bezahlung angenommen hatte. Der Norweger Bie und der Schwede Wieslander bekamen seine Goldmedaillen.

Erstmals wurde in Stockholm, auf Empfehlung von Coubertin, der Moderne Fünfkampf ausgetragen: Schießen, Schwimmen, Fechten, Reiten und Geländelauf. Der Schwede Gustaf Lilliehöök siegte vor zwei Landsleuten, und die Menge bejubelte den dreifachen Medaillengewinn. Der beste Nicht-Skandinavier war der amerikanische Kadett George Patton als Fünfter, der später im Zweiten Weltkrieg als Panzer-General »Blood and Guts« Patton berühmt wurde.

Im Schwimmen gab es Doppelsieger, den Kanadier George Hodgson und den Deutschen Walter Bathe (auf den Bruststrecken), aber zum »Star« wurde der Amerikaner Duke Kahanamoku, der im königlichen Palast in Honolulu 1890 geboren wurde, gerade als der Herzog von Edinburgh zu Besuch war. So kam er zu seinem Vornamen. Er und zwei weitere Amerikaner waren zu spät zum 100-m-Freistil-Halbfinale gekommen, dennoch wurde ihnen ein zusätzliches Rennen gestattet, um die Qualifikationszeit vielleicht doch noch zu unterbieten. Das war einer der ganz wenigen Zwischenfälle in Stockholm, die zu Kontroversen führten. Kahanamoku verbesserte in diesem Extrarennen den Weltrekord auf 1:02,4 und gewann dann die Goldmedaille in 1:03,4.

Die Spiele in Stockholm bekamen einhelliges Lob und waren im ganzen ein großer Erfolg. Die gastgebenden Schweden gewannen die meisten Medaillen (24 Gold, 24 Silber, 17 Bronze – insgesamt 65) vor den Amerikanern (24/19/19 – 63) und den Briten (10/15/16–41). Den größten Sprung nach vorne taten die Finnen, die nicht glücklich darüber waren, daß bei ihren Siegen die russische Flagge hochgezogen wurde. Finnland gehörte damals zum russischen Reich.

Die Erinnerung an diese vorzüglichen Olympischen Spiele in Stockholm half später der olympischen Bewegung entscheidend dabei, sich nach dem schrecklichen Ersten Weltkrieg wieder zu finden und zu kräftigen.

Unten links:
Als Marathonsieger Kenneth McArthur aus Südafrika das Zielband erreichte, hatte man ihm bereits den Siegerkranz umgehängt.

Unten rechts:
Ein Blick auf den Sprungturm während der olympischen Wettbewerbe im Wasserspringen in Stockholm.

Zum letztenmal für 16 Jahre nahm eine deutsche Mannschaft an den Olympischen Spielen teil. 180 Männer und (erstmals bei Sommerspielen) fünf Frauen fuhren nach Stockholm. Sie kehrten mit fünf Gold-, dreizehn Silber- und sieben Bronzemedaillen heim. Aus verschiedenen Quellen (auch staatlichen) waren 48500 Mark für die Expedition zusammengekommen. Die »Deutsche Turnerschaft« sagte erneut eine Teilnahme ab. Akademische Turner aus Leipzig konnten die Turnelite nicht ersetzen, auch wenn sie sich noch soviel Mühe gaben. Carl Diem hatte die Generalstabsarbeit bei der Vorbereitung in Deutschland und in Stockholm geleistet.

Deutsche Sportler enttäuscht

Die Deutschen hatten sich größere Erfolge erhofft, waren enttäuscht, trösteten sich aber mit den kommenden Olympischen Spielen in Berlin 1916. Am 8. Juni 1913 wurde das Olympiastadion im Grunewald von 30000 Zuschauern und Kaiser Wilhelm II. eröffnet. Vierzehn Monate später war Krieg. Und erst 1928 nahmen deutsche Sportler wieder an Olympischen Spielen teil.

Jim Thorpe, der Alleskönner in der Leichtathletik, der in Stockholm den Fünfkampf und den Zehnkampf gewann. Später wurden ihm »wegen eines Verstoßes gegen die Amateurbestimmungen« die Medaillen wieder weggenommen.

Späte Wiedergutmachung. IOC-Präsident Juan Antonio Samaranch überreichte bei einer Feier 1983 der Familie des rehabilitierten Jim Thorpe die Medaillen ihres Vaters. Sechs seiner Kinder strahlen hier in die Kamera. Jim Thorpe war schon 1953 gestorben, als armer Mann.

Jim Thorpe

»Sir, für mich sind Sie der größte Athlet der Welt!« Mit diesen Worten gratulierte König Gustav von Schweden dem Indianer Jim Thorpe, als dieser 1912 in Stockholm nach dem Fünfkampf auch den Zehnkampf – hoch überlegen – gewonnen hatte. Thorpe war am 28. Mai 1888 als Sohn eines Sac-Fox-Indianers geboren worden. Er besuchte eine Indianerschule in Carlisle/Pennsylvania, und schon da entdeckte man seine große Begabung für Leichtathletik, American Football und Baseball. Football und Baseball wurden seine große Leidenschaft, die ihm zum Verhängnis werden sollte. Nach den Olympiasiegen spielte er seine beste Football-Saison. Da kam ein Journalist auf die Idee, die Er entdeckte, daß Thorpe vor Stockholm einmal in einer unteren Liga Baseball gespielt und dafür 60 (!) Dollar kassiert hatte. Er hatte also gegen den Amateurstatus verstoßen. Man nahm ihm seine Goldmedaillen weg, strich ihn aus den olympischen Ergebnislisten. Vom Amateursport ausgesperrt, wurde er Football- und Baseball-Profi. Seine Rehabilitierung erlebte er nicht mehr. Verbittert, dem Alkohol verfallen, starb er 1953 in Carlisle. Erst auf Druck der öffentlichen Meinung erkannte ihm 1973 die American Amateur Athletic Union (AAAU) wieder den Amateurstatus zu, und das IOC überreichte endlich 1982 Thorpes Tochter die beiden Goldmedaillen, die ihr Vater siebzig

Antwerpen

Berlin, Budapest und Alexandria hatten sich um die Olympischen Spiele 1916 beworben. Coubertin begünstigte Berlin mit der Begründung, die Spiele könnten sich vorteilhaft zugunsten des Friedens in Deutschland auswirken und helfen, den drohenden Krieg zu verhindern. Sein Rat wurde gehört, Berlin bekam die Spiele. Der Erste Weltkrieg begann 1914, aber die Deutschen sagten die Olympischen Spiele nicht sofort ab. Man erwartete, daß der Krieg ganz schnell beendet sein würde. Es kam nicht so, und es dauerte einige Jahre, bis Coubertin und die Welt wieder daran denken konnten, einen friedlichen Wettstreit auf den Sportfeldern austragen zu können.

1915 hatte Coubertin das Hauptquartier des IOC nach Lausanne in der Schweiz verlegt, wo er auch ein Haus besaß. Von hier aus erging im Jahre 1919 die Einladung an Antwerpen, Gastgeber der siebenten Olympischen Spiele zu sein. Antwerpen war schon 1914 für die Spiele von 1920 vorgesehen gewesen. Es wurde eine fast unlösbare Aufgabe für die Belgier, die nur 18 Monate Zeit für die Vorbereitungen hatten. Belgien war durch den Ersten Weltkrieg, der im Lande gewütet hatte, schwer verwüstet worden. Stadion, Schwimmbecken und andere Anlagen wurden in letzter Minute fertig, aber die Schäden, die Antwerpen und das ganze Land erlitten hatten, konnten nicht übertüncht werden. Verglichen mit früheren Spielen, waren die sportlichen Einrichtungen armselig, aber viele der Sportler hatten im Krieg gekämpft, und sie hätten auch die einfachsten Anlagen mit Dankbarkeit akzeptiert. Die besiegten Staaten Deutschland, Österreich, Ungarn, Bulgarien und die Türkei wurden nicht eingeladen und Rußland, eigentlich schon Sowjetunion, lehnte eine Teilnahme ab. Das alte Rußland hatte an den Olympischen Spielen 1900 (mit drei Teilnehmern), 1908 (5) und 1912 (169) teilgenommen und in London (zwei Silbermedaillen) und in Stockholm (zwei Silber, drei Bronze) insgesamt lediglich sieben Medaillen gewonnen, aber noch keinen Olympia-Sieger gestellt.

Eröffnungsfeier der ersten Olympischen Spiele nach dem Weltkrieg, 1920 in Antwerpen. Die besiegten Länder waren nicht eingeladen worden.

Finnland war nun ein selbständiger Staat, und die finnischen Sportler kämpften mit ganz besonderer Begeisterung. Die Amerikaner hingegen litten diesmal, im Gegensatz zu früheren Zeiten, unter einer schlechten Vorbereitung.
Die Olympischen Spiele in Antwerpen dauerten vom 20. April bis zum 12. September. Die Eröffnungsfeier fand am 14. August statt, mit Beginn der Leichtathletikwettbewerbe. König Albert von Belgien sprach die Eröffnungsworte. In der Kathedrale von Antwerpen wurde ein Gottesdienst zur Erinnerung an die Toten des Krieges abgehalten.
Im Stadion fanden 30000 Zuschauer Platz, aber meistens war es nur zu zwei Dritteln gefüllt. Vielleicht stand den Belgiern der Sinn noch nicht nach solchen Festen. Die Laufbahnen waren in einem schlechten Zustand, wurden bei Regen sehr weich und schlammig.

Der schnellste Mann der Welt

Die Amerikaner behaupteten ihre Vormachtstellung in den Sprints, gewannen über 100 m und 200 m Gold und Silber. Der Star hieß Charles Paddock. Er war der erste Sportler, den man »den schnellsten Mann der Welt« nannte. Paddock gewann die 100 m und wurde über 200 m hinter Allan Woodring Zweiter, als ihn kurz vor dem Ziel die Kraft verließ. Er hatte die Angewohnheit, am Zielband mit in die Luft gereckten Armen in die Höhe zu springen.
Der aus England stammende Südafrikaner Bevil Rudd gewann den 400-m-Lauf mit zwei Metern Vorsprung vor seinem alten Gegner Guy Butler von der Universität Cambridge, wobei Rudd beinahe wegen eines verstauchten

Fußknöchels nicht hätte starten können. Die Verletzung hatte er sich im vorhergegangenen 800-m-Lauf zugezogen, als er in der letzten Kurve in einem Loch in der Bahn hängengeblieben war. Den 800-m-Lauf gewann der 31jährige Eisenbahnwachmann Albert Hill aus Großbritannien vor dem Amerikaner Earl Ebny und Rudd. Hill hatte den ganzen Krieg als Soldat mitgemacht, und besaß die Gabe, vor einem Rennen ein Schläfchen halten zu können. Er gewann auch den 1500-m-Lauf vor seinem englischen Landsmann Philip Noel-Baker, der 1959 den Friedens-Nobelpreis erhielt.

Über 5000 m kam es wie 1912 zu einem Duell zwischen einem Finnen und einem Franzosen. Der Finne war der legendäre Paavo Nurmi, der zum erstenmal bei Olympischen Spielen antrat. Der Franzose hieß Joseph Guillemot, und er ließ Nurmi auf der letzten Geraden um 4,4 Sekunden hinter sich, als wolle er die Niederlage seines Landsmannes Bouin von 1912 rächen. Guillemot hatte im Krieg eine Gasvergiftung erlitten, Bouin war getötet worden.

Im 10000-m-Lauf war der Zieleinlauf genau umgekehrt, Nurmi gewann in 31:45,8 Minuten mit 1,4 Sekunden vor Guillemot. Der Marathonlauf wäre beinahe aus dem Programm gestrichen worden. Das IOC hatte auf Bitten der Belgier und Briten der Absetzung schon zugestimmt, aber er fand dann doch statt. Der Lauf wurde zu einem Triumph für den Finnen Hannes Kolehmainen, der mit 12,8 Sekunden vor dem Esten Juri Lossman gewann, mit dem geringsten Vorsprung, den es je in diesem olympischen Rennen gab.

Starke Hammerwerfer aus Irland

In den technischen Disziplinen teilten sich, abgesehen vom britischen Sieg im Tauziehen, die USA, Finnland und Schweden in die Goldmedaillen. Die Finnen kassierten sämtliche Speerwurf-Medaillen. Der Amerikaner Frank Foss übersprang mit dem Stab klar die vier Meter und schaffte einen eindrucksvollen Sieg. Paddy Ryan setzte eine erstaunliche Tradition im Hammerwurf fort. Bis dahin waren alle Olympiasieger in Irland geborene Amerikaner. Amerikaner und Skandinavier dominierten

Freistil, sein Landsmann Norman Ross holte sich die längeren Kraulstrecken.

Zum erstenmal hatten die USA ein starkes Frauen-Team zu den Spielen entsandt, das in allen drei Schwimm-Disziplinen siegte. Ethelda Bleibtry gewann drei Goldmedaillen, das 14jährige Schulmädchen Aileen Riggin aus den USA das Kunstspringen. Die britische Mannschaft siegte im Wasserball vor den Belgiern, deren Anhänger Krawall machten. Der britische Ka-

Oben:
Doppel-Olympiasieger über 800 m und 1500 m wurde der Engländer Albert Hill. Dieses Kunststück hat bisher nur Peter Snell 1964 wiederholen können.

Unten:
Frank Loomis (USA) über der letzten Hürde auf seinem Weg zum Olympiasieg auf der

Antwerpen

Percy Hodge am Ziel des 3000-m-Hindernislaufs. Der Brite siegte überlegen mit 100 Meter Vorsprung.

Rechts unten:
Ehemalige Iren holten für die USA Olympiasiege im Hammerwurf. Paddy Ryan war in Antwerpen schon der dritte in dieser Reihe.

Das Boxturnier war wahrhaft international besetzt, die Sieger kamen aus fünf Ländern. Zwei amerikanische Olympiasieger machten später große Karrieren als Profis, Frank de Genaro wurde Weltmeister im Fliegengewicht und Eddie Eagan Vorsitzender der New Yorker Box-Kommission.
Im Rudern setzte sich der amerikanische Achter durch, und zwei Goldmedaillen gab es für John Kelly, den Vater von Grace Kelly, der späteren Fürstin von Monaco, die 1982 tödlich verunglückte. Kelly siegte im Einer und mit Paul Costello im Doppelzweier.
Für Italien gab es fünf Goldmedaillen in sechs Fecht-Disziplinen, Nedo Nadi gewann zwei in Einzel- und drei in Mannschaftswettbewerben.

Eine der unvergeßlichen Tennisspielerinnen, die Französin Suzanne Lenglen, siegte zweimal. Die USA schockten die Franzosen mit ihrem 8:0-Finalsieg im Rugby. Das Fußball-Endspiel nahm einen unglücklichen Verlauf. Die Tschechen verließen nach einer Reihe schlimmer Schiedsrichterentscheidungen und einem Platzverweis in der 40. Minute das Spielfeld. Belgien bekam die Goldmedaille.
Die Spiele waren im ganzen als Folge des Krieges einfach und schmucklos, aber die Belgier machten es so gut, wie nur möglich, und sie trugen dazu bei, daß die Spiele nach der achtjährigen Unterbrechung wieder Fuß faßten. Zum erstenmal war die Vorherrschaft der Amerikaner in der Leichtathletik herausgefordert

worden. Es war schon mehr als bemerkenswert, daß das kleine Finnland genau so viele Goldmedaillen wie die mächtigen USA gewonnen hatte. Überhaupt holten die Skandinavier gewaltig auf. Mannschaften aus 29 Ländern nahmen in Antwerpen teil, 2543 Männer und 64 Frauen. Es gab 156 Wettbewerbe in 21 Sportarten. Im Programm standen u. a.: Gewichtwerfen, Tau-

und es wurde zum erstenmal der »olympische Eid« gesprochen. Die Amerikaner gewannen 41mal Gold, 26mal Silber und 27mal Bronze, vor Schweden 17/19/26, Finnland 14/10/8, Norwegen 13/7/8 und den gastgebenden Belgiern 14/11/10.

Der nationalistische Eifer, den seit 1908 die USA und Großbritannien an den Tag legten,

Die große Suzanne Lenglen sicherte sich zwei Goldmedaillen im olympischen Tennisturnier von Antwerpen. Die Französin zählt zu den besten Spielerinnen aller Zeiten.

Antwerpen

Der Amerikaner Duke Kahanamoku, geboren auf Hawaii, gewann Medaillen bei drei olympischen Schwimmwettbewerben. In Antwerpen sicherte er sich Gold über 100 m Kraul.

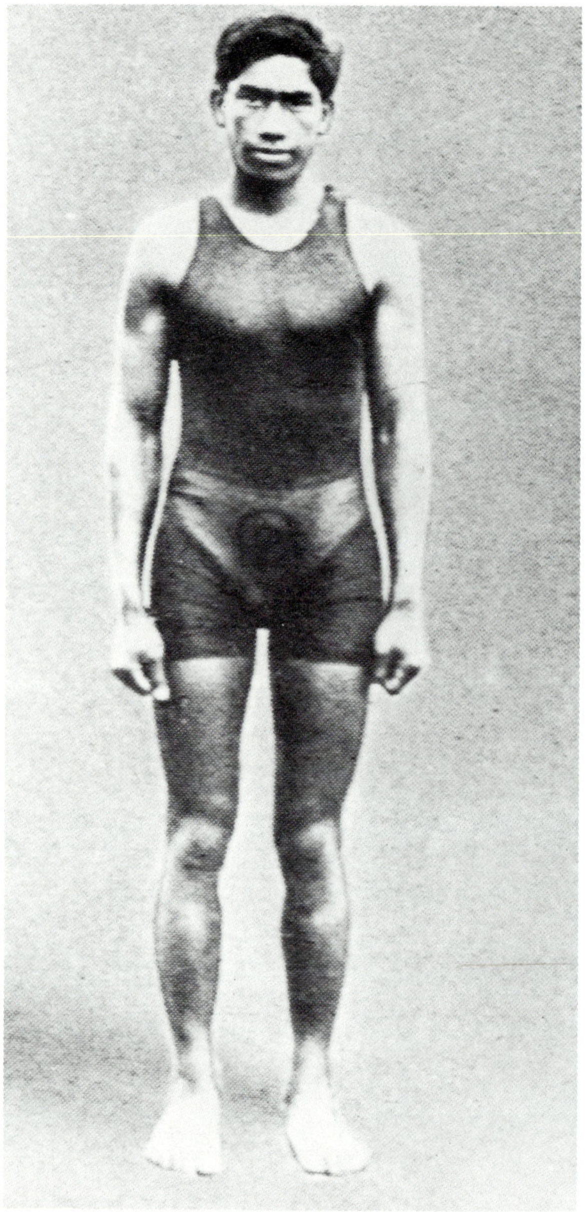

Der italienische Fechter Nedo Nadi, hier in einer Prachtuniform, wurde in Antwerpen mit fünf Goldmedaillen ausgezeichnet. Zweimal siegte er im Einzel, dreimal mit der Mannschaft.

Rang-Tabellen, von sogenannten Nationenwertungen, für »un-olympisch« erklärt. Das hielt aber die Zeitungen nicht davon ab, sie dennoch zu veröffentlichen.

In Großbritannien hatte es vor und während der Antwerpener Spiele eine starke Bewegung gegeben, 1920 zum letztenmal an Olympischen Spielen teilzunehmen. Die Briten sahen sich immerhin als Erfinder der meisten modernen Sportarten und ihr Interesse an den eigenen Sportereignissen im Lande war größer als das an olympischen Turnieren. So wurde der Löwenanteil der olympischen Kosten von wenigen reichen Leuten aufgebracht, während die Öffentlichkeit kaum Geld herausrücken wollte. Man sah keine Chancen für das finanziell so ärmlich ausgestattete britische Team und man betrachtete sich selbst als echte Amateure, während viele andere Mannschaften eben aus Profis bestanden. Dieses britische Amateur-Dilemma wurde 1980 anhand der Ereignisse der Olympischen Spiele von 1924 im Film »Chariots of Fire« dargestellt, der einen Oscar erhielt. Im offiziellen Report des »British Olympic Council« nach den Spielen von Stockholm 1912 stand zu lesen: »Wir empfehlen, daß dieses Land nicht mehr an künftigen Olympischen Spielen teilnehmen soll, solange diese Repräsentation nicht nur den Athleten etwas wert ist, sondern auch der Nation, in deren Namen die Sportler teilnehmen.« Theodore Cook, englisches Mitglied des IOC, erinnerte den Herausgeber der Zeitung »Times« an diesen Satz 1920 und drängte darauf, daß sich Großbritannien aus der

olympischen Bewegung zurückziehen sollte. Natürlich gab es auch eine Gegenbewegung, angeführt von den meisten Sportlern aus dem Olympiateam von 1920, die, wie es damals üblich war, ebenfalls einen Brief an die »Times« schrieben. Ihre Ansicht setzte sich durch.
In Antwerpen 1920 wurden im Eispalast (20. bis 30. April) auch Wintersportarten geboten. Erster Olympiasieger im Eishockey wurde Kanada. Im Eiskunstlaufen siegten die Schwedin Magda Julin und ihr Landsmann Gillis Grafström sowie im Paarlauf die Finnen Ludovika und Walter Jakobsson.
Das Eishockeyturnier von Antwerpen wird aber heute vom IOC *nicht* als olympischer Wettbewerb anerkannt. Ähnlich verhält es sich mit den Eiskunstlauf-Wettbewerben während der Olympischen Sommerspiele 1908 und 1920. Auf Anfrage gibt das Generalsekretariat des IOC in Lausanne folgende Auskunft: »Die *ersten* Olympischen Winterspiele fanden erst 1924 in Chamonix statt.«
Das Eishockeyturnier von Antwerpen, wo Kanada und die USA in den Weltverband aufgenommen wurden, wird aber als erste Weltmeisterschaft gewertet.

Hannes Kolehmainen

Hannes (Kurzform für Johannes) Kolehmainen kam am 9. Dezember 1889 in Kupio auf die Welt und wurde der erste große finnische Langstreckenläufer, das Vorbild für Sportler wie Nurmi, Ritola oder Lasse Viren. Sie alle nannte man die »fliegenden Finnen«. Kolehmainens größte Siege erlebten die Olympischen Spiele 1912 in Stockholm, wo er jedes Rennen gewann, an dem er teilnahm. Noch 1912 unterbot er den Weltrekord über 5000 m und ging 1913 in die Vereinigten Staaten, wo er in fünf Jahren sieben US-Meisterschaften gewann, viele amerikanische Rekorde lief und einen Weltrekord über 20000 m aufstellte. 1920 gewann er in Antwerpen Gold im Marathonlauf und lief dann weitere Weltrekorde über 25000 m und 30000 m. Dann zog er sich von der Aschenbahn zurück und eröffnete in Helsinki ein Sportgeschäft. Er gewann insgesamt vier Einzel-Goldmedaillen und eine Silbermedaille mit der Mannschaft, aber er hätte wohl noch drei oder vier Goldmedaillen mehr geschafft, wären die Olympischen Spiele 1916 nicht abgesagt worden. Bei den Olympischen Spielen 1952 in Helsinki entzündeten Kolehmainen und Paavo Nurmi die beiden olympischen Feuer. Hannes Kolehmainen starb am 11. November 1966 in Helsinki.

Hannes Kolehmainen, der erste der berühmten finnischen Langstreckenläufer, trifft im Stadion von Antwerpen ein. Mit diesem Marathonsieg beendete er

Chamonix

Zwei olympische Wintersportarten gab es schon, noch ehe Olympische Winterspiele ausgetragen wurden: Eiskunstlauf (mit deutschen Siegern und Medaillengewinnern) 1908 in London und dann wieder 1920 in Antwerpen sowie Eishockey (Olympiasieger Kanada) 1920. Schlittschuhlaufen war schon beim historischen Kongreß 1884 als wünschenswerter olympischer Wettbewerb genannt worden. Eislauf stand auch im Programm der Spiele 1900, wurde dann aber nicht durchgeführt. Die Winterspiele entstanden so spät, weil die Wettkämpfe in den Wintersportarten erst nach dem Ersten Weltkrieg internationalen Charakter bekamen. 1916 sollte im Schwarzwald ein »Ski-Olympia« veranstaltet werden. Auftrieb bekam die Idee der Winterspiele durch die Erfolge von Eiskunstlauf und Eishockey in Antwerpen.
Auf dem IOC-Kongreß 1921 wurde, gegen den Widerstand von Coubertin, der die Frage vertagen wollte, dem Antrag des Franzosen Marquis de Polignac zugestimmt. Er lautete: »Der Kongreß schlägt dem IOC vor, daß in allen Ländern, wo Olympische Spiele durchgeführt werden und wo es möglich ist, auch Wintersportwettbewerbe zu organisieren, diese unter das Patronat des IOC gestellt und nach den Regeln der zuständi-

Bei den ersten Olympischen Winterspielen holte sich die Österreicherin Herma Plank-Szabo in Chamonix die Goldmedaille im Eiskunstlauf der Damen.

Die Norweger trumpften in den nordischen Wettbewerben der ersten Winterspiele 1924 gewaltig auf. Thorleif Haug (links) gewann drei Goldmedaillen, nämlich beide Langläufe und die Kombination. Tullin Thams (rechts) holte sich den Olympiasieg im Springen.

gen internationalen Fachverbände abgewickelt werden sollten.«
Das war so etwas wie die Geburtsstunde der Olympischen Winterspiele, und 1922 wurde Chamonix in Frankreich zum ersten Austragungsort gewählt. Zu Olympischen Winterspielen wurde die Veranstaltung in Chamonix aber erst im Rückgriff. Als sie stattfanden, hießen sie noch »Internationale Wintersportwoche in Chamonix«.

Chamonix wird rückwirkend »olympisch«

Erst 1925 wurde entschieden, daß das IOC eine spezielle Folge von Olympischen Winterspielen sanktioniert, die im selben Jahr wie die Sommerspiele stattfinden und durchnumeriert werden sollten. Beim IOC-Kongreß 1926 wurde schließlich beschlossen, die Wintersportwoche von Chamonix 1924 rückwirkend als »Erste Olympische Winterspiele« anzuerkennen.
281 Männer und dreizehn Frauen aus 16 Ländern starteten in den 14 Wettbewerben im Eiskunstlauf, Eisschnellauf, Eishockey, Bob und im nordischen Skisport 1924 in Chamonix. Deutsche Sportler wurden, wie auch dann bei den Sommerspielen in Paris, nicht eingeladen.
Winterspiele sind natürlich vom Wetter abhängig. In Chamonix war es fast eine Katastrophe. Am 23. Dezember 1923 gab es überhaupt keinen Schnee, am 24. Dezember lag er über einen Meter hoch, und 36000 Kubikmeter mußten aus dem Eisstadion hinausbefördert werden. Eine Woche vor der Eröffnung, am 25. Januar 1924, verwandelte Regen das Eisschnellaufstadion in einen See. Rechtzeitig kam dann der Frost, und die Spiele konnten ohne Probleme beginnen.
Die Goldmedaillen im Eiskunstlauf gingen an bekannte Stars. Weltmeister Gillis Grafström aus Schweden gewann, wie schon 1920, und bei den Frauen setzte sich die Österreicherin Herma Plank-Szabo durch, die auch Weltmeisterin war. Die norwegische Meisterin, eine Elfjährige namens Sonja Henie, mußte noch mit dem achten und letzten Platz in der Ergebnisliste vorliebnehmen.
In den nordischen Skiwettbewerben räumten die Norweger gehörig auf. Thorleif Haug siegte über 18 km, 50 km und in der Nordischen Kombination und holte sich Bronze im Springen, das

Vier Goldmedaillen für zwei Finnen. Im Eisschnellauf dominierten Clas Thunberg (rechts), der dreimal siegte, und Julius Skutnabb.

Eine Szene aus dem Eishockeyspiel zwischen Kanada und den USA in Chamonix. Die Kanadier gewannen alle Spiele mit hohen Ergebnissen.

len sicherten sich die Norweger elf, nur der Finne Niku (Bronze über 18 km) kam ihnen in die Quere. Überraschend aber blieb das norwegische Gold im Eisschnellauf aus. Die Norweger standen zwar fünfmal auf dem Siegespodest, aber es gab eben nur dreimal Silber und viermal Bronze.
Viel Begeisterung herrschte um das Eishockeyturnier, obwohl es eindeutig von den Kanadiern beherrscht wurde. Sie waren eine Klasse für sich, gewannen alle Spiele mit hohen Ergebnissen.

Paris

Die Olympischen Spiele 1924 fanden wieder in Paris statt, Baron de Coubertin hatte es so gewünscht. Er wollte sich bald ins Privatleben zurückziehen, vorher aber noch das schlechte Bild von den Spielen in Paris 1900 wieder geraderücken. So wurde Paris zur ersten Stadt in der olympischen Geschichte, die die Spiele zum zweitenmal ausrichten durfte. 1948 war London nach 1908 zum zweitenmal an der Reihe, und 1984 ist es Los Angeles, das zum zweitenmal Olympische Spiele bekam. Coubertin blickte aber auch in die Zukunft.

Beim IOC-Kongreß 1921 wurde Amsterdam für 1928 gewählt und Los Angeles als der geeignetste Kandidat für 1932. Man beschloß auch, daß die Namen der Olympiasieger auf einer Gedenktafel in den Olympiastadien verewigt werden sollten. Und der Kongreß billigte das neue olympische Motto: citius, altius, fortius (schneller, höher, stärker), erdacht von dem französischen Mönch Pater Henri Didon.

Wieder standen die Planungen des IOC unter einem unglücklichen Stern, regelmäßig schienen sie dazu verdammt zu sein, scheitern zu müssen. In Paris kam im Winter 1923 noch ein böses Hochwasser der Seine hinzu. Man befürchtete schon das Schlimmste, aber schließlich wurden alle Probleme besiegt. Eine der größten Plagen war die Hitze. Die Temperaturen kletterten auf über 45 Grad.

Die Olympischen Spiele in Paris dauerten vom 4. Mai bis zum 27. Juli. Die 3092 Teilnehmer, darunter 136 Frauen, waren neuer Rekord. Mannschaften aus 44 Ländern nahmen teil, auch so viele wie noch nie. Deutschland wurde wieder nicht eingeladen, war auch nicht im IOC vertreten und hätte wohl auch gar nicht teilge-

100-m-Finale in Paris. Der Engländer Harold Abraham (zweiter von rechts) siegte vor dem Amerikaner Jackson Scholz und dem Neuseeländer Arthur Porritt. Die Siegerzeit: 10,6 Sek.

Ein Laufwettbewerb bei den Olympischen Spielen 1924 in Paris. Zeichnung von George Leroux.

nommen, falls dies überhaupt zur Debatte gestanden hätte. Auch die Sowjetunion war nicht dabei, sie nahm erstmals 1952 teil, hingegen waren Bulgarien, Ungarn, Österreich und die Türkei wieder mit von der Partie. Es gab 121 Wettbewerbe in 17 Sportarten.

Die Leichtathleten starteten am 5. Juli im Stadion Colombes. In der Nähe des Stadions waren für die Athleten Baracken errichtet worden, Vorläufer der späteren olympischen Dörfer.

»Unredliches« Training

Der 100-m-Lauf gehört zu den mitreißendsten Rennen dieser Spiele, und erst zum zweitenmal wurden die Amerikaner besiegt. Der Engländer Harold Abrahams (10,6) zeigte ihnen die Fersen. Er hatte von seinem zeitigen Ausscheiden 1920 gelernt, nahm sich die Amerikaner, ganz gegen den Zeitgeist in England, zum Vorbild und heuerte für seine Vorbereitung den besten Trainer jener Tage, Sam Mussabiri, an. Es machte ihm nichts aus, daß man in England nur den »reinen Amateurismus« mochte und das systematische Training der Amerikaner als »unredlich« ansah. Abrahams geriet mit den führenden Männern der Universität Cambridge in Konflikt, und sie beschuldigten ihn eines »unsportlichen Verhaltens«. Aber er gewann in Paris alle Rennen bis zum Finale, in dem er olympischen Rekord lief.

Die Amerikaner revanchierten sich über 200 m. Abrahams kam im Finale nie richtig auf die Beine, Jackson Scholz, Zweiter über 100 m, siegte vor Paddock und dem Briten Eric Liddell. Seine Geschichte, verbunden mit der von Harold Abrahams, war das Thema des mit einem Oscar ausgezeichneten Films »Chariots of Fire«. Liddell, britischer Rekordhalter über 100 Yards (seine 9,3 Sekunden von 1923 wurden erst 1958 verbessert), war der Sohn eines schottischen Missionars und wurde in China geboren. Aus religiöser Überzeugung nahm er in Paris nicht am 100-m-Lauf teil, weil die Läufe am Sonntag stattfanden. Deshalb konzentrierte er sich auf die 200 m und die 400 m. Mit dem dritten Platz über 200 m war er gar nicht zufrieden, zeigte aber über 400 m, die er nur selten lief, was in ihm steckte. Er siegte überlegen in

Jackson Scholz gewann die 200 m vor seinem amerikanischen Landsmann Charles Paddock, der wie gewöhnlich seinen schon berühmten »Zielsprung« machte. Dritter wurde Eric Liddell (Startnummer 451).

In Weltrekordzeit (47,6) gewann der Engländer Eric Liddell in Paris die 400 m. Seine Geschichte und die seines Landsmannes Harold Abraham lieferten den Stoff für den Film »Chariots of

Paris

Paavo Nurmi wie eine Maschine

Im 1500-m-Rennen triumphierte der Star dieser Spiele, Paavo Nurmi. Zur Goldmedaille rannte er mit seiner Stoppuhr in der Hand (es gab damals noch keine Rundenzeiten), fast wie eine Maschine, in einem gleichmäßigen Tempo, das ihn überhaupt keine Anstrengung zu kosten schien. Zweiter wurde der Schweizer Willy Schärer, 1,4 Sekunden zurück. Eine Stunde nach dem Sieg über 1500 m trat Nurmi zum Endlauf über 5000 m an. Ville Ritola, Nurmis Landsmann, versuchte ihn durch ein schnelles Anfangstempo zu ermüden, aber Nurmi schaffte es im Endspurt mit zwei Zehntelsekunden Vorsprung. Edwin Wide aus Schweden lag als Dritter eine halbe Minute zurück.
Am nächsten Tag gewann Nurmi seinen Vorlauf im 3000-m-Mannschaftsrennen. Dann siegte er im 10000-m-Geländelauf und führte das finnische Team zum Mannschaftssieg. Danach gewannen er und seine Freunde auch das 3000-m-Mannschaftsfinale. Zweiter hinter Nurmi war in diesen drei Rennen Ville Ritola, der ein paar Tage früher den 10000-m-Lauf in Weltrekordzeit gewonnen hatte. In diesem Wettbewerb war Nurmi nicht gestartet. Ritola hatte sechs Wochen vorher Nurmis Weltrekord verbessert, und die finnische Mannschaftsführung meldete ihn für Paris über diese Strecke, wohl auch, weil sie der festen Überzeugung war, Nurmi habe ohnehin mehr als genug zu tun. Die 10000 m wurden in einer Hitze gelaufen, die man nur als »Brutofen« bezeichnen konnte, aber Ritola unterbot seinen Weltrekord um zwölf Sekunden und besiegte den Schweden Wide um 32 Sekunden. Angeblich soll der »gekränkte« Nurmi danach in einem Trainingslauf noch schneller gewesen sein, aber das ist wohl eine Legende. Nurmi holte sich später den Weltrekord zurück. Ville Ritola schlug auch im 3000-m-Hindernis-Lauf zu, aber die Finnen waren noch immer nicht satt. Der 35 Jahre alte Albin Stenros siegte im Marathonlauf mit fast sechs Minuten Vorsprung.
Ugo Frigerio aus Italien, ein glänzender Stilist, siegte im 10-km-Gehen und fügte seinen beiden Goldmedaillen von Antwerpen eine dritte hinzu. Der Australier Anthony Winter war der einzige Olympiasieger im Stadion, der nicht aus den USA, aus Finnland oder Großbritannien stammte. Er holte sich den Dreisprung mit der Weltrekordweite von 15,525 m.
Die Vorherrschaft der Amerikaner auf den Hürdenstrecken wurde ein bißchen angekratzt, gewannen sie doch »nur« drei Medaillen, anstatt der sonst üblichen fünf und sechs. Die Goldmedaillen holten sich Dan Kinsey und Morgan Taylor, wobei Taylors Weltrekord über die 400 m Hürden (52,6) nicht anerkannt werden konnte, weil er eine Hürde umstieß. So waren die damaligen Regeln.

Der Franzose Geo Andre sprach 1924 in Paris stellvertretend für alle Sportler den »olympischen Eid«. Dieser Brauch war vier Jahre zuvor in Antwerpen eingeführt worden.

Der Finne Ville Ritola führt am Wassergraben im 3000-m-Hindernislauf. Hinter ihm der Amerikaner Rick und der Ungar Muskat, die beide keine Medaille gewannen. Ritola war nicht zu schlagen.

Drehtechnik à la Houser

Weltrekorde gab es in beiden Staffeln, jeweils durch die USA. Doppeltes Gold schafften die Amerikaner Harold Osborn (Hochsprung und Zehnkampf) und Clarence Houser (Diskus und Kugel). Houser war der erste Diskuswerfer, der die Drehtechnik perfekt beherrschte, und sein Olympia-Double mit Diskus und Kugel schaffte außer ihm nur noch sein Landsmann Robert Garrett bei den »Ur-Spielen« 1896. Der Amerikaner Fred Tootell brach das Monopol der irischstämmigen Hammerwerfer, aber Matt McGrath, Sieger von 1912, wurde nochmals Zweiter. Der Finne Joni Myrra wiederholte seinen Speerwurfsieg von 1920, was auch seinem Landsmann Eero Lehtonen im letzten olympischen Fünfkampf gelang. Der Amerikaner Hubbard siegte im Weitsprung (7,44 m), sprang aber kürzer als sein Landsmann LeGendre im Fünfkampf (7,76 m, zugleich Weltrekord!). LeGendre war im Weitsprung nicht gemeldet worden und wollte es nun den Funktionären zeigen. Im Fünfkampf wurde er Dritter. Den Stabhochsprung holte sich wieder ein

Der Amerikaner Harold Osborn auf dem Weg zum Hochsprung-Olympiasieg in Paris.

Im Schwimmbecken herrschten ebenfalls die Amerikaner, sie ließen sich nur drei Goldmedaillen (von insgesamt 16 möglichen) wegschnappen. Einige herausragende Schwimmer traten zum erstenmal bei Olympischen Spielen an. Der Amerikaner Johnny Weissmuller (in den USA war aus dem »ü« des aus Österreich eingewanderten Buben ein »u« geworden)

von 1912 und 1920, auf den zweiten Platz. Weissmuller holte sich auch Gold über 400 m Kraul vor dem Schweden Arne Borg und dem Australier Andrew Charlton. »Boy« Charlton, ganze 16 Jahre jung, schlug Borg über 1500 m Kraul, verbesserte Borgs Weltrekord aus den Vorläufen um über eine Minute und siegte mit 34,8 Sekunden Vorsprung. Der Amerikaner Albert White war Bester im Kunst- und Turmspringen. Aileen Riggin (USA), Siegerin 1920, wurde diesmal im Kunstspringen nur Zweite hinter ihrer Landsmännin Elisabeth Becker, holte sich aber die Bronzemedaille über 100 m Rücken und wurde so die erste Frau, die Medaillen sowohl im Springen als auch im Schwimmen gewann. Gertrude Ederle (USA) sicherte sich zwei Bronzemedaillen. Sie war die erste Frau, die 1926 den Kanal durchschwamm. Zwei amerikanische Box-Olympiasieger, Fidel LaBarba (Fliegengewicht) und John Fields (Feder), wurden später auch Profi-Weltmeister. Die größte Box-Story passierte im Mittelgewicht. Der Brite Harry Mallin »verlor« in einem umstrittenen Viertelfinalkampf gegen den Franzosen Roger Brousse, der mehrmals verwarnt worden war. In der letzten Runde biß Brousse den Engländer heftig in die Brust! Der Ringrichter sah es nicht, weil sich damals zum erstenmal bei Olympischen Spielen die Referees außerhalb des Ringes befanden. Andere Funktionäre hatten es glücklicherweise gesehen, waren doch auch die Bißspuren eindeutig zu erkennen. Mallins Punktniederlage wurde aber erst in einen Sieg verwandelt, nachdem alle englischsprechenden Mannschaften mit Abreise gedroht hatten. Im Finale schlug Mallin dann seinen Landsmann John Elliot und wurde der erste Boxer, der zweimal hintereinander eine Goldmedaille gewann.

Kelly und Costello

Ruderer John Kelly holte sich sein drittes Gold, wieder zusammen mit Paul Costello im Doppelzweier, wie schon 1920. Für den Einer hatte sich Kelly als Olympiasieger von 1920 diesmal nicht qualifizieren können. So gewann sein damaliger Gegner, Jack Beresford aus England, nach Silber diesmal Gold. Im siegreichen Achter saß der später als Kinderbuchautor berühmt gewordene Benjamin Spock.
Zum letztenmal war Tennis olympisch. Es gab einen vollen Erfolg für die Amerikaner, die alle Goldmedaillen gewannen. Suzanne Lenglen hatte eine Teilnahme abgelehnt, die 18jährige Helen Wills holte sich wie Hazel Wightman und Vincent Richards zweimal Gold. Auch Rugby stand zum letztenmal im olympischen Programm, und überraschend gewannen die Amerikaner das letzte Gold vor den gastgebenden Franzosen, wie schon 1920.

Explosion im Leistungssport

Die Olympischen Spiele von Paris waren leistungsmäßig ein großer Erfolg und zeigten,

Johnny Weissmuller nach seinem Sieg über 400 m Kraul bei den Spielen von 1924. Eingerahmt wird der spätere Tarzan von zwei weiteren Olympiasiegern, dem Australier Andrew »Boy« Charlton (links) und dem berühmten Schweden Arne Borg.

welche rasche Entwicklung der Leistungssport seit 1920 genommen hatte. Es gab in der Leichtathletik sieben Weltrekorde. Viele Zuschauer kamen, aber trotzdem wurden die Spiele für die französischen Steuerzahler zu einer bitteren Pille.
Wieder waren die Finnen die Stars der Spiele. Nurmi und Ritola bildeten eine Klasse für sich. Die USA gewannen mit großem Vorsprung die meisten Medaillen (45 Gold, 27 Silber, 27 Bronze), vor Frankreich (13/15/10), Finnland (14/13/10) und Großbritannien (9/13/12), aber die Finnen waren auf den Laufstrecken die unbestritten Besten.
Wie immer verglichen die »Nationen« eifersüchtig ihre Erfolge. Leistungen wurden nach Punkten berechnet, daraus ergab sich eine »Nationenwertung«. Die »Times« ärgerte sich, daß Gewichtheben etwa 22mal so viel zähle wie die 100 Yards. Sie schrieb: »Glaubt jemand ernstlich, daß Gewichtheben 22mal so bedeutend ist, wie der schnellste Sprinter der Welt zu sein? Ist der Gewinn des 100-Yards-Rennen weniger als zwei Tausendstel des olympischen Ruhms wert?« Natürlich hatte der Engländer Abrahams den Sprint gewonnen. Hingegen forderte die New Yorker Zeitung »Evening World« eine Reduzierung der Langstreckenrennen, natürlich um die Bedrohung der US-Vormachtstellung durch die Finnen zu vermindern.

Ärger über Zwischenfälle

Häßliche Zwischenfälle gab es aber auch bei diesen Olympischen Spielen. Über das Boxen wurde schon berichtet, aber es gab auch Schlägereien beim Rugby, wo sich die Methoden des American Football nicht mit den Ideen vom französischen Rugby vertrugen, sowie Keilereien beim Fechten zwischen Franzosen, Italienern und Ungarn, Streit beim Tennisfinale der Männer und Demonstrationen der Zuschauer beim Wasserball gegen die Amerikaner.
Die alles veranlaßte die Londoner »Times« zu der Schlagzeile »Der Untergang der Olympischen Spiele« und zu einem Leitartikel mit dem Titel »Nie mehr Olympische Spiele«. Die Vorwürfe gegen die Spiele lauteten: »Großes Durcheinander, beschämende Unordnung, viele Beschimpfungen, Schlägereien, das Überschreien der Nationalhymnen, ständige Feindschaft gegenüber den Amerikanern.«
Man vermutete, daß die Öffentlichkeit der würde, und in Großbritannien erwartete man zudem, daß die Amerikaner eine ähnliche Haltung einnehmen würden, weil doch »für die Olympischen Spiele bereits die Totenglocke geläutet hatte«. Baron de Coubertin, der »Träumer«, träumte weiter. »Ich träume von der 26. und 28. Olympiade«, sagte er. Nach den Olympischen Spielen in Paris 1924 zog er sich von seinem Amt als Präsident des IOC zurück.

Der Amerikaner Clarence Pinkston beim Springen vom Dreimeterbrett in Paris. Er gewann insgesamt eine Gold-, eine Silber- und drei Bronzemedaillen bei olympischen Konkurrenzen im Wasserspringen.

Die Swahn-Familie

Kein Vater-Sohn-Paar bietet einen solchen »olympischen Rekord« wie Oscar und Alfred Swahn aus Schweden. Vater Oscar wurde am 20. Oktober 1847 in Tanum geboren, sein Sohn Alfred am 20. August 1879 in Uddevalla. Beide waren Gewehrschützen. Vater Swahn war schon 49 Jahre alt, als die ersten modernen Olympischen Spiele stattfanden. Er nahm aber erst an den Spielen 1908 in London teil, als er bereits 61 Jahre alt war und wo auch sein Sohn als 29jähriger mitmachte. Vater Oscar gewann eine Einzel-Goldmedaille und mit der Mannschaft Gold und Bronze, Sohn Alfred Mannschafts-Gold. 1920, Oscar Swahn war bereits 73 Jahre alt, gewann er seine letzte Medaille. 1924 hatte sich Vater Oscar Swahn im Alter von 77 Jahren erneut qualifiziert, aber er war zu krank, um nach Paris zu reisen.
Sohn Alfred gewann Silber und Bronze. Oscar Swahn starb am 1. Mai 1927, Alfred

St. Moritz

Seite 49:
Sonja Henie gewann 1928 in St. Moritz die erste ihrer drei Goldmedaillen im Eiskunstlauf. 1924 hatte sie schon als Elfjährige in Chamonix teilgenommen.

Johan Gröttumsbraaten, einer der größten nordischen Skisportler aller Zeiten. In St. Moritz siegte er zweimal, und vier Jahre später gewann er nochmals Gold.

In den zwanziger Jahren waren die Wintersportarten sehr populär geworden. Die nachträglich als erste Winterspiele anerkannte »Wintersportwoche von Chamonix« hatte einen großen Erfolg gebracht und so erhoffte man von den zweiten Olympischen Winterspielen in St. Moritz einen weiteren Aufschwung. Sie fanden vom 11. bis 19. Februar statt und brachten mit 495 Teilnehmern (darunter 27 Frauen) aus 25 Ländern eine erhebliche Steigerung gegenüber Chamonix. Leider litten sie unter dem katastrophalen Wetter. So mußte zum Beispiel das 10000-m-Rennen der Eisschnelläufer abgebrochen werden, weil es über Nacht 20 Grad warm geworden war. Die Skandinavier waren wieder drückend überlegen, mit den Norwegern an der Spitze. Norwegen gewann den 18-km-Langlauf und die Kombination (18 km plus Skispringen) durch Johan Gröttumsbraaten und kassierte auch beide Silber- und Bronzemedaillen. Gröttumsbraaten hatte schon 1924 Silber und zweimal Bronze gewonnen. Im 50-km-Langlauf kamen lediglich 30 von 41 Läufern ins Ziel. Nur die Schweden hatten wohl das richtige Wachs für den »Wasserschnee« gefunden und holten sich alle drei Medaillen. Per Erik Hedlund gewann mit 13 Minuten Vorsprung, vor vier Jahren waren die Norweger um eine Stunde schneller gewesen. Viele Läufer aßen Schnee, weil sie in der trockenen Föhnluft der Durst quälte. Im Skispringen siegte der Norweger Alf Anderson. Der Tscheche Rudolf Purkert gewann Bronze, die einzige Medaille im nordischen Skisport eines Mitteleuropäers bis 1956. Seine dritte Goldmedaille hintereinander sicherte sich der Schwede Gillis Grafström im Eiskunstlauf, schon zum zweitenmal vor dem Österreicher Willy Böckl. Die noch nicht ganz 16 Jahre alte Sonja Henie aus Norwegen, 1924 noch Achte und Letzte, holte sich ihre erste von drei Goldmedaillen. Sie zeigte wunderschöne neue, artistische Figuren und wurde zum Liebling der Spiele. Paarlauf-Gold ging an die Franzosen Andree Joly und Pierre Brunet, die später heirateten und ihren Sieg 1932 wiederholten. Die Goldmedaillen im Eisschnellauf fielen an Finnland und Norwegen. Clas Thunberg teilte sich das 500-m-Gold mit dem Norweger Olsen

bei gleicher Zeit und siegte noch über 1500 m. Die 5000 m sahen den Norweger Ivar Ballangrud in Front. Damit hatte der Finne Clas Thunberg bei zwei Winterspielen fünf Goldmedaillen in acht Wettbewerben sowie eine silberne und eine bronzene Plakette errungen. Eine Kombination gab es 1928 nicht mehr. Zwangsweise mußte ein Ruhetag eingelegt werden, denn am 15. Februar regnete es im Engadin in Strömen, und Berliner Zeitungen hatten schon das Ende der Wettkämpfe gemeldet. Aber dann setzte zum Glück Frost ein und es ging weiter. Wegen des Tauwetters konnten mit den Bobs nur zwei Läufe absolviert werden. Im »Viererbob« saßen fünf Mann, das heißt, alle lagen auf dem Bauch im Schlitten, auch der Steuermann. Unter 23 Teams gewannen die USA Gold und Silber, vor Deutschland II, mit Hanns Kilian, Krempl, Hess, Huber und Nägele. Diese fünf holten die einzige deutsche Medaille dieser Winterspiele. Im Programm stand auch die St. Moritzer Spezialität, das Skeletonrennen, das es olympisch nur noch einmal, 1948, natürlich wieder in St. Moritz, gab.
Das Eishockeyturnier war erneut ein Spaziergang für die Kanadier, die in der Endrunde der letzten Vier, für die sie gesetzt worden waren, mit 38:0 Toren vor Schweden und der Schweiz gewannen. Die deutsche Mannschaft war nach enttäuschenden Leistungen in der Vorrundengruppe C gegen die Schweiz (0:1) und gegen Österreich (0:0) ausgeschieden.

Alpiner Skilauf wird olympisch

Die zweiten Olympischen Winterspiele mit 13 Wettbewerben (10000-m-Eisschnellauf wurde abgebrochen) in den Sportarten Ski nordisch, Eishockey, Bob, Skeleton, Eisschnellauf und Eiskunstlauf festigten den Ruf dieser »olympischen Variante«, aber das vielleicht größte Ereignis tat sich am Konferenztisch. Sir Arnold Lunn, Pionier des alpinen Skisports aus England und Mitglied der »Fédération Internationale de Ski«, überredete seinen Verband, versuchsweise Abfahrt und Slalom in das Programm künftiger Winterspiele aufzunehmen. Und tatsächlich wurden alpine Skirennen, die heute ja mehr Aufmerksamkeit genießen als alle anderen Wintersportarten, erstmals bei den

Amsterdam

Die Olympischen Spiele von Amsterdam waren ein weiterer Schritt nach vorne. Zum erstenmal standen Frauen-Leichtathletik und Frauen-Turnen im Programm. Damit war nun die bis dahin umstrittene Teilnahme von Frauen an Olympischen Spielen gesichert. Die Spiele dauerten vom 17. Mai bis zum 12. August. An 109 Wettbewerben in 14 Sportarten nahmen Sportler und Sportlerinnen aus 46 Ländern teil, 2724 Männer und – eine neue Rekordzahl – 290 Frauen. Deutsche, Österreicher, Ungarn und Bulgaren waren wieder dabei. Deutschland schickte eine starke Mannschaft mit 32 Frauen und 191 Männern, die ganz überraschend hinter den USA die zweitmeisten Medaillen gewann. Sowjetrußland zeigte sich immer noch desinteressiert und kündigte eigene Spiele an.

Ein neues Stadion für 40000 Zuschauer wurde gebaut, die Wettbewerbe waren immer großartig besucht. Die Franzosen boykottierten die Eröffnungsfeier (und um ein Haar die gesamten Spiele), weil sie sich über die antifranzösischen und prodeutschen Bemerkungen eines Kontrolleurs am Eingang ärgerten, den die holländischen Organisatoren nur widerwillig von seinem Posten abzogen.

Offiziell eröffnet wurden die Olympischen Spiele am 28. Juli, und zum erstenmal wurde das »olympische Feuer« entzündet. Die Amerikaner hatten große Mühe, ihre Vorherrschaft in der gesamten Leichtathletik zu behaupten. Bemerkenswert war, daß sie in den Laufwettbewerben, früher nahezu ein Monopol für sie, nur ein Schatten einstiger Größe waren. Der Kanadier Percy Williams, gerade 20 Jahre alt geworden, gewann über 100 m und 200 m. Im kürzeren Sprint setzte er sich nach drei Fehlstarts leicht gegen den Londoner mit dem bemerkenswerten Namen Jack London und den Oldenburger Georg Lammers durch.

Über 200 m siegte er vor dem Engländer Walter Rangeley und dem Berliner Helmut Körnig. Der Deutsche war zeitgleich mit dem Amerikaner Scholz, die beiden sollten einen Entscheidungslauf um Bronze austragen, aber Scholz trat dazu nicht an. Die Amerikaner, die bei den früheren Spielen zwölf von 14 möglichen Sprint-Goldmedaillen gewonnen hatten, bekamen diesmal nicht eine einzige Medaille!

Amerikas Ansehen rettete über 400 m der Footballspieler Ray Barbuti aus Syracuse. Es war ein glücklicher Sieg, denn der Kanadier James Ball blieb auf seiner Außenbahn, wußte nicht, daß er auch innen laufen durfte. So schaffte er es trotz eines starken Endspurts nicht mehr, Barbuti zu schnappen.

Ein Fußballspieler, Henri Denis, legte bei den Olympischen Spielen 1928 in Amsterdam den olympischen Eid ab. Wie es heute noch üblich ist, ergriff er dabei mit der linken Hand die Fahne seines Landes.

1928

Die 800 m holte sich, wie schon 1924, der Brite Douglas Lowe. Otto Peltzer aus Stettin konnte nicht mitmischen, weil er verletzt war, dafür wurde sein Landsmann Hermann Engelhard (Berlin) Dritter. Da auch Joachim Büchner (Magdeburg) den gleichen Rang über 400 m belegt hatte, holten sich die Deutschen jeweils Bronze von 100 m bis 800 m. Die Finnen gewannen erneut die 1500-m-Goldmedaille, diesmal durch einen weniger bekannten Läufer namens Harri Larva, der gleichmäßig wie Nurmi lief und im Endspurt den Franzosen Jules Ladoumegue niederrang, der eigentlich gewonnen zu haben schien. Auf den Langstrecken ging wieder das finnische »Doppelspiel« über die Bühne. Überraschend gewann Ville Ritola relativ leicht die 5000 m vor Nurmi, der das Ergebnis dann über 10000 m umkehrte. Beide Male war der Schwede Edwin Wide wieder Dritter. Wide hätte wirklich Grund zum Jammern gehabt. Wären Nurmi und Ritola nicht gewesen, hätte er wohl statt seiner Silbermedaille und den drei Bronzemedaillen 1924 und 1928 vier Goldmedaillen gewonnen und wäre dadurch einer der ganz großen Läufer geworden.

Totaler Erfolg der Finnen

Nurmi und Ritola, der Sieger von 1924, traten auch im 3000-m-Hindernislauf an, aber es erwies sich, daß die beiden auch nur Menschen waren. Nurmi hatte größte Schwierigkeiten am Wassergraben, versuchte ihn in seinem Vorlauf vom Hindernisbalken aus zu überspringen und landete auf dem Rücken im schmutzigen Wasser, wobei er sich seine berühmte Stoppuhr ruinierte. Trotzdem gewann er den Vorlauf. Ritola erging es etwas besser, aber im Finale zeigte sich doch die mangelhafte Technik der beiden Weltklasseläufer. Ritola gab auf, Nurmi wurde mit zehn Sekunden Rückstand Zweiter. Das machte den finnischen Zuschauern allerdings nichts aus, denn Toivo Loukala siegte und Ove Andersen wurde noch Dritter, also ein totaler Erfolg für Finnland.
Auf den Hürdenstrecken machten es die Amerikaner besser als auf den Flachstrecken, ohne allerdings ans Gold zu kommen. Hinter den Siegern Sydney Atkinson aus Südafrika und

Begeistert wurde der erst 19jährige Kanadier Percy Williams nach seinen Olympiasiegen über 100 m und 200 m von seinen Anhängern in Amsterdam gefeiert.

Wie schon 1924 gewann der Engländer Douglas Lowe die 800 m auch in Amsterdam. Er

Amsterdam

Start zum 10000-m-Lauf bei den Spielen von 1928. Paavo Nurmi, den großartigen finnischen Läufer, erkennt man ganz rechts. Ville Ritola (dritter von links) wurde hinter seinem Landsmann Nurmi Zweiter, und Edwin Wide (dritter von rechts) holte sich die Bronzemedaille.

Paavo Nurmi

Paavo Nurmis Weltrekorde sind schon längst Vergangenheit, wie es das Schicksal aller Rekorde ist. Aber die Leistungen in seiner langen Karriere, seine 22 Weltrekorde, seine neun Goldmedaillen, die vier Jahre, in denen er kein Rennen verlor und die Art, wie er seine Siege errang, machen ihn wohl mit Recht zum größten Läufer aller Zeiten. Er wurde am 13. Juni 1897 in Turku (Finnland) geboren. Als Sportler machte er erst als 20jähriger Soldat auf sich aufmerksam. Er wurde in die finnische Olympiamannschaft für 1920 aufgenommen und begann seine erstaunliche olympische Karriere mit Gold über 10000 m, Silber über 5000 m und zwei Goldmedaillen im Geländelauf (Einzel und Mannschaft). Seinen ersten Weltrekord lief er 1921 über 10000 m und bis zu den Olympischen Spielen 1924 verbesserte er noch sieben weitere Weltrekorde. Die Spiele 1924 brachten dann seine besten Leistungen, und der 10. Juli 1924 in Paris war vielleicht sein »größter Tag«. Seit vier Jahren unbesiegt, gewann er die Goldmedaillen über 1500 m und 5000 m, und zwischen beiden Rennen hatte er nur etwas mehr als eine Stunde Pause. Dann holte er sich die Siege im Geländelauf (Einzel und Mannschaft) und am nächsten Tag wiederholte er dieses Doppel im 3000-m-Mannschaftsrennen. Bei diesen Wettbewerben war er in allen seinen Läufen Erster. Für die 10000 m, die er wahrscheinlich auch für sich entschieden hätte, war er nicht aufgestellt worden.
Sein Laufstil war bemerkenswert. Als die Rundenzeiten noch nicht angezeigt wurden, lief er mit einer Stoppuhr in der Hand, um sein gleichmäßiges Tempo kontrollieren zu können. Manchmal legte er die Uhr sorgfältig neben der Bahn ab, ehe er die letzte Runde in Angriff nahm. Er lief mit aufrechtem Körper, er schien niemals zu ermüden. Mit der Empfehlung von Weltrekorden über 2000 m und 3000 m sowie in der 4x1500-m-Staffel kam er zu den Olympischen Spielen 1928 und gewann zweimal Silber und einmal Gold.
Als die Olympischen Spiele von 1932 in Los Angeles bevorstanden, setzte er wieder Weltrekordmarken: über 3000 m, sechs Meilen, 15000 m, zehn Meilen, eine Stunde und über 20000 Meter. Er lief nun meistens längere Strecken und trainierte für den olympischen Marathonlauf 1932. Gelungene Versuche zeigten, daß er wohl auch den Marathonsieg schaffen würde. Da entschied das IOC, daß er durch Annahme von hohen Spesengeldern gegen die Amateurbestimmungen verstoßen hätte. Nurmi reiste zwar nach Los Angeles, durfte aber nicht starten, also ein »Fall Schranz« von 1932. Für Rennen in Finnland wurde die Sperre zwar aufgehoben, aber das konnte Nurmi nicht versöhnen. Bei den Olympischen Spielen 1952 in Helsinki trug er als letzter Läufer die olympische Fackel, und zusammen mit seinem großen Vorbild Hannes Kolehmainen entzündete er das olympische Feuer. Vor dem Stadion wurde sogar eine Bronzestatue mit seinem Abbild aufgestellt. Paavo Nurmi starb am 2. Oktober 1973 in Helsinki.

In dieser Reihenfolge wurden später auch die Medaillen im 5000-m-Lauf von Amsterdam verteilt: Ville Ritola vor Paavo Nurmi und dem Schweden Edwin Wide.

Am Ziel des 110-m-Hürdenlaufs: Der Südafrikaner Sydney Atkinson (dunkles Hemd) knapp vor den Amerikanern Stephen Anderson (Mitte) und John Collier (rechts).

ley, das war Lord Burghley, später als Marquess of Exeter einer der führenden Leichtathletik-Funktionäre und Mitglied des IOC.
Den Sprinter-Reinfall machten dann die beiden US-Staffeln wieder wett. Sie gewannen über 4x100 m und 4x400 m jeweils vor Deutschland, 40,0 zu 40,9 beziehungsweise 3:14,2 (WR) zu 3:14,8. In der deutschen Sprinterstaffel liefen Lammers, Corts, Houben und Körnig, in der längeren Staffel Neumann, Krebs, Storz und Engelhard.
In den technischen Wettbewerben gewannen die Amerikaner einiges an Prestige zurück. Im Hochsprung gab es Gold und Silber, Sieger

Der englische Lord Burghley (Startnummer 444) auf dem Weg zu seinem Olympiasieg über 400 m Hürden.

Amsterdam

Den Marathonlauf 1928 gewann der aus Algerien stammende Franzose Boughera El Ouafi.

wurde Robert King (1,94 m) vor Hedges; im Weitsprung Gold und Bronze, hier siegte Edward Hamm mit 7,73 m. Der einzige Teilnehmer aus Haiti, Silvio Cator, gewann Silber mit 7,58 m. Japan feierte seine erste Goldmedaille überhaupt. Mikio Oda, 1964 Mitglied im Organisations-Komitee von Tokio, siegte im Dreisprung mit 15,21 m.
Der Amerikaner John Kuck war bester Kugelstoßer, und Dr. Clarence Houser (USA), 1924 Doppelsieger mit Hammer und Diskus, wiederholte seinen Diskus-Erfolg, nachdem er mit dem letzten Wurf gerade noch das Finale erreicht hatte. Endlich wurde Irland mit »echtem« Hammergold belohnt. Dr. Pat O'Callaghan siegte als wahrer Ire, nachdem drei irischstämmige Athleten früher für die USA gewonnen hatten. O'Callaghan war ein vielseitig begabter Athlet, betrieb das Hammerwerfen erst seit einem Jahr, wobei ihn John Flanagan, der frühere dreimalige Hammerwurf-Olympiasieger, der nach Irland heimgekehrt war, trainiert hatte. Ein Schwede hielt die Tradition der skandinavischen Siege mit dem Speer hoch. Erik Lundquist holte sich die Goldmedaille. Im Zehnkampf lagen gleich zwei Finnen vorn, Paavo Yrjola siegte vor Akilles Järvinnen und dem Amerikaner Doherty. In der neu einge-

Zum erstenmal startete ein irischer Hammerwurfsieger auch für sein Heimatland. In Amsterdam siegte Patrick O'Callaghan. Die drei in Irland geborenen Hammer-Olympiasieger vor ihm hatten alle das Trikot der USA getragen.

Rechts außen: Erfolgreiche »Titelverteidigung«. Wie schon 1924 holte sich der Amerikaner Clarence Houser den Diskussieg auch in Amsterdam.

führten Frauen-Leichtathletik dominierten die Kanadierinnen und holten sich als einzige zwei Goldmedaillen, in der 4x100-m-Staffel und durch die Hochspringerin Ethel Catherwood, die in den Zeitungen wegen ihrer Schönheit und ihres Siegsprungs von 1,59 m bewundert wurde. Über 800 m gab es die einzige deutsche Leichtathletik-Goldmedaille dieser Spiele. Linda Radke-Batschauer aus Breslau siegte in der Weltrekordzeit von 2:16,8 Minuten. In diesem Rennen brachen so viele Mädchen völlig erschöpft zusammen, daß es große Diskussionen über solche »Killer-Rennen für Frauen« gab. Erst 1960 durften die Mädchen olympisch wieder weiter als 200 Meter laufen.

33 Sportler aus elf Ländern nahmen am Modernen Fünfkampf teil, und zum erstenmal fielen nicht alle Medaillen an Schweden wie 1912, 1920 und 1924. Hinter Sven Thofelt und Bo Lindman sicherte sich der Berliner Helmut Kahl die Bronzemedaille.

Im Schwimmbecken ergatterten die Amerikaner zehn von 15 möglichen Goldmedaillen, je fünf bei Männern und Frauen. Weissmuller, Kojac, Martha Norelius und Albina Osipowich, die erst 14 Jahre alt war, gewannen Gold in Einzel- und Staffelwettbewerben. Auch für den Schweden Arne Borg fiel nun eine Goldmedaille ab, als er den Australier Boy Charlton über 1500 m Kraul schlug, dem er 1924 unterlegen war.

Die deutschen Damen trumpften im 200-m-Brustschwimmen auf. Hilde Schrader (Magdeburg) siegte überlegen, Lotte Mühe (Hildesheim) gewann Bronze. Gold holte sich auch die deutsche Wasserballmannschaft.

Böse Zwischenfälle gab es wegen vieler umstrittener Urteile im Boxturnier. Höhepunkt war die angebliche Punktniederlage von Jan Hermanck aus der Tschechei gegen einen Italiener. Die Zuschauer machten Krawall, Hermanck versuchte wieder in den Ring zu klettern, und die Zuschauer prügelten sich mit der Polizei. Paul Rousseau, der Vizepräsident des Internationalen Box-Verbandes, nannte das Turnier eine skandalöse Farce und ein englischer Funktionär prophezeite das Ende des olympischen Boxens.

Im Turnen dominierten die Schweizer, gewannen fünf von sieben Wettbewerben bei den Männern. Georg Miez siegte am Reck und im Mehrkampf. Zum erstenmal gab es einen Mannschaftswettbewerb der Frauen, gewonnen von Holland vor Italien und Großbritannien. Einzelkämpfe der Frauen wurden erst 1952 eingeführt.

Im Hochsprung behaupteten die Amerikaner ihre Vorherrschaft. Robert King war der Beste.

Amsterdam

Die Reiter-Wettbewerbe brachten zwei deutsche Goldmedaillen, Carl Freiherr von Langen aus Stralsund siegte in der Einzel-Dressur auf seinem Pferd »Draufgänger« und auch mit der Mannschaft. Beide Military-Goldmedaillen fielen an die gastgebenden Holländer.

In Amsterdam ließ man die Frauen zum erstenmal auf die 800-m-Strecke, aber dann bis 1960 nicht mehr. Die Siegerin 1928 war die Breslauerin Lina Radke, die hier im Endspurt vor der Japanerin Kinuye Hitomi gewinnt. Lina Radke stellte damals in 2:16,8 Minuten einen neuen Weltrekord auf.

Große Zuschauermassen verfolgten das Fußballturnier. 18 Mannschaften nahmen teil. Die Engländer, Erfinder des Spiels, fehlten. Wegen des »Schein-Amateurismus« in vielen Ländern wollten sie nicht dabeisein. Wie schon 1924 gewann wieder Uruguay nach zwei harten Endspielen gegen Argentinien. Das erste Finale endete 1:1, im zweiten siegte Uruguay 2:1. Mit den meisten Olympiasiegern holte sich dann Uruguay 1930 den ersten Weltmeistertitel.
Die beiden ersten olympischen Hockeyturniere 1908 und 1920 hatte Großbritannien für sich entschieden. Diesmal waren die Engländer nicht dabei und Indien feierte seinen ersten Sieg, schlug Holland vor 50000 Zuschauern im Finale 3:0. Das deutsche Team siegte 3:0 gegen Belgien und wurde Dritter. Die Sportler aus den USA gewannen die meisten Medaillen dieser Spiele (22 Gold, 18 Silber, 16 Bronze) vor den überraschend starken Deutschen (10/7/14) und den Finnen (8/8/9). Aber Finnland hatte auf den Laufstrecken geherrscht und die Amerikaner waren darüber sehr enttäuscht, obwohl sie in der gesamten Leichtathletik wieder die besten gewesen waren. Unglücklicherweise hatte Generalmajor Douglas MacArthur, Präsident des amerikanischen Olympischen Komitees, vor den Spielen einen zu großen Optimismus verbreitet. Nach den Spielen von Amsterdam lobte er die Veranstaltungen in Holland als »ein Modell für alle künftigen Olympischen Spiele«. Aber für die Amerikaner galten nun einmal die Laufwettbewerbe als wichtigste Disziplin, sie waren enttäuscht über das Abschneiden.

Lob für die Organisation

Allgemeines Lob bekam die Organisation in Amsterdam, es gab kaum Beschwerden, abgesehen von den Streitigkeiten im und am Boxring. Baron de Coubertin konnte nicht nach Amsterdam reisen, da er krank war. Aber er schickte natürlich seine wie üblich gefühlvollen Botschaften. In einem Brief vor den Olympischen Spielen drückte er seine Hoffnung aus, »die neunte Olympiade wird ein nobler und glücklicher Meilenstein auf dem Weg zu einem ritterlichen Fortschritt sein. So soll es sein, das ist mein Wunsch und meine Überzeugung«. Es wurde ein olympischer Fortschritt, und von Lausanne aus konnte er mit Stolz verfolgen, wie sein »geistiges Kind« immer besser gedieh.
Nach einer 16jährigen Pause war also wieder eine deutsche Mannschaft dabei, und sie schlug sich unerwartet gut. 32 Sportlerinnen und 191

Elizabeth Robinson aus den USA (Nr. 879) besiegte über 100 m die beiden Kanadierinnen Fanny Rosenfeld (links) und Ethel Smith.

Sportler waren unter Führung von Carl Diem und Karl Halt, seit 1925 Sportwart der Deutschen Sportbehörde für Athletik, nach Amsterdam gereist und kehrten mit zehn Gold-, sieben Silber- und 14 Bronzemedaillen heim. War Diem der »Denker«, so konnte man Halt den »Lenker« nennen. Neben den schon erwähnten Medaillengewinnern imponierten noch die Gewichtheber Helbig, Straßberger und Leucht und die erst 17 Jahre alte Fecht-Olympiasiegerin Helene Mayer aus Offenbach. Schon vor den Spielen war in Deutschland die Begeisterung besonders für die Leichtathletik enorm gestiegen, als Hubert Houben den Amerikaner Paddock in Berlin besiegte und Otto Peltzer am 11. September 1926 in Charlottenburg Paavo Nurmi und Edwin Wide über 1500 m in der Weltrekordzeit von 3:51,0 Minuten geschlagen hatte. Die Amsterdamer Spiele lösten in Deutschland eine richtiggehende »olympische Stimmung« aus, Karl Ritter von Halt wurde 1929 IOC-Mitglied, und der deutsche Sport bewarb sich am 22. Mai 1930 beim IOC-Kongreß in Berlin für die Olympischen Spiele 1936. Am 13. Mai 1931 kam die Bestätigung aus Lausanne: Für Berlin 43 IOC-Stimmen, für Barcelona 16. Acht der 67 IOC-Mitglieder hatten sich der Stimme enthalten. Am 24. Januar 1933 konstituierte sich das Organisationskomitee für die Olympischen Spiele 1936: Präsident wurde Theodor Lewald, Generalsekretär Carl Diem. Sechs Tage später übernahm ein gewisser Adolf Hitler die Macht in Deutschland.

Viel bestaunt wurde die kanadische Hochsprungsiegerin Ethel Catherwood, vielleicht noch mehr wegen ihres Charmes als wegen ihrer sportlichen Leistungen. Hochsprung für Frauen stand 1928 zum erstenmal im olympischen Programm, und Ethel Catherwood verbesserte den Weltrekord um einen Zentimeter auf 1,59 m.

Johnny Weissmuller

Wir kennen ihn natürlich alle als Johnny Weißmüller, aber als der vierjährige Bub aus Österreich in die USA kam, wurde auch sein Name amerikanisiert, mit zwei »ss« und einem »u« statt dem »ü«. Er wurde am 2. Juni 1904 geboren, 1908 wanderten seine Eltern aus Österreich nach Windber in Pennsylvania aus. Er wurde nicht nur berühmt wegen seiner Leistungen im Schwimmbecken, sondern auch wegen seiner Heldentaten als Tarzan im Kino. 1921 begann er seine Schwimmkarriere mit dem Gewinn der US-Meisterschaft, und er wurde der erste Schwimmer, der die 100 Meter in weniger als einer Minute zurücklegte.

Bei den Olympischen Spielen 1924 gewann mit der Wasserballmannschaft. Zwischen 1924 und 1928 brach er die Weltrekorde reihenweise, wobei am bemerkenswertesten vielleicht jene 51 Sekunden über 100 Yards Kraul waren, die erst 17 Jahre später unterboten wurden. 1928 wiederholte er seine Olympiasiege über 100 m Kraul und in der Staffel. Ehe er 1929 Profi wurde, hatte er 52 US-Titel gewonnen und insgesamt 28 Weltrekorde aufgestellt. Mit 36 Jahren noch schwamm er die 100 Yards in 48,5 Sekunden. Weil er phantastisch gebaut war, mit breiten Schultern und 1,90 m groß, gab ihm die Filmgesellschaft MGM 1932 die Rolle als »Tarzan, der Affenmann«. Er war der siebente Tarzan in der Filmgeschichte, aber

Lake Placid

Die dritten Olympischen Winterspiele fanden vom 4. bis 15. Februar 1932 in Lake Placid statt, im Norden des Bundesstaates New York, nahe der kanadischen Grenze. Lake Placid liegt nur 568 m über dem Meeresspiegel. So litten die Spiele unter Schneemangel, und eine ganze Menge dieses »weißen Goldes« mußte mit Lastwagen aus Kanada herübergeschafft werden. Es gab auch organisatorische Mängel, und viele ausländische Beobachter nannten das Publikum eher sensationslüstern als sachverständig. Wegen der großen Entfernung von Europa, und wohl auch wegen der schlechten Wirtschaftslage, schickten nur siebzehn Länder Mannschaften zu den vierzehn Wettbewerben im nordischen Skisport, Eiskunstlauf, Bob, Eisschnelllauf und Eishockey. Insgesamt nahmen 274 Männer und 32 Frauen teil, darunter eine rein männliche Abordnung aus Deutschland, bestehend aus dem Eiskunstläufer Ernst Baier, neun Bobfahrern und zehn Eishockeyspielern.
Wie gewöhnlich sahnten die Skandinavier alle Medaillen in den nordischen Wettbewerben ab. Im Skispringen führte der Norweger Hans Beck nach dem ersten Sprung mit fünf Metern Vorsprung, aber im zweiten sprang der große Birger Ruud fünfeinhalb Meter weiter und holte sich die erste seiner beiden Goldmedaillen.
Der Eiskunstlauf fand zum erstenmal in der Halle statt. Der Österreicher Karl Schäfer konnte den Schweden Gillis Grafström auf Platz zwei verweisen, der allerdings nach einem Zusammenstoß mit einem Photographen beim Training auf dem Eis durch eine Knieverletzung gehandicapt war. Grafström hatte diesen Wettbewerb seit 1920 immer gewonnen und beendete nun seine olympische Karriere bei seinen vierten Spielen mit einer Silbermedaille. Ernst Baier wurde Fünfter. Sonja Henie stand im Zenit ihres Könnens und holte sich so leicht ihre zweite Goldmedaille. Wieder belegte die Österreicherin Fritzi Burger Platz zwei.

Fiasko der Europäer

Im Eisschnellauf erlebten die Europäer ein Fiasko. Zum ersten und einzigen Male bei Olympischen Spielen und Weltmeisterschaften wurde nicht nach den internationalen Regeln paarweise, sondern mit amerikanischem Mas-

Admiral Byrd begrüßte die Teilnehmer der Olympischen Winterspiele 1932 in Lake Placid.

1932

Zweierbobs starteten erstmals in Lake Placid. Hier ein Schnappschuß von der Fahrt der Deutschen Hanns Kilian/S. Huber, die den fünften Rang belegten.

senstart gelaufen. Die Amerikaner und die Kanadier, fanatisch angefeuert von den Zuschauern, verstanden sich auf die Kämpfe mit Ellenbogen und Händen weitaus besser als die Europäer. Clas Thunberg, der fünffache Olympia-Sieger, trat deshalb gar nicht an. Amerikaner und Kanadier überließen nur den beiden Norwegern Bernt Evensen und Ivar Ballangrud, beide Olympiasieger von 1928, je eine Silbermedaille. Als später, ebenfalls in Lake Placid, die Weltmeisterschaften wieder unter regulären Bedingungen ausgetragen wurden, gewann Ivar Ballangrud drei Strecken.

Erstmals stand der Zweierbob auf dem olympischen Programm. Die amerikanischen Brüder Hubert und Curtis Stevens siegten in dieser Disziplin vor den Schweizern Reto Capadrutt/Oskar Geier. Die Deutschen Hanns Kilian/S. Huber wurden Fünfte. Bill Fiske steuerte den amerikanischen Viererbob wie schon 1928 zum Sieg vor USA II und dem deutschen Team Kilian, M. Ludwig, Mehlhorn und S. Huber. Das war aber nicht die einzige Bronzemedaille

Der Österreicher Karl Schäfer beim Training. Er holte sich den Olympiasieg im Eiskunstlauf und wiederholte ihn vier Jahre später.

den Kanadiern und den Amerikanern. Außer diesen Teams nahmen allerdings auch nur noch die Polen teil, die von den Deutschen zweimal

Los Angeles

Schon 1923 hatte das IOC Los Angeles als Austragungsort für die Olympischen Spiele 1932 bestimmt. 1920 hatten sich die Amerikaner bereits für 1924 oder 1928 beworben, angeführt von William May Garland, der dann ins IOC gewählt wurde und die Spiele in Los Angeles organisierte. Der wirtschaftliche Aufschwung in den frühen zwanziger Jahren war mit dem Börsenkrach an der Wallstreet 1929 zu Ende gegangen. Die Depression und die drückenden Kosten für die europäischen Teams drohten die Spiele zu einem Mißerfolg werden zu lassen. Aber die Amerikaner bewältigten die Probleme und die Spiele wurden zu einem großartigen Erfolg, obwohl aus Europa wegen der wirtschaftlichen Notlage noch relativ kleine Teams anreisten. Die Teilnehmerzahl war nur halb so groß wie 1928, es kamen 1281 Männer und 127 Frauen nach Los Angeles, 37 Länder (neun weniger als in Amsterdam) beteiligten sich. Es war die geringste Teilnehmerzahl seit 1904. Vom 30. Juli bis 14. August 1932 standen 129 Wettbewerbe in 14 Sportarten auf dem Programm.
Unternehmungsgeist und Phantasie der Organisatoren sowie die Rekordflut, besonders der Leichtathleten, ließen diese Spiele dennoch zu den bis dahin besten werden. Finanzielle Hilfen beim Transport und bei der Unterbringung erleichterten die Teilnahme.

Erstes olympisches Dorf

Zum erstenmal wurde ein olympisches Dorf errichtet! Es lag in der Nähe des Hauptstadions auf einem Areal von etwa 100 Hektar. Die kleinen Häuschen mit ihren jeweils zwei Zimmern paßten gut in das hügelige Gelände. Alle notwendigen Einrichtungen waren vorhanden, verschiedene Speisesäle, Feuerwehr, Krankenstation, Polizei und Post. Von einer kleinen Stadt unterschied sich das olympische Dorf nur dadurch, daß es eingezäunt war und daß in ihm keine Frauen wohnen durften. Die Sportlerinnen waren in einem großen Hotel untergebracht.
Auch die anderen Einrichtungen für die Spiele erreichten einen hohen Standard, von der Organisation in den Sportstätten bis hin zur Versorgung der Presse und des Publikums mit Resulta-

Die Stadt Los Angeles hatte sich für die Olympischen Sommerspiele fein gemacht. Auf der Girlande rechts oben erkennt man die olympischen Symbole und das olympische Motto.

1932

ten. Es gab eine elektrische Zielphotographie, die Siegerehrung ging nun auf einem Podest vonstatten, umrahmt von Fahnen und Hymnen, was manche Beobachter für eine bedauernswerte Entwicklung hielten.
Das Los-Angeles-Stadion, in dem die Leichtathletikwettkämpfe stattfanden, bot 105000 Zuschauern Platz. Die Laufbahn bestand aus gepreßtem Torf und galt damals als die »schnellste« der Welt.

Die größte Neuheit der Spiele von 1932 war die Errichtung eines Olympischen Dorfes. In den Bergen von Los Angeles wurden diese stuckverzierten kleinen Häuschen gebaut.

Gold für deutsche Bergsteiger

Die Eröffnungsfeier war am 30. Juli, 200 Tauben stiegen in den Himmel auf. Das Wetter blieb während der gesamten Spiele ausgesprochen freundlich. Die Sonne schien, es war aber nie zu heiß. Der bald 70jährige Baron de Coubertin war nicht nach Los Angeles gekommen, aber er wäre sicher beeindruckt gewesen von den Kunstwettbewerben, die die Spiele begleiteten. Wie schon bei den Spielen seit 1912 (und dann zuletzt 1948) wurden »Medaillen für Kultur« vergeben. In Los Angeles gab es sie für Städtebau, Architektur, Bildhauerkunst, Medaillen/Plaketten/Reliefs, Malerei/Graphik, Zeichnungen/Aquarelle, sonstige graphische Kunst, Literatur und Musik. Für deutsche Künstler gab es zwei Goldmedaillen und fünf Bronzeplaketten. Gold fiel an den Schriftsteller Paul Bauer und die Bergsteiger Franz und Toni Schmid für die Erstbesteigung der Matterhorn-Nordwand. Wie gesagt, Coubertin hätte sich darüber gefreut, kam das doch seinen Idealen aus der Gründerzeit sehr nahe.
Zwei der größten Sportler aller Zeiten saßen unter den Zuschauern: Jim Thorpe und Paavo Nurmi, der zu gerne mitgekämpft hätte. Beide hatten sie gegen die »Amateurbestimmungen« verstoßen. Thorpe hatte sogar Schwierigkeiten, überhaupt ins Stadion zu kommen. Man sagte, Thorpe habe dann oft weinend in der Presse-Kabine gesessen, während Nurmi ausgesprochen mißmutig auf der Tribüne hockte.
Die Amerikaner beherrschten die Leichtathletik und holten sich ihre Vormachtstellung in den Sprints zurück. Über 100 m siegte der stämmige Eddie Tolan, der erste Neger, der eine olympische Goldmedaille auf den Sprintstrecken gewann. Für ihn entschied das Zielphoto vor

Die Mannschaften bei der Eröffnungsfeier der Olympischen Spiele von 1932.

Hauchdünn gewann Eddie Tolan den 100-m-Sprint vor seinem amerikanischen Landsmann Ralph Metcalfe. Bei Weltrekordzeit (10,3) von beiden entschied das Zielfoto für Tolan. Der Bochumer

Brillenträger Tom Hampson aus England mußte schon Weltrekord (1:49,7) laufen, um vor dem Kanadier Alex Wilson die Goldmedaille über 800 m zu holen.

kaute sogar während des Rennens seinen Kaugummi weiter. Auch die 200 m gewann er, diesmal überlegen vor Simpson und Metcalfe. Der Bochumer Arthur Jonath, über 100 m Dritter in 10,4 Sekunden und über 200 m Vierter, war der einzige Europäer in beiden Finalläufen. Der 400-m-Lauf wurde zu einem der besten Rennen dieser Spiele. Zwei berühmte Amerikaner stritten sich um Gold, der kleine, dunkelhaarige »Wee Willie« Carr und der große, blonde »Big Ben« Eastman. Beide blieben unter dem alten Weltrekord, Carr gewann in 46,2 Sekunden. Tragischerweise beendete ein paar Monate später ein Autounfall, bei dem er sich beide Beine brach, Carrs Karriere. Auf den längeren Strecken aber endete die Siegesserie der Amerikaner. Über 800 m siegte der Brite Tommy Hampson. Hampson war nicht der Favorit, eher schon die Amerikaner sowie Weltrekordhalter Sera Martin oder der Deutsche Otto Peltzer. Aber er hatte in der Entscheidung keine Chance. Hampsons größte Gegner wurden die Kanadier Alex Wilson, Dritter über 400 m, und Phil Edwards. Der Engländer unterbot erstmals die Grenze von 1:50 Minuten, lief in 1:49,8 Weltrekord und schaffte den vierten aufeinanderfolgenden Olympiasieg eines Briten in diesem Wettbewerb.

Im 5000-m-Lauf gab es Kontroversen um den Sieg des finnischen Weltrekordmannes Lauri Lehtinen. Zum erstenmal zeigte ein Amerikaner auf den Langstrecken Flagge. Der fast unbekannte Ralph Hill attackierte auf der Zielgeraden. Lehtinen versperrte ihm den Weg, als Hill zweimal versuchte vorbeizukommen. Der Sprecher mahnte die protestierenden Zuschauer zur Ruhe: »Bitte, denken Sie daran, diese Leute sind unsere Gäste!« Es gab keinen Protest, das Resultat blieb, Lehtinen vor Hill, beide 14:30,0. Lauri Virtanen aus Finnland wurde Dritter, 13 Sekunden zurück.

Über 10000 m schnappte der Pole Janusz Kusocinski den beiden Finnen Isohollo und Lauri Virtanen das Gold weg. Max Syring aus Wittenberg wurde Sechster. Volmari Isohollo gewann dann die 3000 m Hindernis, ein Finale, in dem wegen eines Irrtums des Rundenzählers eine Runde zuviel gelaufen wurde. Isohollo machte das nichts aus, aber nach der Extrarunde hatten sich die Positionen auf Platz zwei und drei geändert. Der Engländer Tom Evenson überholte den Amerikaner Joe McCluskey. Als sich der Irrtum herausstellte, versuchte Evenson fairerweise McCluskey zu überreden, die Silbermedaille anzunehmen, aber McCluskey bestand darauf, daß Evenson sie behielt.

US-Staffeln mit Weltrekord

Beide Staffeln wurden eine Beute der Amerikaner, jeweils in Weltrekordzeit. Über 4×100 m konnten es sich die USA sogar leisten, auf ihre Medaillengewinner aus den Einzelwettbewerben zu verzichten. In der 4×400-m-Staffel holte sich Carr seine zweite Goldmedaille. Die deutsche Staffel hielt sich prächtig, in der kürzeren gewannen Körnig, Hendrix, Borchmeyer und Jonath Silber, in der längeren wurden Büchner, Nehb, Metzner und Peltzer Vierte. Vor vier Jahren hatte es ja in beiden Staffeln für Deutschland Silber gegeben.

Über 110 m Hürden setzte sich der Amerikaner George Saling vor seinem Landsmann Percy Beard durch. Ursprünglich war der Amerikaner Jack Keller als Dritter genannt worden, aber die Zielphotographie wies aus, daß der Engländer Don Finlay vor ihm lag und das Ergebnis wurde nachträglich geändert. In sportlicher Weise suchte Keller nach Finlay, um ihm die Medaille zu überreichen. George Saling war der zweite Olympiasieger, der kurz nach den Spielen in

einen Autounfall verwickelt wurde, bei dem er den Tod fand.
Auch im 400-m-Hürdenrennen wurde olympischer Sportsgeist gezeigt. Die Teilnehmer brauchten am Eröffnungseinmarsch nicht teilzunehmen, weil ihr Rennen schon am ersten Tag stattfand. Als aber Lord Burghley, Sieger von 1928, hörte, daß sein größter Rivale, Morgan Taylor aus den USA, als Flaggenträger einmarschieren mußte, bestand er darauf, selbst auch mitzumarschieren. Im Finale wurden dann Taylor nur Dritter und Lord Burghley nur Vierter. Überraschend siegte der Ire Bob Tisdall in neuer Weltrekordzeit von 51,8 Sekunden, die aber nicht anerkannt werden konnte, weil er eine Hürde umwarf. Den Weltrekord bekam dann der Zweite, der Amerikaner Glenn Harding mit 51,9 Sekunden.
Knapp ging es beim Marathonlauf zu. Als der Sieger, der erst 19jährige Juan Zabala aus Argentinien, durchs Ziel lief, waren seine drei schärfsten Konkurrenten bereits im Stadion. Das 50-km-Gehen gewann der 39jährige britische Eisenbahner Thomas Green überlegen, der Italiener Ugo Frigerio, Sieger 1920 und 1924, wurde Dritter. Der Hochsprung-Olympiasieger war diesmal kein Amerikaner. Der Kanadier Dincan McNaughton setzte sich in einem Stichkampf der ersten Vier mit 1,97 m durch.
Dafür gehörte der Stabhochsprung wie immer den Amerikanern. Aber zwischen Goldmedaillengewinner William Miller (4,315 m) und Bronzegewinner Jefferson schob sich der Japaner Shuhei Nishida mit 4,30 m. Überhaupt zeigten die Japaner, wie sie springen können. Im Weitsprung holte sich Chuhei Nambu hinter zwei Amerikanern Bronze, und im Dreisprung siegte er sogar mit dem neuen Weltrekord von 15,72 m. Oshima sicherte sich noch Bronze.

Mit 13 Sekunden Vorsprung gewann der Finne Volmari Isohollo den 3000-m-Hindernislauf, eine Goldmedaille, die er sich vier Jahre später in Berlin zum zweiten Mal holte.

Japanische Zuschauer bewunderten den Marathonsieger Carlos Zabala aus Argentinien, der hier noch zusammen mit einem Kanadier, der später ausschied, in Führung liegt.

Los Angeles

Yoshiyuki Tsuruta, zum zweitenmal Olympiasieger über 200 m Brust, war einer aus jenem brillanten japanischen Schwimm-Team, das die Wettbewerbe in Los Angeles beherrschte.

Diskuswerfer John Anderson (USA) siegte vor drei Franzosen, im Kugelstoßen gewann Leo Saxton (USA), der Ire Pat O'Callaghan wiederholte seinen Hammerwurfsieg von 1928, und drei Finnen, mit Matti Järvinnen an der Spitze, kassierten alle Medaillen im Speerwerfen, vor dem Leipziger Gottfried Weimann. Mit Weltrekordpunktzahl (8462,23) holte sich der Amerikaner James Bausch vor dem Finnen Akilles Järvinnen, der zum zweitenmal mit Silber zufrieden sein mußte, und dem Berliner Wolrad Eberle das Zehnkampf-Gold.
Mit einer Ausnahme sicherten sich die Amerikanerinnen alle Goldmedaillen in der Leichtathletik. Diese Ausnahme hieß Stanislawa Walasiewicz, die den 100-m-Lauf gewann. Aber die »Polin« wohnte seit ihrem zweiten Lebensjahr in den USA und hatte unter dem Namen Stella Walsh viele US-Sprinttitel gewonnen.
Star unter den Leichtathletik-Damen war die 18jährige Mildred »Babe« Didrikson (USA), Siegerin über 80 m Hürden und im Speerwerfen mit 43,68 m. Ellen Braumiller (43,49 m) aus Berlin und Tilly Fleischer aus Frankfurt (43,00 m), die beiden deutschen Werferinnen, waren ihr dicht auf den Fersen. Im Hochsprung mußte Mildred Didrikson einen Stichkampf mit Jean Shiley (beide 1,657 m) austragen, in dem sie disqualifiziert wurde, weil die Funktionäre entschieden, ihre Füße seien nicht zuerst über die Stange gekommen. Die Silbermedaille aber ließ man ihr.
Im Schwimmbecken gab es eine »japanische Revolution«. Die Asiaten verdrängten die Amerikaner aus ihrer Vormachtstellung. Für Japan gab es elf von 16 möglichen Medaillen und fünf von sechs möglichen Olympia-Siegen.

Olympiasieger mit 14 Jahren

Kusuo Kitamura, Sieger über 1500 m Kraul, war erst 14 Jahre alt und damit der jüngste Olympiasieger. Im Kunst- und im Turmspringen gewannen die USA alle Medaillen, sowohl bei den Frauen wie bei den Männern. Die amerikanischen Schwimmerinnen mußten nur eine Goldmedaille »abgeben«, über 200 m Brust an die Australierin Clara Dennis. Helen Madison holte sich drei Goldmedaillen.
Eine der wenigen Kontroversen dieser Spiele gab es im schon immer aufregenden Wasserballturnier. Die Brasilianer rückten dem ungarischen Schiedsrichter nach ihrer Niederlage gegen Deutschland auf den Pelz und wurden vom Turnier ausgeschlossen. Die Ungarn gewannen das Gold souverän vor der deutschen Mannschaft und den USA, zwischen denen bei Punktgleichheit das Torverhältnis zugunsten des deutschen Silbers entschied.
Beim Boxen ging es diesmal relativ friedlich zu. Drei Silbermedaillen holten sich die Deutschen Hans Ziglarski (Bantam), Josef Schleinkofer (Feder) und Erich Campe (Weltergewicht). Überhaupt schnitten die starken deutschen Männer hervorragend ab. Gewichtheber Rudolf Ismayr (Mittel) und Ringer Jakob Brendel (Fliegen) wurden Olympiasieger, Silber gab es für den Gewichtheber Hans Wölpert (Feder) und die beiden Ringer Wolfgang Ehrl (Bantam) und Jean Földeak (Mittel) sowie Bronze für den Gewichtheber Josef Straßberger (Schwer) und den Ringer Eduard Sperling (Leichtgewicht). Im Schießen holte sich Pistolenschütze Heinz Hax die Silbermedaille.
Auch die deutschen Ruderer konnten sich sehen lassen. Der gesteuerte Vierer mit Maier, Volle, Gaber, Söllner und Bauer gewann die Goldmedaille, der ungesteuerte Vierer (Aletter, Gaber, Flinsch und Maier) und der Doppelzweier (Butz/Bötzelen) die Silbermedaille. Achter-Gold fiel wieder an die USA.
Alle stimmten überein, daß die Olympischen Spiele 1932 ein großer Erfolg waren. Insgesamt waren 18 Weltrekorde eingestellt oder verbes-

sert worden. Die Zuschauerzahl im Stadion betrug durchschnittlich 60000 und insgesamt kamen 1,25 Millionen Besucher. Die Organisatoren machten einen Gewinn von einer Million Dollar!

Diesmal waren die Amerikaner mit ihrem Abschneiden sehr zufrieden. Bei einer Beschränkung von je drei Teilnehmern pro Land bei allen Wettbewerben hatten alle US-Sportler, mit Ausnahme der 400 m Hürden und im Diskus, die Finals in der Leichtathletik erreicht. Besonders vermerkt wurden die herausragenden Leistungen der schwarzen Sprinter Tolan und Metcalfe. Man lobte »den körperlichen Fortschritt der Neger«. Dieses Thema bekam dann leider vier Jahre später bei den folgenden Olympischen Spielen 1936 in Berlin eine noch weit größere Bedeutung.

Deutschland hatte zu den beiden Olympischen Spielen des Jahres 1932 in den USA aus wirtschaftlichen Gründen nur kleine Mannschaften entsandt. Zu den Sommerspielen reisten auf dem Lloyddampfer »Europa« nur 75 Männer und sieben Frauen. In Los Angeles traten aber zusätzlich noch fünf in New York lebende deutsche Radfahrer an, die aber völlig unerfahren waren und keine Rolle spielen konnten. Reiter, Hockeyspieler und die immer noch abseits stehenden Turner blieben zu Hause. Olympiasieger Jakob Brendel wäre um ein Haar das gleiche Schicksal beschieden gewesen, mußten doch seine 1000 Mark Reisegeld erst privat in Nürnberg gesammelt werden. Die deutsche Mannschaft eroberte drei Gold-, zwölf Silber- und fünf Bronzemedaillen.

Mildred Didrikson

Sie war eine der besten Allround-Sportlerinnen aller Zeiten: Mildred »Babe« Didrikson, hier auf dem Weg zum Sieg über 80 m Hürden in Los Angeles.

Als Schulmädchen schon warf sie den Speer auf Weltrekordweite. Bereits als Teenager war Mildred »Babe« Didrikson, geboren am 26. Juni 1914 in Port Arthur in Texas, eine erstaunliche Alleskönnerin im Sport. Mit 16 Jahren Weltrekordlerin, mit 18 Jahren fünffache amerikanische Meisterin innerhalb von zweieinhalb Stunden – auch das ein unantastbarer Rekord. Bei den Titelkämpfen 1932 startete sie während dieser kurzen Zeitspanne bei acht Wettbewerben und siegte fünfmal. Bei den Olympischen Spielen im selben Jahr in Los Angeles nahm sie am Maximum (für Frauen) von drei Disziplinen teil, holte sich Gold über 80 m Hürden und im Speerwerfen und wurde im Hochsprung »am grünen Tisch« Zweite, weil sie im Stichkampf um Gold aus »Stilgründen« disqualifiziert worden war. In allen drei Wettbewerben erreichte sie Weltrekorde. Babe Didrikson stand dreimal im All-American-Basketballteam, und sie konnte auch exzellent schwimmen, Tennis und Golf spielen, beherrschte das Wasserspringen und die Billardkugel. Wegen Werbung mit ihrem Namen verlor sie nach den Olympischen Spielen ihren Amateurstatus und trat nun als Leichtathletin, Akrobatin und Mundharmonikaspielerin in Hallen auf.

1934 begann sie ernsthaft Golf zu spielen,

startete 1940 ihre große Karriere mit dem kleinen Ball. Dann wurde sie Berufsspielerin, gewann viermal hintereinander von 1948 bis 1951 die Weltmeisterschaft und in den Jahren 1948, 1950 und 1954 die US-Open. 1950 stellte sie einen neuen Record in punkto Preisgelder auf, sie kassierte 14800 Dollar. Sie mußte sich einer Krebsoperation unterziehen, gewann im Jahr darauf ihr letztes US-Open und verlor dann 1956 doch den Kampf gegen den Krebs. Nach der dritten Krebsoperation Anfang des Jahres starb sie am 27. September in Galveston in Texas, erst 42

Seite 64 unten: Gruppenbild der Ringer-Olympiasieger 1932. Von links: Schwergewichtler Carl Westergren, Halbschwergewichtler Rudolph Svensson, Weltergewichtler Ivar Johansson, Leichtgewichtler Eric Malmberg (alle Schweden) sowie der italienische Federgewichtler Giovanni Gozzi und der Nürnberger Bantamgewichtler Jakob Brendel. Es fehlt der Sieger

Garmisch-Partenkirchen

Garmisch-Partenkirchen, das »Zwillingsdorf« am Fuße der Zugspitze, sah die wahrscheinlich ersten wirklich großen Olympischen Winterspiele. Rund eine halbe Million Zuschauer erlebten die 17 offiziellen und die beiden Vorführungswettbewerbe (Eisschießen und Militärpatrouille). Rund 150000 Besucher kamen zum Skispringen. Vom 6. bis zum 16. Februar starteten insgesamt 675 Männer und 80 Frauen aus 28 Ländern, alles Rekordzahlen für Winterspiele. Zu den bisherigen fünf Sportarten kam nun der alpine Skilauf hinzu, dazu wurde erstmals eine Langlauf-Staffel ausgetragen.

Das Wetter war nahezu perfekt, kein Regentropfen fiel während der elf Tage. Coubertin war auch in Garmisch-Partenkirchen nicht dabei, Adolf Hitler, begleitet von Goebbels und Göring, eröffnete die Spiele. Es gab auch hier schon Anzeichen von Rassismus. An den Toilettentüren hingen Schilder mit der Aufschrift: »Für Hunde und Juden verboten.« IOC-Präsident Henri Baillet-Latour hatte dafür gesorgt, daß diese Schilder vor Beginn der Spiele verschwanden. Im deutschen Eishockeyteam durfte auch der Jude Rudi Ball mitspielen.

Die deutsche Mannschaft bestand aus 70 Männern und sieben Frauen, war das zahlenmäßig bislang stärkste deutsche Team bei Winterspielen. Es gewann drei Goldmedaillen und drei Silbermedaillen, alle im neuen alpinen Skilauf und im Eiskunstlauf.

Alle nordischen Medaillen fielen erneut an die Skandinavier. Totale Siege (alle drei Medaillen)

Das offizielle Plakat der Olympischen Winterspiele in Garmisch-Partenkirchen 1936.

Der Österreicher Karl Schäfer war auch 1936 wieder der beste Eiskunstläufer.

1936

Birger Ruud war zu seiner Zeit nicht nur der beste Skispringer (Gold 1932 und 1936, Silber 1948), er gewann auch die Abfahrt 1936.

Für die Schwarzwälderin Christl Cranz schien der alpine Kombinationssieg (Abfahrt/Slalom) 1936 bereits verloren, als sie durch einen Sturz 19 Sekunden in der Abfahrt verlor. Durch ein Bravourstück im Slalom distanzierte sie dann aber die Norwegerin Laila Nilsen um 21,3 Sekunden und holte sich noch die Goldmedaille.

Garmisch-Partenkirchen

Der fast 32jährige Norweger Ivar Ballangrud war der herausragende Könner unter den Eisschnelläufern in Garmisch-Partenkirchen. Auf dem Rießer See gewann er drei Goldmedaillen und eine silberne.

Zu einem Höhepunkt wurde das Eiskunstlauf-Duell der Paare Maxie Herber/Ernst Baier aus Berlin (Bild) und Ilse und Erich Pausin aus Wien. Das Berliner Paar gewann mit einem neuartigen Programm, in dem sich die eigens komponierte Musik dem Lauf unterordnete.

gab es für die Schweden im 50-km-Langlauf und für die Norweger in der Nordischen Kombination. Über 18 km teilten sich Schweden, Norwegen und Finnland in die Medaillen. Star der nordischen Wettbewerbe war der überlegene Skispringer Birger Ruud, der zum zweitenmal die Goldmedaille gewann. Der Norweger siegte auch im alpinen Abfahrtsrennen, was aber noch nicht einzeln gewertet wurde. Es gab nur Medaillen in den alpinen Kombinationen (Slalom/Abfahrt), die klar von den deutschen Teilnehmern beherrscht wurden. Bei den Männern siegte Franz Pfnür aus Schellenberg vor Gustav Lantschner (Partenkirchen), bei den Damen Christel Cranz (Freiburg) vor Käthe Grassegger (Partenkirchen). 70000 Zuschauer wohnten den Slalomrennen bei. Christel Cranz war in der Abfahrt nur Sechste gewesen, gewann aber die Kombination durch ihren überlegenen Slalom-

sieg. Franz Pfnür gewann ebenfalls den Slalom und war in der Abfahrt hinter Birger Ruud Zweiter. Der Norweger verbaute den Slalom als Sechster und wurde in der Kombination Vierter. In beiden Einzelkonkurrenzen im Eiskunstlauf setzten sich die Olympiasieger von 1932, Sonja Henie und Karl Schäfer, erneut durch. Ernst Baier gewann hinter Schäfer Silber und holte sich dann zusammen mit Maxi Herber, die später seine Frau wurde, die Goldmedaille im Paarlauf.

Die einzige Goldmedaille dieser Spiele für die Amerikaner gab es im Zweierbob durch Brown/Washbond vor der Schweiz, die sich dann Gold und Silber im Viererbob sicherte. Der deutsche Zweierbob mit Hans Kilian/von Valta wurde zu Hause nur Fünfter.

Das Drama und die größte Überraschung dieser Spiele lieferte das Eishockeyturnier, seit »Menschengedenken« ein Monopol der Kanadier. 15 Teams nahmen teil, Deutschland schied in der Zwischenrunde hinter Großbritannien und Kanada aus. England hatte Kanada in der Zwischenrunde 2:1 besiegt und nahm dieses Ergebnis in die Endrunde mit, wo dann die Briten die CSSR 5:0 besiegten und gegen die Amerikaner trotz dreimaliger Verlängerung 0:0 spielten, was zum Gold mit einem Punkt Vorsprung vor Kanada reichte. Das war die Sensation der Winterspiele schlechthin.

Die Olympischen Winterspiele in Garmisch-Partenkirchen waren ein großer Erfolg und hatten sich als eigenständiges olympisches Ereignis durchgesetzt.

Zum dritten Mal Gold für Sonja Henie. Nach dem Olympiasieg in Garmisch-Partenkirchen, wo der Nachwuchs sie schon arg bedrängte, wurde die

Sonja Henie

Die Berliner nannten sie das »Häseken«. Schon mit neun Jahren war die am 8. August 1912 in Oslo geborene Sonja Henie Norwegens beste Eiskunstläuferin. Sie startete bei den ersten olympischen Winterspielen 1924 in Chamonix als Elfjährige und mußte als Achte und Letzte noch Lehrgeld zahlen. Dann aber holte sie sich dreimal hintereinander 1928, 1932 und 1936 die Goldmedaille. Sie war sehr hübsch, zeigte viele neue Figuren, führte einen neuen »Ausdruckstanz« ins Eiskunstlaufen ein – und auch das kurze Röckchen. Zehnmal hintereinander, von 1927 bis 1936, war sie Weltmeisterin, von 1931 bis 1936 auch Europameisterin. Im März 1936 gab sie ihre erste Vorstellung als Profi und trat dann in den USA auf. Dort wurde sie rasch ein Filmstar und drehte bis 1948 viele Filme. Sie war damals einer der höchst dotierten Kinostars. Auf einer Reise in ihre Heimat starb sie am 12. Oktober 1969 im Flugzeug an Leukämie.

Berlin

Ein Werbeplakat für die Olympischen Sommerspiele 1936 in Berlin.

Vor dem Hintergrund eines bereits drohenden großen Krieges wurden die Olympischen Spiele in Berlin abgehalten. Der spanische Bürgerkrieg tobte schon seit dem Juli, Italien und Japan marschierten in Abessinien und die Mandschurei ein, in Europa deuteten immer mehr Anzeichen auf eine kriegerische Auseinandersetzung. In Großbritannien und in den USA litt die Bevölkerung unter Massen-Arbeitslosigkeit. Das Nazi-Regime in Deutschland verfiel immer stärker seinem Rassenwahn, verfolgte speziell die Juden und »predigte die Vorherrschaft der arischen Rasse«.

Die Olympischen Spiele von Garmisch-Partenkirchen und Berlin wurden für die Nazis zu einer Prestigesache Adolf Hitler benutzte sie als günstige Gelegenheiten für politische Propaganda und festigte letztlich auch durch die sportlichen Erfolge bei diesen Spielen seine Position in Deutschland. Staatliche Mittel wurden in einem bis dahin nie gekannten Maß eingesetzt. Ergebnis: Perfekte Organisation und überragende Erfolge der deutschen Mannschaft, die aus 364 Männern und 42 Frauen bestand. Die USA hatten 290 Männer und 40 Frauen nach Berlin geschickt, wo insgesamt an den 129 Wettbewerben in 19 Sportarten 3738

Adolf Hitler zog, begleitet von hohen Funktionären, ins Olympiastadion von Berlin ein, zur Eröffnung jener Spiele, die er vor allem für eine Darstellung der »deutschen Übermacht« mißbrauchen wollte.

1936

Männer und 328 Frauen aus 49 Ländern teilnahmen. So viele Sportlerinnen und Sportler hatte es bis dato noch nie bei Olympischen Sommerspielen gegeben. Die deutsche Mannschaft kassierte Medaillen wie nie zuvor und nie danach: 33mal Gold, 26mal Silber und 30mal Bronze. Bei ihren vorhergehenden sieben Olympischen Spielen hatten die Deutschen insgesamt 35 Gold-, 47 Silber- und 39 Bronzemedaillen gewonnen. Die USA brachten es in Berlin auf 24 erste, 20 zweite und zwölf dritte Plätze vor Ungarn (10/1/5).
In den USA und Großbritannien hatte es viele Stimmen gegeben, die sich dafür aussprachen, Berlin die Spiele wegzunehmen oder sie aber dort zu boykottieren. Der neue IOC-Präsident Graf Henri de Baillet-Latour stellte deutlich heraus, daß er die Spiele verlegen könnte, falls »sie mißbraucht würden«. Das machte Hitler nichts aus, und die Olympischen Spiele von Berlin präsentierten sich auf spezielle Art. Ganz Berlin war mit Hakenkreuzfahnen beflaggt. Fast überall, wo man hinkam, erklang martialische Marschmusik. Die Straßen rund ums Stadion sahen wie geleckt aus, waren mit Flaggen und Blumengirlanden geschmückt. Am Eröffnungstag, die Spiele dauerten vom 1. bis 16.

Der letzte Läufer trägt das olympische Feuer ins Berliner Olympiastadion, vorbei an uniformierten »Hitlerjungen« und unzähligen Hakenkreuzfahnen.

Ein Mann, der gar nicht in Adolf Hitlers »Pläne« paßte. Der schwarze Amerikaner Jesse Owens wurde zum »Helden« der Olympischen Sommerspiele 1936 in Berlin. Unser Bild zeigt Owens bei einem turmhoch gewonnenen 100-m-Vorlauf.

Berlin

Knapper Sieg des Amerikaners Archie Williams über 400 m vor dem Engländer Godfrey Brown. James LuValle (ganz rechts) wurde Dritter.

Forrest Towns aus den USA (zweiter von rechts) auf dem Weg zum Sieg über 110 m Hürden.

August, hätte das Stadion mindestens dreimal so groß sein müssen, um allen Interessenten Platz bieten zu können. Es faßte aber »nur« 110000 Besucher. Menschenmassen flanierten durch Berlin und behinderten den Verkehr. Die Nazi-Organisation »Kraft durch Freude« hatte viele Tausende Menschen aus ganz Deutschland nach Berlin gebracht.
Die Eröffnungsfeier fand am 1. August 1936 statt. Über dem Stadion kreiste das Luftschiff »Hindenburg«. 20000 Tauben wurden gen Himmel geschickt. Eine gewaltige Glocke, über 14 Tonnen schwer, erklang, man sang »Deutschland, Deutschland über alles« und die Olympische Hymne. Hitler wurde ein Olivenzweig überreicht. Ihn überbrachte Spiridon Louis, vor 40 Jahren Marathonsieger der ersten Olympischen Spiele in Athen. Er trug die griechische Nationaltracht. Für ihre Spiele hatten die Deutschen, es waren wohl Theodor Lewald und Carl Diem, den »olympischen Fackellauf« erfunden. Am 20. Juli war dieses »olympische Feuer« am Fuße des Kronoshügels in Olympia mit Hilfe eines Brennglases entzündet worden und wurde dann von 3075 Staffelläufern über 3075 Kilometer mit speziell präparierten Fackeln nach Berlin transportiert. Die letzten Meter zur Feuerschale im Olympiastadion waren gesäumt von Tausenden von sogenannten »Hitlerjungen« in Uniform und von riesigen Hakenkreuzfahnen.
Beim Einmarsch verhielten sich die Sportler Hitler gegenüber sehr unterschiedlich. Die Amerikaner grüßten überhaupt nicht und wurden von den Zuschauern ausgebuht. Die Briten entschieden sich für ein bloßes »Augen nach rechts« und wurden ignoriert. Die Österreicher entboten den Nazi-Gruß und wurden wie die im Gänsemarsch einmarschierenden Rumänen bejubelt. Beklatscht wurden auch die Franzosen, weil man deren »olympischen Gruß« fälschlicherweise als Heben des rechten Arms in Nazimanier deutete.

Mehr als 3000 Journalisten

Die Einrichtungen für die Spiele selbst waren vorzüglich. Das Stadion hatte man schon für 1916 geplant, es war nun vergrößert und umgeben von neuen Sportarenen, von Hallen, einem Schwimmstadion für 18000 Zuschauer und hervorragenden Trainingsplätzen. Zeitnahme und Ergebnisdienst waren auf dem neuesten technischen Stand. Mitteilungen für die über 3000 Journalisten gab es in 14 Sprachen. Deren Berichte, so wurde jedenfalls vermutet, wurden von einigen unechten deutschen »Journalisten« genau verfolgt.
Zum erstenmal war das Fernsehen dabei. Täglich wurden die Sportereignisse in 25 Hallen in ganz Berlin übertragen. Das olympische Dorf war größer und noch besser ausgestattet als jenes von Los Angeles. Es gab feste Ziegelhäuschen und 38 Speisesäle für alle Geschmäcker. Die Frauen waren in einem Komplex nahe des Stadions untergebracht.
Die Leichtathletikwettbewerbe brachten den ersten großen Durchbruch der schwarzen Athleten, die alle Laufdisziplinen bis zu 800 m sowie den Hoch- und Weitsprung gewannen. Viermal siegte Jesse Owens. Eigentlich ein langsamer Starter, ging er die 100 m wie der Blitz an und

gewann ungefährdet vor einem weiteren schwarzen Amerikaner, vor Ralph Metcalfe, der auch schon 1932 Zweiter gewesen war. Überlegen holte sich Jesse Owens auch die 200 m, erneut vor einem schwarzen Amerikaner, Mack Robinson. In beiden Sprints wurde der Holländer Martinus Osendarp Dritter.
Schwarze Athleten belegten Platz eins und drei über 400 m, Weltrekordler Archie Williams siegte. Die Serie der britischen 800-m-Siege wurde durch den jungen Amerikaner John Woodruff beendet. Der Kanadier Phil Edwards, ebenfalls von schwarzer Hautfarbe, holte sich seine dritte Bronzemedaille, nachdem er 1932 jeweils Dritter über 800 m und 1500 m gewesen war.

Fabelhafter Jesse Owens

Die US-Staffel siegte über 4×100 m und Jesse Owens bekam sein drittes Gold. Unter den Amerikanern entstand Streit, weil Marty Glickman und Sam Stoller durch Owens und Metcalfe ersetzt wurden. Glickman und Stoller waren die beiden Juden in der US-Mannschaft, und es gab Vorwürfe, man hätte vor dem deutschen Antisemitismus kapituliert. Aber es war wohl eher so, daß die Amerikaner ihr stärkstes Quartett aufbieten wollten. Dann stoppten die Briten den Siegeszug der Amerikaner in der 4×400-m-Staffel, die die US-Boys ununterbrochen seit 1924 gewonnen hatten. Die Engländer lagen gleich zwei Sekunden voraus. In beiden Staffeln holten die deutschen Teams Bronze.
Die 1500 m wurden zu dem großen Rennen der Spiele. Es war das goldene Zeitalter für diese Mittelstrecke, mit enormen Leistungen. Die ersten fünf von 1932 waren wieder dabei sowie der Neuseeländer John Lovelock, vor vier Jahren Neunter. 300 Meter vor dem Ziel ließ Lovelock alle hinter sich und siegte in der Weltrekordzeit von 3:47,8 Minuten.
Die Langstrecken gehörten einmal mehr den Finnen. Die 5000 m holte sich Gunnar Höckert vor seinem Landsmann Lehtinen, der 1932 gewonnen hatte, und über 10000 m siegte Ilmari Salminen vor zwei Landsleuten. Dritter über die 10000 m wurde Volmari Isohollo, der dann in glänzender Manier seinen Sieg von 1932 auf der 3000-m-Hindernis-Strecke wiederholte. So überließen die Finnen auf den drei langen Laufstrecken den anderen Läufern gerade zwei Bronzemedaillen, wie schon 1928, als Nurmi

Den Engländer Ernie Harper kostete eine sportliche Geste vielleicht den Sieg im Marathonlauf. Er warnte den unerfahrenen Japaner Kitei Son vor dem zu schnellen Tempo des Siegers von 1932, Juan Zabala aus Argentinien. Tatsächlich hatte sich Zabala dann zuviel zugemutet, und Kitei Son lief Harper auf den letzten 1000 Metern zum Gold davon. Der Sieger galt zwar offiziell als Japaner, stammte aber in Wirklichkeit aus Korea, das damals von den Japanern besetzt war. Die technischen Wettbe-

Hier führt im Marathonlauf 1936 noch der Engländer Ernie Harper vor dem Koreaner Kitei Son, der für Japan startete. Im Ziel war dann die Reihenfolge umgekehrt.

Cornelius Johnson, der Hochspringer aus den USA, war der erste schwarze Olympiasieger in Berlin. Als er am späten Abend geehrt werden sollte, hatte Adolf Hitler das Stadion bereits verlassen.

33 Goldmedaillen gewann das deutsche Olympiateam in Berlin. Eine davon holte sich der Berliner Speerwerfer Gerhard Stöck.

Die Frankfurterin Tilly Fleischer machte es Gerhard Stöck nach. Auch sie gewann die Speerwurf-Konkurrenz, mit olympischem Rekord.

werbe wurden von den Deutschen und den Amerikanern beherrscht. Nur der Japaner Naoto Tajima konnte Gold gewinnen, der dritte Sieg eines Japaners hintereinander im Dreisprung.

Im Hochsprung setzten sich die beiden schwarzen Athleten Cornelius Johnson und Dave Albritton durch, die auch gemeinsam den Weltrekord (2,07 m) hielten. Johnson siegte mit 2,03 m, obwohl er wegen eines Verkehrsstaus erst dann in den Wettkampf eingreifen konnte, als die Latte schon auf Olympiarekordhöhe lag. Jesse Owens (8,06 m) gewann den Weitsprung nach einem spannenden Kampf mit dem Leipziger Lutz Long (7,87 m). Owens war in der Gefahr gewesen, die Qualifikation nicht zu überstehen, weil er zweimal übertrat. Da riet ihm Lutz Long, sich etwa 30 Zentimeter vor dem Absprungbalken eine Absprunglinie zu markieren. Owens qualifizierte sich mit seinem dritten Sprung und siegte dann. Long war auch in der Niederlage sportlich geblieben, und die beiden wurden Freunde. Lutz Long fiel während des Zweiten Weltkriegs in Sizilien, seine sportliche Geste wird in Erinnerung bleiben als Kontrast zu dem deutschen Chauvinismus Hitlerscher Prägung.

Im Werfen und Stoßen waren die Deutschen ganz groß. Gerhard Stöck (Berlin) schlug zwei Finnen und wurde der erste nichtskandinavische Speerwurf-Olympiasieger. Kugelstoßer Hans Woellke (Berlin) gewann die erste deutsche Leichtathletik-Goldmedaille in den Männerwettbewerben. Mit dem Hammer siegte Karl Hein (Hamburg) vor Erwin Blask (Berlin). Dazu kam noch Gerhard Stöcks Bronzemedaille im Kugelstoßen.

Auch die kräftigen deutschen Leichtathletinnen setzten sich mächtig in Szene. Gisela Mauermayer aus München gewann das Diskuswerfen, Tilly Fleischer (Frankfurt) den Speerwurf vor Luise Krüger. Paula Mollenhauer holte sich noch Bronze mit dem Diskus. Im 100-m-Lauf verwies die 18jährige Amerikanerin Helen Stephens die letzte Siegerin Stella Walasiewicz aus Polen auf Rang zwei und holte sich das Gold auch in der Staffel.

Ein Strom von Tränen

Die deutschen Damen hätten die Sprintstaffel wohl überlegen gewonnen, wäre ihnen nicht der Stab entglitten. Ein Strom von Tränen ergoß sich daraufhin. Die Deutsche Käthe Krauss war Dritte über 100 m, Anni Steurer holte sich Silber im 80-m-Hürdenlauf, den die Italienerin Trebisonda Valla in Weltrekordzeit gewann.

Der Schwimm-Star hieß Hendrika Mastenbroek. Die Holländerin gewann Gold über 100 m Kraul und 400 m Kraul und in der 4x100-m-Staffel, dazu Silber über 100 m Rücken. Silber holten die Deutschen Erwin Sietas und Martha Geneger über 200 m Brust und die deutsche Damen-Kraulstaffel. Das gleiche Metall gab es wie schon 1932 auch für die deutsche Wasserballmannschaft, erneut hinter den Ungarn, die wieder ihren einbeinigen Spieler Oliver Halassy einsetzten.

Im Wasserspringen sicherten sich die Amerikaner zehn von zwölf Medaillen. Durch ihren Sieg im Kunstspringen wurde die noch nicht ganz 14jährige Amerikanerin Marjorie Gestring die bis dahin jüngste Olympiasiegerin.

Olympiasieger Marshall Wayne bei einem seiner spektakulären Sprünge vom Turm. Der Amerikaner war hoch überlegen.

Einer der bittersten Augenblicke in Berlin. Die deutsche Frauenstaffel verliert, weit in Führung liegend, den Staffelstab. Beim Wechsel zwischen Marie Dollinger und der Schlußläuferin Ilse Dörffeldt kullert das Holz auf die Aschenbahn. Das Bild hält diesen dramatischen Augenblick fest.

Im Boxturnier gab es ein wenig Verwirrung, weil in der Halle gleichzeitig in zwei Ringen gekämpft wurde. Die deutschen Zuschauer bejubelten die Goldmedaillen von Willy Kaiser (Fliegen-) und Herbert Runge (Schwergewicht). Dazu kamen noch zwei deutsche Silber- und eine Bronzemedaille.
Deutsche Reiter gewannen alle Wettbewerbe! Sechs Goldmedaillen auf einen Sitz. Die anderen Mannschaften hielten die Military-Strecke für viel zu schwer, drei Pferde mußten getötet werden. Military-Einzelsieger Ludwig Stubbendorf (Hannover) ritt ein Pferd, das »Nurmi« hieß.
Fast so erfolgreich schlugen die deutschen Ruderer zu: fünf von sieben Goldmedaillen, aber der Achtersieg ging zum fünftenmal an die USA. Im siegreichen englischen Doppelzweier saß Jack Beresford jun., der zum fünftenmal an Olympischen Spielen teilnahm.

Jesse Owens

Seine Eltern gaben ihm die schönen Vornamen James Cleveland, als er am 12. September 1913 in Danville im US-Bundesstaat Alabama geboren wurde. Weil aber in seiner Kindersprache seine Anfangsbuchstaben J. C. wie »Jesse« klangen, hatte der kleine Owens bald seinen Vornamen Jesse weg und er blieb ihm sein ganzes Leben. Sein Vater war Baumwollpflücker, Jesse und seine sieben Geschwister wuchsen also nicht gerade in luxuriösen Verhältnissen auf. Als Sportler kam Owens auf die Ohio State Universität und wurde von Larry Snyder trainiert. 1928 machte er die Bekanntschaft von Charles Paddock, damals der schnellste Mensch der Welt. Paddock wurde zum Vorbild von Owens. 1933 gewann er die amerikanische Meisterschaft im Weitsprung, und dann kam der 25. Mai 1935, der als »Day of the days«, [illegible] schichte eingegangen ist. Der 21jährige Jesse Owens stellte in vier Disziplinen vor 10000 Zuschauern in Arbor (Michigan) in weniger als einer Stunde fünf neue Weltrekorde auf und einen ein.
Ein paar Monate nach den Spielen von Berlin wurde Jesse Owens Profi. Die Manager ließen den nach seiner Heimkehr enthusiastisch gefeierten Sporthelden, der finanziell ein recht armer Mann war, gegen Autos und Rennpferde um die Wette laufen. Mit seinem neuen Reichtum unterstützte Owens ein Heim für verlassene Kinder. Sein Ruhm ging trotz einer etwas dubiosen Profi-Laufbahn nicht unter. 1950 wurde er in einer Umfrage in Amerika zum besten Leichtathleten der ersten Hälfte des Jahrhunderts gewählt, vor Jim Thorpe und Paavo Nurmi. Er starb am 31. März 1980.

Berlin

Segelregatta der 6-m-Klasse bei den Olympischen Spielen 1936 in Kiel. Diese Bootsgattung steht heute nicht mehr im Programm.

Ernst Ihbe aus Leipzig und Carl Lorenz aus Chemnitz holten sich die Goldmedaille auf dem Tandem.

Im Radsport überragten die Franzosen, aber es gab doch zwei deutsche Goldmedaillen durch Toni Merkens (Köln) im Fliegerrennen und Ihbe/Lorenz (Hannover) auf dem Tandem. Sechs Goldmedaillen für Deutschland brachten die Turner-Wettbewerbe der Männer. Alfred Schwarzmann (Fürth) und Konrad Frey (Bad Kreuznach) holten sich je drei Goldmedaillen, Frey dazu noch eine silberne und zwei bronzene, Schwarzmann zweimal Bronze.

Ringen und Gewichtheben brachten ebenfalls schöne deutsche Erfolge, obwohl nur Gold für den Schwergewichtsheber Josef Manger (Freising) abfiel. Silber und Bronze gab es reichlich für Deutsche: bei den Hebern je zweimal Silber und Bronze, bei den Ringern dreimal Silber und viermal Bronze. Kristjan Palusalu aus Estland gewann die Goldmedaille im Schwergewicht beider Ringerstilarten.

Deutschland gewann das einzige olympische Feldhandball-Turnier der Geschichte vor Österreich und der Schweiz. Aber die deutsche Fußballmannschaft erlebte einen bösen Reinfall, als sie schon in der zweiten Runde gegen Norwegen (0:2) ausschied. Das Finale gewann Italien nach Verlängerung gegen Österreich 2:1. Norwegen wurde Dritter gegen Polen (3:2). Im Hockey-Endspiel unterlag die deutsche Mannschaft den Indern 1:8, Dritter wurde Holland. Den Olympiasieg im Basketball holten sich nach einer 32jährigen olympischen Pause dieses Wettbewerbs erneut die Amerikaner vor Kanada und Mexiko.

Die Olympischen Spiele waren die bis dahin am besten organisierten gewesen. Aber auch im Licht des drei Jahre später ausbrechenden Zweiten Weltkrieges werden sie immer als jene Spiele in Erinnerung bleiben, die von Hitler zum Beweis der Überlegenheit der »deutschen Rasse« benutzt wurden. Auf gewisse Weise konnte Hitler ja auch »seine Erfolge« nachweisen. Die deutschen Sportler gewannen die meisten Medaillen und waren im ganzen gesehen stärker als die Amerikaner. Aber eigentlich überstrahlten doch die Leistungen der schwarzen Athleten, angeführt von Jesse Owens, die sonstigen deutschen Siege. Es gibt das Gerücht, Hitler habe sich geweigert, Jesse Owens die Hand zu geben. So stimmt das nicht. Der »Führer« hatte befohlen, daß die Sieger zur

Die drei Medaillengewinnerinnen im Turmspringen. Von links: Bronze für die Hamburgerin Käthe Köhler, Silber für die Amerikanerin Velma Dunn und Gold für die Amerikanerin Dorothy Hill, die unter ihrem Mädchennamen Poynton bereits 1932 gewonnen hatte.

Einige Mitglieder der amerikanischen Olympiamannschaft posieren für ein Erinnerungsbild im Berliner Schwimmstadion.

Gratulation zu ihm in die Loge kommen sollten. Aber diese Unsitte wurde schon nach dem ersten Tag – Hitler hatte Tilly Fleischer und Hans Woellke gratuliert – abgestellt und dem Führer bedeutet, er sei nur zur »Präsentation« bei Eröffnungs- und Schlußfeier »berechtigt«. Der erste schwarze Olympiasieger war der Hochspringer Cornelius Johnson. Er bekam aber seine Medaille so spät am Abend, daß Hitler schon seine Loge verlassen hatte, um, wie ein Sprecher erklärte, »der Menschenmenge zu entgehen«. Sicher, Hitler ignorierte Owens, der sein erstes Gold am nächsten Tag gewann, aber wohl nur deshalb, weil ihm die persönliche Gratulation, wie geschildert, »untersagt« worden war.

Beinahe hätten die Amerikaner die Spiele in Berlin vollständig boykottiert. Verfechter dieser Idee war das amerikanische IOC-Mitglied Ernest Jahncke gewesen, der später von Avery Brundage abgelöst wurde. Brundage war leidenschaftlich für die Teilnahme. Er forderte, daß der Sport nicht von der Politik beeinflußt werden dürfe, eine Haltung, die er sein ganzes Leben hindurch bewahrte. Er stellte klar, daß die Amerikaner die Aussperrung der Juden von den Olympischen Spielen nicht hinnehmen würden, und so war Hitler gezwungen, die jüdische Fechterin Helene Mayer und den jüdischen Eishockeyspieler Rudi Ball in den deutschen Teams von 1936 zu akzeptieren.

In den deutschen Zeitungen hörte es sich so an, als seien die Spiele nur zur Verehrung von Adolf Hitler dagewesen. Es gab gewaltige Zuschauerzahlen, Begeisterung über deutsche Siege und Enttäuschung über deutsche Niederlagen wurden hervorgehoben. Leni Riefenstahl drehte einen Film über die Olympischen Spiele, und die beiden Streifen »Olympia« wurden eine Art Meisterwerk, waren aber auch voll von Propaganda über die »Stärke der deutschen Jugend«. Hitler fand die Olympischen Spiele so erfolgreich, daß er daran dachte, sie künftig immer in Berlin stattfinden zu lassen!

Der Olympiadorf-Chef begeht Selbstmord

Die Meinungen in aller Welt, ob die Spiele Hitler und seine Rassentheorien gefördert haben oder nicht, waren und sind geteilt. Sein Vernichtungsfeldzug gegen die Juden wurde zu der größten Tragödie der Menschheit. Brundage hat dies 1936 nicht erkannt. Er glaubte damals, der Boykott-Versuch sei teilweise eine jüdisch inspirierte politische Bewegung. Auch andere haben damals in Berlin nicht gesehen, was der Welt drohte. Vielleicht aber tat es Hauptmann Wolfgang Fürstner, der Direktor des olympischen Dorfes. Ihm, der jüdischer Abstammung war, wurde bedeutet, daß seine militärische Karriere nach den Spielen beendet sei. Er tat seine Pflicht bis zum Ende der Olympischen Spiele und beging nach der Schlußfeier Selbstmord.

Der Nazi-Haß traf aber auch die schwarzen

Menschen. Propagandaminister Goebbels nannte die schwarzen Sportler »Hilfstruppen« des amerikanischen Teams und ließ ihre Namen in den Medaillenlisten der Zeitungen streichen. Die zehn schwarzen Amerikaner gewannen sechs Gold-, drei Silber- und zwei Bronzemedaillen, dazu zwei Goldmedaillen in den Staffeln. Sie holten sich mehr Leichtathletikmedaillen als jedes andere Land. In einem englischen Zeitungsartikel fragte Bevil Rudd, Sieger über 400 m 1920, ob die schwarzen Athleten den Weißen körperlich überlegen seien und ob man für sie nicht getrennte Olympische Spiele veranstalten sollte.

Es gab auch Kontroversen um die »Weiblichkeit« bei diesen Spielen. Man sprach von »Sextests« und empfahl, solange es diese nicht gäbe, sollten sich keine Frauen mit solchen »Freaks« aus gewissen Ländern messen. Tatsächlich entsprachen wohl einige Teilnehmerinnen nicht dem normalen Bild einer Frau. Besonders britische Zeitungen diskutierten über diese Frage, und manche forderten sogar, Frauen sollten überhaupt von den Olympischen Spielen ausgeschlossen sein, da es wohl an »vermännlichten Damen« kaum etwas zu bewundern gäbe. Im Berliner Programm standen auch Polo und Segelfliegen.

Baron de Coubertin war auch bei diesen Spielen nicht zu Gast. In einem Brief an seinen Freund Dr. Carl Diem, Miterfinder des olympischen Fackellaufes, drückte er seine Zufriedenheit aus. Er, Coubertin, habe das erreicht, was er sich gewünscht hatte, und er ermunterte Diem, in diesem Sinne weiter zu arbeiten. Coubertin starb 1937, ein Jahr nach den Spielen. Trotz der »Schrecken« von 1936 wuchs und gedieh seine große Idee. Aber noch ehe die nächste Olympiade beginnen konnte, löste Adolf Hitler den schrecklichen Krieg aus.

Turner Alfred Schwarzmann, der für Fürth und Goslar startete, holte sich in Berlin

John Lovelock

Spannender 1500-m-Lauf. Der Neuseeländer John Lovelock gewann in Berlin eines der besten Rennen aller Zeiten über diese Strecke vor dem Amerikaner Cunningham und dem Italiener Beccali, der 1932 die 1500 m für sich entschieden hatte.

John Lovelock hatte ein trauriges Schicksal. Er wurde am 5. Januar 1910 in Greymouth in Neuseeland geboren und studierte dann an der Universität Oxford Medizin. Im 1500-m-Lauf der Olympischen Spiele 1932 belegte er den neunten Platz. 1933 startete er in den USA für die Universitäten Oxford und Cambridge, gewann viele Meilenrennen gegen die amerikanischen Studenten. 1935 siegte er im »Meilenlauf des Jahrhunderts« und ein Jahr später gewann er bei den Olympischen Spielen in Berlin einen der größten 1500-m-Läufe aller Zeiten. 1940 wurde Lovelock bei einem Sturz vom Pferd schwer verletzt und erblindete fast. Er arbeitete dann an einem New Yorker Krankenhaus und starb am 29. Dezember 1949 einen schrecklichen Tod. Bei der Heimfahrt an jenem Tag vom Krankenhaus stürzte er vom Bahnsteig auf die Gleise der Untergrundbahn und wurde

St. Moritz

XII. Tokio / Helsinki 1940

1936 hatte das IOC die Olympischen Sommerspiele an Sapporo vergeben. Es sollten die ersten Spiele sein, die in Asien stattfanden. Die Vorbereitungen waren schon weit gediehen, als der Krieg zwischen Japan und China ausbrach. IOC-Mitglied Avery Brundage beharrte wieder darauf, daß Politik nichts mit den Olympischen Spielen zu tun habe und unterstrich, es könnte erst dann ein anderer Austragungsort bestimmt werden, wenn die gastgebende Stadt ihre Bewerbung zurückzieht. Tokio tat dies am 16. Juli 1938.

Das IOC verlegte die Spiele umgehend nach Helsinki. Die Winterspiele wurden St. Moritz übertragen, aber es gab Streit in Sachen Amateurstatus. Skilehrer waren vom IOC nämlich als Profis eingestuft worden und hatten schon an den Winterspielen in Garmisch-Partenkirchen nicht teilnehmen dürfen. Im Juni 1939 vergab das IOC die Winterspiele erneut an Garmisch-Partenkirchen.

Am 1. September 1939 fielen die deutschen Truppen in Polen ein. Unglaublich, aber die Vorbereitungen für die Olympischen Winterspiele in Garmisch-Partenkirchen liefen weiter bis zum 22. November 1939! Im Dezember 1939 überfielen die sowjetischen Truppen Finnland. Selbstverständlich wurden die Vorbereitungen für die Spiele in Helsinki gestoppt. Trotzdem arbeitete der IOC-Kongreß im Februar 1940 in Paris noch an Olympia-Plänen.

XIII. London 1944

Auf dem IOC-Kongreß im Juni 1939 waren die Spiele der dreizehnten Olympiade von 1944 an London vergeben worden, das sich gegen Detroit, Lausanne und Rom durchgesetzt hatte. Die Winterspiele 1944 sollten in Cortina d'Ampezzo stattfinden. Beide mußten wegen des Zweiten Weltkrieges abgesagt werden.

IOC-Präsident Graf Henri de Baillet-Latour starb im Januar 1942. Vizepräsident war Sigfried Edström (Schweden), der das Präsidentenamt 1946 übernahm.

Avery Brundages Stellung hatte inzwischen im IOC erheblich an Gewicht gewonnen, und als Edström 1946 IOC-Präsident wurde, bestimmte er Brundage zu seinem Nachfolger. Der Amerikaner übernahm das Amt 1952. 1944 hatte Avery Brundage geäußert, daß Japan und Deutschland zu den nächsten Olympischen Spielen eingeladen werden sollten. Aber die unpopuläre Auffassung setzte sich nicht durch.

Aber Brundage, scheinbar kalt, gefühllos und dickköpfig, bestand auch auf seiner Ansicht, nichts könne die olympische Bewegung verhindern, und er und Edström setzten sich mit allen Kräften dafür ein, sobald als möglich nach dem Zweiten Weltkrieg wieder Olympische Spiele abzuhalten. Es machte ihnen nichts aus, daß viele Menschen so kurz nach dem Krieg, der schließlich Millionen von Menschenleben gekostet hatte, gegen internationale Sportveranstaltungen waren.

Zwölf Jahre lang hatte es keine Olympischen Spiele gegeben, der Krieg lag erst dreieinhalb Jahre zurück. Auch die Olympischen Winterspiele mußten erst wieder Fuß fassen. In St. Moritz schafften sie den Durchbruch. Der Winter war ein richtiger Winter, mit Schnee, Eis und Föhn, mit klirrender Kälte und mit warmer Sonne.

Einige Länder traten erstmals bei den Winterspielen an: Chile, Dänemark, Island, Korea und der Libanon. Insgesamt nahmen Mannschaften aus 28 Ländern teil, genauso viele wie 1936. Die Teilnehmerzahl war nur geringfügig kleiner als in Garmisch-Partenkirchen: 636 Männer und 77 Frauen maßen sich in St. Moritz in 22 Wettbewerben. Erneut standen sieben Sportarten auf dem Programm. Im alpinen Skilauf gab es nun erstmals auch Goldmedaillen im Abfahrtslauf und im Slalom für Frauen und Männer.

Deutsche und japanische Sportler waren nicht eingeladen worden, die Sowjetrussen zeigten kein Interesse. Die Winterspiele fanden vom 30. Januar bis zum 8. Februar statt. St. Moritz war gewählt worden, weil alle Einrichtungen vorhanden waren, aber einige Sportler klagten über mangelhafte Trainingsmöglichkeiten. Devisen waren knapp, so jammerten die meisten Athleten über ein karges Taschengeld von nur

1948

fünf Schweizer Franken. Die Amerikaner allerdings kannten eine solche Beschränkung nicht und lebten, im Vergleich mit den anderen, in Saus und Braus. Je zehn Medaillen holten sich die Norweger, die Schweden und die Schweizer, die am besten abschnitten, seit es Winterspiele gab. Die gastgebenden Eidgenossen stellten drei Olympiasieger durch die Abfahrerin Hedy Schlunegger, den Slalomfahrer Edi Reinalter und den Zweierbob Endrich/Waller.
In einem einfachen »Touristenanzug« eröffnete Bundespräsident Enrico Celio die Spiele am 31. Januar, und als später jemand die Olympiafahne klaute, gab es auch keine Staatsaktion. Celio sprach von »einem Symbol für eine neue Welt des Friedens und des guten Willens«.
Die alpinen Skiwettbewerbe waren nun auf sieben angewachsen, nordische gab es nur fünf, alpin nahmen 25 Länder teil, nordisch nur zehn. Die 15 Medaillen in den nordischen Skiwettbewerben teilten Schweden, Finnen und Norweger unter sich auf. Im 18-km-Langlauf standen nur Schweden auf dem Siegerpodest. Im Skispringen blieb dem berühmten Norweger Birger Ruud die dritte Goldmedaille hintereinander versagt. Er mußte sich mit Silber hinter seinem Landsmann Petter Hugsted begnügen. Für den 36jährigen Birger Ruud waren es die letzten Olympischen Winter
Bei den alpinen W

Der Franzose Henri Oreiller war als Abfahrts- und Kombinationssieger sowie als Dritter im Slalom der erfolgreichste Teilnehmer der V. Olympischen Winterspiele in St. Moritz.

St. Moritz

Der 18jährige Amerikaner Richard (»Dick«) Button leitete mit seinem athletischen Sprungstil eine neue Eiskunstlauf-Ära ein. Vier Jahre später gewann er nochmals die die Goldmedaille.

Der US-Bob II holte sich das Vierer-Gold in St. Moritz. Von links: William d'Amico, Patrick Martin, Steuermann Francis Tyler und Edward Rimkus.

Franzose Henri Oreiller eine Medaille in allen drei Disziplinen: Gold in der Abfahrt und in der Zweierkombination, und Bronze im Slalom hinter dem Schweizer Reinalter und dem Franzosen Couttet. Die Abfahrt der Frauen gehörte der Schweizerin Hedy Schlunegger, aber die amerikanische Slalomsiegerin, die 29jährige Gretchen Fraser mit ihren fliegenden Zöpfen, war die größte Überraschung.
Auf dem Eis tauchte ein neuer Stern auf, der 18jährige Amerikaner Richard Button. Er brachte einen neuen, sehr sportlichen Stil und gewann Amerikas erste Medaille im Eiskunstlauf der Männer. Der Schweizer Gerschwiler und der Österreicher Rada belegten die Plätze. Großen Eindruck hinterließ auch die Kanadierin Barbara Ann Scott, die vor der Österreicherin Eva Pawlik und der Engländerin Jeanette Altwegg siegte. Barbara Ann Scott durfte erst teilnehmen, nachdem sie ein Auto zurückgegeben hatte, das ihr von ihrer Heimatstadt Ottawa 1947 geschenkt worden war. Dreimal darf geraten werden, wer dafür gesorgt hatte. Natürlich der harsche Hüter des Amateurstatus Avery Brundage.
Im Eisschnellauf triumphierten einmal mehr die Skandinavier, aber die vier Goldmedaillen wurden säuberlich auf vier Läufer verteilt. Das Skeletonrennen auf der »Cresta Run« holte sich der Italiener Nino Bibbia, der Amerikaner John Heaton wurde wie 1928 (!) Zweiter – eine wahrhaft olympische Leistung.

Im Eishockeyturnier gab es allerlei Verwirrung, denn die USA hatten gleich zwei Mannschaften geschickt. Ein Team vertrat die Amateur Hokkey Association (AHA), das andere das Nationale Olympische Komitee der USA. Avery Brundage erkannte das AHA-Team nicht an, das aber Mitglied des Internationalen Eishokkey-Verbandes war (und demnach teilnehmen durfte) und versuchte aus seiner Machtposition als IOC-Vizepräsident heraus, sein Team durchzuboxen. Zur Eröffnung marschierte das »Brundage-Team« ein, das erste Spiel gegen die Schweiz aber bestritt die AHA-Mannschaft und verlor 4:5. Diese Mannschaft, die vom IOC nach vielen Querelen zugelassen worden war, wurde dann nur Vierter, schließlich aber, wiederum durch IOC-Beschluß, aus dem Schlußklassement gestrichen. Gewonnen hatten am Ende die Kanadier, punktgleich mit der Tschechoslowakei, mit dem besseren Torverhältnis. Dritter wurde dank der Disqualifikation der Amerikaner die Schweiz (wie 1928) vor Schweden und England. Im Team der CSSR spielte Jaroslav Drobny mit, der sechs Jahre später das Tennisturnier in Wimbledon gewann.
Sieht man von den relativ spärlich ausgestatteten Sportstätten und dem beginnenden Streit um den Amateurstatus ab, der bald die Existenz der Olympischen Winterspiele bedrohen sollte, so verliefen diese ersten Winterspiele nach dem Krieg sehr zufriedenstellend. Sie ließen Hoffnung für die Zukunft.

Für Italien gab es 1948 die erste olympische Goldmedaille im Wintersport. Nino Bibbia gewann sie im Skeleton auf der berühmten Cresta Run, der Spezialbahn für diese Sportart, die nur zweimal, jeweils in St. Moritz, auf dem olympischen Programm stand. Das rechte Bild zeigt Nino Bibbia auf einer seiner tollkühnen Fahrten.

London

Das IOC war bemüht, die Olympischen Spiele so bald als möglich nach Ende des Zweiten Weltkriegs wieder durchzuführen. 1946 vergab es die Spiele für 1948 an London, das ja schon für 1944 vorgesehen gewesen war. So wurde die britische Hauptstadt nun wirklich zum zweitenmal nach 1908 olympischer Schauplatz.

Sechs Jahre Krieg, das bedeutete natürlich einfache, karge Anlagen und Einrichtungen und wegen der Rationierung Mangel an Material und Versorgung. Es gab kein olympisches Dorf, die Sportler wurden in speziell hergerichteten Schulen und in Kasernen untergebracht. Es wurde auch kein neues Stadion gebaut, aber London war ja ohnehin bestens mit Sportanlagen bestückt. Die Leichtathletikwettbewerbe fanden im Wembley-Stadion statt, das für die Ausstellung des Britischen Empire (1924) gebaut worden war und in dem seit 1923 die Endspiele um den englischen Fußball-Pokal stattfanden. Im Wembley-Stadion wurde dort, wo sonst die Windhunde um die Wette liefen, eine provisorische Aschenbahn angelegt. Im nahe gelegenen Empire Pool fanden die

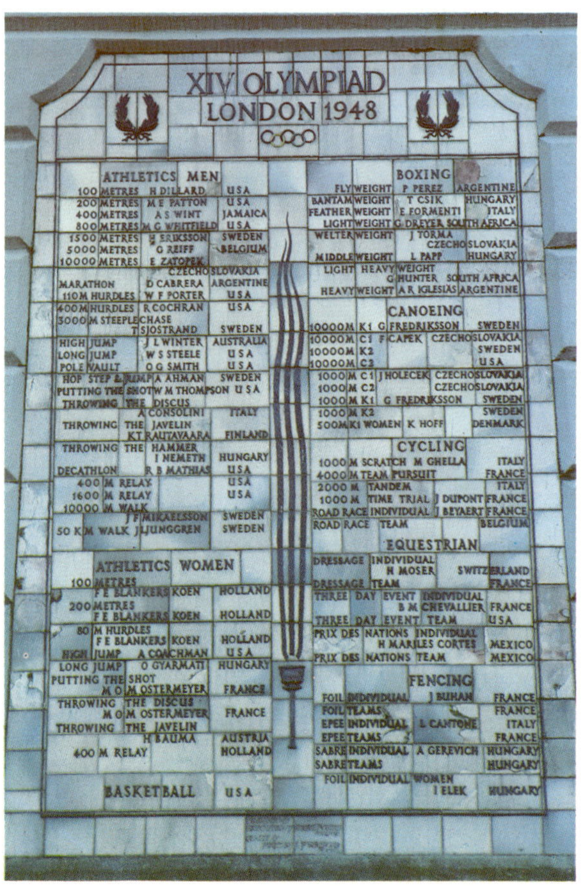

Diese Gedenktafel am Eingang zum Londoner Wembley-Stadion enthält die Namen einiger Olympiasieger der Spiele von 1948, der Spiele der XIV. Olympiade.

Schwimm-Wettbewerbe statt, dort gab es auch eine Halle für die Boxer. Basketball wurde in der Harringay Arena gespielt, auf der Bahn in Herne Hill fanden die Radrennen statt, und geturnt wurde in der Empress Hall in Earls Court. Außerhalb von London fanden nur die Wettbewerbe der Ruderer (in Henley) und der Segler (in Torbay) statt.

Trotz der harten Nachkriegszeit und obwohl Deutschland und Japan, die besiegten Aggressoren des Zweiten Weltkriegs, nicht eingeladen wurden, gab es neue Teilnehmerrekorde: 4099 Sportler, davon 385 Frauen, aus 59 Ländern. Zwölf Jahre zuvor in Berlin waren es insgesamt 4056 Sportler aus 49 Ländern gewesen und nur 328 Frauen. Die UdSSR war zwar inzwischen Mitglied im IOC geworden, zeigte aber kein Interesse für eine Teilnahme an den Spielen. Zum letztenmal gab es olympische Kunstwettbewerbe, in London waren dies Städtebau, Architektur, Plastiken, Medaillen und Plaketten, Reliefs, Malerei und Graphik, Plakate und Urkunden, sonstige graphische Kunst, Lyrik, Dramatische Werke, Epische Werke, Gesang, Kompositionen für ein Instrument und Kompositionen für Orchester.

Die Spiele im Fernsehen

Das Fernsehen steckte noch in den Kinderschuhen. Aber zum erstenmal in der olympischen Geschichte wurden die Sportereignisse in die Wohnstuben übertragen. In Großbritannien gab es 1948 etwa 80000 Fernsehgeräte. Man schätzte, daß rund eine halbe Million Menschen die wichtigen olympischen Wettbewerbe auf diese Weise daheim verfolgen konnten.

Der Fackellauf mit dem in Olympia entzündeten Feuer, den die Deutschen für 1936 erfunden hatten, wurde von den britischen Organisationen aufgenommen. Er führte aber nicht durch die im Krieg feindlichen Balkanstaaten Albanien, Bulgarien und Jugoslawien.

Die Olympischen Spiele von London dauerten mit ihren 136 Wettbewerben in 17 Sportarten vom 29. Juli bis zum 14. August. König Georg VI. eröffnete sie vor 83000 Zuschauern, und an diesem 29. Juli wurden natürlich auch die Tauben als Symbol für den Frieden gen Himmel geschickt. Leider waren die Spiele nicht vom Wetter begünstigt. Es regnete fast ständig, und das graue Nachkriegs-London sah noch trüber

1948

Die Mannschaften bei der Eröffnungsfeier der Olympischen Spiele von 1948 in London. König Georg VI. sprach die Eröffnungsformel am 29. Juli.

aus als sonst. Das wurde aber durch die Begeisterung der Zuschauer und der Sportler wieder wettgemacht. Es gab viele hervorragende Wettkämpfe, zwangsläufig zwölf Jahre nach Berlin von einer neuen Sportler-Generation bestimmt. Die Amerikaner ernteten einmal mehr die meisten Medaillen, 38 goldene, 27 silberne und 19 bronzene. Die Schweden (16/11/19) kamen ihnen noch am nächsten. Für die gastgebenden Briten war die Ausbeute sehr gering, nur drei Goldmedaillen, 14 silberne und sechs bronzene.
Der 100-m-Lauf brachte ein mitreißendes Rennen. Die Amerikaner hatten nichts von ihrer Übermacht verloren. Favorit war der Weltrekordhalter über 100 Yards, Mel Patton, bekannt für seine Nervosität. Für die USA starteten noch Barney Ewell und Harrison Dillard, der Weltrekordmann über 120 Yards Hürden. Auf seiner Spezialstrecke hatte er sich nicht qualifizieren können, weil er bei der Meisterschaft gestürzt war. Aber er schaffte es über 100 Meter. Im Finale standen sie alle drei, zusammen mit den beiden Engländern Bailey und McCorquodale sowie Lloyd La Beach aus Panama. In einem wirklich erregenden Rennen sah es so aus, als hätte Ewell La Beach ganz knapp geschlagen, aber auf Bahn sechs hatte sich Harrison Dillard als erster ins Ziel geworfen.
Auch über 200 Meter mußten sich Ewell und La Beach mit Silber und Bronze zufriedengeben, denn Mel Patton fand zu seiner Form und schlug die beiden hauchdünn. Ewell bekam dann doch noch seine Goldmedaille in der 4×100-m-Staffel, in der sich Dillard und Patton ihren zweiten olympischen Sieg holten. Aber sie alle und ihr Teamkamerad Lorenzo Wright mußten zwei Tage auf ihr Staffelgold warten. Die Amerikaner hatten zwar deutlich vor Großbritannien gewonnen, wurden aber wegen eines falschen Wechsels zunächst disqualifiziert. Ihr Protest hatte jedoch Erfolg. Auf dem Film wurde zwei Tage später eindeutig festgestellt, daß der Wechsel zwischen Ewell und Wright korrekt gewesen war. Die Briten mußten ihre Goldmedaillen an die Amerikaner weiterreichen, bekamen von den Italienern die Silbermedaillen, und die wiederum mußten auf ihre Bronzemedaillen einige Zeit warten, weil die Ungarn,

London

Rechts:
200-m-Lauf in London. Der Amerikaner Mel Patton gewinnt vor Norwood Ewell und Lloyd LaBeach (dunkles Hemd).

Unten:
Finish im 400-m-Lauf: Arthur Wint aus Jamaica besiegt seinen Landsmann Herb McKenley und den Amerikaner Mal Whitfield.

Ganz unten:
Im Ziel des 5000-m-Laufs jubelt der Belgier Gaston Reiff, der knapp vor Emil Zatopek (Mitte) gewinnt. Der andere Läufer muß noch eine Runde laufen.

nach der US-Disqualifikation ursprünglich Dritte, damit schon nach Hause gereist waren.
Ein glänzendes Rennen brachten auch die 400 Meter. Favorit war Weltrekordhalter Herb McKenley aus Jamaica, über 200 Meter knapper Vierter. Er führte lange, hatte sich aber wohl verausgabt. In der letzten Kurve holte sein Landsmann Arthur Wint, ein 1,93 m großer glänzender Stilist mit einem bemerkenswert langen Schritt, auf und schlug McKenley im Endspurt.
Whitfield war ein 800-m-Spezialist. Er hatte drei Tage vorher diese Strecke vor Wint gewonnen und holte sich sein zweites Gold in der 4×400-m-Staffel. Das war allerdings ein sehr glücklicher Sieg für die USA, denn die haushohen Favoriten aus Jamaica mußten aufgeben, als Arthur Wint mit einem Krampf zusammenbrach.
Einer der größten Favoriten dieser Spiele, der Schwede Lennart Strand, wurde über 1500 m besiegt. Sein Landsmann Henry Eriksson, ein 29jähriger Feuerwehrmann und sonst immer Zweiter hinter Strand, setzte sich auf der nassen Bahn klar gegen Strand durch.
Eine neue Ära des Langstreckenlaufs begann in London. Emil Zatopek, die »tschechische Lokomotive«, bestritt seine ersten Olympischen Spiele und rannte seiner Konkurrenz am ersten Tag in London über 10000 m gleich auf und davon. Er gewann mit fast 48 Sekunden Vorsprung vor dem Franzosen Alain Mimoun. Der finnische Weltrekordler Viljo Heino endete weit abgeschlagen. Acht Runden lang hatte er geführt, dann »walzte« ihn Emil Zatopek nieder und hatte mit 29:59,6 Minuten beinahe eine

Die erste Runde im 10-km-Gehen, ein Wettbewerb, den es nur bei den Spielen 1924, 1948 und 1952 gab. Hier liegt schon der Schwede John Mikaelsson in Führung, der in London und auch vier Jahre später in Helsinki siegte.

ganze Runde Vorsprung vor dem Franzosen im Ziel. Vielleicht nur seine Unerfahrenheit hinderte Zatopek daran, Doppel-Langstreckensieger dieser Spiele zu werden. Im Vorlauf der 5000 m hatten sich er und der Schwede Eric Ahlden unnötigerweise ein hartes Duell geliefert, obwohl sie bereits für den Endlauf qualifiziert waren. Im Finale legte Zatopek erneut ein sehr schnelles Tempo vor, schüttelte Ahlden zwar wieder ab, hatte aber dann nicht mehr genügend Kraft, um in der vorletzten Runde einem Vorstoß des Belgiers Reiff und des Holländers Slykhuis zu begegnen. Als die letzte Glocke ertönte, lag Zatopek fast 20 Meter hinter Slykhuis und 45 Meter hinter dem führenden Reiff. Er bekam die »zweite Luft«, lief eine unwahrscheinlich letzte Runde, ging an dem Holländer vorbei und hätte um ein Haar noch Gaston Reiff abgefangen, der mit zwei Zehntelsekunden Vorsprung gewann. Nur ein paar Schritte fehlten Zatopek zum zweiten Gold.

Das 3000-m-Hindernisrennen holte sich der Schwede Tore Sjöstrand vor zwei Landsleuten. Überhaupt schnitten die Schweden in der Leichtathletik gut ab, gewannen sie doch auch die beiden Geherwettbewerbe über 10 km und 50 km. Auf den Hürdenstrecken dominierten die Amerikaner, holten alle Medaillen über 110 m und Gold über 440 m durch den »Veteranen« Roy Cochran, der schon 1939 US-Meister geworden war. Cochran gewann sein zweites Gold in der 4×400-m-Staffel.

Dramatisch verlief einmal mehr der Marathonlauf. Erinnerungen wurden wach an die Spiele von 1908, ebenfalls in London. Favorit war der 41jährige Engländer Jack Holden, aber er verausgabte sich völlig im Kampf mit dem 21jährigen belgischen Fallschirmspringer Etienne Gailly, dessen Tempo er vergeblich mitzugehen versuchte. Zur Hälfte des Rennens führte Gailly, aber etwa 1500 Meter vor dem Ziel lag er fünf Sekunden hinter dem Argentinier Delfro Cabrera. Mit letzter Anstrengung ging der Belgier kurz vor dem Stadion wieder in Führung und erreichte es nahezu völlig erschöpft. Auf der letzten Runde im Stadion wurde er dann doch noch von dem Argentinier überholt, der Gold gewann. Sogar der zweite »alte« Engländer, Tom Richards, passierte den taumelnden Belgier noch kurz vor dem Ziel, dem so nur die Bronzemedaille blieb. Ihm aber galt, wie vor 40 Jahren Pietri, die Sympathie der Zuschauer.

In den technischen Wettbewerben schnitten die Amerikaner mit fünf Goldmedaillen gut ab,

Die drei amerikanischen Medaillengewinner über 110 m Hürden noch im Gleichschritt. Von links: Clyde Scott (Zweiter), William Porter (der Sieger) und Craig Dixon.

Hammerwurf-Sieger Imre Nemeth aus Ungarn. Er warf 56,07 m weit. 28 Jahre später wurde sein Sohn in Montreal Speerwurf-Olympiasieger.

konnten aber überraschenderweise im Hochsprung nur Bronze erringen. Der Australier John Winter siegte mit 1,98 m. Der Stabhochsprung fand im strömenden Regen statt, die Springer stellten sich zwischen ihren Versuchen im Stadiontunnel unter.

Alle drei Medaillen im Kugelstoßen fielen an Amerikaner, im Diskuswerfen feierten die Italiener durch Adolfo Consolini und Guiseppe Tosi einen Doppelsieg, und im Speerwerfen holte Tapio Rautavaara Finnlands einzige Leichtathletik-Goldmedaille dieser Spiele. Seit 1908 hatte Ungarn kein Gold mehr in der Leichtathletik gewonnen. Hammerwerfer Imre Nemeth machte dieses Manko nun wett.

Der Zehnkampf brachte eine mitreißende Vorstellung des 17jährigen US-Amerikaners Bob Mathias. Er bestritt in London erst seinen dritten Zehnkampf überhaupt und lag nach dem ersten Tag (fünf Disziplinen) unter 28 Teilnehmern auf dem dritten Rang. In der achten Übung schleuderte Mathias den Diskus über drei Meter weiter als der zweitbeste Zehnkämpfer und setzte sich an die Spitze. An diesem Tag zeigte sich das Wetter von seiner schlechtesten Seite, es regnete in Strömen ohne Unterlaß. Als nach langen, nervenzerfetzenden Stunden der 1500-m-Lauf als Schlußwettbewerb unter Flutlicht begann, führte Mathias überlegen mit 261 Punkten Vorsprung. Mathias quälte sich als drittlangsamster aller Teilnehmer ins Ziel, aber es reichte zum Gold. Der Franzose Ignace Heinrich als Zweiter konnte seinen Rückstand lediglich um die Hälfte verringern.

Der unangefochtene Star dieser Spiele von 1948

Nur ein Australier gewann bisher Gold im Hochsprung: John Winter siegte 1948 in London mit 1,98 m.

Erst 17 Jahre alt war der Amerikaner Robert (Bob) Mathias, als er in London Zehnkampf-Olympiasieger wurde. Sein Diskuswurf von genau 44 m brachte ihn am zweiten Tag klar an die Spitze. Mathias wiederholte diesen Sieg vier Jahre später in Helsinki.

war eine 30jährige holländische Hausfrau und Mutter von zwei Kindern. Fanny Blankers-Koen nahm an vier Wettbewerben teil, mußte also zwölfmal an den Start gehen – und siegte immer.
Die 100 Meter gewann sie vor der Engländerin Dorothy Manley und der Australierin Shirley Strickland ebenso leicht wie den 200-m-Lauf, der 1948 zum erstenmal im Programm der Frauen stand. Als Schlußläuferin der niederländischen 4×100-m-Staffel mußte Fanny Blankers-Koen hart um ihre dritte Goldmedaille kämpfen. Knapp vor dem Ziel überspurtete sie die amerikanische und die kanadische Schlußläuferin. Noch schwerer wurde ihr der Sieg über 80 m Hürden gemacht. Die Engländerin Maureen Gardner lag mit ihr im Ziel gleichauf (11,2), das Zielfoto entschied für die Holländerin.
Im Hochsprung schafften die junge amerikanische Negerin Alice Coachman und die Engländerin Dorothy Tyler je 1,68 m, doch das US-Girl siegte, weil sie die Höhe im ersten Versuch bewältigt hatte. Dorothy Tyler gehört zu den größten olympischen Pechvögeln. 1936 (!), als 16jähriges Mädchen namens Dorothy Odam, hatte sie das Hochsprunggold in einem Stichkampf gegen die Ungarin Csak verloren. Danach wurden die Regeln bei gleicher Sprunghöhe geändert. Es war schon eine Ironie des Schicksals, daß Dorothy Tyler nun wegen der neuen Regelung verlor. Mrs. Tyler, jetzt Mutter von zwei Kindern, sprang 1939 Weltrekord und wurde wohl nur durch den Weltkrieg, der zwei Olympische Spiele verhinderte, um ihre Goldmedaille gebracht. Sie nahm noch 1952 (siebenter Platz) und 1956 (11. Rang) als 36jährige an den Olympischen Spielen teil, eine höchst bemerkenswerte Leistung.

Herma Bauma aus Österreich war im Speerwerfen nicht zu schlagen. Sie gewann die erste Leichtathletik-Goldmedaille für ihr Land.

Einmalige Micheline

Den Weitsprung gewann die Ungarin Olga Gyarmati mit 5,695 m, eine Leistung, die weit unter dem Weltrekord von Fanny Blankers-Koen (6,25 m) lag, aber die Holländerin konnte ja nicht überall zugleich sein. Diskus und Kugelstoß brachten einen bemerkenswerten Doppelsieg für die Französin Micheline Ostermeyer, die Kugelstoß-Spezialistin war, mehr aus Gaudi auch am Diskuswerfen teilnahm und dort zu ihrer eigenen Überraschung siegte. Micheline stellt eine ausgesprochene leichtathletische Rarität dar, denn als kraftvolle Werferin holte sie auch noch Bronze im Hochsprung! Eine Kombination, die es nie wieder gab. Die Österreicherin Herma Bauma löschte einen österreichischen »Makel« aus. Ihr Speerwurfsieg brachte Österreichs erste Goldmedaille in der olympischen Leichtathletik.
Die Schwimmkonkurrenzen standen auf hohem Niveau, acht olympische und ein Weltrekord wurden gebrochen. Wieder dominierten die Amerikaner, deren 4×200-Kraulstaffel den einzigen Weltrekord in 8:46,0 Minuten erzielte. Staffelschwimmer Walter Ris siegte auch über 100 m Kraul, sein Mannschaftskamerad William Smith über 400 m Kraul, und der dritte Staffelmann, Jim McLane, holte sich Gold über 1500 m Kraul und Silber auf der 400-m-Strecke.
Alle Goldmedaillen im Schwimmen und Springen fielen an die Amerikaner, unter ihnen der nur 1,55 m große Turmspringer Dr. Sammy Lee. Das lag aber auch am Fehlen der Japaner, die bei den beiden Olympischen Spielen vor dem Krieg so erfolgreich gewesen waren. Sie hielten daheim genau während der Spiele in London ihre Meisterschaften ab, und dort waren die Zeiten in fast allen Rennen besser. Die amerikanischen und die dänischen Schwimmerinnen schnitten am besten ab, wobei Ann Curtis zwei Goldmedaillen im Schwimmen und Victoria Draves beide Sprungwettbewerbe gewannen. Das Gold im Wasserball holten sich die Italiener, wobei es im Turnier wieder nicht ohne

Laszlo Papp gewann die erste seiner drei Goldmedaillen in London. Der Engländer John Wright war einer seiner härtesten Gegner.

Streit und Hader abging. Das Boxturnier verzeichnete eine Rekord-Teilnehmerzahl (206), Boxer aus fünf Ländern gewannen die Goldmedaillen. Die Leistungen der Ring- und Punktrichter waren einmal mehr äußerst umstritten. Höhepunkt war die Verwechslung der beiden argentinischen Boxer Arnoldo Parez und Pascual Perez beim Wiegen. Perez gewann schließlich Gold im Fliegengewicht und wurde später einer der weltbesten Profis.

Ein später legendärer Boxer hatte seinen ersten Olympia-Auftritt. Der Ungar Laszlo Papp gewann die Goldmedaille im Mittelgewicht gegen den Engländer John Wright. Papp ließ ja diesem Gold 1952 und 1956 zwei weitere Olympiasiege folgen, und zwar eine Gewichtsklasse tiefer!

Franzosen und Ungarn sicherten sich je drei Goldmedaillen im Fechten. Ilona Elek wurde zwölf Jahre nach Berlin zum zweitenmal Olympiasiegerin! Doch diese lange Karriere übertraf

les, Bronze in Berlin 1936 und nun wieder Bronze 1948 in London. Franzosen und Mexikaner ritten je zweimal zum Sieg. Aber das Gold in der Mannschaftsdressur bekamen die Franzosen erst ein Jahr nach den Olympischen

Das Straßenrennen führte durch den Windsor Great Park. 17 Runden über je rund 12 Kilometer mußten bewältigt werden. Kurz vor dem Ziel hier der spätere

Mannschaft kein Offizier war, wie es damals Vorschrift war. Die Schweden, die den Unteroffizier gemeldet hatten, wurden disqualifiziert.
Ein außergewöhnlicher Olympiasieger im Schießen war der Ungar Karoly Takacs mit der Schnellfeuerpistole. Bei einem Unfall 1938 hatte er seine rechte Hand verloren und sich dann selbst das Schießen mit der linken beigebracht.
Nach dem »Umfaller« von 1936 siegte Schweden wieder im Modernen Fünfkampf durch William Grut.

John Davis hebt neun Zentner

Am Gewichtheberturnier nahmen 120 Sportler aus 30 Ländern teil, die Goldmedaillen gingen an die Amerikaner und die Ägypter. Die eindrucksvollsten Sieger waren der gewaltige Schwergewichtler John Davis, ein Automechaniker aus Brooklyn, der 452,5 Kilo hob, und der nur 1,42 m große Amerikaner Joe De Pietro, der im neu eingeführten Bantamgewicht mit 307,5 Kilo siegte.
Die türkischen Ringer gewannen sechs Goldmedaillen, die schwedischen fünf. Finnlands Turner kassierten ebenfalls sechs Goldmedaillen ab, am Seitpferd bekamen gleich drei Finnen, die gleichauf lagen, Gold. Im Radsport schnitten einmal mehr die Franzosen, Italiener und Belgier am besten ab. Die Wettbewerbe lagen zeitlich oft so spät, daß die Entscheidungen bei Dunkelheit ausgefahren werden mußten.

Gert Fredriksson aus Schweden ist der erfolgreichste Kanute aller Olympischen Spiele. Von 1948 bis 1960 gewann er sechs Goldmedaillen sowie je einmal Silber und Bronze. Unser Bild zeigt ihn bei einem Sieg über 1000 m im Kajak-Einer während der Henley-Regatta.

Sechster Sieg des US-Achters

Ruder- und Kanu-Wettbewerbe fanden auf den traditionellen Strecken in Henley statt und bescherten den Engländern zwei von ihren nur drei Olympiasiegen bei diesen Spielen. Es gab britisches Gold im Doppelzweier und im Zweier ohne. Das Gold im Einer gehörte dem Australier Mervyn Wood; Jack Kelly jr., der Sohn des Siegers von 1920, verpaßte knapp die Bronzemedaille. Im Achter hielt die Serie der Amerikaner an, der sechste aufeinanderfolgende Sieg seit 1920.
In den Kanu-Wettbewerben gab es vier Siege für Schweden, drei für die CSSR und einen für die USA. Der Schwede Gert Fredriksson gewann beide Kajak-Rennen, er holte sich auch bei den drei folgenden Olympischen Spielen Gold. Das gleiche Kunststück glückte auch dem großen dänischen Segler Paul Elvström, der 1948 seine erste Goldmedaille gewann. Im Fußballturnier setzten sich die Schweden durch, die im Finale Jugoslawien 3:1 besiegten. 17 Mannschaften nahmen teil. Im Olympiasiegerteam standen die später als Profi berühmten Nordahl-Brüder Gunnar, Bertil und Knud. Zum zweitenmal war Basketball olympisch, wieder gewannen die Amerikaner. Sie siegten in allen acht Spielen, im ersten aber mit nur zwei Punkten Vorsprung gegen Argentinien.

Nur wenige Rekorde

Diese Olympischen Spiele waren trotz der Schwierigkeiten in einem vom Krieg schwer gezeichneten Land so erfolgreich, wie man es sich nur wünschen konnte. Möglicherweise waren das extrem schlechte Wetter und der Mangel an geeigneten Trainingsstätten daran schuld, daß so wenige Rekorde gebrochen wurden. Die guten Leistungen waren breit gestreut. Sportler aus 42 Ländern kamen unter die ersten sechs. Die Goldmedaillen in der Leichtathletik fielen an Sportler aus zehn verschiedenen Ländern, das hatte es noch nie gegeben.
Die Amerikaner sicherten sich die meisten Goldmedaillen, darunter elf in der Leichtathletik. In den Laufwettbewerben wurden die Finnen diesmal abgehängt, wohl eine Folge des grausamen Krieges. Zum erstenmal seit 1908 gewann kein finnischer Läufer eine Goldmedaille. Dagegen bewahrten die Schweden ihren »olympischen Rekord«, gewannen wieder fünf Goldmedaillen in der Leichtathletik, dem Herzstück Olympischer Spiele.

Die Briten durften auf ihre Organisation, die einen kleinen Gewinn abwarf, stolz sein, nicht aber auf ihre Sportler, die einen Tiefpunkt hatten. Darüber aber klagte in England niemand. Die Generation, aus der die Medaillengewinner hätten stammen können, mußte sechs Jahre ihres Lebens in einem schlimmen Krieg opfern, viele talentierte Athleten waren gefallen. Wo es Kritik gab, so galt sie den Mängeln in den Trainingsvorbereitungen, und man zog Vergleiche mit der Art, wie an amerikanischen Universitäten trainiert wurde.

Triumphiert aber hatte auf alle Fälle der Traum von Baron de Coubertin. Die olympische Idee hatte den grausamsten aller modernen Kriege überlebt und sie sah wieder gefestigt den Olympischen Spielen von Helsinki entgegen.

Fanny Blankers-Koen

Als Fanny Blankers-Koen 1948 zu den Spielen nach London reiste, hielt sie ihr Ehemann Jan Blankers schlichtweg für zu alt, als daß sie sportlich noch erfolgreich sein könnte. Immerhin war er auch ihr Trainer und hatte an der unglaublichen Erfolgsserie der Holländerin maßgeblichen Erfolg gehabt. Am 26. April 1918 wurde Francina Koen in Amsterdam geboren. Sie nahm an den Spielen in Berlin teil, wurde jeweils Sechste im Hochsprung und der 4×100-m-Staffel. Dann, 1938 mit der Einstellung des Weltrekordes über 100 Yards, begann ihre steile Karriere.

Inzwischen war sie also zweifache Mutter, war 30 Jahre alt und ließ sich trotz der Bedenken ihres Ehegatten nicht daran hindern, auch in London zu starten. Sie nahm an drei Einzelwettbewerben teil, der Hürdenstrecke, den 100 und 200 Metern. Sie gewann immer. Wegen der angeblich zu großen Belastung durfte sie im Hoch- und Weitsprung nicht teilnehmen – vermutlich hätte sie auch hier gesiegt. Die vierte Goldmedaille holte sie übrigens noch in der Staffel. Mehr als mit ihren Gegnerinnen hatte sie mit dem Heimweh und der Sehnsucht nach ihren Kindern zu kämpfen, während der Spiele wollte sie eigentlich schon zurückreisen, sie mußte überredet werden, zu bleiben.

Bei den Europameisterschaften 1946 und 1950, kam Fanny Blankers-Koen achtmal unter die ersten Drei, darunter fünf Titelgewinne. Auch nach den Olympischen Spielen von London setzte sie ihre Weltrekordjagd fort, mit Bestleistungen über 220 Yards (mit Kurve) 1950 und im Fünfkampf 1951. Im Alter von 34 Jahren nahm sie 1952 in Helsinki zum drittenmal in 18 Jahren an Olympischen Spielen teil, aber eine Blutinfektion zerstörte ihre Form und sie gewann keine Medaille mehr.

Danach zog sie sich vom Leistungssport zurück.

Eine wirkliche Alleskönnerin in der Leichtathletik war die holländische Hausfrau und Mutter Fanny Blankers-Koen. Vier Goldmedaillen holte sie sich im Londoner Wembley-Stadion. Unser Bild zeigt die 30jährige bei ihrem Sieg über 100 m vor der Engländerin Dorothy Manley und der Australierin Shirley

Oslo

Die Winterspiele in Oslo wurden zu einem nordischen Volksfest. Gastfreundschaft der Norweger und Sachkenntnis des Publikums waren kaum noch zu überbieten. Zum erstenmal fanden die Spiele in einer Hauptstadt statt. Mannschaften aus 30 Ländern nahmen teil, soviel wie noch nie. Zum erstenmal waren Sportler aus Neuseeland und Portugal dabei, und Deutschland und Japan durften wieder an den Start gehen. 1948 in St. Moritz waren sie noch als Kriegsmächte unerwünscht gewesen. Sowjetische Sportler fehlten noch, kamen erstmals bei den Sommerspielen dieses Jahres auf die olympische Bühne und hatten dann ihren ersten Winterauftritt 1956 in Cortina d'Ampezzo.

In der Bundesrepublik war inzwischen ein Nationales Olympisches Komitee gegründet worden, das sich mit dem NOK der DDR nicht einigen konnte, so daß ausschließlich Wintersportler aus der Bundesrepublik in Oslo dabei waren. Das NOK unter Präsident Karl Ritter von Halt schickt 41 Männer und zwölf Frauen, die mit drei Gold-, zwei Silber und zwei Bronzemedaillen heimkehrten. Das Gold, das übrigens den Deutschen bei den Sommerspielen des Jahres in Helsinki versagt blieb, holten das Eiskunstlauf-Ehepaar Ria und Paul Falk (Düsseldorf) und der Garmischer Anderl Ostler am Steuer des Zweier- und des Viererbobs. Annemirl Buchner, die fesche Garmischerin, schmückte sich gleich mit drei Medaillen: Silber in der Abfahrt, Bronze im Slalom und Riesenslalom. Die zweite Silbermedaille steuerte Ossi

Eröffnungsfeier der Olympischen Winterspiele 1952 in Oslo. Diese Spiele waren die bis dahin größten in der Geschichte. Die besiegten Kriegsmächte Deutschland und Japan durften wieder teilnehmen.

1952

Reichert aus Sonthofen im Slalom bei. Sie wurde ja dann vier Jahre später Olympiasiegerin im Riesenslalom von Cortina. Das deutsche Team konnte sich also unter den insgesamt 623 Männern und 109 Frauen, die in Oslo an den Start gingen, sehen lassen.
Die Spiele dauerten vom 14. bis zum 25. Februar und brachten 22 Wettbewerbe in sechs Sportarten. Neu im Programm waren der 10-km-Langlauf der Frauen und die Riesenslalomrennen für Männer und Frauen. Dafür gab es nun keine alpine Kombination mehr.

Gedenken an Georg VI.

Das olympische Feuer wurde im Geburtshaus von Sondre Nordheim, dem Pionier des Skilaufs im 19. Jahrhundert, entzündet und von Morgedal nach Oslo gebracht. Prinzessin Ragnhild eröffnete die Spiele erst am 15. Februar (zwei Wettbewerbe waren schon am 14. Februar) und die Zuschauer gedachten in einer Schweigeminute des kürzlich verstorbenen Königs Georg VI. von England.
Die nordischen Skiwettbewerbe waren eine Sache der Norweger und Finnen, die diesmal den Schweden ein bißchen den Rang ablaufen konnten.
130000 Zuschauer sahen Arnfinn Bergmann am Holmenkollen im Skispringen siegen und bejubelten gleich noch das Silber ihres Landsmannes Falkanger. Im neuen 10-km-Lauf der Mädchen waren drei Finninnen vorn, Lydia Widemann gehörte das erste Gold auf dieser Strecke.
Der Italiener Zeno Colo war der schnellste alpine Abfahrer vor dem Österreicher Othmar Schneider, der sich dafür im Slalom entschädigte. Da war der Norweger Stein Eriksen noch Zweiter geworden, aber im Riesenslalom enttäuschte er seine Landsleute nicht.
In den alpinen Rennen der Mädchen triumphierte die 19jährige Amerikanerin Andrea Mead-Lawrence. Als 15jährige 1948 in St. Moritz mußte sie noch mit Platz 35 in der Abfahrt und Rang acht im Slalom zufrieden sein. Nun trumpfte sie in beiden Slaloms gewaltig auf.
Der Amerikaner Dick Button zeigte den ersten Dreifachsprung der Eiskunstlaufgeschichte und gewann seine Goldmedaille noch überlegener als 1948. Das Düsseldorfer Ehepaar Falk siegte

Im Bislett-Stadion fanden die Eisschnellauf-Wettbewerbe statt.

Links:
Der Italiener Zeno Colo gewann 1952 das Abfahrtsrennen. Unser Bild zeigt ihn vier Jahre später als »Fackelläufer« bei den Winterspielen in Cortina.

Nun hatten die Norweger auch alpine Könner. Stein Eriksen gewann zwar nicht wie erwartet den Spezialslalom (Zweiter), revanchierte sich aber mit Gold im Riesenslalom.

Oslo

Die besten Eiskunstläuferinnen 1952. Von links: die Amerikanerin Tenley Albright (Silber), die Engländerin Jeanette Altwegg, die Olympiasiegerin, und die Französin Jacqueline du Bief.

Der Amerikaner Kenneth Henry auf dem Weg zur Goldmedaille im 500-m-Sprint.

schnellauf wurde fast zum Soloauftritt für den Norweger Hjalmar Andersen. Nur den 500-m-Sprint überließ er dem Amerikaner Kenneth Henry.
Auf der Bobbahn regierten die Schwergewichte aus Deutschland. Anderl Ostler aus Garmisch und Lorenz Nieberl, der Münchner, siegten im Zweier (236 Kilo Körpergewicht) und zusammen mit Fritz Kuhn und Franz Kemser auch im Vierer (472 Kilo Körpergewicht), jeweils vor USA I. Die Schwergewichtler waren dem Bobverband offenbar nicht mehr so willkommen, denn danach wurden nun Höchstgewichte für Schlitten und Besatzung festgelegt.
Die Kanadier feierten ihren letzten olympischen Eishockeysieg. Mit dem fünften Sieg ging ihre Serie zu Ende, seither gewannen nur noch die UdSSR und (zweimal) die US-Amerikaner.
Die Organisation dieser Winterspiele war ohne Fehl und Tadel und in jeder Hinsicht ein Triumph für die gastgebenden Norweger, die die meisten Medaillen (16) gewannen. 541 407 zahlende Zuschauer brachten 3,6 Millionen norwegische Kronen in die Kassen. Es gab zwar wenig Schnee, aber die Veranstalter hatten beim Eisschnellauf Wetterglück. Die alpinen Skipisten, 100 km von Oslo entfernt, mußten wegen Wärme und Schneemangel künstlich präpariert werden.

Ihn feierten seine Landsleute am stärksten. Drei Goldmedaillen holte sich Hjalmar Andersen über 1500 m, 5000 m und 10 000 m. Das Bislett-Stadion bebte unter dem Jubel. Über 10 000 m fuhr Andersen einen Vorsprung von 25 Sekunden heraus.

Die Schwergewichte Anderl Ostler (rechts) und Lorenz Nieberl (links) holten sich beide Bob-Goldmedaillen. Zusammen brachten sie

Richard (»Dick«) Button

Mit seinem ersten Dreifachsprung machte Dick Button in Oslo Eiskunstlaufgeschichte. Er wurde am 18. Juli 1929 in Eaglewood im Bundesstaat New Jersey geboren, gewann seinen ersten US-Titel 1949 und eroberte ihn immer bis 1952. Er war 1948 Europameister (damals ein offener Wettbewerb) und Weltmeister von 1948 bis 1952. Überlegen sicherte er sich die Goldmedaillen 1948 und 1952. Nach 1943 wurde er nur einmal besiegt, 1947 bei der Weltmeisterschaft durch den Schweizer Hans Gerschwiler. Er war ein besonders guter Kürläufer, der enorm dazu beitrug, daß Eiskunstlauf in den USA so populär wurde. 1952 wurde Dick Button Fernsehkommen-

Helsinki

Der Himmel ist voll von Tauben, die während der Eröffnungszeremonie 1952 in die Freiheit flogen.

Helsinki war als Austragungsort für die Olympischen Spiele 1940 gewählt worden, als Tokio sie wegen des Krieges zurückgeben mußte. Doch dann konnten diese Spiele ja auch nicht in Finnland stattfinden, der Krieg löschte alle Gedanken an Olympia aus. Aber zwei Jahre nach dem Zweiten Weltkrieg durfte man schon wieder zuversichtlich in die Zukunft blicken, am 17. Juni 1947 wurde Helsinki die Austragung der Spiele der XV. Olympiade für 1952 übertragen.

Die Vorbereitungen wurden mit großer Begeisterung durchgeführt. Alles wurde getan, damit diese Olympischen Spiele die besten werden konnten, die es bis dahin gab. Als die Mannschaften dann anreisten, wurden alle bisherigen Teilnehmerrekorde gebrochen. 518 Frauen und 4407 Männer aus 69 Ländern wollten olympische Ehren ernten. Weil die Volksrepublik China als Teilnehmer anerkannt wurde, zog die Republik China (Taiwan) ihre Mannschaft zurück. Die Rotchinesen nahmen dann aber doch nicht an den Wettkämpfen teil. Eine neue olympische Ära begann, denn zum erstenmal nahm eine sowjetische Mannschaft teil, 255 Männer und 40 Frauen! Vierzig Jahre zuvor war zum letztenmal eine Mannschaft aus »Rußland« gestartet. Es begann auch die bis heute andauernde »olympische Rivalität« zwischen der UdSSR und den USA, die 245 Sportler und 41 Sportlerinnen nach Helsinki geschickt hatten. Die Bilanz sah dann am Ende so aus: USA insgesamt 76 Medaillen (40 Gold, 19 Silber und 17 Bronze), UdSSR 71 Medaillen (22/30/19). Mit 42 Medaillen schnitten die Ungarn (16/10/16) hinter den »Großmächten« noch gut ab.

Der legendäre Langstreckenläufer Paavo Nurmi trug das olympische Feuer ins Stadion von Helsinki und entzündete die olympische Flamme in der Feuerschale.

Deutschland wieder dabei

Zum erstenmal seit dem Zweiten Weltkrieg waren auch wieder Mannschaften aus Japan und aus Deutschland dabei. Im Juni 1947 hatte das IOC eine Teilnahme Deutschlands an den Spielen in St. Moritz und London abgelehnt. Am 24. September 1949, 24 Stunden nach Gründung der Bundesrepublik, konstituierte sich das Nationale Olympische Komitee für Deutschland (Bundesrepublik) mit dem Präsidenten Herzog Adolf Friedrich zu Mecklenburg und dem damals 36jährigen Schatzmeister Willi Daume. In der sowjetisch besetzten Zone (heute das Gebiet der DDR) gab es damals noch keine olympische Bewegung.

Im französisch besetzten Saarland wurde im Oktober 1950 ein eigenes NOK des Saarlandes gegründet, das sich erst im Februar 1957, als das Saarland in die Bundesrepublik eingegliedert wurde, wieder auflöste und das zu den Olympi-

1952

schen Spielen 1952 eine eigene Mannschaft (!) mit 31 Sportlern und fünf Sportlerinnen schickte. Nachdem nun inzwischen auch die DDR ein Nationales Olympisches Komitee gegründet hatte, wurde es jetzt sowohl in Deutschland als auch für das IOC äußerst schwierig. 1951 bewarben sich sowohl das NOK der DDR als auch das der UdSSR um die Aufnahme in das IOC. Die sowjetische Aufnahme bereitete keine Schwierigkeiten, aber zwei deutsche NOKs waren im IOC nicht denkbar. Die 45. Session des IOC beschloß im Mai 1951 in Wien die Anerkennung des Nationalen Olympischen Komitees der Bundesrepublik und empfahl eine Einigung der Sportführer in beiden Teilen Deutschlands, mit dem Ziel, eine gemeinsame Mannschaft für die Spiele 1952 in Helsinki zu bilden. Es kam zu keiner Einigung. Das IOC wollte bei einem Treffen beider NOKs am 8. Februar 1952 in Kopenhagen vermitteln, doch die Vertreter der DDR erschienen nicht. Das war das Ende einer gemeinsamen Mannschaft. Sowohl zu den Winterspielen in Oslo als auch zu den Sommerspielen in Helsinki fuhren nur bundesdeutsche Sportler.

Außer den »Saardeutschen« starteten in Helsinki 32 Sportlerinnen und 173 Sportler aus dem Gebiet der Bundesrepublik. Hatten die deutschen Wintersportler noch drei Goldmedaillen ergattern können, so gingen ihre Kollegen im Sommer zum erstenmal in der olympischen Geschichte, was Olympiasiege anlangt, leer aus! Es reichte nur zu sieben Silbermedaillen und 17 Bronzemedaillen.

Das Fotofinish im 100-m-Lauf von 1952. Von oben: Wladimir Schukarew aus der UdSSR, Herb McKenley aus Jamaica (Zweiter), Lindy Remigino aus den USA (Sieger), Dean Smith (USA), Emmanuel MacDonald Bailey aus Großbritannien (Dritter) und Jack Treloar aus Australien.

Im 200-m-Lauf gingen alle Medaillen an die USA. Andy Stanfield (Nr. 983) siegte vor Thane Baker (984) und James Gathers. Der Engländer Bailey (166) wurde Vierter.

Eigenes Dorf für Ostblock-Sportler

Auch andere Länder hatten ihre Schwierigkeiten. Weil die Volksrepublik China vom IOC anerkannt worden war, zog National-China (heute Taiwan) seine Meldung zurück. Aber an den Spielen in Helsinki selbst nahm dann doch keine rotchinesische Mannschaft teil. Die Sowjets zeigten sich als »Neu-Olympier« ausgesprochen störrisch. Sie hatten nicht erlaubt, daß der olympische Fackellauf über sowjetisches Territorium führt und dann verboten sie ihren Athleten, im olympischen Dorf von Helsinki zu wohnen. Anfangs hatten die Russen beabsichacht Kilometer außerhalb von Helsinki, ein eigenes Dorf für die Ostblock-Athleten gebaut. Das war ein offensichtlicher Verstoß gegen die olympische Idee, der überraschenderweise vom IOC hingenommen wurde. Aber es zeigt den besonderen Geist dieser finnischen Spiele, daß mit dem Fortgang der Veranstaltung das Verständnis zwischen den Sportlern aus Ost und

Malvin Whitfield

Er war stark auf allen Strecken zwischen 100 Yards und einer Meile, aber seine besten Fähigkeiten konnte er über 800 m und 880 y ausspielen. Mal Whitfield wurde am 11. Oktober 1924 in Bay City in Texas geboren. 1948 gewann er bei den Olympischen Spielen in London die Goldmedaille über 800 m und in der 4×100-m-Staffel und ergänzte diese Sammlung noch durch Bronze über 400 m. Zwischen Juni 1948 und Juni 1954 wurde er auf seinen Spezialstrecken nur zweimal besiegt. Das gewohnte Gold über 800 m holte er sich auch 1952 in Helsinki ab, wurde Sechster über 400 m und gewann Silber mit der 4×400-m-Staffel. Er war der geborene Wettkämpfer und holte sich seinen siegbringenden Vorsprung gewöhnlich auf der vorletzten Geraden heraus. 1950 stellte er den 880-y-Weltrekord ein, verbesserte ihn 1953, wie auch die Weltbestleistung über 1000 m.

So ging es in die letzte Runde des 1500-m-Laufs. Werner Lueg aus Gevelsberg (Nr. 739, später Dritter) führte vor dem späteren Sieger Josef Barthels aus Luxemburg und dem Amerikaner Bob McMillen, der sich Silber holte.

die Männer, wurde in Kapyla, etwa 2,4 Kilometer vom Stadion entfernt, errichtet, die Frauen waren in einer Schule für Krankenschwestern ganz nahe beim Stadion untergebracht.
Die Olympischen Spiele in Helsinki fanden vom 19. Juli bis 3. August statt und boten 149 Wettbewerbe in 17 Sportarten. Zur Eröffnungsfeier trug kein Geringerer als der nun fast 55jährige Paavo Nurmi das olympische Feuer ins Stadion. Nachdem er die Flamme in der einen Schale entzündet hatte, reichte er die Fackel weiter an den 62jährigen Hannes Kolehmainen, der das zweite olympische Feuer in der zweiten Schale auf dem Olympiaturm entfachte. Zwei olympische Feuer, eines zur Erinnerung an die ausgefallenen Spiele von 1940. Dieser Olympiaturm war übrigens exakt 72,71 m hoch, genauso weit hatte Matti Järvinen den Speer bei seinem Olympiasieg 1932 geschleudert.

Nurmi bringt das olympische Feuer

Im 100-m-Lauf gab es fast ein totes Rennen. Die ersten vier Sprinter wurden mit 10,4 Sekunden gestoppt. Zur Überraschung aller siegte der totale Außenseiter Lindy Remigino, ein weißer Amerikaner, von dem man nachher nicht mehr viel hörte. Aber ob er wirklich vor Herb McKenley aus Jamaica gewonnen hatte, konnte nicht einmal das Zielfoto klären. Die Funktionäre sahen dann Remigino hauchdünn vorn, aber viele Experten, den 400-m-Spezialisten McKenley eingeschlossen, meinten, es gäbe keinen Unterschied zwischen den ersten beiden. Wenn es jemals wirklich ein »totes Rennen« gab, dann dieses. Andy Stanfield (USA),

der wohl alle in die Tasche gesteckt hätte, verzichtete auf die 100 m und konzentrierte sich auf den längeren Sprint und siegte vergleichsweise deutlich vor seinen Freunden Thane Baker und James Gathers.
Herb McKenley blieb das Pech treu. 1948 war er über 400 m seinem Landsmann Wint knapp unterlegen, diesmal war sein Landsmann George Rhoden der Glücklichere. McKenley war wie über 100 m erneut die gleiche Zeit wie der Sieger gelaufen, aber diesmal sah man den knappen Unterschied wenigstens deutlich.
Die Sprintstaffel war ein relativ klarer Fall für die Amerikaner vor der UdSSR und Ungarn. Remigino und Stanfield holten sich damit ihr zweites Gold, wie auch Harrison Dillard, der endlich »seine« Goldmedaille über 110 m Hürden erntete.
Die Zuschauer und Experten freuten sich mit den Läufern aus Jamaica, die die 4×400-m-Staffel gewannen. Das war ihre Entschädigung für 1948, als Wint wegen seines Muskelkrampfes den schon sicher geglaubten Sieg noch hergeben mußte. Überdies bescherte diese Staf-

Das war der berühmte Sturz des Briten Chris Chataway im 5000-m-Finale von Helsinki. Emil Zatopek führt vor dem Franzosen Alain Mimoun und Herbert Schade aus Solingen. Genau diese Reihenfolge war dann auch der Zieleinlauf.

Seite 100, oben: Schnappschuß vom 800-m-Lauf. Von links: Mal Whitfield, Heinz Ulzheimer, Arthur Wint und (verdeckt) Günter Steines. Whitfield siegte vor Wint und Ulzheimer. Steines wurde Sechster.

Harrison Dillard

Jesse Owens war sein Vorbild. Der große Sieger von Berlin schenkte Dillard seine Spikes von 1936. Harrison Dillard wurde am 8. Juli 1923 in Cleveland (Ohio) geboren. Er spezialisierte sich auf die Hürdenstrecken, und im Juni 1948 konnte er auf eine Serie von 82 Siegen und die Weltrekorde über 120 y und 220 y verweisen. Bei den Olympiaqualifikationen stürzte er, konnte sich aber dann doch noch als dritter Läufer über 100 m für das Olympiateam für London durchsetzen. Die Geschichte hatte ihr Happy-End, denn Dillard gewann den olympischen Sprint und lief genausoschnell wie Jahre zuvor Jesse Owens. Gold gab es obendrein für ihn in der Sprintstaffel. 1952 in Helsinki sicherte er sich dann auch das Gold auf seiner Lieblingsstrecke, über 110 m Hürden. Nur 1,78 m groß, war er sehr schnell zwischen den Hürden. Die vierte Goldmedaille gab es für ihn dann noch mit der 4×100-m-Staffel.

Harrison Dillard, der amerikanische Hürdenspezialist, hatte 1948 überraschend den 100-m-Lauf gewonnen. In Helsinki sicherte er sich nun

Mit 7,57 m gewann der amerikanische Soldat Jerome Biffle den Weitsprung in Helsinki. Zwei Jahre lang hatte er wegen einer Verletzung aussetzen müssen.

Rechts außen:
Manche nannten ihn den »fliegenden Vikar«. Bob Richards freut sich königlich über seine erste Goldmedaille im Stabhochsprung nach seinem Sprung über 4,55 m. Vier Jahre später sprang er einen Zentimeter höher und holte sich erneut Gold.

fel auch endlich dem Pechvogel McKenley seine Goldmedaille. Zum siegreichen Quartett gehörten auch Wint und Rhoden. McKenley hatte die US-Amerikaner auf der dritten Strecke überholt, und Rhoden machte als Schlußläufer den neuen Weltrekord von 3:03,9 perfekt. Über 800 m gab es denselben Einlauf wie 1948: Mal Whitfield vor Arthur Wint. Hinter diesen beiden erkämpfte sich der bullige Frankfurter Heinz Ulzheimer Bronze. Günther Steines wurde noch Sechster. Im Feld der 1500-m-Läufer befand sich auch der Engländer Roger Bannister, der zwei Jahre später als erster Läufer die Meile unter vier Minuten bewältigte. Er war Favorit, gute Chancen gab man auch Werner Lueg aus Gevelsberg und dem Franzosen Patrick El Mabrouk. Aber es kam ganz anders. Der krasse Außenseiter Josef Barthels aus Luxemburg gewann im Spurt vor dem Amerikaner Bob McMillen und Werner Lueg, die alle innerhalb von drei Zehntelsekunden lagen. Für Bannister blieb nur Rang vier.

Überragender Emil Zatopek

Über 5000 m machte es der Solinger Herbert Schade seinen Freunden Heinz Ulzheimer, Werner Lueg und der 4×400-m-Staffel nach und schnappte sich die Bronzemedaille. Aber der Mann der Stunde hieß natürlich Emil Zatopek, Silbermedaillengewinner auf dieser Strekke 1948. Seine Grimassen, die wie Erschöpfung aussahen, waren ja nun allmählich weltbekannt. Das Finale verlief aufregend. In der letzten Runde lagen Zatopek, Schade, der Franzose Mimoun und der Engländer Chris Chataway dicht zusammen. Als Schade an Chataway vorbei wollte, trat der Engländer auf die Bahnumrandung und stürzte, vielleicht sogar aus Erschöpfung. Aber Zatopek und Mimoun passierten auch Herbert Schade und machten das Gold unter sich aus, wobei Zatopek einen seiner knappsten Siege errang.
Ganz anders liefen die 10000 m ab. Zatopek, Sieger bereits 1948, ging schon nach sieben Runden in Führung. Nur Mimoun und der Engländer Gordon Pirie versuchten mitzuhalten, doch Zatopeks »mörderische« Taktik der kurzen Zwischenspurts zermürbte sie. Emil Zatopek siegte mit einer halben Runde Vorsprung und blieb mit 29:17,0 Minuten über 40 Sekunden unter seinem Olympiarekord. Wie 1948 wurde Mimoun erneut Zweiter, er hatte eben auch das Pech, in die Ära eines noch Besseren zu geraten.
Emil Zatopek hatte immer noch nicht genug. Mit dem Marathonsieg vervollständigte er seinen einmaligen Triumph bei diesen Spielen. Sein drittes Gold erlief er sich mit zweieinhalb Minuten Vorsprung vor dem Argentinier Rei-

Ein großer Dreispringer: Der Brasilianer Adhemar Ferreira da Silva holte sich mit Weltrekord seine erste Goldmedaille in Helsinki. Er sprang 16,22 m weit.

Bis heute gelang es nur einem Amerikaner, Speerwurf-Olympiasieger zu werden: Cy Young 1952 mit 73,78 m.

Bester Hammerwerfer in Helsinki war der Ungar Josef Csermak. Er siegte mit 60,34 m (WR) vor dem Deutschen Karl Storch

naldo Gorno. Auf der Strecke hatte sich der listige Böhme einen fast unglaublichen Scherz erlaubt. Zatopek bestritt seinen ersten (!) Marathonlauf und fragte unterwegs den führenden Briten Jim Peters, der als Favorit angesehen wurde, ob denn auch das Tempo schnell genug sei? Vielleicht war Peters fürchterlich erschrokken, jedenfalls gab er später wegen eines Krampfes auf. Über 400 m Hürden und über 3000 m Hindernis kam es zu amerikanisch-sowjetischen Duellen. Das Hürdenrennen gewann der Favorit Charles Moore vor Yuri Lituyew. Auf der langen Hindernisstrecke war der Russe Vladimir Kazanzew Favorit, rutschte aber am Wassergraben aus. FBI-Agent Horace Ashenfelter lief an ihm vorbei zum Sieg.

Der amerikanische Hochsprungsieger Walt Davis (2,04 m) war als Kind an Kinderlähmung erkrankt und hatte mit seinem Sport begonnen, um seine Beine zu kräftigen. Nach dem Hoch- und dem Weitsprung fielen auch die beiden besten Medaillen im Stabhochsprung an die Amerikaner. Der Dritte von 1948, Bob Richards, genannt der »fliegende Pastor«, gewann das Gold wie auch vier Jahre später.

Eindrucksvoll war die Serie des Brasilianers Adhemar Ferreira da Silva im Dreisprung. Auf dem Weg zum Olympiasieg (16,22 m) verbesserte er viermal seinen eigenen Weltrekord.

Kugelstoßen räumten die Amerikaner alle drei Medaillen ab, der 20jährige Parry O'Brien, der die heute noch verwendete Technik entwickelt hat, siegte mit 17,41 m. Er nahm auch noch an den Olympischen Spielen 1956, 1960 und 1964 teil und erreichte seine persönliche Bestleistung 14 Jahre später. Daß der finnische Speerwerfer Hyytiainen hinter zwei Amerikanern in dieser finnischen Spezialdisziplin nur Dritter wurde, gefiel dem Publikum ganz und gar nicht. Karl Storch aus Fulda schob sich zwischen die beiden ungarischen Hammerwerfer Csermak und Nemeth, den Sieger von 1948, und holte eine der sieben deutschen Silbermedaillen dieser Spiele. Zum zweitenmal gewann der Amerikaner Bob Mathias den Zehnkampf, wo er doch nach seinem Sieg 1948 geschworen hatte, nie mehr an diesem mörderischen Kampf teilzunehmen. Aber er stellte 1950 eine neue Bestmarke auf und siegte auch im Zehnkampf von Helsinki, nun noch größer und stärker geworden, mit neuem Weltrekord. Bob Mathias ist der einzige Athlet, der den olympischen Zehnkampf zweimal gewinnen konnte!

Die deutschen Leichtathletinnen trugen einiges zur deutschen Medaillenbilanz bei. Marianne Werner (Kugel) und die 4×100-m-Staffel holten Silber, Maria Sander (80 m Hürden) und die 4×400-m-Staffel Bronze.

Herausragende Sprinterin war die Australierin Marjorie Jackson mit Siegen über beide Strecken. Zwischen 1950 und 1954 gewann Marjorie Jackson neunmal bei internationalen Titelkämpfen und stellte sechs Weltrekorde auf. Ihre einzige böse Niederlage erlitt sie 1952 mit der 4×100-m-Staffel in Helsinki, wo ihr als letzter Läuferin der führenden australischen Staffel der Stab aus der Hand glitt. Die US-Mädchen siegten in Weltrekordzeit. Eindrucksvoll war auch die zweite australische Olympiasiegerin Shirley Strickland, die in Weltrekordzeit die 80 m Hürden gewann. Die Südafrikanerin Ester Brand gewann den Hochsprung mit 1,67 m vor der Engländerin Sheila Lerwill (1,65 m), und im Weitsprung setzte sich die Neuseeländerin Yvette William mit dem olympischen Rekord von 6,24 m vor der Sowjetrussin Alexandra Tschudina (6,14 m) durch. Die Deutsche Irmgard Schmelzer wurde mit 5,90 m Vierte. Alexandra Tschudina wurde im Hochsprung auch noch Dritte. Im Kugelstoßen und im Diskuswurf setzten sich die kräftigen Damen aus der Sowjetunion, Galina Sybina und Nina Romaschkowa durch. Fast zur gleichen Zeit wie ihr Ehemann Emil gewann Dana Zatopek Gold mit dem Speer.

Die meisten Medaillen der Schwimmer holten sich die amerikanischen Männer und die ungarischen Frauen. Die Japaner, erstmals seit 1936 wieder dabei, konnten nicht mehr an ihre frühe-

Finish im 200-m-Lauf: Die große australische Sprinterin Majorie Jackson siegt vor der Holländerin Bertha Brouwer (verdeckt) und der Russin Nadeschda Knykina, die ganz links läuft.

Die erste Goldmedaille für die UdSSR überhaupt gewann die Diskuswerferin Nina Romaschkowa mit 51,42 m in Helsinki. Unter dem Namen Ponomarjewa holte Nina 1956 Bronze und 1960 erneut die Goldmedaille.

ren Erfolge anknüpfen. Der Münchner Herbert Klein erschwamm sich Bronze über 200 m Butterfly, Günther Haase wurde Dritter im Turmspringen. Die Amerikanerin Mrs. Pat McCormick gewann beide Goldmedaillen im Wasserspringen, ihr Landsmann Major Sammy Lee siegte wie 1948 beim Springen vom Turm.

Die Japaner waren über ihre einzige Silbermedaille sehr enttäuscht. Der Vater des französischen Olympiasiegers über 400 m Kraul, Jean Boiteux, sprang vor lauter Freude mit seinem vornehmen Anzug ins Schwimmbecken.

Von zehn Boxentscheidungen gewannen die Amerikaner fünf. Floyd Patterson, der spätere Profi-Schwergewichtsweltmeister, holte sich

son seinen WM-Titel verlor und wieder gewann, wurde im Schwergewichtsfinale von Helsinki gegen den Amerikaner Ed Sanders wegen »Feigheit« disqualifiziert und bekam seine Silbermedaille erst viele Jahre später. Auch Sanders wurde Profi und starb an einer Hirnverletzung, die er sich im Ring zugezogen hatte. Laszlo Papp, der kleine Ungar, holte zum zweitenmal Gold, diesmal in der neugeschaffenen Halbmittelgewichtsklasse. Vielleicht hätte er im Mittelgewicht gegen Patterson nicht gewonnen. Der Mannheimer Edgar Basel verlor im Fliegengewichtsfinale knapp gegen den Amerikaner Brooks, und im Weltergewicht gewann Günther Heidemann Bronze.

Wie eine Badeschönheit. Die Amerikanerin Pat McCormick hat einen eindrucksvollen olympischen Rekord. Sie gewann jeweils beide Goldmedaillen im Wasserspringen 1952 und 1956.

Bob Mathias

Am 17. November 1930 erblickte Bob Mathias im kalifornischen Tulare das Licht der Welt. Seine ersten Lebensjahre standen unter keinem besonders glücklichen Stern. Als kleiner Junge galt er bei seinen Mitschülern als Schwächling. Er war ständig krank, litt unter Blutarmut und fehlte oft in der Schule. Seine Eltern wollten schier verzweifeln, wußten sich keinen Rat mehr. Da plötzlich, auf der Highschool, blühte dieses Sorgenkind auf, ja wurde zu einem wahren Muskelpaket. Die Trainer, die ihn vorher keines Blickes gewürdigt hatten, rissen sich um ihn, überredeten ihn zum Zehnkampf. 16 Tage nach seinem ersten Versuch qualifizierte er sich für das Olympia-Team. Und drei Monate vor seinem 18. Geburtstag verblüffte er die Fachwelt mit seinem Olympiasieg in London.

»Niemals wieder«, schwor er danach, aber er fiel um und holte sich 1950 den US-Titel mit Weltrekordpunktzahl. Das glückte ihm auch 1951 und 1952, und in Helsinki wurde er zum zweitenmal Olympiasieger. Er gewann überlegen mit 912 Punkten Vorsprung und Weltrekord. Seine Leistungen: 100 m in 10,9; Weitsprung 6,98 m; Kugel 15,30 m; Hochsprung 1,90 m; 400 m in 50,2; 110 m Hürden in 14,7; Diskus 46,89 m; Stabhochsprung 4,00 m; Speer 59,21 m; 1500 m in 4:50,8. Mathias war 1,90 m groß und wog zu seiner besten Zeit 98,5 Kilo. In einem Zehnkampf wurde er nie besiegt.

Bob Mathias beim Hochsprung. Bis heute ist er der einzige Athlet, der zweimal den olympischen Zehnkampf gewann.

Olympischen Spielen Gold, aber im neu eingeführten Mannschaftswettbewerb setzten sich die Ungarn vor den Skandinaviern durch.
Einen großen Fischzug machten die Sowjetrussen im Kunstturnen. Hier holten sie allein acht ihrer insgesamt 22 Goldmedaillen. Vier davon (und zwei silberne) trug Viktor Tschukarin bei. Bemerkenswert, daß Alfred Schwarzmann aus Fürth seinen drei Goldmedaillen und zwei Bronzemedaillen von 1936 nun 16 Jahre später in Helsinki noch die Silbermedaille im Reckturnen hinzufügen konnte.
In den Wettbewerben der Reiter begann die große Karriere von Fritz Thiedemann: Silber mit der Dressur-Mannschaft (!) und Bronze im Einzel-Jagdspringen. Es kamen später noch die Goldmedaillen im Preis der Nationen 1956 und 1960 hinzu. Im Preis der Nationen von Helsinki gewannen die Briten übrigens ihre einzige Goldmedaille. André Jousseaume aus Frankreich, Dritter in der Dressur, holte sich seine fünfte Medaille bei vier Olympiateilnahmen.
Die deutschen Radsportler Werner Potzernheim (Flieger) und Edi Ziegler (Straße) steuerten zwei Bronzemedaillen zum Kontingent von insgesamt 17 bei.
Die Sowjets fanden in Helsinki keine »gute Presse«. In ihrem »eigenen Dorf« hatten sie eine große Ergebnistafel aufgestellt, die jene inoffizielle »Nationenwertung« nach Punkten zeigte. Nach dem Kunstturnen und dem Ringen bot diese Tafel eine respektable sowjetische Führung. Doch dann kamen die Amerikaner gewaltig auf, und die Russen wischten die ganze Punktwertung eiligst ab.
Sigfrid Edström nahm Abschied von seinem Amt, und der Amerikaner Avery Brundage wurde Präsident des Internationalen Olympischen Komitees (IOC). Edström äußerte seine Zufriedenheit mit den Spielen von Helsinki. Brundage sollte seine Probleme noch bekommen, aber zur Zeit schien es so zu sein, wie es die »New York Times« ausdrückte: »Der Traum ist noch nicht völlig gestorben.«

Emil Zatopek

Emil Zatopek hat unter den Großen der Langstreckenläufer seinen festen Platz. Wo er lief, liebte ihn das Publikum, seine Tempobolzerei, seine mächtigen Zwischenspurts, die die Gegner zur Verzweiflung trieben, sein schmerzverzogenes Gesicht, die Art, wie er den Kopf von einer Seite auf die andere warf. Die »tschechische Lokomotive« hatten die Zuschauer ebenso in ihre Herzen geschlossen wie den Emil Zatopek, der heute als älterer Herr unnachahmlich seine Geschichten erzählt und sein Wissen weitergibt.
Geboren wurde er am 19. September 1922 in Koprivnice kurz nach Gründung der tschechoslowakischen Republik. Er arbeitete in einer Schuhfabrik und erst als er achtzehn war, wurde sein Talent entdeckt.
In seinem Leistungszenit stehend, kam Zatopek zu den Spielen nach Helsinki. Er gewann beide Langstrecken, machte sich dann an seinen ersten (!) Marathonlauf. Zweieinhalb Minuten vor den anderen war ner wieder im Stadion.
Emil Zatopek war nun 30 Jahre alt und griff jetzt die Weltrekorde auf neuen Strecken an, etwa über 20 Kilometer oder eine Stunde. Zwischen 1949 und 1955 lief Emil Zatopek 18 Weltrekorde zwischen 5000 m und 30000 m. Sein Stundenweltrekord stand auf 20052 m. In 334 Rennen feierte er 261 Siege und blieb sechs Jahre lang über 10000 m unbesiegt. 1956 nahm er zum letztenmal an Olympischen Spielen teil, wurde in Melbourne Sechster im Marathon. Am 26. Januar 1957 lief Zatopek in San Sebastian beim Crosscountrylauf sein letztes Rennen.
Er war ein Mythos, ein Phänomen. Es gibt verblüffende Parallelen zwischen ihm und seiner Frau Dana. Sie wurde am selben Tag, im selben Monat, im selben Jahr wie ihr Mann geboren. Beide wurden zur selben Stunde Olympiasieger in Helsinki und zur selben Zeit in Bern 1954 Europameister.
Im Prager Frühling 1968 unterstützte Emil Zatopek den Parteiführer Dubcek, verlor nach dem Einmarsch der sowjetischen Truppen seine Mitgliedschaft in der Partei, seinen Rang als Oberst und seine Ämter als Trainer. Sonst aber ließ man ihn relativ ungeschoren, und er darf heute oft ins Ausland reisen, wo er überall ein beliebter Gast ist. Denn die Zuneigung der Sportwelt hat er bestimmt nicht verloren.

Cortina d'Ampezzo

Die Winterspiele in Cortina brachten zwei Neuheiten. Erstmals nahm die Sowjetunion teil und stellte auf Anhieb die erfolgreichste Mannschaft, und zum erstenmal in der olympischen Geschichte übertrug das Fernsehen die Sportereignisse weltweit. Neu war auch der Auftritt einer gemeinsamen Mannschaft aus beiden Teilen Deutschlands, auf die sich die NOKs der Bundesrepublik und der DDR auf ihrer Sitzung im August 1955 in Hinterzarten im Schwarzwald geeinigt hatten. Diese »gesamtdeutsche« Mannschaft bestand aus elf Sportlerinnen und 52 Sportlern, und ihre Erfolge sind in wenigen Zeilen niedergeschrieben. Goldmedaille im Riesenslalom durch die Sonthofenerin Ossi Reichert und Bronzemedaille durch den Skispringer Harry Glass aus Klingenthal in der DDR – mehr war nicht zu holen gewesen.

Diese Winterspiele fanden vom 26. Januar bis 5. Februar statt und erlebten neue Teilnehmerrekorde: 132 Frauen und 687 Männer aus 32 Ländern. Zu den bisherigen Wettbewerben kamen der 30-km-Langlauf der Männer und die 3×5-km-Staffel der Frauen hinzu, so daß das Programm auf 27 Wettbewerbe in sechs Sportarten ausgeweitet wurde. Neu im Länderaufgebot waren Sportler aus Bolivien und, wie gesagt, der UdSSR, die auf Anhieb das Eishockeyturnier gewann, Medaillen im nordischen Skisport bei Männern und Frauen holte und dreimal Gold im Eisschnellauf der Männer kassierte.

Der Schwede Sixten Jernberg gewann 1956 in Cortina in jedem Langlauf-Wettbewerb eine Medaille: Gold über 50 km, Silber über 15 km und 30 km und Bronze mit der Staffel. 1960 und 1964 vergrößerte er seine Sammlung um drei Gold- und eine Bronzemedaille.

Der vielumjubelte Star der Winterspiele in Cortina. Toni Sailer aus Kitzbühel gewann alle drei alpinen Skirennen. Unser Bild zeigt den damals Zwanzigjährigen beim Riesenslalom.

1956

Drei Amerikaner beherrschten den Eiskunstlauf in Cortina. Hayes Alan Jenkins war am Schluß der Beste, sein Bruder David, der 1960 gewann, wurde Dritter.

Cortina hatte bis zu den Spielen unter Schneemangel gelitten, das »weiße Gold« mußte aus anderen Regionen herbeigeschafft werden. Als die Veranstaltungen begannen, schneite es prompt. Die Anlagen waren von bester Qualität, größtenteils aus Mitteln des italienischen Fußball-Totos bezahlt. Präsident Giovanni Gronchi sprach die Eröffnungsformel, und beinahe hätte es ein noch nie dagewesenes Desaster gegeben. Fackelläufer Guido Caroli stürzte über ein Stromkabel, aber das olympische Feuer, entzündet im Jupitertempel von Rom, erlosch zum Glück nicht. Caroli verletzte sich nicht, höchstens die Würde des Augenblicks.
In das skandinavische Monopol des nordischen Skisports brach die siegreiche UdSSR-Staffel über 4×10 km ein. Der kürzere Langlauf führte nun über 15 km (statt wie bisher über 18), und der Norweger Hallgeir Brenden wiederholte Strecke setzte sich der Finne Veikko Hakulinen durch, der vor vier Jahren die 50 km gewonnen hatte. Die fielen diesmal an den großen schwedischen Langläufer Sixten Jernberg, der zudem jeweils Zweiter über 15 km und 30 km wurde.
Im Skispringen endete die Siegesserie der Norweger, ihr bester Teilnehmer wurde gar nur Neunter. Im neuen Stil, die Arme nach hinten, flogen die Finnen Hyvärinen und Kallakorpi zu Gold und Silber.
Auf dem alpinen Sektor war der Österreicher Toni Sailer Kaiser. Er gewann alle drei Wettbewerbe, den Riesenslalom mit mehr als sechs Sekunden vor Anderl Molterer, den Spezialslalom mit vier Sekunden vor dem Japaner Igaya (Japans erste Medaille im Wintersport) und die Abfahrt mit 3,5 Sekunden vor dem Schweizer Pellay.
Zwei Goldmedaillen gingen an die Schweizer

Cortina d'Ampezzo

Auch die Pflicht gehört dazu. Olympiasiegerin Tenley Albright zieht präzise ihre Kreise und Figuren.

fahrt und Renee Colliard im Slalom, die dritte sicherte sich Ossi Reichert. Nur dieses eine Mal hatte die deutsche Mannschaft Grund zum großen Jubel.

Die amerikanischen Eiskunstläufer räumten alle Medaillen bei den Männern ab. Weltmeister Hayes Allen Jenkins siegte vor dem brillant laufenden Ronald Robertson und seinem jüngeren Bruder David Jenkins. Tenley Albright machte aus ihrem Silber von 1952 nun Gold vor Carol Heiss. Im Training hatte sie sich eine böse Schnittverletzung am Knöchel durch den eigenen Schlittschuh zugezogen. Paarlauf-Gold fiel knapp an die Österreicher Elisabeth Schwarz und Kurt Oppelt, danach ging ein Orangenregen über die Preisrichter wegen ihrer konfusen Wertungen nieder.

Die Sowjets hatten sich einige Eisschnellaufmedaillen erwartet und wurden nicht enttäuscht. Eugen Grischin gewann Gold über 500 m und über 1500 m zusammen mit seinem Landsmann Michailow. Der Russe Schilkow schnappte sich die 5000 m, der Schwede Ericsson die 10000 m. Grischin hatte an den Sommerspielen 1952 noch als Radrennfahrer teilgenommen.

Endlich Gold für Italien

Endlich gab es auch die ersehnte Goldmedaille für die Gastgeber. Der italienische Zweierbob I Dalla Costa/Conti siegte vor Italien II, den der große Eugenio Monti steuerte. Im Vierer gewann Schweiz I, den der 46jährige Franz Kapus lenkte, der älteste Olympiasieger, den es je bei Winterspielen gab. Wieder wurde Monti Zweiter.

Im Eishockey gewann die UdSSR alle Spiele, schlug die USA 4:0 und Kanada 2:0, das so schlecht wie nie zuvor abschnitt. Deutschland wurde (1:1 gegen Schweden!) Sechster.

Die sowjetischen Wintersportler trumpften also genauso auf wie einige Monate später ihre Kollegen von den Sommersportarten. Der größte Gewinner war aber vielleicht die Winter-Freizeit-Industrie, denn das weltweite Fernsehen machte den Wintersport noch populärer.

Toni Sailer

Film- und Plattenstar wollte Toni Sailer auf dem Höhepunkt seiner Karriere als dreifacher Olympia-Sieger auch noch werden – ein Bemühen, das trotz rührender Versuche scheiterte. Aber als Skifahrer gehört der gelernte Installateur zu den Größten. Am 19. November 1935 wurde er im legendären Skiort Kitzbühel geboren, mit 20 Jahren feierte er am Lauberhorn seinen ersten großen Triumph. Doch als Markstein in die Geschichte des alpinen Skisports gingen seine drei Olympia-Siege in Cortina ein. Die Art und Überlegenheit, mit der er sie herausfuhr, stellten ihn weit über die damalige Konkurrenz. Heute lebt er als Hotelier in seiner Heimat Kitzbühel.

Der Sowjetrusse Eugen Grischin siegte über 500 m und 1500 m und wiederholte dieses Kunststück vier Jahre später.

Links unten:
Toni Sailer wurde in Cortina zum Ski-Idol Österreichs.

Die herrlich gelegene Eisschnellaufbahn auf dem Misurina-See bei Cortina, mit ihrer wunderbaren Bergkulisse. Im Ziel der Russe Boris Schilkow, Sieger über 5000 m.

Melbourne

IOC-Präsident Avery Brundage (links) und Prinz Philip, der Gemahl der englischen Königin, bei der Eröffnungsfeier in Melbourne.

Robert Morrow

Bobby Morrow wurde am 15. Oktober 1935 in Harlingen in Texas geboren. Er studierte am Abilene Christian College und mußte sich dann zwischen Football und Leichtathletik entscheiden. In beiden Disziplinen bot er herausragende Leistungen. Er konzentrierte sich auf die Leichtathletik, gewann die US-Qualifikationen für das Sprinterteam 1956 und holte in Melbourne – wie der legendäre Jesse Owens – drei Goldmedaillen. In keinem seiner Rennen wurde er besiegt; mit der Sprintstaffel stellte er einen neuen Weltrekord auf. 1956 und 1957 stellte er die Weltrekorde über 100 m und 200 m sowie über 100 Yards ein.

Der Amerikaner Bob Morrow bei seinem Sieg über 100 m. Er war der erste Sprinter seit Jesse Owens, der wieder beide kurzen Laufstrecken gewann.

Zum erstenmal fanden die Olympischen Spiele in der südlichen Hemisphäre statt, und zum ersten und bisher einzigen Mal waren sie geteilt. teilt. Die Wettbewerbe der Reiter wurden aus Quarantänegründen vom 10. bis zum 16. Juni 1956 in Stockholm abgehalten, alle übrigen Entscheidungen fielen vom 22. November bis 8. Dezember in der australischen Großstadt Melbourne, für die Europäer also zu Beginn des Winters.

Wieder einmal wurden die Spiele von ernsten politischen Konflikten überschattet. Kurz zuvor war der ungarische Volksaufstand von den sowjetischen Panzern niedergewalzt worden, und die Schlagzeilen aus Ungarn verdrängten die Nachrichten aus Melbourne. Britische, französische und israelische Truppen kämpften gegen Ägypten am Suezkanal. Man sprach davon, die Olympischen Spiele abzusagen, aber schließlich blieb es bei Absagen einzelner Mannschaften. Wegen der Ereignisse in Ungarn fehlten die Niederlande, die Schweiz und Spanien. Ägypten blieb den Spielen fern, nachdem es vergeblich den Ausschluß der »Aggressoren« verlangt hatte. Irak und Libanon sagten aus gleichen Gründen ab.

Die Ungarn in Melbourne

Ungarische Sportler starteten in Melbourne. Einige waren bereits auf dem Weg nach Melbourne gewesen, als die russischen Panzer in Budapest einrollten, andere hatten schon in Prag auf ihren Abflug gewartet. Sie konnten nicht nach Ungarn zurück, wo heftige Kämpfe tobten, und so reisten sie doch nach Australien, beherrscht von der Angst um ihre Familien daheim. Am Flughafen Essendon wurden sie von bereits angekommenen Flüchtlingen, von australischen Sympathisanten und von vielen Journalisten empfangen. In einem Meer von Blumen und Fahnen mit Trauerflor spielten sich ergreifende Szenen ab. 89 Sportler und 20 Sportlerinnen aus Ungarn starteten schließlich trotz der Geschehnisse in der Heimat.

IOC-Präsident Avery Brundage hatte darauf bestanden, daß die Olympischen Spiele nicht abgesagt wurden. »Wir erlauben es keinem Land, die Olympischen Spiele für politische Zwecke zu benutzen«, sagte er. Es gab keine Regel, die die Teilnahme kriegführender Länder verbot.

1956

Eine olympische Neuheit für die Sommerspiele war die gemeinsame Mannschaft aus beiden Teilen Deutschlands, die unter »neutralen Symbolen« (Olympiafahne, Olympia-Hymne) startete. Die Aufnahme des NOK der DDR ins IOC war 1954 abgelehnt und 1955 provisorisch gebilligt worden, unter der Auflage, mit den Sportlern aus der Bundesrepublik eine gemeinsame Mannschaft zu bilden. Die beiden deutschen NOKs hatten sich am 27. und 28. August 1955 über eine gemeinsame Mannschaft geeinigt. Sportliche Qualifikationskämpfe für die Olympiateams gab es damals noch nicht. Die wurden erst für die gemeinsame deutsche Mannschaft bei den Spielen 1960 und 1964 eingeführt, ehe dann die Mannschaft der DDR ab 1968 allein startete. In Mexiko trat sie noch unter »Ostdeutschland« an, in München 1972 erstmals als DDR. Das »gesamtdeutsche Team« für Melbourne bestand aus 24 Frauen und 135 Männern, bei den Reiterspielen in Stockholm waren drei Frauen und sechs Männer – alle aus der Bundesrepublik – dabei. Insgesamt gab es bei Olympia 1956 für »Gesamtdeutschland« sechsmal Gold (davon zwei Siege der Reiter), 13mal Silber und 7mal Bronze.

Allen voran Karl-Friedrich Haas

Junge deutsche Leichtathleten machten von sich reden. Manfred Germar aus Köln wurde Fünfter über 100 m, der Kölner Martin Lauer holte Platz vier über 110 m Hürden und wurde Fünfter im Zehnkampf, Heinz Fütterer aus Karlsruhe stand in der 4×100-m-Staffel, die Bronze errang, Erika Fisch wurde Vierte im Weitsprung, Marianne Werner gewann zum zweitenmal Silber im Kugelstoßen, und der Koblenzer Herbert Koschel war viertbester Kugelstoßer. Alle aber überstrahlte der rotblonde Nürnberger Karl-Friedrich Haas, Silbermedaillengewinner und bester Weißer über 400 m. Die DDR-Läuferinnen Christa Stubnick und Gisela Köhler holten drei Silbermedaillen über 100 m, 200 m und 80 m Hürden. Gold blieb den deutschen Leichtathleten versagt, das gewannen aber die Reiter (H. G. Winkler und die Mannschaft im Jagdspringen), der Pferdturner Helmut Bantz aus Köln, die Schwimmerin Ursel Happe aus Dortmund (200 m Brust), das Zweier-Kajak-Team Scheuer/Miltenberger und – es Sportler – Bantamgewichtsboxer Wolfgang Behrendt. Der Schifferstädter Ringer Wilfried Dietrich legte mit Silber im Schwergewicht (griechisch-römisch) den Grundstock für seine Medaillensammlung. Drei Silbermedaillen trugen auch die Militaryreiter bei, Bronze holten sich die Hockeymannschaft und das Radteam auf der Straße.

In Melbourne gab es während der Vorbereitung mehr Schwierigkeiten als üblich. Die Sportanlagen drohten nicht rechtzeitig fertig zu werden, und IOC-Präsident Brundage mußte mit einer Inspektionsreise Druck machen. Die Trainingsbahn im olympischen Dorf war noch eine Bauruine, als die Spiele schon begannen. Das Dorf selbst aber war vorzüglich, die Gastfreundschaft der Australier beispielhaft. Die ungarischen Sportler entfernten die sowjetische Flagge vor ihrem Quartier und zogen dafür die Fahne des »Freien Ungarn« auf. Die Volksrepublik China war erneut nicht dabei, da sie die Republik China (Taiwan) nicht anerkannte. Versehentlich wurde aber vor dem Quartier der Nationalchinesen die rotchinesische Flagge aufgezogen. Schließlich nahmen in Stockholm 145 Männer und 13 Frauen aus 29 Ländern, in Melbourne 2813 Männer und 371 Frauen aus 67 Ländern teil. Das waren die geringsten Teilnehmerzahlen seit 1932, verständlich durch den Standort Melbourne. Es gab insgesamt 151 Wettbewerbe (sechs in Stockholm) in 17 Sportarten, und zum erstenmal übertrumpften die Sowjets die Amerikaner, die »Medaillensieger« bei allen Spielen seit 1920.

Die Russen holten insgesamt 98 Medaillen (37 Gold, 29 Silber, 32 Bronze) vor den USA mit 74

Im Finish des 800-m-Laufs fängt der Amerikaner Tom Courtney (153) den Briten Derek Johnson (137) auf der Ziellinie noch ab.

(32/25/17) und den gastgebenden Australiern (13/8/14). Der Prestigekampf USA/UdSSR war unausweichlich geworden, die Australier überraschten mit großen Leistungen im Schwimmen. Zum erstenmal nahmen Mannschaften aus Äthiopien, Kenia und Malaya (ab 1964 Malaysia) teil.
Der Herzog von Edinburgh eröffnete die Olympischen Spiele im Stadion »Cricket Ground«, wo eine neue Rundbahn angelegt worden war. Das Wetter war extrem heiß, viele Sportler wurden bei der Eröffnungsfeier ohnmächtig, unter ihnen auch die kraftvolle Kugelstoßerin Galina Zybina aus der UdSSR. Das olympische Feuer wurde von Junioren-Weltrekordläufer Ron Clarke entzündet, der sich bei dieser Tätigkeit eine Brandwunde am Arm holte und später einer der erfolgreichsten Leichtathleten der Welt wurde. Beim Einmarsch wurde die ungarische Abordnung durch einen Beifallssturm moralisch unterstützt, sie war wegen der Wirren der Abreise nicht einheitlich gekleidet.

Man sieht förmlich die Kraft des Russen Wladimir Kuz, der hier seinem Sieg über 5000 m entgegenläuft. Kuz gewann auch über 10000 m.

Der Brite Christopher Brasher überspringt den Wassergraben auf dem Weg zu seinem überraschenden Sieg über 3000 m Hindernis. Sein Erfolg löste einige Kontroversen aus.

Dreimal Gold für Sprinter Morrow

In der Leichtathletik erlebten die Zuschauer mitreißende Kämpfe. Der 21jährige Amerikaner Bob Morrow gewann beide Sprintstrecken und in der Staffel sein drittes Gold. Die 400 m holte sich der Amerikaner Charles Jenkins mit einer Zehntelsekunde Vorsprung vor Haas, gefolgt von dem Finnen Voitto Hellsten und dem Russen Ignatiew, die beide, einzigartig in olympischen Laufwettbewerben, Bronze erhielten. Karl-Friedrich Haas war ja schon 1952 als Vierter bester weißer Läufer gewesen.
Über 800 m siegte der Amerikaner Tom Courtney nur um Zentimeter vor dem Briten Derek Johnson, und über 1500 m gab es einen überraschenden Erfolg durch den Iren Ron Delaney, der große Mühe hatte, im Finish Klaus Richtzenhain aus Leipzig niederzukämpfen. Australiens Hoffnung John Landy litt an einer Beinverletzung und wurde nur Dritter.
Dramatisch ging es im 10000-m-Lauf zu. Vladimir Kuz aus der UdSSR und der Engländer Gordon Pirie lieferten sich ein mörderisches Rennen, bei dem Pirie schließlich die Luft ausging und er nur Achter wurde. Kuz gewann noch deutlich vor dem Ungarn Kovacs, der sich weigerte, ihm die Hand zu schütteln. Ein paar Tage später über 5000 m war Vladimir Kuz erneut überlegen, aber endlich bekam Gordon Pirie das ersehnte Silber. Die berühmten Ungarn Tabori, Iharos und Rozsavölgyi fanden nicht zu ihrer gewohnten Form. Über 3000 m Hindernis gab es einen überraschenden Sieg des Engländers Chris Brasher. Ursprünglich war der Kraftläufer wegen einer Behinderung des Norwegers Larsen disqualifiziert worden und der Ungar Rozsnyoi hatte das Gold erhalten. Die Briten legten Protest ein, alle Mitstreiter sprachen sich für Brasher aus, und er wurde drei Stunden später doch wieder zum Olympiasieger gemacht.
Großer Jubel herrschte beim Marathonsieg des nun 36jährigen Franzosen Alain Mimoun, der jetzt endlich zu seiner Goldmedaille kam, nachdem er früher immer gegen Emil Zatopek verloren hatte. Zatopek war auch noch dabei und wurde Sechster. Mimoun ließ sich erst photographieren, als er seinen Freund Emil im Ziel umarmen konnte.

Alle sechs Medaillen auf beiden Hürdenstrecken fielen an die Amerikaner, die auch beide Staffeln gewannen. Die deutschen Staffeln wurden Dritte und Vierte, Martin Lauer mußte über 110 m Hürden nur den US-Boys den Vortritt lassen.
Wie schon üblich beherrschten die Amerikaner auch die technischen Wettbewerbe. Im Hochsprung, Weitsprung und Stabhochsprung (zweites Gold für Bob Richards) siegten sie, nur den Dreisprung hatten sie immer noch nicht »gelernt«, der Brasilianer Da Silva gewann zum zweitenmal nach 1952. Dreispringer Vilhjal Einarsson holte die erste Medaille, es war eine silberne, für Island.
Kugelstoßer Parry O'Brien stand erneut ganz oben auf dem Siegerpodest, wo sich Diskuswerfer Al Oerter (USA) zum erstenmal einfand. Er konnte noch nicht wissen, wie heimisch er dort noch werden sollte. Oerter siegte nämlich auch 1960, 1964 und 1968, die erstaunlichste Karriere eines Leichtathleten überhaupt.
Amerikas Hammerwurf-Olympiasieger Hal Connolly lieferte die »herzlichste« Story der Spiele. Er holte sich die Goldmedaille und lernte dann beim Training die Diskuswerferin Olga Fikotowa kennen, die in Melbourne ebenfalls Olympiasiegerin wurde. Die beiden verliebten sich ineinander, schrieben sich nach den Spielen Briefe, und schließlich reiste Connolly in die ČSSR, um sich die Heiratserlaubnis zu erkämpfen. Mit Hilfe des US-Außenministeriums gelang dies nach einigen Hindernissen. Die beiden heirateten am 27. März 1957 in Prag, mit Emil und Dana Zatopek als Trauzeugen. Das Ehepaar bekam vier Kinder, und Mr. und Mrs. Connolly vertraten die USA noch bei drei Olympischen Spielen, allerdings ohne weitere Medaillen zu gewinnen. Leider hielt diese Verbindung nicht. 1974 wurde die einst so sensationelle Ost-West-Ehe geschieden.
Australiens Männer hatten kein Leichtathletik-Gold erringen können, aber nun schlugen die Frauen gewaltig zu. Die 18jährige Betty Cuth-

Amerikas Hammerwerfer Hal Connolly machte weltweite Schlagzeilen. Er siegte nicht nur, sondern verliebte sich in die tschechoslowakische Diskus-Olympiasiegerin Olga Fikotowa (unten). Die beiden heirateten ein Jahr später in Prag.

Links:
In Melbourne begann die schier unglaubliche Karriere des amerikanischen Diskuswerfers Al Oerter. Dem Gold von 1956 fügte er noch drei weitere

Melbourne

Betty Cuthbert aus Australien gewinnt den 100-m-Lauf vor der Ostdeutschen Christa Stubnick (rechts) und ihrer Landsmännin Marlene Mathews. Die gleiche Plazierung gab es über 200 m.

Die 19jährige Dawn Fraser (im Bild links zusammen mit der Kanadierin Grant) holte sich in Melbourne den Sieg über 100 m Kraul. Diesen Erfolg wiederholte sie 1960 und 1964, eine Leistung, die einmalig im Schwimmsport ist.

Lorraine Crapp aus Australien, Siegerin über 400 m Kraul vor Dawn Fraser. Über 100 m war sie ihrer Landsmännin noch unterlegen.

Spiele gekauft hatte und dann doch für das Team nominiert wurde, gewann beide Sprints, jeweils vor der Ostberlinerin Christa Stubnick und der Australierin Marlene Mathews. Die 80 m Hürden gingen an Shirley de la Hunty, die unter ihrem Mädchennamen Strickland bereits 1952 gewonnen hatte, und die Australierinnen siegten auch in der Sprintstaffel, mit Betty Cuthbert und Shirley de la Hunty. Weltrekord im Hochsprung (1,76 m) erzielte die Amerikanerin Mildred McDaniel, die Russinnen Tamara Tyschkewitz (108 kg schwer) und Inese Jaunzem gewannen mit Kugel und Speer.

Die Schwimmwettbewerbe brachten Triumphe für die australische Mannschaft. Man hatte das erhofft, und so waren die Sitze am Schwimmbecken schon vor den Spielen ausverkauft gewesen. Während der Wettbewerbe war der Andrang dreimal so groß als Plätze zur Verfügung standen. Die australischen Männer gewannen alle Kraulwettbewerbe. Murray Rose, als Kind von Schottland nach Australien ausgewandert, siegte über 400 m und 1500 m. Einen australischen Sieg gab es auch über 100 m Rücken durch David Theile. Da standen die australischen Mädchen nicht nach. Die 19jährige Dawn Fraser begann ihre atemberaubende olympische Karriere mit dem Sieg über 100 m Kraul, Silber über 400 m Kraul und Gold in der Kraulstaffel. Ursel Happe aus Dortmund holte sich das Gold über 200 m Brust vor der Ungarin Szekely und Eva-Maria ten Elsen aus Leipzig. Die Amerikanerin Pat McCormick schaffte einen einzigartigen Rekord. Wie schon 1952 gewann sie beide Goldmedaillen im Wasserspringen. Dieses doppelte Doppel ist bisher unerreicht geblieben.

Im Wasserballturnier stießen Sowjets und Ungarn im Halbfinale aufeinander, ein emotionsgeladenes und brutales Spiel, bei dem die Russen noch vor Ende der Spielzeit das Weite suchten. Ungarn gewann dieses Spiel 4:0 und dann auch Gold vor Jugoslawien.

Bei den Boxern fielen drei Goldmedaillen an die UdSSR, je zwei an die USA und England. Der Ungar Laszlo Papp feierte seinen dritten Olympiasieg hintereinander, besiegte im Halbmittelgewicht, nun schon 30 Jahre alt, Jose Torres aus den USA, der später Profi-Weltmeister im Halbschwergewicht wurde.

Glanzvolle sowjetische Turner

Im Turnen, Schießen und Ringen zogen die sowjetischen Sportler in der inoffiziellen »Nationen-Punktwertung« klar an den Amerikanern vorbei. Viktor Tschukarin fügte seinen vier Goldmedaillen von 1952 noch drei weitere hinzu, und seine Kollegin Larissa Latynina war ihrer Turnkonkurrenz ähnlich überlegen. Sie kassierte gleich vier Goldmedaillen.

Wie der Vater, so der Sohn – bei diesen Spielen stimmte das Sprichwort nicht: John Kelly jun.

wurde Dritter im Einer, Bernard Costello jun. Zweiter im Doppelzweier, den ihre Väter zusammen 1920 und 1924 gewonnen hatten. Der erst 18jährige Sowjetrusse Wjatscheslaw Iwanow holte sich ganz überlegen die Goldmedaille im Einer. Und er brachte später das Kunststück fertig, als dreifacher Olympia-Sieger in dieser Disziplin seine Karriere zu beenden. Das Rennen im Achter entschieden die USA für sich.

Im Gewichtheben teilten sich USA und UdSSR wie 1952 die Goldmedaillen im Verhältnis 4:3. Im Schwergewicht siegte der Amerikaner Paul Anderson, weil er bei gleicher Dreikampfleistung von 500 Kilo mit dem Argentinier Selvetti das leichtere Körpergewicht hatte. Anderson wog damals 137,9 Kilo, der Argentinier 143,5 Kilo.

Dramatik in Stockholm

In Stockholm trumpften die deutschen Reiter bemerkenswert auf. Hans Günther Winkler aus Warendorf gewann durch seinen legendären Ritt auf Halla, gehandicapt durch einen Leistenbruch, das Jagdspringen und setzte sich mit seinen Kollegen Fritz Thiedemann und Alfons Lütke-Westhues auch im Preis der Nationen durch. Lütke-Westhues gewann zudem noch zwei Silbermedaillen bei der Military im Einzel und mit der Mannschaft, und auch die deutsche Dressurmannschaft wurde Zweite. Eine Bronzemedaille holte sich Liselott Linsenhoff (Frankfurt) in der Dressur, wo der schwedische Reiter Henri St. Cyr wie schon 1952 Gold im Einzel und mit der Mannschaft gewann.

Besonders dramatisch, speziell aus deutscher Sicht, verliefen die Entscheidungen im Einzel-Jagdspringen und im »Preis der Nationen«, die noch in einem Wettbewerb ausgetragen wurden.

Die letzten Medaillen der olympischen Reiterspiele waren zu gewinnen, als am Morgen des 17. Juni wiederum 23000 Zuschauer ins Stadion zogen. 66 Teilnehmer aus 24 Nationen konkurrierten im »Großen olympischen Jagdspringen«. Im Mannschaftswettbewerb um den sogenannten »Preis der Nationen« traten 19 Equipen mit je drei Reitern und Pferden an. Zum erstenmal seit 1912, als an der gleichen Stätte olympische Kämpfe zu Pferd entschieden wurden, ritten Frauen mit: die 28jährige Patricia Rosemary Smythe für England und für Belgien

Lütke-Westhues auf »Ala« 16 Fehler, dennoch waren die Kollegen zufrieden. Fritz Thiedemann unterliefen auf »Meteor« acht Fehler, eine vorzügliche Leistung. Über dem Stadion strahlte die Sonne, als Hans Günther Winkler mit »Halla« einzog.

Halla springt wie ein Reh

Die kleine Stute mußte einschließlich Sattelzeug um 150 Pfund herum, das vorgeschriebene Mindestgewicht, über den 775 m langen Parcours mit seinen 14 Hindernissen schleppen. Winkler und »Halla« erschienen wie zwei präzise Maschinen. Ein Augenzeuge von damals schildert die dramatischen Augenblicke, die nun folgten, so: »Es geht dem Ende zu. Die Ohren gespitzt, den Hals lang, springt ›Halla‹ durch die dreifache Kombination. Noch immer kein Fehler! Sie zuckt mit dem Hals... Nur ein paar Menschen unter den Tausenden erleben das Drama zwischen Reiter und Pferd. Wer mit den Augen durch die Gläser eines Feldstechers nahe genug ist, fühlt sein Herz stocken. Winkler hängt schmerzgekrümmt im Sattel. So rennt am 17. Juni, um die Mittagsstunde, ein Pferd gegen das letzte Hindernis. Allein bekommt ›Halla‹ die Vorderbeine nicht hoch. Das ist zu viel für das verlassene Pferd. Sie poltert gegen die Parkmauer: 4 Fehler!

Viktor Iwanow sucht seine Silbermedaille. Der Russe, zusammen mit Igor Buldakow Zweiter im ungesteuerten Zweier, hatte seine Medaille nach der Siegerehrung vor lauter Freude in die Luft geworfen, und sie war im Lake Windouree verschwunden. Er bekam später ein Ersatzstück.

Um 16 Uhr geht es weiter, 55 Reiter treten zum zweiten Umlauf an. Lütke-Westhues schließt mit nur acht Fehlern ab, Thiedemann mit nur vier. Deutschland führt mit 40 Punkten vor England (52) und Italien (66). Dann reitet Winkler, kreidebleich im Gesicht, zum zweitenmal auf ›Halla‹ ein. Nur wenige Zuschauer

Nach Schluß des ersten Umlaufs waren Winkler, Thiedemann und Lütke-Westhues nach Karlsberg ins olympische Dorf gefahren. Winkler wurde untersucht. ›Leistenbruch mit teilweisem Bauchdeckenriß‹ hieß die niederschmetternde Diagnose! Winkler begann zu zweifeln, daß er den zweiten Umlauf im olympischen Parcours durchstehen könne. Zwei Ärzte, ein Schwede und ein Deutscher, wurden konsultiert. Die Ärzte waren der Ansicht, daß nur eine Morphiumspritze helfen könne, wenn der Patient wirklich noch einmal starte. Winkler erhielt etwa 10 Minuten vor seinem Auftritt die schmerzstillende Injektion. Ein deutscher Funktionär wandte sich ans Organisationskomitee und bat um eine Startverzögerung. Aber die wurde abgelehnt.« Der Augenzeuge weiter: »Nun also steht Winkler mit ›Halla‹ wartend unter dem Tor, und noch immer krümmt er sich vor Schmerzen. Er wartet, gewinnt kostbare Minuten. Die Schmerzen gehen zurück. Und plötzlich scheint ›Halla‹ zu fühlen, daß ihr Reiter wieder auf dem Posten ist... Als ob sie wüßte, worum es geht, galoppiert die kleine Stute durch den Parcours. ›Halla‹ ist in Höchstform. Das Gesicht manchmal noch vom Schmerz verkrampft, kann Winkler seiner ›Halla‹ oft erst in letzter Sekunde die entscheidenden Hilfen geben. Erleichtert und sichtlich aufatmend läßt sich der Olympiasieger von 1956 nach dem 14. Hindernis in den Sattel fallen. Null Fehler!

Equipenchef Harald Momm und Lütke-Westhues sind die ersten Gratulanten. Dann kommen Pierro d'Inzeo und dessen Bruder Raimondo. Er war gleich nach Winkler gestartet, aber sein fehlerloser Ritt konnte den eben gesehenen Höhepunkt nicht mehr übertreffen. Mit nur acht Fehlern wurde er hinter Winkler Zweiter, vor seinem Bruder Pierro. Diese beiden sicherten Italien im Nationenpreis den zweiten Platz!«

Bei der Schlußfeier warfen die Sportler das ganze schöne Zeremoniell über den Haufen, liefen und tanzten im Stadion bunt durcheinander. Dem australischen Publikum gefiel das ebenso, wie die gesamten Spiele ein Erfolg gewesen waren. Die Gastgeber bekamen einhelliges Lob.

Die Reiter-Wettbewerbe der Olympischen Spiele 1956 fanden im schwedischen Stockholm statt. Hier wird das olympische Feuer in die Arena getragen.

Wladimir Kuz

Bei den Europameisterschaften 1954 gab es über 5000 m zwei haushohe Favoriten: Emil Zatopek, die »tschechische Lokomotive«, und der Engländer Chris Chataway sollten das Rennen unter sich ausmachen. Aber während sich die beiden belauerten, jagte der bis dahin nahezu unbekannte Vladimir Kuz aus der Sowjetunion auf und davon, siegte überlegen und stellte sogar einen neuen Weltrekord auf.

Kuz wurde am 7. Februar 1927 in Aleksino in der Ukraine geboren. Er fuhr als Matrose zur See, verschrieb sich dem Boxsport. Und beim Boxen entdeckte man auch sein Talent für den Langstreckenlauf. Im Konditionstraining war er seinen Kameraden immer so überlegen, daß die Betreuer ihm rieten, es doch einmal mit dem Laufen zu versuchen.

Sechs Wochen nach den Europameisterschaften und seinem ersten großen Erfolg trafen Chataway und Kuz erneut aufeinander, aber diesmal war der Engländer gewarnt, hielt das Tempo mit und schlug den Russen in neuer Weltrekordzeit.

Zehn Tage danach holte sich Kuz beim Sieg über Zatopek seinen Weltrekord über 5000 m zurück. Zu den Olympischen Spielen nach Melbourne kam der Engländer Gordon Pirie als Weltrekordmann über 5000 m, aber Kuz holte sich das Gold vor Pirie und auch noch das über 10000 m. Vladimir Kuz, der »Soldat« in der sowjetischen Marine, war ein besonders starker Tempoläufer, hatte aber keinen guten Endspurt, so daß er seine Rennen immer dank mörderischer Zwischenspurts gewann.

Die lästigen Punktwertungen der Nationen waren auch in Melbourne nicht zu vermeiden, obwohl sich auch Avery Brundage vehement dagegen aussprach. Danach überflügelten die Russen die Amerikaner, obwohl sie in der Leichtathletik nur fünf Goldmedaillen errungen hatten.
Einige ungarische Sportler reisten nicht wieder in ihre Heimat zurück. Andere waren dazu gezwungen, wollten sie doch ihre Familien wiedersehen. Auf gewisse Weise hatte man die »Politik« aus den Spielen heraushalten können, aber die ungarischen Sportler waren die Opfer dieser Politik, und die Art ihrer Abreise stand im krassen Gegensatz zu der überaus freundlichen und glücklichen Stimmung, die sonst diese Olympischen Spiele beherrscht hatte.

Um Hans Günter Winkler und seine Halla spielte sich in Stockholm ein wahres Drama ab. Aber es nahm mit dem Gewinn der Goldmedaillen im Einzel und mit der Mannschaft ein glückliches Ende.

Die Medaillengewinner im Jagdspringen 1956: Hans Günter Winkler, der Olympiasieger, eingerahmt von den italienischen Brüdern Raimondo (links), der Silber gewann, und Piero d'Inzeo.

Laszlo Papp

In Ungarn hatte man zu seiner besten Zeit nichts fürs Profiboxen übrig, und deshalb wurde »Lazi« Papp auch wohl nie Weltmeister. Als man ihm dann doch noch erlaubte, offiziell für Geld zu boxen, war er bereits 31 Jahre alt. Aber immerhin errang er als Boxer olympische »Unsterblichkeit«. Er wurde am 25. März 1926 in Budapest geboren, gewann 1948 die Goldmedaille im Mittelgewicht, 1952 und 1956 Gold im Halbmittelgewicht. Dreimal hintereinander Olympiasieger, das schaffte nur der kubanische Schwergewichtler Teofilo Stevenson von 1972 bis 1980 im

noch 1960 und 1964 gewonnen, aber als die ungarische Regierung ihm 1957 den Weg ins Profilager freigab, wurde er der erste Boxprofi im Ostblock. Er siegte in 29 Profikämpfen hintereinander, gewann den Europameistertitel im Mittelgewicht und verteidigte ihn sechsmal erfolgreich. Als man ihm 1965 einen WM-Kampf mit dem Amerikaner Joey Giardello seitens der ungarischen Behörden verbot, zog er sich vom Leistungssport zurück und wurde Trainer der Nationalmannschaft. Seither entdeckte Papp viele Talente, die ihm nacheifern möchten.

Squaw Valley

Die Wahl des »künstlichen Ortes« Squaw Valley als Austragungsort der Winterspiele 1960 wurde allgemein kritisiert. Aber es gelang den Amerikanern trotz schlechter Voraussetzungen, ein begeisterndes olympisches Fest zu organisieren. Filmzauberer Walt Disney sorgte für einen farbigen, lockeren und amerikanisch-heiteren Rahmen. Die Teilnehmerzahlen waren wegen der großen Entfernung zu Europa natürlich etwas geringer: Aus 30 Ländern kamen 521 Männer und 144 Frauen in die amerikanischen Berge. Vom 18. bis 28. Februar gab es 27 Wettbewerbe. Neu waren Biathlon (20 km) und Eisschnellauf für Frauen (vier Rennen), dafür gab es keine Bob-Wettbewerbe. Nur neun Länder hatten gemeldet, und die Organisatoren weigerten sich, eigens eine Bobbahn zu bauen. Die deutsche Mannschaft war wieder gemeinsam aus Sportlern der Bundesrepublik und der DDR gebildet worden und reiste mit 18 Frauen und 56 Männern nach Amerika. Heim kam sie mit vier Goldmedaillen, drei Silbermedaillen und einer Bronzemedaille. Vor vier Jahren war es nur je eine goldene und eine bronzene gewesen. Neben Helmut Recknagel und Georg Thoma holten noch die Oberstaufener Abfahrerin Heidi Biebl und die Ostberliner Eisschnellläuferin Helga Haase Gold. Silber gab es nochmals für Helga Haase sowie für den Abfahrer Hans-Peter Lanig aus Hindelang und das Eiskunstlaufpaar Marika Kilius/Hansjürgen Bäumler. Die Bronzemedaille errang im Slalom die Münchnerin Barbi Henneberger, die vier Jahre später bei einem Lawinenunglück ums Leben kam.

Die Amerikanerin Andrea Mead-Lawrence, Slalom-Olympiasiegerin 1952, mit der olympischen Flamme bei der Eröffnungsfeier der Winterspiele in Squaw Valley.

Daß diese Spiele überhaupt stattfanden, war an sich schon eine Überraschung. In Squaw Valley gab es vorher nur ein einziges Touristenhotel. Die nächste Stadt war Reno, die Spielerstadt in der Wüste von Nevada. Der Grund und Boden in Squaw Valley gehörte Alex Cushing, der dem IOC versprach, vom Bundesstaat Kalifornien einen Zuschuß für die Olympiabauten zu bekommen. So gewann Squaw Valley die Abstimmung mit 32:30 Stimmen vor Innsbruck. Alle Anlagen mußten erst gebaut werden, das war ein Vorteil, konnte man doch sinnvoll planen und die Sportstätten relativ nahe aneinanderrücken. Aber nicht alles verlief wunschgemäß. Entgegen den Regeln mußten künstliche Hindernisse in die Abfahrtsstrecke eingebaut werden, und die Bobrennen strich man, wie gesagt, gänzlich. Zuerst spielte das Wetter verrückt, der Abfahrtslauf der Männer mußte verschoben werden, aber zur Eröffnungsfeier verzogen sich wie durch Zauber Regen und Schnee, und Vizepräsident Richard Nixon konnte die Spiele, allerdings 15 Minuten verspätet, eröffnen.

Die »alten Herren« aus Skandinavien

In den Langläufen herrschten die Skandinavier wie gewohnt, obwohl sie die zu hohe Lage der Loipen beklagten. Sixten Jernberg aus Schweden und Veikko Hakulinen, schon 35 Jahre alt, vergrößerten ihre Medaillensammlungen. Hakulinen hatte nach Squaw Valley je dreimal Gold und Silber sowie eine Bronzemedaille auf seinem olympischen Konto. Briefträger Thoma wurde der erste nicht-skandinavische Sieger in der Nordischen Kombination und Recknagel der erste nicht-skandinavische Skisprungsieger. Wie schon 1956 spielte man für die »gesamtdeutsche« Mannschaft die Hymne »Ode an die Freude« aus Beethovens neunter Sinfonie.
Erstes Gold im neuen Biathlon, Schießen und Langlauf, holte sich der Schwede Klas Lestander. Die drei Goldmedaillen im alpinen Skilauf gingen an den Franzosen Jean Vuarnet (Abfahrt) vor dem langen Peter Lanig, an den Österreicher Ernst Hinterseer (Slalom) vor seinem Landsmann Hias Leitner und an den Schweizer Roger Staub (Riesenslalom). Im Slalom hatte der Münchner Willi Bogner nach dem ersten Lauf klar geführt und war im zweiten Durchgang gestürzt.

1960

Beide Einzeltitel im Eiskunstlauf fielen an die USA. Strahlende Sieger waren Carol Heiss und David Jenkins, dessen Bruder vier Jahre zuvor gesiegt hatte.

Heidi Biebl schlug in der Abfahrt überraschend die amerikanische Favoritin Penelope Pitou, die im Riesenslalom hinter der Schweizerin Yvonn Ruegg erneut Silber holte.
Im Eiskunstlauf zeigte David Jenkins, Dritter 1956, eine brillante Leistung vor dem Tschechoslowaken Karol Divin, und Carol Heiss war nun nach Silber mit Gold an der Reihe. Sie heiratete später Hayes Alan Jenkins, den Olympiasieger von 1956. Marika Kilius und Hansjürgen Bäumler mußten sich nur dem kanadischen Geschwisterpaar Robert und Barbara Wagner beugen.

Erschöpft, aber glücklich: Heidi Biebl aus Oberstaufen gewann das Abfahrtsrennen mit einer Sekunde Vorsprung vor der Amerikanerin Penny Pitou.

Erneuter Triumph für Grischin

Im Eisschnellauf trumpfte der Sowjetrusse Eugen Grischin, wie schon 1956, mit zwei Goldmedaillen auf. Bei den Damen begann Lydia Skoblikowa aus der UdSSR ihre glanzvolle olympische Karriere mit zwei Goldmedaillen auf den beiden längeren Strecken.
Im Eishockey feierte das US-Team einen mitreißenden Erfolg, schlug Kanada 2:1 (erst der dritte Sieg seit 1920) und besiegte zum erstenmal das Team der Sowjetunion (3:2). Viel zum Erfolg trug der überragende Torhüter John McCartan bei. Schweden und Deutschland [illegible] mit null Punkten) ihnen noch der Erfolg über die CSSR zum Gold. Nach dem zweiten Drittel lag das US-Team 3:4 zurück, siegte aber noch glanzvoll 9:4, wobei der Spielführer des UdSSR-Teams den US-Boys geraten hatte, Sauerstoff zu inhalieren. So lautete der überraschende Medaillenstand im Eishockey: 1. USA, 2. Kanada, 3. UdSSR (die 5:8 gegen Kanada verloren hatte). Die Schlußfeier gestalteten die Sportler zu einem riesigen Fest. Es war ein passendes Ende für ungewöhn-

Rom

Blick in das Olympiastadion von Rom. Schon Faschistenführer Mussolini hatte es erbauen lassen. So ergab sich eine Mischung aus alt und neu.

Fast gleichauf lagen die sechs 100-m-Finalisten in Rom. Nur zwei Zehntelsekunden trennten den Ersten vom Letzten. Der Frankfurter Armin Hary (links) feierte einen triumphalen Erfolg.

Die Spiele in Rom wurden zu einem Höhepunkt in der olympischen Geschichte. Faszinierend war die antike Kulisse, bemerkenswert die Leistungen, wie sie nie zuvor erzielt worden waren. Sie erklärten sich auch durch das fortgesetzte Wettrüsten zwischen Ost und West, zwischen den USA und der UdSSR; eine Auseinandersetzung, die eben auch in Sportarenen stattfand. Herausragend waren die Rekorde in der Leichtathletik, im Schwimmen und im Gewichtheben, die Turnkunst der Japaner und die Erfolge der deutschen Ruderer.

Rom sollte schon die Spiele 1908 durchführen und mußte dann 52 Jahre auf diese Ehre warten. Dafür präsentierten die Römer ihre Spiele aber auch superb. Wieder wurden alle Teilnehmerrekorde übertroffen: 4738 Männer und 610 Frauen aus 84 Ländern. Zum letztenmal waren die Südafrikaner dabei, deren Rassentrennungspolitik das IOC nicht länger akzeptierte. Das China-Problem wurde nur beiseite geschoben, nicht gelöst, als sich die Volksrepublik China aus dem IOC zurückzog und Nationalchina unter dem Namen Formosa in Rom teilnahm.

Quälende Ausscheidungskämpfe

Zum zweitenmal startete eine gemeinsame deutsche Mannschaft aus der Bundesrepublik und aus der DDR, die diesmal in quälenden, sehr umkämpften Ausscheidungswettbewerben ermittelt worden war. Es war das größte deutsche Team seit Berlin: 230 Männer und 55 Frauen. Und es kehrte mit schönen Erfolgen heim: Zwölf Goldmedaillen, 19 Silbermedaillen und elf Bronzemedaillen. Mehr Medaillen hatten nur die UdSSR mit 103 (43 Gold, 29 Silber, 31 Bronze) und die USA mit 71 (34/21/16) errungen. Gastgeber Italien kam auf 36 Medaillen (13/10/13).

Die bemerkenswertesten Erfolge der deutschen Mannschaft waren die Sprintsiege von Armin Hary und der Staffel, die drei Ruder-Goldmedaillen, Ingrid Krämers Doppelsieg im Wasserspringen sowie das Gold des Reiter-Teams, der Fechterin Heidi Schmid, des Schützen Peter Kohnke und des Ringers Wilfried Dietrich. Zweimal Silber holten sich der 400-m-Läufer

1960

Eine Bildfolge vom 200-m-Sieg des Italieners Livio Berutti. Der Amerikaner Lester Carney stürzt sich ins Ziel und landet unsanft auf der Aschenbahn.

Carl Kaufmann und die Sprinterin Jutta Heine sowie der DDR-Langstreckler Hans Grodotzki. Vier Silbermedaillen trugen die Radfahrer bei. Vergessen sollen auch nicht die Vierten sein, denen eine Medaille knapp entging: Paul Schmidt über 800 m, Helmut Janz über 400 m Hürden, Manfred Steinbach im Weitsprung und (wie 1956) Hürdensprinter Martin Lauer, der sich aber mit Staffelgold entschädigte.

Die Spiele in Rom fanden vom 25. August bis zum 11. September statt und boten 150 Wettbewerbe in 17 Sportarten. Einen Tag vor der Eröffnung hatte der Papst Abordnungen des Sports empfangen. Die Eröffnungsfeier war eine farbenprächtige Show vor bunt gekleideten Menschen auf den überfüllten Rängen des Stadions, dessen Marmorpracht noch aus Mussolinis Zeiten stammte, der zu gerne »seine« Spiele 1944 abgehalten hätte. Es blieb während der gesamten olympischen Zeit ungeheuer heiß. Dieses Wetter störte die Langstreckenläufer und bei vielen Vorkämpfen blieben die Zuschauerränge ziemlich leer, denn sogar die Römer fanden ihre Stadt einem Backofen ziemlich ähnlich.

Für die amerikanischen Leichtathleten begannen die Spiele mit einem Schock. Zum ersten Mal seit 1928 wurden ihre Sprinter besiegt. Da nützte Ray Norton seine Favoritenstellung nichts. Blitzstarter Armin Hary aus Frankfurt mußte nach einem Fehlstart zittern, siegte dann aber in 10,2 Sekunden vor dem zeitgleichen Amerikaner David Sime. Norton wurde nur Sechster. Es war der erste olympische Sieg eines

Dramatischer 400-m-Lauf. Der Karlsruher Carl Kaufmann stürzt sich ins Ziel, erreicht wie Otis Davis (ganz links) zwar Weltrekord, aber die Goldmedaille geht an den Amerikaner. Malcolm Spence (Startnummer 109) aus Südafrika wird Dritter.

Rom

Rechts:
Herb Elliott auf dem Weg zu seinem glanzvollen 1500-m-Sieg. Im Ziel hatte er 20 Meter Vorsprung vor dem Franzosen Jazy (Nr. 470) und dem Ungarn Roszavölgyi (hier von Elliott halb verdeckt).

Nur die drei amerikanischen Hürdenasse mußte der Kölner Martin Lauer über 110 m vorbeilassen. Mit einem verzweifelten Finish siegte Lee Calhoun vor Willie May und Hayes Jones.

deutschen Sportlers in einem Laufwettbewerb. Armin Hary hatte Nerven wie Stricke, denn er mußte zwei Fehlstarts und ein Pfeifkonzert des Publikums über sich ergehen lassen. Den zweiten Fehlstart hatte er selbst verursacht und erhielt dafür eine Verwarnung. Nach dem Photofinish dauerte es 15 Minuten, bis der Sieg des Saarbrückers offiziell verkündet wurde. Er hatte das Zielband zuerst mit der Brust berührt. »Das war wirklich knapp«, kommentierte Hary, als er das Zielphoto studierte, »nach dem Fehlstart mußte ich etwas länger sitzenbleiben als die anderen, sonst hätte ich mir den Endlauf von der Tribüne aus ansehen können. Ein Glück, daß ich so schnell in Fahrt kam.« Über seinen

Rechts:
Nur knapp holte sich der Neuseeländer Peter Snell die Goldmedaille über 800 m vor dem Belgier Roger Moens im Endspurt.

schärfsten Konkurrenten Sime sagte der Deutsche: »Er war unheimlich stark. Bei 80 Meter sah ich ihn fast auf gleicher Höhe, obwohl er fünf Bahnen von mir getrennt ganz innen lief. Daß ich es doch noch geschafft hatte, hörte ich erst 20 Meter nach dem Ziel.« Es gab Leute, die den Amerikanern vorwarfen, sie hätten Hary nicht gleich nach dem Lauf gratuliert. Die Niederlage war natürlich ein Schock für sie. Die amerikanischen Läufer kümmerten sich erst um ihren gestürzten Kollegen Sime und besorgten die Gratulation auf dem Rückweg zum Startplatz. Ray Norton nahm den Deutschen freundschaftlich in die Arme. Auf eine Siegerzeit von 10,2 Sekunden hatte er schon getippt, wohl aber dabei an sich selbst gedacht.
Frenetisch umjubelt wurde natürlich der 200-m-Sieg des Italieners Livio Berutti. Der Brillenträger stellte den Weltrekord (20,5) ein und besiegte ebenfalls einen Amerikaner, Lester Carney. Norton wurde wieder Sechster im Endlauf. Die Zuschauer drehten Fackeln aus ihren Zeitungen und entzündeten damit Freudenfeuer.
Auch die Sprintstaffel der Amerikaner patzte gewaltig, sie wurde wegen Überschreitens der Wechselmarke disqualifiziert. Ihr Weltrekord nützte nichts. Olympiasieger wurde die deutsche Staffel mit Cullmann, Hary, Mahlendorf und Martin Lauer, die den Weltrekord (39,5) einstellte und sechs Zehntelsekunden Vor-

Links:
Entscheidung im 5000-m-Lauf: Murray Halberg aus Neuseeland vor dem Ostberliner Hans Grodotzki und dem Polen Kazimierz Zimny.

sprung vor der UdSSR hatte. Der Wechselfehler war zwischen Budd und Ray Norton passiert, der den Stab einen Meter außerhalb der Zone übernahm. So war die Katastrophe für ihn, der ausgezogen war alle drei Goldmedaillen zu gewinnen, perfekt.

Einwandfrei wurde festgestellt, daß Norton die Wechselmarke überschritten hatte. »Solche Dinge passieren eben«, kommentierte US-Trainer Larry Snyder resigniert. Die vier deutschen Sprinter aber liefen auch hervorragend. Startläufer Bernd Cullmann holte die Führung heraus, Hary schaffte dann einen klaren Vorsprung vor den Engländern, während die US-Boys hier um einen Meter zurücklagen. Walter Mahlendorf verlor keinen Boden, und Martin Lauer legte ein Höllentempo vor. Dave Sime arbeitete sich mit einem unwahrscheinlichen Spurt an den Kölner heran und überholte ihn kurz vor dem Ziel noch knapp, aber eindeutig. Die Amerikaner liefen 39,4 Sekunden, was neuer Weltrekord gewesen wäre. Das deutsche Quartett schaffte 39,5 Sekunden.

Wenn es im Sprint auch nicht klappte, so präsentierten die Amerikaner einen anderen Überraschungsmann. Es war der 28jährige Otis Davis, der gerade noch ins 400-m-Team gekommen war. Im Endlauf hätte ihn der Karlsruher

Herb Elliott

Ein umstürzendes Klavier brach dem vielversprechenden jungen Läufer Herb Elliott mehrere Fußknochen – und ein Talent schien am Ende seiner Karriere, bevor sie noch richtig begonnen hatte. Trotzdem wurde er über die Mittelstrecken zu einem der Besten – wenn nicht zum Besten – aller Zeiten. Zähigkeit und Ausdauer ließen ihn die schwere Verletzung überwinden, und ein Jahr später hatte der Australier das Glück, in Percy Cerutti einen Trainer zu finden, der ihn zur absoluten Weltspitze führte.

Herb Elliott war 1938 in dem kleinen Ort Subiaco in der Nähe von Perth zur Welt gekommen. Mit 16 Jahren bestritt er seine ersten Wettkämpfe, wurde zweifach Juniorenmeister über die Meile, und mit 20 Jahren stellte er den ersten seiner phantastischen Weltrekorde auf. Am 6. August 1958 war er in Dublin die Meile in 3:54,5 Minuten gelaufen, hatte die bestehende Bestmarke des Briten Ibbotson um 2,7 Sekunden verbessert. Beeindruckender aber als die Zeit war seine Souveränität.

Bei den Spielen in Rom 1960 hatte er sich schwer erkältet, mußte sich vor dem 1500-m-Lauf eine Penicillin-Spritze geben lassen. Trotzdem konnte seinem furiosen Zwischenspurt nach 900 m keiner seiner Kontrahenten folgen.

Und dann, mit nur 24 Jahren, beendete er seine Laufbahn! Er hatte einfach die Nase voll, wollte sich mehr seiner Frau und seinen drei Kindern widmen.

Obwohl er nur eine Medaille gewann, war der Australier Herb Elliott einer der größten Mittelstreckler in der olympischen Geschichte. Hier macht er sich zur Siegerehrung 1960 in Rom bereit, links neben ihm der Franzose Jazy, rechts der

Rom

Die ersten Vier im 10000-m-Lauf von Rom. Hier noch in Führung der Ostberliner Hans Grodotzki, der später die Silbermedaille gewann, vor dem späteren Olympiasieger Pjotr Bolotnikow, dem Russen Desiatschkow (Vierter) und dem Australier Dave Power, der schließlich Bronze holte.

Wladimir Golubnitschi ist sozusagen ein Denkmal des Gehersports. Unser Bild zeigt den Russen bei seinem Sieg über 20 km in Mexiko City. Sein erstes Gold holte er sich in Rom. Er nahm an vier Olympischen Spielen teil und gewann zweimal Gold, einmal Silber und einmal Bronze.

einen neuen Weltrekord aufgestellt. Erst das Zielphoto entschied für den Amerikaner. Die beiden duellierten sich noch einmal in der 4×400-m-Staffel, aber diesmal gewann Otis Davis mit fünf Zehntel Vorsprung. Seine US-Staffel lief in 3:02,2 Weltrekord, das deutsche Quartett Reske, Kinder, Kaiser und Kaufmann erzielte 3:02,7 Minuten. Hans Reske brachte als Startläufer den Stab hinter USA, Westindien und Südafrika zu Manfred Kinder, der gegen Young (USA) gewaltig aufholte und Johannes Kaiser nur mit einem Meter Rückstand auf Glenn Davis losschickte. Als Carl Kaufmann loslief, hatte Otis Davis etwa fünf Meter Vorsprung. Auf der Gegengeraden schloß Kaufmann auf, hatte aber im Endspurt nichts mehr zuzusetzen, kein Wunder bei diesem US-Weltrekordtempo! Auch die Deutschen blieben unter dem alten Weltrekord.

Zum zweitenmal nach 1956 gewannen die Amerikaner alle Medaillen über die beiden Hürdenstrecken, und wieder siegten auch Lee Calhoun und Glen Davis, der zudem in der 4×400-m-Staffel Gold holte.

Der neue Star: Peter Snell

Im 800-m-Lauf stellte sich ein neuer olympischer Star vor: Peter Snell aus Neuseeland. Der 21jährige nutzte die Rivalität zwischen den Favoriten Moens (Belgien) und Kerr (Jamaica). Moens glaubte gewonnen zu haben, schaute nach rechts zu Kerr und schon war Snell innen durchgewischt. Über 1500 m gewann der Australier Herb Elliot mit dem sagenhaften Weltrekord von 3:35,6 vor dem Franzosen Michel Jazy, der 20 Meter zurücklag.

In beiden Langstreckenrennen griff der Ostberliner Hans Grodotzki nach Gold, mußte sich aber jeweils mit Silber zufrieden geben. Die 5000 m gewann der neuseeländische Lehrer Murray Halberg, der nach einem Unfall einen verkrüppelten linken Arm hatte. Der Arm war so schwach, daß Halberg Schwierigkeiten hatte, sich das Trikot anzuziehen. Im Endlauf, 1,2 Sekunden vor Grodotzki, brach er hinter dem Ziel zusammen.

Die 10000 m wurden diesmal fünf Tage nach dem 5000-m-Rennen gelaufen und Halberg war nun Favorit. Aber er konnte keine zweite Superleistung bringen. Der Sowjetrusse Bolotnikow übernahm kurz vor der letzten Runde die Führung und siegte um fast fünf Sekunden vor Grodotzki.

Das 3000-m-Hindernisrennen ging überlegen an den Polen Krzyszkowiak vor zwei Russen, und im Gehen setzten sich der Sowjetrusse Golubnitschi und der Brite Don Thompson (50 km) durch, der für die römische Hitze daheim im dampfigen Badezimmer »trainiert« hatte.
Ein auch den Kennern praktisch unbekannter Mann aus Äthiopien gewann den Marathonlauf. Abebe Bikila, der Wächter aus Kaiser Haile Selassis Leibgarde, gewann überlegen – und zwar barfuß! Er holte die erste Goldmedaille eines schwarzen Afrikaners. Vor 25 Jahren, als er noch ein Kind war, hatten die italienischen Truppen sein Land überfallen. Die Reporter rätselten oft, welches nun sein Vorname und welches sein Nachname war.
In den technischen Wettbewerben gab es viele mitreißende Kämpfe. Weltrekord-Hochspringer John Thomas aus den USA bewältigte nur 2,14 m (acht Zentimeter unter seinem Rekord) und mußte den beiden Sowjetrussen Robert Schawlakadse und Waleri Brumel den Vortritt lassen, die beide über 2,16 m sprangen. Ralph Boston (USA) mußte den olympischen Rekord

Bei seinem Weitsprungsieg in Rom verbesserte Ralph Boston mit 8,12 m den olympischen Rekord von Jesse Owens (8,06 m), der seit 1936 allen Angriffen standgehalten hatte.

Einer der strahlendsten Olympiasieger in Rom war der äthiopische Marathonsieger Abebe Bikila, der barfuß, sozusagen auf leisen Sohlen, die Konkurrenz abhängte.

Links außen:
Gut ausgerüstet trotzte der britische Olympiasieger im 50-km-Gehen Don Thompson der römischen

Stabhochspringer Don Bragg aus den USA »segelt« zum Olympiasieg mit 4,70 m.

Drei Goldmedaillen bekam der »Liebling« Roms, die schwarze amerikanische Sprinterin Wilma Rudolph. Hier siegt sie über 100 m vor der Britin Dorothy Hyman in 11,0 Sekunden, die aber wegen zu starken Rückenwindes nicht als Weltrekord anerkannt werden konnten.

von Jesse Owens von 1936 brechen, um mit 8,12 m um einen Zentimeter vor seinem Landsmann Irvin Robertson zu siegen.
Don Bragg gewann den Stabhochsprung vor Ron Morris und Dreispringer da Silva aus Brasilien, Sieger 1952 und 1956, wurde nur Vierzehnter, der Pole Jozef Schmidt gewann seine erste von zwei Goldmedaillen in diesem Wettbewerb.
Bill Nieder, im Kugelstoßen als Ersatzmann ins Team gekommen, übertraf mit seinem fünften Versuch die Führung von Parry O'Brien, Olympiasieger von 1952 und 1956, und siegte mit 19,68 m vor dem Titelverteidiger.
Weltrekordhalter und Olympiasieger Hal Connolly war im Hammerwerfen weit von seiner Form entfernt, Wassili Rudenkow siegte vor dem Ungarn Gyula Zsivotzky, der 1964 wieder Zweiter und 1968 endlich Olympiasieger wurde.
Speerwurf-Olympiasieger Danielsen (Norwegen) kam nicht ins Finale und sah den Russen

Tsibulenko mit einer Weite siegen, die über einen Meter unter seiner Siegerweite von 1956 lag. Der Russe war 1952 Vierter und 1956 Dritter gewesen.

Ein mitreißendes Zehnkampfduell

Der Zehnkampf war ein Duell zwischen zwei Freunden und Trainingspartnern, Rafer Johnson, dem Zweiten von 1956, und dem Nationalchinesen Yang, der in Kalifornien lebte. Vor dem 1500-m-Lauf hatte Johnson 67 Punkte Vorsprung. Yang war der erheblich bessere Läufer. Johnson schaffte es an ihm dranzubleiben, bis kurz vor dem Ziel. Mit 58 Punkten Vorsprung gewann er das Gold.
Die Sympathie des Publikums gehörte der »schwarzen Gazelle« Wilma Rudolph. Sie flog graziös zu drei Goldmedaillen über 100 m, 200 m und in der Staffel. Ihr zuzusehen war eine ästhetische Freude. Jutta Heine aus Hannover verlor zweimal gegen diese Wilma Rudolph, über 200 m und in der Staffel (mit Langbein, Biechl, Hendrix).
Außer dem Hochsprung schnappten sich die Russinnen alle anderen Goldmedaillen: Irena Press die 80 m Hürden, ihre ältere Schwester Tamara Press das Kugelstoßen, Elwira Osolina den Speerwurf vor Jutta Krüger aus Berlin, Ludmilla Schewtsowa den 800-m-Lauf und Nina Ponomarewa das Diskuswerfen. Ihr war 1956 in London eine peinliche Geschichte passiert, als man sie beim Diebstahl von drei Hüten in der

Oxfordstreet erwischt hatte. Die Sowjets sagten daraufhin den Länderkampf gegen Großbritannien ab, Nina wurde verurteilt und abgeschoben.
Den Hochsprung gewann die langbeinige Rumänin Jolanda Balas, die nicht nur durch ihre Körperlänge von 1,86 m ihrer Zeit weit voraus war. In Rom (1,85 m) siegte sie mit 14 Zentimetern Vorsprung, 1964 in Tokio (1,90 m) mit zehn Zentimetern Vorsprung.
Mit drei Ausnahmen fielen alle Goldmedaillen im Schwimmen und im Wasserspringen an die USA und Australien. Über 200 m Brust siegte die Britin Angela Lonsborough. Beide Springwettbewerbe holte sich die imponierende Ingrid Krämer aus Dresden. Dawn Fraser gewann zum zweitenmal die 100-m-Kraul.
Ein Mann, der später die Boxwelt verändern sollte, hatte in Rom seinen ersten großen Auftritt. Der 18jährige Cassius Clay, der sich später Muhammad Ali nannte, wurde Olympiasieger im Halbschwergewicht und bald danach zum Schrecken aller Schwergewichte im Profilager. Nino Benvenuti aus Italien war der andere herausragende Olympiasieger, der später als Profi Karriere machte und einer der technisch besten Boxer war, die es je gab. Stürmisch umjubelt wurde Italiens Schwergewichtler Franco de Piccoli, als er den sowjetischen Europameister Abramow in der ersten Runde k.o. schlug und später Olympiasieger wurde.
Auf dem Albaner See brachen die deutschen

kanischen Achters, der diesmal gar nur Fünfter wurde. Das Team Bittner, Hopp, Lenk, Rulffs, Frank Schepke, Kraft Schepke, Schröder, von Groddeck und Padge siegte mit einem neuen Typ von Ruderblättern und neuer Technik vor Kanada und der CSSR. Rudergold zum deutschen Kontingent steuerten auch der Zweier mit (Knubel, Renneberg, Zerta) und der Vierer mit (Cintl, Effertz, Riekemann, Litz, Obst) bei. Iwanow (UdSSR) siegte zum zweitenmal im Einer.
Der schwedische Kanufahrer Gert Fredriksson bestritt seine letzten Olympischen Spiele, gewann noch mal eine Gold- und eine Bronzemedaille. Seine Ausbeute seit 1948 (damals war er bereits 29 Jahre alt!): Sechsmal Gold, je einmal Silber und Bronze. In der Bucht von Neapel

Ingrid Krämer aus Dresden, hier beim Turmspringen, gewann beide Goldmedaillen im Wasserspringen.

Das 800-m-Finish der Frauen. Die Russin Schewtsowa gewinnt in Weltrekordzeit vor der Australierin Brenda Jones, Ulla Donath aus Halle und Vera Kummerfeldt aus dem deutschen Team.

Der junge Australier John Konrads bei seinem überraschenden Olympiasieg über 1500 m Kraul.

Rom

Fast damals schon der »Größte«. Cassius Clay schwenkt daheim in Louisville stolz seine Goldmedaille, die er im Halbschwergewicht in Rom gewann. Die Familie strahlt im Gleichklang mit.

Der Russe Boris Schaklin bei seinem Sieg am Seitpferd in Rom. Der Turner gewann bei drei Olympischen Spielen sieben Goldmedaillen, vier silberne und zwei bronzene.

hintereinander (!) Olympiasieger im Einmannboot (Finn-Dingi).

Im Kunstturnen dominierten die Sowjets. Boris Schaklin erhöhte seine Medaillensammlung auf vier goldene, zwei silberne und eine bronzene. Larissa Latynina stockte auf drei Gold-, zwei Silber- und eine Bronzemedaille auf. Aber die Japaner gewannen den Mannschafts-Wettbewerb.

Im Radsport räumten die Italiener gewaltig ab, jeder der elf Fahrer gewann eine Medaille. Nur der sowjetische Sieg auf der Straße durch Viktor Kapitonow verhinderte den totalen italienischen Erfolg. Vier Silbermedaillen fielen an das deutsche Aufgebot. Sante Gaiardoni holte zwei Goldmedaillen. Ein Drama ereignete sich beim Straßenrennen, als der Däne Knud Jensen starb. Die Gerüchte, daß er gedopt war, sind nie widerlegt worden.

Im Fechten holten sich die Sowjets drei Goldmedaillen, Italiener und Ungarn je zwei. Eine große Überraschung war der Florettsieg der zierlichen Augsburgerin Heidi Schmid vor lauter kräftigen Ostblockdamen. Mit der Mannschaft wurde Heidi Schmid, heute Studienrätin, Vierte. Ihr gleich tat es Kleinkaliberschütze

Die russische Turnerin Larissa Latynina ist mit neun Gold-, fünf Silber- und vier Bronzemedaillen die erfolgreichste Teilnehmerin aller olympischen Spiele.

Sante Gaiardoni war 1960 das Radsport-Idol der Italiener. Er siegte im Sprint wie auch im Zeitfahren über 1000 m.

Der Ungar Rudolf Karpati, dem hier ein unterlegener Halbfinalgegner in Rom seine Reverenz erweist, gewann bei vier Olympischen Spielen sechs Goldmedaillen im Säbelfechten, davon vier mit der Mannschaft unterbrochen von 1948 bis 1960.

Peter Kohnke aus Bremervörde.

Zwei große Fechterkarrieren gingen in Rom zu Ende. Der Ungar Aladar Gerevich, nun fünfzig Jahre alt, gewann sein sechstes Gold hintereinander mit der Säbelmannschaft. Diese Serie hatte 1932 in Los Angeles begonnen! Sein Gesamtkonto: siebenmal Gold, einmal Silber, zweimal Bronze. Auch der 41jährige Italiener Edouardo Mangiarotti hörte auf. Seine Ausbeute von 1936 bis 1960: sechsmal Gold, fünfmal Silber und zweimal Bronze.

Nun drängten die Sowjets die Amerikaner auch im Gewichtheben aus ihrer Vormachtstellung. Für die USA gab es nur einmal Gold. Sowjetische Ringer holten dreimal Gold, die Türken siebenmal!

Einer der besten Ringer in Rom war der Schifferstädter Wilfried Dietrich. Gold gewann der Schwergewichtler im freien Stil und Silber (dank seines niedrigeren Körpergewichts gegenüber Kubat aus der CSSR) im griechisch-römischen Stil.

Josef Neckermann freute sich über seine Bronzemedaille in der Dressur auf seinem Pferd Asbach, hinter dem Russen Filatow und dem

Der dichtende Koloß. Juri Wlassow aus der UdSSR war nicht nur stark, sondern auch literarisch begabt. In Rom gewann er im Schwergewicht mit Weltrekord.

gen mußten H. G. Winkler und Fritz Thiedemann auf »Halla« und »Meteor« mit Platz fünf und sechs vorliebnehmen, aber dafür gewannen sie erneut, diesmal mit Alwin Schockemöhle, den Mannschaftswettbewerb, den Preis der Nationen. Für beide war es die zweite Goldmedaille nach 1956.

Als einer der größten deutschen Reiter nahm Fritz Thiedemann ein Jahr nach dem Triumph von Rom in Aachen Abschied vom internationalen Reitsport. Über 550 Siege hatte er in seiner langen Laufbahn errungen, genau 150 davon mit seinem legendären Wallach Meteor, den man den „Dicken" nannte und der vor dem Landwirtschaftsministerium in Kiel ein Denkmal bekommen hat. Fritz Thiedemann wurde am 3. März 1918 in Elmshorn geboren. Neben den zwei Goldmedaillen mit der Mannschaft, gewann er 1952 zwei Bronzemedaillen im Einzelspringen und mit der Dressurmannschaft (!), was bis heute kein anderer Reiter schaffte. Diese Bronzemedaillen bezeichnet Thiedemann auch als seine liebsten, weil sie den Anfang aus dem Nichts heraus bildeten. Fünfmal gewann er das Deutsche Spring-Derby in Hamburg-Kleinflottbeck.

Die Spiele waren friedlich verlaufen, in der Welt gab es diesmal keinen größeren Konflikt und die Sowjetrussen zeigten sich allmählich aufgeschlossener. Vielleicht trug dazu bei, daß sie erneut die Amerikaner in der Gesamtbilanz überflügelten. Die US-Sportler waren zwar noch die besten in der Leichtathletik, aber nicht mehr so dominierend wie einst. Viel mehr Sportler aus anderen Ländern als früher hatten Medaillenchancen. Die ersten beiden Plätze im Marathon deuteten an, daß sich die afrikanischen Sportler nicht mehr als Lückenbüßer im internationalen Sport betrachten wollten.

100000 Zuschauer feierten bei der Schlußzeremonie mit und boten mit ihren Tausenden von Zeitungspapier-Fackeln ein sehenswertes Schauspiel. Bei dem riesigen Feuerwerk setzen einige Raketen Autos, einen Wald und Gärten in Brand. Die Olympischen Spiele von Rom boten trotzdem bis zu ihrem glücklichen Ende ein fröhliches und friedliches Bild.

Daheim ritt er zum Olympiasieg. Der Italiener Raimondo d'Inzeo, 1956 hinter dem Deutschen H. G. Winkler noch Zweiter, gewann in Rom das Jagdspringen vor seinem Bruder Piero. Winkler wurde diesmal Fünfter.

»Schwarze Gazelle« nannten sie die italienischen Sportreporter, und nicht nur die. Wilma Rudolph war mit ihren drei Goldmedaillen, und vor allem wegen der ästhetischen Art ihres Laufes, der Star der Spiele von Rom. Als Kind hatte sie schwere Erkrankungen durchstehen müssen.

Wilma Rudolph

Ihre Sport-Karriere war ein einziger Triumph über Benachteiligungen im Leben. Wilma Rudolph war das 17. von 19 Kindern, ihr Vater war zweimal verheiratet. Mit ihren vier Pfund schien sie kaum lebensfähig, als sie am 23. Juni 1940 in Clarksville im Bundesstaat Tennessee auf die Welt kam. Die Familie war sehr arm, und Wilma sagte später immer lächelnd, sie sei so schnell geworden, weil sie richtig rennen mußte, um rechtzeitig am Eßtisch zu sein. Dann erkrankte sie an doppelter Lungenentzündung und an Scharlach, war dem Tode näher als dem Leben. Ihr linkes Bein war gelähmt. Erst im Alter von sieben Jahren lernte sie gehen, und sie mußte bis zum elften Lebensjahr einen orthopädischen Schuh tragen. Später spielte sie ein bißchen Basketball und wurde dabei als Sprintertalent entdeckt. Mit 16 gewann sie 1956 in Melbourne Bronze mit der Staffel. 1960 war sie die »Königin« von Rom, mit drei Goldmedaillen. Wilma, nun 1,83 m groß, sprintete mit solcher Eleganz, daß sie die Römer »La Gazella Nera«, die »schwarze Gazelle« nannten. Sie lief noch Weltrekorde über 100 m und zweimal mit der Staffel. Dann zog sie sich mit erst 21 Jahren, wohl wegen erheblicher Eheprobleme, vom Leistungssport zurück.

Innsbruck

Die olympischen Winterspiele in Innsbruck fielen unglücklicherweise ausgerechnet in den mildesten Februar seit Menschengedenken. Das österreichische Bundesheer mußte Tausende von Kubikmetern Schnee herbeischaffen. Im Gegensatz zu Squaw Valley waren diesmal die Austragungsstätten weit verstreut, was viele beschwerliche Reisen mit sich brachte. Durch großen organisatorischen Einsatz wurden schließlich alle Probleme gelöst, und es wurden prächtige Spiele, obwohl man in Innsbruck Abschied nehmen mußte von früheren idyllischen Winterspielen in weißverschneiten dörflichen Kurorten. Unwiderruflich wurden nun auch die Olympischen Spiele im Winter zu einer Art elektronisch gesteuertem Groß-Zirkus. Die Teilnehmerzahlen übertrafen alles Dagewesene: 758 Männer und 175 Frauen aus 36 Ländern. Aber lustigerweise wurde die Zahl der Sportler noch von der der Funktionäre (1150) und der der Journalisten (1400) erheblich übertroffen. Das Fernsehen übertrug die Spiele weltweit, und die Zeitungsreporter berichteten über jedes Detail, bis hin zur Teilnahme des Karim Aga Khan, Gott der Ismaeliten, an den alpinen Skirennen und dem Besuch des Schah von Persien und Kaiserin Farah. Beim Training hatte es zwei fatale Unfälle gegeben. Abfahrer Ross Milne raste am Patscherkofel an einen Baum und starb wie der englische Rodler Kay Srkzypecki, der sich bei einem Sturz tödliche Verletzungen zugezogen hatte.

Die Spiele fanden vom 29. Januar bis zum 9. Februar statt und boten 34 Wettbewerbe, auch eine Rekordzahl. Neu im Programm waren das Springen von der Normalschanze, der 5-km-Langlauf der Frauen und drei Disziplinen der Rennrodler. Wieder dabei waren Bobrennen, die in Squaw Valley gestrichen gewesen waren. Zum letztenmal nahm eine »gesamtdeutsche« Mannschaft teil, die erst nach schwierigsten Verhandlungen zustandegekommen war. Das West-Ost-Verhältnis war in Deutschland wegen der Berlinfrage und dem Streit um die volle

Eröffnungsfeier der Olympischen Winterspiele 1964 im Innsbrucker Berg-Isel-Stadion. Das olympische Feuer lodert auf.

Rechts: Der Sieger im Riesenslalom: François Bonlieu aus Frankreich.

Neu im Programm war das Skispringen von der 90-m-Schanze. Der erste Sieger hieß Toralf Engan aus Norwegen.

1964

Anerkennung des NOK der DDR ausgesprochen schlecht. Es war fast ein Wunder, daß sich doch eine Mannschaft zusammenfand, die in Innsbruck drei Goldmedaillen, zwei Silbermedaillen und drei Bronzemedaillen erkämpfte. Zur Ausbeute trugen die DDR-Rodler mit zwei Goldmedaillen und zwei Silbermedaillen entscheidend bei. Die dritte Goldmedaille gewann der Münchner Eiskunstläufer Manfred Schnelldorfer. Bronze gab es für den Berchtesgadener Abfahrer Wolfgang Bartels, den Rodler Hans Plenk und für Georg Thoma in der Nordischen Kombination. Ihre im Paarlauf errungene Silbermedaille gaben Marika Kilius und Hansjürgen Bäumler später wegen Amateurstreitigkeiten (sie hatten schon vor den Spielen einen Revuevertrag unterschrieben) zurück.

Eine Million Besucher

Die Eröffnungsfeier dieser »Spiele der staubigen Schuhe« (weil in Innsbruck kein Gramm Schnee lag) fand im Stadion der Berg-Isel-Schanze vor mehr als 60000 Zuschauern statt. Überhaupt war der Zuschauerzuspruch gewaltig, insgesamt kamen zu allen Wettbewerben rund eine Million Besucher.

Die Skandinavier waren nun wieder in den nordischen Wettbewerben, die in Seefeld stattfanden, wie gewohnt überlegen, erlaubten nur dem

Biathlonkämpfer Wladimir Melanin (UdSSR) eine Goldmedaille. Der Finne Eero Mäntyranta gewann die beiden kürzeren Langläufe, Sixten Jernberg das 50-km-Rennen und Schweden die Staffel. Das Springen von der neuen Normalschanze holte sich der Finne Veikko Kankonen vor dem Norweger Toralf Engan und auf der 90-m-Schanze drehten die beiden das Ergebnis einfach um. Olympiasieger Georg Thoma gewann in der Nordischen Kombination diesmal Bronze und »mußte« dem Norweger Knutsen, den er vor vier Jahren besiegt hatte, nun das Gold überlassen.

Der Star im nordischen Skilauf war der Schwede

Die Ski-Schwestern Marielle (links) und Christine Goitschel aus Frankreich holten sich jeweils Gold und Silber im Slalom und Riesenslalom.

Egon Zimmermann aus Österreich, Sieger in der Abfahrt.

Mit seinem kraftvollen, sportlichen Stil holte sich der Münchner Eiskunstläufer Manfred Schnelldorfer Gold

Die Holländerin Sjoukje Dijkstra, 1960 noch Zweite, ließ sich in Innsbruck die Goldmedaille nicht nehmen.

Norwegens Eisschnellauf-As Knut Johannesen gewann die 5000 m und wurde Dritter über 10000 m.

Sixten Jernberg, der sich zum Ende seiner olympischen Laufbahn nochmals zwei Goldmedaillen holte, was ihn mit insgesamt viermal Gold, dreimal Silber und zweimal Bronze zum fünftbesten Winterolympioniken aller Zeiten machte.

Auf dem alpinen Sektor fanden die Franzosen Anschluß an die Österreicher. Die Schwestern Marielle und Christine Goitschel holten sich je eine Gold- und eine Silbermedaille ab. Die Österreicherinnen feierten einen totalen Erfolg in der Abfahrt mit Christl Haas an der Spitze. Die Österreicher Egon Zimmermann und Pepi Stiegler holten Gold in der Abfahrt und Slalom, das aber dem großen Karl Schranz versagt blieb, der sich im Riesenslalom hinter dem Franzosen Bonlieu mit Silber begnügen mußte. Die Amerikaner Kidd und Heuga holten die ersten alpinen Medaillen für ihr Land.

Zum erstenmal waren unter den Eiskunstläufern keine amerikanischen Sieger. Es gab sogar nur einmal Bronze, für Scott Allan, dem die Preisrichter vielleicht Abzüge gaben, weil er zu stark fürs Publikum lief. Die vielen deutschen Zuschauer umjubelten den Münchner Manfred

Schnelldorfer, der imponierend sportliche Sprünge bot, und den nervösen Franzosen Alain Calmat abhängte. Im Paarlauf begann die »romantische Aera« des Ehepaares Protopopow. Oleg und Ludmilla liefen so richtig fürs Herz. Dem viermaligen Olympiasieger Eugen Grischin blieb das fünfte Gold im Eisschnellauf versagt. Über 500 m schlug ihn der Amerikaner Richard McDermott, der die einzige Goldmedaille dieser Spiele für die USA gewann. Gleich vier Goldmedaillen, und zwar alle, die es gab, sicherte sich die Sowjetrussin Lydia Skoblikowa, die schon vor vier Jahren zwei Olympiasiege verbucht hatte.

Uneigennütziger Eugenio Monti

In den Bobrennen setzten sich Mannschaften aus Ländern durch, in denen es keine Bobbahn gab: die Engländer, Nash/Dixon im Zweier und der kanadische Vierer. Zweimal wurde der große italienische Bobfahrer Eugenio Monti Dritter. Nash und Dixon werden ihm ein ehrendes Angedenken bewahren, gab ihnen Monti doch einen Achsbolzen von seinem eigenen Schlitten, nachdem jener der Engländer gebrochen war. Der »olympische Geist« lebte noch.
In den neuen Rennrodel-Wettbewerben gab es Doppelsiege der Männer und Frauen aus der DDR. Nur das Gold im Zweisitzer überließen die Ostdeutschen den Österreichern Feistmantel/Stengl.
Im Eishockey waren die Sowjets wieder obenauf. Im entscheidenden Spiel besiegten sie Kanada, das knapp gegen die CSSR verloren hatte, 3:2 und holten sich ihr zweites Gold nach 1956. Die Innsbrucker Spiele waren ein großer Erfolg für die Sportler aus der Sowjetunion, die elfmal Gold, achtmal Silber und sechsmal Bronze einheimsten. Das war zweimal soviel, wie die gastgebenden Österreicher als zweitbeste Mannschaft schafften. In keiner Zeitung erschien eine »Punktwertung nach Nationen«, vielleicht weil die Sowjets so überlegen waren? Kein Zweifel, Coubertin hätte dies gutgeheißen. Die Organisation der Österreicher war perfekt, aber Avery Brundage, der die Winterspiele nie sonderlich mochte, beklagte sich über den zunehmenden Kommerzialismus.

Im Eisschnellauf der Frauen gab es nur einen Sieger. Die Russin Lydia Skoblikowa gewann alle vier Strecken und stockte ihre Gold-Sammlung auf sechs Medaillen auf.

Die Engländer Tony Nash und Robin Dixon holten die einzige Goldmedaille für ihr Land. Sie siegten im Zweierbob.

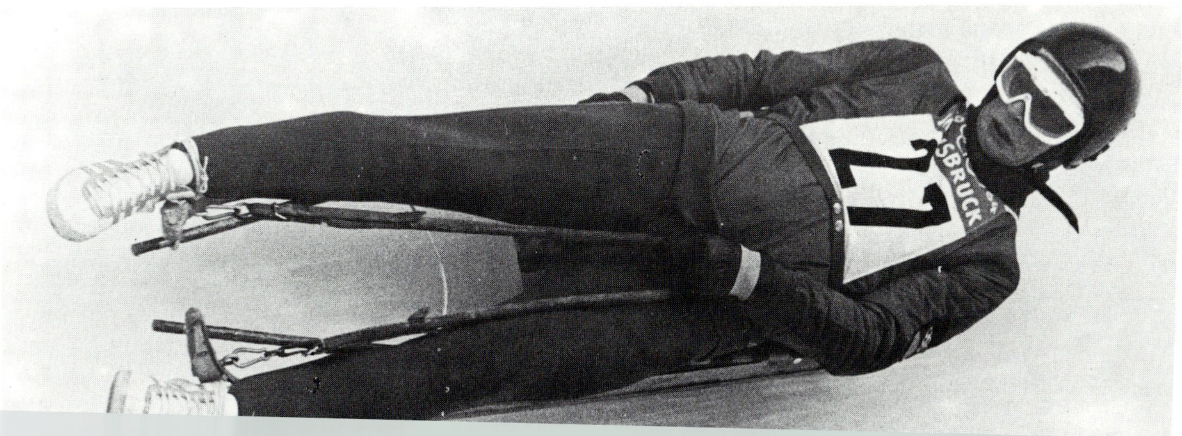

Neu im olympischen Programm stand das Rennrodeln. Im Einsitzer der Männer siegte Thomas Köhler aus Oberwiesenthal.

Tokio

Das olympische Feuer in Tokio 1964 entzündete ein Student, der genau am Tag des Atombomben-Abwurfs über Hiroshima geboren worden war.

Zwischen den Olympischen Spielen von Rom 1960 und Tokio 1964 erlebte die Welt einige bittere Zeiten. Der größte Schock war wohl die Ermordung des amerikanischen Präsidenten John F. Kennedy im November 1963. Im Jahr der Spiele von Tokio begann der unselige Vietnamkrieg, der das amerikanische Volk und vor allem das Bewußtsein vieler junger Amerikaner veränderte. Der kalte Krieg zwischen Ost und West drückte sich am scheußlichsten im Bau der Berliner Mauer 1961 aus. Der sogenannte technische Fortschritt war unaufhaltsam, die Sowjetunion schickte ihren ersten Kosmonauten, Juri Gagarin, in den Weltraum, die Volksrepublik China experimentierte mit Atombomben. Während dieser Wirren bereiteten sich Tokio, die größte Stadt der Welt, und seine Bevölkerung auf die Olympischen Spiele vor. Sie waren der japanischen Hauptstadt 1959 zugesprochen worden, und die Japaner wollten der Welt beweisen, was für fähige und freundliche Gastgeber sie sein konnten. Der Erfolg wurde ihnen später bestätigt. Man hatte grandiose Sportstätten errichtet. Über die Kosten gibt es keine genauen Angaben. Aber sie müssen so gigantisch gewesen sein, wie es nun die Olympischen Spiele selbst auch immer mehr wurden. Auf alle Fälle waren die Spiele von Tokio die bis dahin teuersten in der olympischen Geschichte. Das Prestigedenken der Ausrichter setzte ab Tokio immer neue Maßstäbe. Von nun an gehörte »gigantisch« zum olympischen Sprachgebrauch.

Die Organisation in Tokio war perfekt. Teilnehmer, Funktionäre und Journalisten waren von der japanischen Gastfreundschaft schier überwältigt, und man nannte die Spiele von Tokio die »happy games«.
In dieses Glück paßten aber die üblichen sportpolitischen Querelen schlecht. Indonesien war vom IOC ausgeschlossen worden, weil es bei den Asienspielen in Djarkarta 1962 die Volksrepublik China zuließ, Israel aber aussperrte. Daraufhin gründete Indonesien eine »antiolympische Bewegung« namens GANEFO (Games of the new emerging nations), zusammen mit Rotchina und Nordkorea, und es gab 1963 die ersten GANEFO-Spiele. Das IOC drohte, jedes Land, das an den GANEFO-Spielen teilnahm, von seinen Olympischen Spielen auszuschließen. Trotzdem reisten Teams aus Indonesien und Nordkorea nach Tokio, und Sportler, die nicht bei den GANEFO-Spielen gestartet waren, wurden eingeladen, in Japan an den Start zu gehen. 1963 hatte das IOC auf seinem

1964

Im 100-m-Halbfinale lief der Amerikaner Bob Hayes phantastische 9,9 Sekunden, die aber von einem zu starken Rückenwind (5,28 m/sec) begünstigt waren. Das Finale gewann er in der Weltrekordzeit von 10,0.

Entscheidung über 200 m: Der Stilist Henry Carr (USA) vor seinem Landsmann Paul Drayton und Edwin Roberts aus Trinidad.

Kongreß in Baden-Baden Südafrika wegen seiner Rassenpolitik im Sport von Olympia ausgeschlossen, und es hatte auch die sowjetische Forderung nach einem eigenen NOK für West-Berlin abgelehnt.
In Deutschland war die olympische Situation noch schwieriger geworden. Es ging vor allem um den eigenen sportrechtlichen Status von Berlin und die volle Anerkennung der DDR für Olympia. Nur unter großen Mühen kamen gemeinsame Mannschaften aus der Bundesrepublik und aus der DDR für die Winterspiele in Innsbruck und für Tokio zustande. Die theoretischen Auseinandersetzungen an den Sitzungstischen waren genauso quälend wie die harten Ausscheidungskämpfe auf den Sportfeldern. Es waren die letzten »gesamtdeutschen« Mannschaften. 1968 durften dann die DDR-Teams als »Ostdeutschland« allein starten, 1972 firmierten sie endgültig als DDR mit ihren eigenen Staatssymbolen.

me deutsche Mannschaft als nach Rom. Die 273 Männer und 63 Frauen errangen insgesamt 50 Medaillen (acht mehr als in Rom) und waren damit erfolgreichstes Team hinter den USA und der UdSSR. Mit zehn Goldmedaillen waren es aber zwei weniger als in Rom. Dazu kamen 22 Silbermedaillen und 18 Bronzemedaillen. Herausragend waren vor allem die Olympiasiege des Zehnkämpfers Willi Holdorf (Leverkusen), der Ostberliner Hürdenläuferin Karin Balzer, der beiden Reiterteams in der Dressur und im Nationenspringen, des Radvierers auf der Bahn und des Seglers Willi Kuhweide sowie die Silbermedaillen des Langstrecklers Harald Norpoth (Münster), des Stabhochspringers Wolfgang Reinhardt (Leverkusen), des Achters, der drei Schwimmstaffeln, der Reiter Harry Boldt (Iserlohn) und Hermann Schridde (Münster) und der beiden Boxer Emil Schulz (Kaiserslautern) und Hans Huber (Regensburg). Ingrid Becker aus Geseke mußte sich zum Beginn ihrer olympischen Karriere mit dem »undankbaren« vierten Rang im Weitsprung begnügen. Hammerwerfer Uwe Beyer, der »deutsche Siegfried« aus Kiel, errang »nur« Bronze, die gleiche Medaille aber war für das deutsche Turnteam im Zwölfkampf eine Sensation.

Der Neuseeländer Peter Snell war wohl der herausragende Läufer in Tokio. Er siegte über 800 m (wie schon in Rom) und holte sich auch noch den Sieg über 1500 m, ein »Double«, das außer ihm nur noch der Brite Hill 1920 geschafft hat.

Eindrucksvoll gewann der 30jährige amerikanische Lehrer Mike Larrabee das 400-m-Rennen. Unser Bild zeigt ihn mit der Startnummer 709 im Semifinale.

Judo neu im Programm

Die Spiele von Tokio fanden spät im Jahr statt, vom 10. bis zum 24. Oktober. Die Teilnehmerzahlen waren etwas geringer als in Rom: 4457 Männer und 683 Frauen aus 94 Ländern. Die Zahl der Teilnehmerländer hatte sich allerdings um zehn gesteigert. Es gab 163 Wettbewerbe in 19 Sportarten. Neu im Programm war die japanische Spezialität Judo (mit vier Wettbewerben) und Volleyball für Frauen und Männer. Die sowjetische Mannschaft errang zwar mit insgesamt 96 Medaillen (30 Gold, 31 Silber, 35 Bronze) die meisten, die Amerikaner eroberten aber mehr Goldmedaillen (36/26/28). Die drittgrößte Medaillenzahl (50) wies die deutsche

Mannschaft auf, die Japaner kamen aber auf 16 Goldmedaillen (fünf Silber, acht Bronze).
Das olympische Feuer wurde in einem Fackellauf nach Tokio gebracht, das Feuer entzündete der 19jährige Yoshinoro Saki, der am Tag des Atombombenabwurfs in Hiroshima geboren wurde. 10000 Tauben stiegen gen Himmel, das Stadion war überfüllt mit freundlichen Japanern, deren begeisterter Zuspruch überhaupt ein Kennzeichen dieser Spiele war. Ihnen machte auch der Regen nichts aus, der manchmal den Ablauf störte.
Die Amerikaner waren nun wieder mit ihren Leichtathleten zufrieden, holten sie doch die in Rom verlorene Vorherrschaft im Sprint zurück. Über 100 m siegte jener Mann, der, wenn er voll auf Touren kam, wohl der schnellste Mensch aller Zeiten war. Der 22jährige Bob Hayes mit seinem ungewöhnlichen, rollenden Stil, lief im Halbfinale und im Endlauf jeweils 9,9 Sekunden, die ohne Windunterstützung Weltrekord gewesen wären. Sein zweites Gold holte er mit der Sprintstaffel, in der er als Vierter den Stab übernahm und die letzten 100 m in 8,9 Sekunden lief. Die USA gewannen in der Weltrekordzeit von 39,0. Die 200 m sicherte sich der Stilist Henry Carr (USA). Der 30jährige Lehrer Mike Larabee aus Kalifornien gewann die 400 m und mit Carr, Cassell und Williams die 4×400-m-Staffel ebenfalls in Weltrekordzeit (3:00,7).
Eine große Vorstellung gab der Neuseeländer Peter Snell, vor vier Jahren Olympiasieger über 800 m in Rom. Erst wollte er sich in Tokio ausschließlich auf die 1500 m konzentrieren, trat dann aber auch über 800 m an und gewann beide Strecken in eindrucksvoller Weise. Er war der letzte Läufer in der olympischen Geschichte, der dieses Double schaffte.

Die Tragödie des Ron Clarke

Auf den Langstrecken spielte sich die Tragödie des großen australischen Läufers Ron Clarke ab. Über 10000 m führte er, nur der Tunesier Gammoudi und der unbekannte Amerikaner Bill Mills konnten mithalten, die Olympiasieger Bolotnikow und Halberg waren abgehängt. Auf der Zielgeraden tummelten sich viele zurückliegende Läufer. Mills legte einen phantastischen Spurt hin, kämpfte sich durch die Leiber und siegte vor Gammoudi und Clarke. Bill Mills tauchte später wieder in der Vergessenheit unter, aber an diesem Tag war er der Größte, der erste Amerikaner, der eine Goldmedaille

Über 5000 m hatte dann der demoralisierte Clarke nichts zu bestellen. Michel Jazy, der Franzose, hatte sich auf der nassen Bahn verausgabt, innerhalb einer Sekunde lagen die ersten vier im Ziel: Der relativ unbekannte Amerikaner Bob Schul acht Zehntelsekunden

Der Sieg des amerikanischen 10000-m-Läufers Bill Mills überraschte die Experten in Tokio. Mills diente in der Marine und war indianischer Abstammung.

Der Australier Ron Clarke (Mitte) gehörte zu jenen Weltklasseläufern, die nie eine Goldmedaille gewannen. Die Bronzemedaille 1964 in Tokio über 10000 m war eine »Enttäuschung« für ihn. Links der Kenianer Kip Keino, der 1968 und 1972 Goldmedaillen gewann, und rechts der Belgier Gaston Roelants, in Tokio Sieger im 3000-m-Hindernislauf.

Oben:
Um ein Haar Gold für Harald Norpoth aus Münster. Im 5000-m-Lauf war nur der Amerikaner Bob Schul um acht Zehntelsekunden schneller. Dritter wurde der Amerikaner Dellinger (rechts) vor dem Franzosen Jazy und Kipchoge Keino.

Rechts:
Schnellster Geher über 20 km: der 30jährige Brite Ken Matthews.

vor Harald Norpoth, dann Dellinger (USA) und Jazy. Diese amerikanischen Langstreckensiege schienen ein Durchbruch für die US-Läufer zu sein, aber der hohe Standard konnte in den folgenden Jahren dann nicht ganz gehalten werden.
Die 3000 m Hindernis brachten das ersehnte Gold für Belgiens »Evergreen« Gaston Roelants, beide kurzen Hürdenstrecken gehörten den Amerikanern.

Bikila trägt diesmal Schuhe

Die größte Leistung, neben Peter Snell, brachte der äthiopische Marathonläufer Abebe Bikila, Olympiasieger auf dieser Strecke von Rom. Fünf Wochen vor den Spielen hatte er sich den Blinddarm herausnehmen lassen müssen! Er siegte mit mehr als vier Minuten Vorsprung, diesmal in Schuhen, makellos weißen Rennschuhen. Auch am Barfußläufer von Rom war also die kommerzielle Entwicklung nicht vorbeigegangen. An der Marathonstrecke standen über 500000 Zuschauer, das japanische Fernsehen übertrug das ganze Rennen. Man hoffte mit dem Landsmann Kokichi Tsuburaya, aber an dem lief im Stadion noch der Brite Basil Heatley vorbei. Bikila machte inzwischen schon neben der Laufbahn seine gymnastischen Übungen.
Im Hochsprung kam es zum Duell Valeri Brumel (UdSSR) gegen den Amerikaner John Thomas, der in Rom als hoher Favorit nur Dritter geworden war. Brumel siegte mit 2,18 m nur wegen seiner geringeren Zahl an Fehlversuchen. Jubel der Engländer im Weitsprung: Seit Ahearnes Sieg 1908 im Dreisprung hatte kein Brite mehr Gold in den technischen Wettbewerben errungen. Der Waliser Lynn Davies, den sie später »Lynn, den Frosch« nannten, siegte bei Regen und Kälte im fünften Versuch mit 8,07 m vor den beiden Weltrekordhaltern Boston und Ter-Owanesian.
Zwei Deutsche, Wolfgang Reinhardt und Klaus Lehnertz, heizten dem amerikanischen Stabhochspringer Fred Hansen ein. Mit dem neuen Glasfiberstab übersprangen neun Teilnehmer den alten olympischen Rekord. Hansen verbesserte ihn gleich um 40 Zentimeter auf 5,10 m. Bragg (USA) war in Rom 4,70 m gesprungen. Nur zwei Monate nach einer Knieoperation wiederholte der Pole Jozef Schmidt seinen Olympiasieg im Dreisprung. Im Kugelstoßen blieb dem Amerikaner Parry O'Brien nach Gold 1952 und 1956 und Silber 1960 nur noch der vierte Rang. Dallas Long stieß 20,35 m weit. Diskuswerfer Al Oerter (USA) bejubelte seinen dritten Olympiasieg hintereinander, bezwang Ludvik Danek, der ihm kurz zuvor den Weltrekord abgenommen hatte. Oerter hatte sich im Training eine schmerzhafte Rippenver-

letzung zugezogen, trat mit einem Klebeverband und einer schmerzstillenden Spritze an. Als erster Sportler gewann er drei Goldmedaillen in einem Einzelwettbewerb der Leichtathleten hintereinander nach Ray Ewry und John Flanagan zwischen 1900 und 1908.
Im Zehnkampf gab es zum erstenmal keine Medaille für einen Amerikaner! Es wurde ein »mörderischer« Kampf, die ersten Sechs trennten nur 240 Punkte, die ersten Drei nur 78. Willi Holdorf wuchs über sich hinaus, kämpfte bis zur totalen Erschöpfung und siegte vor dem Russen Rein Aun und Hans-Joachim Walde aus Mainz. Horst Beyer aus Wolfsburg wurde noch Sechster.
Es war ein kalter Oktobermorgen, als die 23 Zehnkämpfer ins Stadion kamen. 36 harte Stunden lagen vor ihnen. Willi Holdorf lief gleich die beste 100-m-Zeit (10,7). Weltrekordmann Yang (Formosa) sprang nur 6,80 m weit, Holdorf genau 7,00 m. Die Kugel stieß der Deut-

Lynn Davies wurde mit den widrigen Verhältnissen am besten fertig und gewann als erster Brite die Goldmedaille im Weitsprung. Der fünfte Versuch brachte mit 8,07 m den Sieg.

Betty Cuthbert

Sie war ein »golden girl« der australischen Leichtathletik und stellte einen bemerkenswerten Rekord für Olympische Spiele auf. Am 20. April 1938 kam sie in Merrylands bei Sidney auf die Welt und erreichte mit 18 Jahren bei den Olympischen Spielen in ihrer Heimat schon einen gewaltigen Höhepunkt. Betty Cuthbert gewann alle drei Sprint-Goldmedaillen, wobei sie mit der Staffel Weltrekord lief.
Aber mit dem Rummel und dem Ruhm wurde sie nicht so recht fertig, und sie brachte bei den Commonwealth-Spielen 1958 keine besonderen Leistungen. Auf den Strecken zwischen 60 m und 440 Yards gelangen ihr dann noch weitere Weltrekorde, aber bei den Spielen in Rom fehlte sie. Ein Muskelriß im Oberschenkel setzte sie außer Gefecht, und so blieben ihre Duelle mit Wilma Rudolph nur ein Traum. Betty Cuthbert zog sich 1961 vom Leistungssport zurück, trat aber 1962 wieder an und konzentrierte sich nun auf die 400 m und die 440 Yards, über die sie zweimal den Weltrekord verbesserte. Der 400-m-Lauf stand erstmals im olympischen Programm in Tokio, und Betty Cuthbert wurde die erste Goldmedaillengewinnerin.

Der erste olympische 400-m-Lauf für Frauen. In Tokio siegt die Australierin Betty Cuthbert in 52,0 vor Ann Packer (Großbritannien), die ganz links läuft, mit

Den 100-m-Endlauf gewann die Amerikanerin Wyomia Tyus (Nr. 217), ohne so zu dominieren wie vier Jahre zuvor Wilma Rudolph. Zweite wurde ihre Landsmännin Edith Maguire (Nr. 216), die sich später das Gold über 200 m holte, und Dritte die Polin Eva Kobukowska (ganz rechts).

Zwei britische Olympiasiegerinnen. Was ihr über 400 m mißlang, glückte Ann Packer über 800 m. Ihre Siegerzeit von 2:01,1 war Weltrekord. Hinten, sozusagen kopflos, zu erkennen: Antje Gleichfeldt aus Hamburg, die 1960 und 1964 jeweils Fünfte wurde. Auch die Weitspringerin Mary Rand tat es nicht unter einem Weltrekord. Sie segelte 6,76 m weit und siegte vor der Polin Irina Kirszenstein.

sche auf 14,95 m, er sprang 1,84 m hoch und lief die 400 m in 48,2. Damit übernahm Holdorf nach dem ersten Tag mit 4090 Punkten die Führung vor Walde (4074), Rein Aun (4067) und Beyer (3910). Yang war als Neunter schon abgemeldet.

Willi Holdorfs größter Tag

Am zweiten Tag mußten die 20 verbliebenen Athleten schon um 5 Uhr aus dem Bett, denn um 9 Uhr begann der Hürdenlauf. Holdorf (15,0) und Walde bauten ihren Vorsprung auf Aun aus. Den Diskus schleuderte Holdorf auf 46,05 m, er übersprang mit dem Stab 4,20 m und warf den Speer 57,37 m. Jetzt holte aber Aun auf (59,06 m), rückte Holdorf bis auf 129 Punkte nahe. Walde blieb Dritter. Aun war als starker 1500-m-Läufer bekannt, umgerechnet hatte Holdorf etwa 18 Sekunden Vorsprung. Er verteidigte seinen Vorsprung mit letztem Einsatz, ließ sich nur genau zwölf Sekunden abnehmen und gewann das Gold mit 45 Punkten vor dem Sowjetrussen Rein Aun. Nach dem Ziel lag Willi Holdorf ausgepumpt am Boden, der erste deutsche Zehnkämpfer, der Olympiasieger wurde.
In der Frauen-Leichtathletik fehlte diesmal eine dominierende Teilnehmerin. Wyomia Tyus und Edith McGuire gewannen die Sprints und holten damit die einzelnen Goldmedaillen der US-Girls. Mit Silber über 200 m begann die Polin

Irena Kirszenstein (später Szewinska) ihre bemerkenswerte olympische Karriere, und sie stand auch in der siegreichen polnischen Sprintstaffel, die in Weltrekordzeit (43,6) die USA bezwang. Eva Klobukowska, 100-m-Dritte und Staffel-Olympiasiegerin, bestand 1967 den Sextest nicht, durfte aber ihre Medaillen behalten. Neu im Programm war der 400-m-Lauf, den die Australierin Betty Cuthbert, 1956 Olympiasiegerin über 100 m und 200 m, vor der Engländerin Ann Packer gewann. In Rom hatte sie wegen einer Verletzung nicht dabeisein können. Nach dem Sieg sagte Betty Cuthbert, die Niederlage ihres Verlobten Robbie Brightwell aus England (Vierter über 400 m) hätte sie angespornt. Karin Balzer gewann die 80 m Hürden. Ann Packer entschädigte sich mit dem 800-m-Sieg, und die Rumänin Jolanda Balas gewann ihr zweites Gold im Hochsprung, diesmal mit 1,90 m.

Die Weitsprung-Olympiasiegerin Mary Rand aus England war nicht nur wegen ihrer blonden Haare das »golden Girl« der Spiele. Als Mary Bignal hatte sie als 20jährige in Rom enttäuscht, war nur Neunte im Weitsprung, aber Vierte über die Hürden gewesen. Sie heiratete den Ruderer Sydney Rand, bekam eine Tochter und holte sich in Tokio Silber im Fünfkampf, Bronze in der Staffel und Gold mit Weltrekord (6,76 m) im Weitsprung vor Irena Kirszenstein. Mary Rand wurde später geschieden und heiratete

Peter Snell

Peter Snell wurde am 17. Dezember 1938 in Opunake in Neuseeland geboren. Als junger Bursche war er schon ein guter Tennis- und Rugbyspieler. Mit 18 Jahren begann er erst mit dem richtigen Lauftraining, sein Körperbau war recht ungewöhnlich für einen Mittelstreckler. Peter Snell war 1,79 m groß und wog 77,5 Kilo. Er hatte muskulöse Beine und einen breiten Brustkorb. Arthur Lydiard betreute ihn, und Snell war nur den Experten bekannt, als er bei den Olympischen Spielen in Rom auftauchte. Eindrucksvoll gewann er den 800-m-Lauf. 1961 lief er mit der neuseeländischen Staffel neuen Weltrekord über 4× 1 Meile, 1962 schaffte er bei den Commonwealth-Spielen Weltrekorde über 800 m, 880 y und die Meile. In Tokio entschied er sich sowohl die 800 m als auch die 1500 m zu laufen, was für ihn sieben olympische Rennen bedeutete. Sorgfältig plante er seine Taktiken, und bald bestand kein Zweifel mehr, daß er beide Rennen gewinnen könnte. Das tat er dann auch, und er war der einzige Olympionike seit 1920, dem dieses Kunststück gelang. 1964 verbesserte Peter Snell die Weltrekorde über 1500 m und die Meile. 1965 beendete er seine Karriere.

Die langbeinige Rumänin Jolanda Balas war ihrer Zeit weit voraus. In Rom sprang sie 14 Zentimeter höher als die Konkurrenz, hier in Tokio mit 1,90 m zehn Zentimeter höher als die nächstbeste Rivalin.

1968 den amerikanischen Zehnkampfsieger von Mexiko, Bill Toomey.
Fünfkampf war neu im Programm, das erste Gold sicherte sich die Russin Irina Press. Ihre Schwester Tamara war die einzige Doppelsiegerin, gewann Diskuswerfen und Kugelstoßen. Die Speerwerferin Mihaela Penes aus Rumänien wurde mit ihren 17 Jahren und zwei Monaten jüngste Olympiasiegerin.
Die jungen Amerikaner herrschten im Schwimmbecken. Das Team, in dem der Älteste 23 Jahre alt war, gewann 16 von 22 möglichen Goldmedaillen. Der 18jährige Don Schollander aus Kalifornien wurde der erste Starter, der vier Goldmedaillen bei einer olympischen Schwimmveranstaltung gewann. Er rasierte seinen ganzen Körper, einschließlich des Kopfes, um »besser durchs Wasser gleiten zu können«. Auch die Australier hielten mit drei Goldmedaillen noch gut mit.
Zum drittenmal hintereinander triumphierte Dawn Fraser (Australien) über 100 m Kraul. Drei Goldmedaillen in Folge, das hatte noch keine Frau geschafft. Stark waren auch die jungen Amerikanerinnen. Sharon Stouder gewann drei Goldmedaillen, jeweils in Weltrekordzeit, zwei davon in den Staffeln. Drei

Eine mächtige Dame aus der UdSSR. Tamara Press war 1964 in Tokio die Beste mit Kugel und Diskus.
Schon 1960 hatte sie das Kugelstoßen in Rom für sich entschieden, wo ihre Schwester Irina den 80-m-Hürdenlauf gewann.

Larissa Latynina

Die erfolgreichste Turnerin und erfolgreichste Olympiateilnehmerin aller Zeiten wurde am 27. Dezember 1934 in Cherson in der Ukraine geboren. Bei drei Olympischen Spielen (1956 bis 1964) wirbelte sie über die Geräte und stellte an Können und technischer Ausgefeiltheit alle Konkurrentinnen weit in den Schatten. Bei ihrem ersten olympischen Start in Melbourne gewann sie vier Goldmedaillen, und 1960 in Rom holte sie weitere drei Goldmedaillen. Dann tauchte in der Tschechoslowakin Vera Caslavska eine wirklich ernst zu nehmende Rivalin auf. In Tokio schloß Larissa Latynina mit zwei Goldmedaillen ihre olympische Karriere ab.

Rechts:
Der Amerikaner Don Schollander kassierte in Tokio vier Goldmedaillen. Unser Bild zeigt ihn nach seinem 100-m-Kraulsieg, eingerahmt vom Briten McGregor (links), der Silber holte, und vom Darmstädter Hans-Joachim Klein (rechts), der Bronze erkämpfte.

deutsche Staffeln holten Silber, und Ingrid Krämer, jetzt verheiratete Engel, gewann Gold im Kunstspringen und Silber vom Turm.
Im Schwergewicht des Boxturniers siegte ein gewisser Joe Frazier aus den USA, der später als Profi-Weltmeister und einer der Hauptgegner von Muhammad Ali viel von sich reden machte. Im Finale hatte er aber mit dem langen Regensburger Kraftfahrer Hans Huber, dessen Silbermedaille eine große Überraschung war, doch große Probleme. Huber war vorher ein sehr guter Ringer gewesen. Auch das Silber für Emil Schulz, den Mittelgewichtler aus Kaiserslautern, war bemerkenswert. Im Finale hatte er allerdings gegen den gefürchteten sowjetischen K.-o.-Schläger Waleri Popentschenko nichts zu bestellen.

Amerikas starke Männer schwach

Es war schon bemerkenswert, daß der Olympiasieg von Joe Frazier die einzige Goldmedaille für Amerikas starke Männer im Boxen, Ringen und Gewichtheben brachte! In den Kraftsportarten hatten die US-Boys noch nie so schwach abgeschnitten wie in Tokio. Die sowjetischen Sportler dominierten. Im Ringen und Heben der leichteren Klassen aber kassierten die Japaner eine Menge Goldmedaillen. Wilfried Dietrich stand wieder ziemlich weit oben, aber nicht ganz an der Spitze. Im Schwergewicht des griechisch-römischen Ringens holte er diesmal Bronze, nach zwei vorausgegangenen Silbermedaillen.
Erstmals war Judo olympisch, und die Japaner holten sich drei der vier neuen Goldmedaillen. Aber in der offenen Klasse legte der Holländer Anton Geesink zum Entsetzen der Zuschauer den japanischen Heroen Akio Kaminaga aufs Kreuz. Hier gab es Bronze für den Wolfsburger Klaus Glahn, im Mittelgewicht hatte Wolfgang Hofmann aus Köln gar Silber gewonnen.
Neu war auch Volleyball. Bei den Männern gewannen die Sowjetrussen, aber bei den Frauen lieferten die zierlichen, unheimlich gewandten Japanerinnen der UdSSR ein mitreißendes Duell und siegten. Ein Freudentaumel fegte durch die Nation.
Im Kunstturnen schnitten die Gastgeber hervorragend ab, gewannen bei den Männern fünf der acht möglichen Goldmedaillen, an der Spitze ihr Star Yukio Endo mit drei goldenen Auszeichnungen. Olympiasieger am Reck wurde Boris Schacklin und beendete damit seine

In Japan mußte natürlich Judo neu im olympischen Programm stehen. Prompt fielen drei der vier Goldmedaillen an die Gastgeber. Hier besiegt der Japaner Isao Inokuma den Kanadier Rogers im Schwergewichts-Finale.

Nur der mächtige Holländer Anton Geesink konnte den japanischen Judo-Assen trotzen. Er holte sich das Gold in der offenen Klasse, was die Gastgeber ziemlich schmerzte.

ihm siebenmal Gold, viermal Silber und zweimal Bronze bei drei Olympischen Spielen einbrachte. Zwei der ganz großen Turnerinnen wetteiferten miteinander. Vera Caslavska (CSSR) gewann drei Goldmedaillen, die Russin Larissa Latynina noch zweimal Gold, dazu dreimal Silber und einmal Bronze. Auch für sie

Tokio

In Tokio begann die glanzvolle olympische Karriere der Tschechoslowakin Vera Caslavska mit Siegen im Achtkampf, am Schwebebalken (Bild) und im Pferdsprung.

Der amerikanische Achter setzte die Tradition fort und siegte deutlich vor dem Deutschland-Achter. Seit 1900 hatten sich die Amerikaner diese Ruder-Goldmedaille nur von den Briten (1908 und 1912) und den Deutschen (1960) nehmen lassen. Im Vorlauf von Tokio hatte der Ratzeburger Achter den Philadelphia Vesper Club noch besiegt.

erfolgreichste Olympiateilnehmerin der Neuzeit in die Geschichte ein: Neunmal Gold, fünfmal Silber und viermal Bronze! Außer ihr gewannen nur Paavo Nurmi und der Schwimmer Mark Spitz ebenfalls neun Goldmedaillen. Einer-Ruderer Iwanow (UdSSR) gewann zum drittenmal hintereinander, und die Amerikaner holten sich den Achtersieg wieder. Nach dem Erfolg von Rom blieb der deutschen Mannschaft nun nur der Olympiasieg im Vierer mit. Der favorisierte Ratzeburger Achter unterlag dem Vesper-Club Philadelphia.
Drei Goldmedaillen gab es für die Italiener im Radsport, Wilfried Peffgen belegte im Straßenrennen Rang sechs. Auf der Bahn siegte im Zeitfahren der spätere »Sechstagekaiser« Patrick Sercu aus Belgien, das deutsche Tandem Fuggerer/Kobusch wurde Dritter. Dafür trumpfte aber der deutsche Bahnvierer gewaltig auf. Lothar Claesges, Karlheinz Henrichs, Karl Link und Ernst Streng gewannen die erste deutsche Goldmedaille in dieser Disziplin.

Zum drittenmal H. G. Winkler

In bester Verfassung boten sich die deutschen Reiter dar. Zum drittenmal hintereinander holten sie den Olympiasieg im Preis der Nationen, und zum drittenmal war auch Hans Günter Winkler dabei. Mit ihm ritten Kurt Jarasinski und Hermann Schridde, der im Einzelspringen Zweiter hinter dem Franzosen Pierre Jonquères d'Oriola wurde, der dieses Gold schon einmal vor zwölf Jahren gewonnen hatte. Silber gab es auch für den Dressurreiter Hary Boldt, der dann auch zusammen mit Josef Neckermann und Rainer Klimke die Goldmedaille in der Dressurmannschaft gewann. Fritz Ligges und die deutsche Mannschaft holten sich die Bronzemedaille in der Military. Willi Kuhweide aus Berlin gewann nun jene Goldmedaille im Finn-Dingi, die vor ihm der Däne Paul Elvström viermal hintereinander seit 1948 im Besitz hatte.

Die »happy games« endeten mit einer fröhlichen Schlußfeier, bei der die Athleten, inspiriert durch die neuseeländischen Sportler, lustig durchs Stadion tanzten. Zum erstenmal seit 1952 gewannen die Amerikaner wieder die meisten Goldmedaillen, die meisten Medaillen überhaupt aber hatte die UdSSR geholt. Doch die Amerikaner waren deshalb so zufrieden, weil sie in der Leichtathletik 14 Goldmedaillen errungen hatten, die Sowjetunion nur fünf. Weil die amerikanische Hymne so oft gespielt werden mußte, wurde eine Kurzversion im Stadion geboten. Aber ein amerikanischer Trompeter hatte etwas gegen diese Verkürzung und blies immer seinerseits die Nationalhymne in voller Länge zu Ende. IOC-Präsident Avery Brundage zeigte sich von diesen »gigantischen und teuersten« Spielen (wie andere Experten meinten) sehr beeindruckt, nannte sie einen Triumph für Japan und die olympische Bewegung und unterstrich ihren phänomenalen Erfolg.

Die Olympischen Spiele von Tokio verzeichneten übrigens die größte Zuschauerzahl, die es bis dahin gegeben hatte. Es müssen viele 100 Millionen gewesen sein, denn das Fernsehen übertrug in alle Welt, mit Hilfe des neuen Fernsehsatelliten Telstar.

Mit mehr als vier Minuten Vorsprung gewann der Äthiopier Abebe Bikila 1964 in Tokio seine zweite Goldmedaille im Marathonlauf. Drei Jahre später erlitt er schwere Verletzungen bei einem Autounfall, an deren Spätfolgen er 1973 starb. In Japan trug der »Barfußläufer von Rom« nun richtige Laufschuhe.

Abebe Bikila

Abebe Bikila war einer der erstaunlichsten Marathonläufer, die es je gab. Trotz seiner schier unglaublichen Vorstellungen brachte er wahrscheinlich nie, bedingt durch viele Verletzungen, seine wahren Höchstleistungen. Er wurde am 7. August 1932 in den Außenbezirken der äthiopischen Hauptstadt Addis Abeba geboren. Als er sich 1960 dem Konstantin-Bogen in Rom näherte, um den olympischen Marathonlauf eindrucksvoll zu gewinnen, wußten die meisten Journalisten nicht, ob nun Abebe sein Vorname oder Familienname war. Viele schüttelten den Kopf, als sie ihn daherrennen sahen – denn Abebe Bikila lief damals barfuß! Im Dienst trug er wohl Schuhe, er war Korporal in der Leibwache seines Kaisers. Schuhe, Renn-

seinem zweiten Marathonsieg. Seit 1960 hatte er nichts Besonderes im Sport geboten, und fünf Wochen vor den Spielen in Tokio mußte er sich einer Blinddarmoperation unterziehen. Bikila siegte trotzdem, in Weltbestzeit. Danach erfreute er die Zuschauer mit einigen gymnastischen Übungen, um Krämpfen vorzubeugen. Daheim wurde er Leutnant. Er nahm auch noch am Marathonlauf 1968 in Mexiko teil, aber eine schwere Beinverletzung aus dem Vorjahr zwang ihn nach rund 16 Kilometern aufzugeben.

Bei einem Autounfall 1969 erlitt er so schwere Wirbelsäulenschäden, daß er sich nur noch im Rollstuhl fortbewegen konnte. Er erholte sich nicht mehr von seinen schweren Verletzungen und starb, erst 41 Jahre alt, am 25. Oktober 1973 an Gehirnblutung.

Grenoble

Die zehnten Winterspiele in Grenoble vom 6. bis zum 18. Februar 1968 fanden in mehrfacher Hinsicht ein zwiespältiges Echo, riefen vorher und nachher viele Diskussionen hervor. Zum Dauerproblem wurde die Kommerzialisierung, und immer häufiger wurde nun sogar darüber gestritten, ob die Olympischen Winterspiele überhaupt noch eine Zukunft hätten. Das Verhältnis zwischen Sport und Sportartikelindustrie wurde von Jahr zu Jahr enger, und nicht nur IOC-Präsident Avery Brundage, noch nie ein Freund dieses »Winter-Ablegers« von Olympia, schimpfte über die Werbung auf Skiern und anderen Ausrüstungsgegenständen und über die mehr oder minder offensichtliche Bezahlung der Skifahrer durch die Herstellerfirmen. In Grenoble drohte in dieser Frage ein Chaos, schließlich fand man zu einem Kompromiß: Markenaufschriften mußten übermalt werden, es gab keinen IOC-Bannstrahl und die Skifahrer wurden aufgefordert, ihre Ausrüstung von Photographen und Fernsehkameras fernzuhalten.

Bei den Olympischen Winterspielen in Grenoble starteten zum erstenmal zwei getrennte deutsche Mannschaften. Franz Keller aus Nesselwang machte es Georg Thoma (1960) nach und gewann die Nordische Kombination.

Die überragende Langläuferin 1968: Toini Gustafsson aus Schweden holte sich zweimal Gold sowie Silber mit der Staffel.

»Fiasko« und »Winter-Farce«

Die Weltpresse mäkelte an den Grenobler Winterspielen arg herum. »Fiasko«, »eine Winter-Farce« oder »Spiele der Meteorologen«, so hießen die Schlagzeilen. Neben dem »Werbungsproblem« brachten Wind und Nebel, Föhn und Naßschnee, Regen und Sonnenschein tägliche oder gar stündliche Schwierigkeiten. Es wurden die größten und teuersten Winterspiele, die es bis dahin gab, hundertmal aufwendiger als vier Jahre zuvor in Innsbruck. St. Moritz kostete 1948 noch rund eine Million, Grenoble etwa eine Milliarde mit allen Maßnahmen für die Infrastruktur. Grenoble liegt nur 212 Meter über Meereshöhe und in der Stadt selbst fanden nur die Eis-Wettbewerbe statt. Es wurden die Spiele der langen Wege. Man sagte, Grenobles Einwohner müßten noch bis 1988 an den Schulden zahlen, die ihnen ihre Stadtväter aufgebürdet hatten. 20000 Menschen arbeiteten für die Organisation, 3000 Journalisten berichteten, das Fernsehen war überall dabei.

Rekordzahlen gab es auch bei den Teilnehmern: 1065 Männer und 218 Frauen aus 37 Ländern hatten sich für die insgesamt 35 Wettbewerbe gemeldet. Neu im Programm war die Biathlon-Staffel. Es wurden die Spiele der Norweger, die als erfolgreichste Mannschaft sechs Goldmedaillen, sechs Silbermedaillen und eine Bronzemedaille gewannen.

Zum erstenmal gab es zwei getrennte deutsche Mannschaften. Das Aufgebot aus der DDR startete unter dem Namen »Ostdeutschland« und sicherte sich eine Goldmedaille, zwei silberne und zwei bronzene Plaketten. Noch war die bundesdeutsche Wintermannschaft erfolgreicher als die aus Mitteldeutschland. Die beiden Olympiasieger trugen den Namen Keller.

1968

Mit viel Glück machte Jean-Claude Killy das Kunststück von Toni Sailer nach. Er siegte in allen drei alpinen Skiwettbewerben, wobei es im Slalom zu langwierigen Auseinandersetzungen kam.

Der Münchner Eisschnelläufer Erhard Keller gewann den 500-m-Sprint, der Nesselwanger Franz Keller die Nordische Kombination. Dazu gab es drei Silbermedaillen und drei Bronzemedaillen. Aber es gab auch den »Fall Ralph Pöhland«. Einen Monat vor den Winterspielen war der Nordisch-Kombinierte aus der DDR in die Bundesrepublik geflüchtet. Er durfte in Grenoble nicht starten, das IOC ließ es nicht zu. In einem provisorischen Stadion, das später wieder abgerissen wurde, eröffnete Präsident Charles de Gaulle die Spiele am 6. Februar vor 60000 Zuschauern in einer pompösen Feier mit künstlichen Rosen aus Hubschraubern und mit Fahnen, die an Fallschirmen vom Himmel herabsegelten. Das olympische Feuer entzündete Eiskunstläufer Alain Calmat, den Eid sprach Abfahrer Leo Lacroix. Brundage wurde bei der Eröffnung ausgepfiffen. Der Italiener Franco Nones war der erste mitteleuropäische Langlaufsieger. Über 30 km gewann er vor dem Norweger Martinsen und dem finnischen Favoriten Mäntyranta.

leicht. Der Schweizer Alfred Kälin lag am Ende umgerechnet nur um sechs Sekunden im Langlauf oder um einen Meter im Springen zurück. Die alpinen Rennen wurden von nur einem Namen beherrscht: Wo Killy startete, siegte er auch. In der Abfahrt lag er um einen Wimpernschlag von 0,08 Sekunden vor seinem Landsmann Perillat, den Riesenslalom gewann er überlegen vor dem Schweizer Favre, und dann kam der Krach im Slalom. Zuerst sollte wegen der vielen Teilnehmer ein Ausscheidungsrennen gefahren werden. Die Spitzenfahrer, angeführt von Killy, protestierten. Schließlich verhinderte Nebel diese Qualifikation, und alle starteten im »Finale«. Es gab drei Sieger! Zunächst den Norweger Mjoen, der wegen Torfehlern disqualifiziert wurde. Dann den Österreicher Karl Schranz. Er war im ersten Lauf hinter Killy und Matt Dritter gewesen. Im dichten Nebel des zweiten Laufes wurde Schranz durch einen Funktionär oder Polizisten gestört, stoppte, stieg zurück, fuhr weiter und verlangte eine Laufwiederholung. Sie wurde ihm regelgemäß zugestanden. Er kam durch und galt als Sieger.

Grenoble

Die Kanadierin Nancy Greene auf der Fahrt zum Sieg im Riesenslalom.

Rechts oben:
Der Sieger im Eiskunstlauf der Männer: Wolfgang Schwarz aus Österreich.

Das Siegerphoto der weltbesten Eisprinzessinnen 1968. Von links: Gabriele Seyfert aus Chemnitz (Silber), die Amerikanerin Peggy Fleming (Gold) und die Tschechoslowakin Hana Maskova (Bronze).

schenfall hatte er ein Tor ausgelassen! Das ging aus den Rapporten der Torrichter hervor. Proteste der Österreicher, Einvernahmen, Studium des Kontrollfilms – nach sechs Stunden schließlich hieß der Sieger nicht Schranz, sondern Killy, 0,09 Sekunden vor dem Österreicher Herbert Huber.
Bei den Frauen hießen die Siegerinnen Olga Pall aus Österreich in der Abfahrt, Nancy Green aus Kanada im Riesenslalom und Marielle Goitschel im Slalom, die erste Frau, die Goldmedaillen bei zwei Winterspielen gewann. Das Ehepaar Protopopow gewann wieder im Eiskunstlauf. Ludmilla war schon 32, Oleg 35 Jahre alt, und viele Experten nannten ihre Vorstellung kitschig.
Bester Eissprinter war der Münchner Zahnmedizinstudent Erhard Keller, der die erste deutsche Medaille im olympischen Eisschnellauf gewann. Die beiden deutschen »Gold-Kellers« waren natürlich die bevorzugten Ziele der Photographen.
Endlich holte sich der damals beste Bobfahrer der Welt auch die verdienten Goldmedaillen. Der Italiener Eugenio Monti siegte im Zweier und im Vierer, nach zweimal Silber und zweimal Bronze seit 1956. Neunmal war er Weltmeister gewesen und zog sich nun mit 40 Jahren ins Privatleben zurück. Jeweils Silber hinter Monti gewannen die Deutschen Floth/Bader im Zweier und die Österreicher mit Steuermann Thaler im Vierer.
Im Rennrodeln gab es einen Eklat, als die Mädchen aus der DDR disqualifiziert wurden. Die Kufen ihrer Schlitten waren regelwidrig aufgeheizt und dadurch besonders schnell geworden. Die DDR-Mannschaft nannte es eine »kapitalistische Verschwörung«, aber es war ein

polnischer Funktionär, der die Damen eliminierte. So gewann die Italienerin Erika Lechner vor den beiden bundesdeutschen Rodlerinnen Christa Schmuck und Angelika Dünnhaupt. Sieben Mannschaftsführer forderten die Disqualifikation des gesamten DDR-Aufgebots, aber das erlaubten die olympischen Regeln nicht.

Dramatisch ging es im Eishockey zu. Die CSSR stand nach ihrem 5:4-Sieg über die UdSSR, vielleicht das beste und mitreißendste Spiel aller olympischen Turniere, zum erstenmal dicht vor dem Gewinn der Goldmedaille, vergab aber alle Chancen durch ihr 2:2 gegen Schweden.

Nach dem überwältigenden Erfolg der sowjetischen Mannschaft 1964 wurden die Medaillen in Grenoble »gerechter« verteilt, und erstaunlicherweise gewannen die Norweger, ein Land mit nur vier Millionen Einwohnern, sechs Goldmedaillen und damit eine mehr als die Sowjets. So endeten die streitbaren Winterspiele in Grenoble mit neuem Streit, und bei der Schlußfeier luden die Japaner zu den noch teureren Spielen in Sapporo 1972 ein.

Cornelis Verkerk aus Holland bei seinem Sieg über 1500 m.

Wie 1964 auch 1968 das beste Eiskunstlauf-Paar: Ludmilla Belousova und Oleg Protopopow, das Ehepaar aus der UdSSR.

Siegerphoto für die Slalom-Asse: Jean-Claude Killy eingerahmt von den beiden Österreichern Herbert Huber (links) und Alfred Matt.

Jean-Claude Killy

Er war Sechster im Riesenslalom 1964 in Innsbruck, Weltmeister 1966, gewann 1967 und 1968 die ersten beiden Weltcups im alpinen Skisport und wiederholte dann in Grenoble mit seinen drei Olympia-Siegen das Kunststück von Toni Sailer aus dem Jahr 1956. Killys dreifacher Olympiaerfolg in Grenoble war wegen der Kontroversen um Karl Schranz nicht unumstritten. Nach den Spielen verdiente er viel Geld, gewann mit der Drohung im Rücken, seine Goldmedaillen zurückgeben zu müssen, im selben Winter noch einmal den Weltcup und stieg dann gleich, mit 25 Jahren, aus der »Amateur-Illegalität« aus. Er wurde 1973 Profi-Skiweltmeister und ein erfolgreicher Geschäftsmann.

Mexiko City

Zuschauer haben sich das Symbol der Sommerspiele von Mexiko City 1968 als Aussichtstribüne gewählt.

Der 10000-m-Lauf gab Aufschluß über die Gefahren für die Langstreckenläufer in der Höhenlage von Mexiko. Der Sieger Naftali Temu (Nr. 575) liegt hier an vierter Stelle. Silbermedaillengewinner Mamo Wolde (329) ist Zweiter, und der Bronzegewinner Mohammed Gammoudi liegt an sechster Stelle.

Die Spiele der XIX. Olympiade wurden, wie schon 1956, von einem sowjetischen Gewaltakt überschattet. Im August 1968 hatten die russischen Panzer den »Prager Frühling« in der CSSR zermalmt und das liberalere Regime des Ministerpräsidenten Dubcek gestürzt. Es gab wieder einen Südafrika-Konflikt, und in Mexiko tobten blutige Auseinandersetzungen. Militär und Polizei warfen eine Studentenrevolte gegen die Regierung brutal nieder. Zehn Tage vor Beginn der Spiele hatte es auf dem »Platz der drei Kulturen« in der Hauptstadt eine Schlacht zwischen Truppen und Studenten gegeben, bei der Hunderte von Demonstranten getötet, verletzt oder verhaftet worden waren. Noch während der Spiele lagen die Leichen in den Straßen und Parks. Mexico City waren die Olympischen Spiele trotz vieler Proteste 1963 übertragen worden. Ärzte und Wissenschaftler befürchteten das Schlimmste wegen der dünnen Luft, liegt die Stadt doch 2250 m über dem Meeresspiegel. Würde es wegen des Sauerstoffmangels gar Tote bei den Langstrecken-Wettbewerben geben? Viele Länder errichteten eigene hochgelegene Sportzentren, um die Auswirkungen der Höhenlage zu untersuchen. Die Franzosen erbauten eine »Sport-Zitadelle« in den Pyrenäen, die Sowjetrussen errichteten ein Hochleistungszentrum im Kaukasus. Amerikaner bereiteten sich in South Lake Tahoe vor, und die Deutschen präparierten sich in Flagstaff (USA), das mit 2132 m fast gleich hoch wie Mexico City liegt. So überstanden alle Sportler das »olympische Extrem« Mexico City ohne große Schäden.

Streit um Südafrika

Streit um Südafrika drohte die Zahl der teilnehmenden Länder drastisch zu reduzieren. Im Februar entschied das IOC, südafrikanische Sportler wieder zuzulassen. Sofort gab es massive Proteste. Die Länder Schwarz-Afrikas, die UdSSR und militante schwarze Athleten im US-Team drohten fernzubleiben. Sie bekamen Unterstützung durch die mexikanischen Organisatoren, die um ihre Spiele fürchteten. Unter Mißbilligung von Präsident Avery Brundage, der die ganze Sache als eine Einmischung der Politik in den Sport ansah, machte das IOC seine Entscheidung wieder rückgängig. Dagegen war nun das sogenannte deutsche Problem, wenigstens in Sachen Sport, einigermaßen gelöst. Das IOC hatte am 6. Oktober 1965 »zwei deutsche Mannschaftsteile für Grenoble und Mexico City zugelassen, unter einer Fahne (schwarz-rot-gold mit den fünf olympischen Ringen) und mit einer Hymne (Beethoven)«.
Ein 15 Jahre dauernder olympischer Kampf der beiden deutschen Staaten war vorüber. In Grenoble und in Mexiko trat eine selbständige Mannschaft der DDR an, allerdings noch unter dem Namen »Ostdeutschland« und den erwähnten Symbolen. Erst vier Jahre später bei den Winterspielen in Sapporo und den Sommerspielen in München hieß die DDR auch DDR und durfte ihre Fahne zeigen und ihre Hymne abspielen lassen.

So erschien in Mexico City ein gewaltiges Aufgebot deutscher Sportler: 232 Männer und 43 Frauen aus der Bundesrepublik, 188 Männer und 40 Frauen aus der DDR. Es mußte eigentlich zwangsläufig auch zu internationalen Medaillenaufrechnungen kommen.

Bunte Ballons steigen bei der Eröffnungsfeier in den Himmel über Mexiko City.

Gute deutsche Mannschaften

Das bundesdeutsche Team gewann zwar insgesamt mehr Medaillen (26 gegenüber 25 von »Ostdeutschland«), aber die Sportler aus der DDR holten sich weit mehr Goldmedaillen (neun gegen fünf der Bundesrepublik). Die zweifache deutsche Medaillenbilanz sah am Schluß so aus: Bundesrepublik fünf Gold, elf Silber, zehn Bronze; DDR neun Gold, neun Silber und sieben Bronze. Noch konnte die DDR allerdings erst zwei Goldmedaillen in der Leichtathletik erringen, durch den 50-km-Geher Höhne und die Kugelstoßerin Margitta Gummel. Die weiteren DDR-Goldmedaillen errangen Rückenschwimmer Matthes (2), Boxer Wolke, die Ringer Vesper und Metz sowie die Ruderer (2).
Für das bundesdeutsche Team gab es nur eine Leichtathletik-Goldmedaille durch die Fünfkämpferin Ingrid Becker. Die vier anderen Olympiasiege schafften die Kajakfahrerinnen Annemarie Zimmermann / Roswitha Esser

Überlegener 200-m-Sieger wurde Tommie Smith vor dem Australier Norman und dem Amerikaner John Carlos, den sein siegreicher Landsmann Smith hier halb verdeckt. Weil beide Amerikaner später bei der Siegerehrung demonstrierten, wurden sie nach Hause geschickt.

Mexiko City

Tommie Smith demonstrierte auch noch nach der Siegerehrung mit dem Black-Power-Zeichen.

John Carlos und seine Frau verlassen das olympische Dorf, nachdem Carlos von der amerikanischen Mannschaftsleitung ausgeschlossen worden war.

Den 400-m-Lauf gewann Lee Evans (Nr. 270) in der Weltrekordzeit von 43,8 Sekunden. Der Fürther Martin Jellinghaus (Dritter von rechts) wurde Fünfter.

(Holzheim), der Kleinkaliberschütze Bernd Klinger (Bremervörde), die Dressurmannschaft (Josef Neckermann, Rainer Klimke und Liselott Linsenhoff) sowie der Ruder-Achter. Mit vier Silbermedaillen und drei Bronzemedaillen hielten sich die bundesdeutschen Leichtathleten erstaunlich gut. Dabei schrammten der 800-m-Läufer Walter Adams (Kornwestheim) und Harald Norpoth über 1500 m als Vierte noch knapp an einer Medaille vorbei. Fünftbester 400-Meter-Läufer war der Münchner Martin Jellinghaus, und den vierten Rang belegte auch die Hockeymannschaft.

Mexiko brachte dank seiner Höhenlage und der Kunststoffbahnen ungeahnte Leistungssteigerungen in der Leichtathletik, deren 15 Weltrekorde als Höhenrekorde in den Listen vermerkt werden. Die schwarzen Athleten, vor allem die aus Afrika, dominierten auf den Laufstrecken. Die Teilnehmerrekorde waren überwältigend: 4750 Männer und 781 Frauen aus 112 Ländern, alles »Bestleistungen«. Es gab Wettbewerbe in 18 Sportarten, Judo war wieder gestrichen worden. Mit insgesamt 107 Medaillen schnitten die USA (45 Gold, 28 Silber, 34 Bronze) erneut am erfolgreichsten vor der UdSSR (91 – 29/32/30) und Japan (11/7/7) ab.

Allgemein wurde über die Organisation geklagt. Mit Nachrichtenverbindungen, Transport und Unterbringung klappte es in Mexico

Alleine im Ziel. Kipchoge Keino gewinnt den 1500-m-Lauf in Mexiko mit dem größten Vorsprung, den es je in der olympischen Geschichte dieses Laufes gab. Fast vier Sekunden später kam der Berliner Bodo Tümmler als Dritter ins Ziel.

City nicht so recht. Die Spiele wurden am 12. Oktober eröffnet und dauerten bis zum 27. Oktober. Zum erstenmal entzündete eine Frau das olympische Feuer, die 400-m-Läuferin Enriqueta Basilio. Schon am ersten Tag wurde beim 10000-m-Lauf die umstrittene Höhenlage getestet. Nach einem vorsichtigen Beginn setzten sich sieben Läufer an die Spitze, vier, die selbst in großer Höhe aufgewachsen waren, zwei, die lange in der Höhenlage trainiert hatten, und Ron Clarke, der Weltrekordhalter aus Australien. Er brach als erster ab, stoppte, kollabierte und mußte mit Sauerstoff versorgt werden. Drei Afrikaner machten die Medaillen unter sich aus. Der Sieger Naftali Temu aus Kenia blieb 1:48 Minuten über Clarkes Weltrekord! Die erschöpften Läufer regenerierten sich aber bald wieder und zerstreuten medizinische Befürchtungen, aber die Höhe hatte das Ergebnis negativ beeinflußt.

In den »explosiven« Wettbewerben dagegen wirkte sich die Höhenlage positiv aus und produzierte Weltrekorde am laufenden Band. Jim Hines (USA) stellte über 100 m den Weltrekord (9,9) ein und lief mit der Staffel (38,2) Weltrekord. In diesem Team fehlten die Medaillengewinner über 200 m, Tom Smith und John Carlos, weil sie sich bei der Siegerehrung »schlecht« benommen hatten. Beide unterstützten die Ziele der »Black-Power-Bewegung« und

Schnappschuß von einem 800-m-Vorlauf. Der spätere Olympiasieger Ralph Doubell (Australien) verfolgt den Polen Szordykowski und Ouko aus Kenia.

Um zwei Zehntelsekunden besiegte der Tunesier Mohamed Gammoudi im 5000-m-Endspurt Kipchoge Keino aus Kenia, den 1500-m-Sieger.

Mexiko City

Mamo Wolde, Landsmann und Nachfolger von Abebe Bikila, feiert seinen Marathonsieg, den er mit über drei Minuten Vorsprung herauslief.

hatten mit Boykott gedroht, falls Südafrika teilnähme. Bei der Siegerehrung trugen Goldmedaillengewinner Tom Smith und John Carlos (Bronze) deutlich identifizierbare Rennschuhe in einer Hand (das IOC forschte streng nach, ob die Athleten für eine bestimmte Schuhmarke bezahlt würden), Abzeichen auf Trainingshosen, die aufgerollt waren, damit man die schwarzen Socken sehen konnte, und an der anderen Hand einen schwarzen Handschuh. Während der Hymne streckten sie die hehandschuhten Fäuste zum Black-Power-Gruß in die Höhe und beugten tief ihre Köpfe. Zwei Tage später wurden beide aus der amerikanischen Mannschaft ausgeschlossen und heimgeschickt.

Willie Davenport auf dem Weg zum Sieg auf der 110-m-Hürden-Strecke. Werner Trzmiel aus Darmstadt (Dritter von links) wurde beachtlicher Fünfter.

Nach dem »Tag der Schande«

Nach dem Tag dieser »Schande« gewann Lee Evans, auch ein schwarzer Amerikaner, die 400 m in der Weltrekordzeit von 43,8 Sekunden. Am Morgen hatte er lange mit Carlos und Smith debattiert, ob er überhaupt starten sollte. Er siegte vor seinen schwarzen Freunden James und Freeman, trug bei der Siegerehrung schwarze Socken und wie die anderen ein schwarzes Käppi. Alle drei nahmen diese Kopfbedeckung während der Hymne ab. Sie reckten ihre Fäuste in Richtung Zuschauer, wurden aber nicht bestraft. Zusammen mit Vince Matthews gewannen sie auch die 4×400-m-Staffel in Weltrekordzeit (2:56,1), trugen dann auch bei dieser Siegerehrung wieder schwarze Käppis und zeigten ihre Fäuste.
Über 1500 m gab es wieder Vorteile für einen

Im 400-m-Hürdenlauf warf der Brite David Hemery alle Tips über den Haufen und siegte überlegen vor dem Leverkusener Gerhard Hennige (nicht im Bild) und seinem Landsmann John Sherwood (rechts).

Höhe gewohnten Athleten. Der Amerikaner Jim Ryun, der Favorit, war vorher krank gewesen. Ben Jipcho hatte ein schnelles Anfangstempo vorgelegt und dann rannte sein Landsmann aus Kenia, Kipchoge Keino, allen auf und davon. Er siegte mit 2,9 Sekunden Vorsprung vor Jim Ryun, dem die beiden Deutschen Bodo Tümmler (Berlin) und Harald Norpoth auf den Fersen blieben.

Keino hatte sich die unmögliche Aufgabe gestellt, über 1500 m, 5000 m und 10000 m zu siegen. Die 10000 m mußte er streichen (sein Landsmann Temu gewann), und über 5000 m schlug ihn der Tunesier Gammoudi um zwei Zehntelsekunden.

Auch über 3000 m Hindernis dominierten die Läufer aus Kenia. Der technisch und taktisch völlig unausgereifte 19jährige Amos Biwott siegte dank seiner unwahrscheinlichen Kraft vor Benjamin Kogo. Im Marathonlauf ging Abebe Bikila verletzt an den Start und gab nach 16 Kilometern auf. Sein Landsmann Mamo Wolde, Zweiter über 10000 m, führte schon nach 10 km überlegen und siegte mit über drei Minuten Vorsprung vor dem Japaner Kimihara. Eindrucksvoll in Weltrekordzeit (48,1) gewann der Brite Dave Hemery die 400 m Hürden vor dem Leverkusener Gerhard Hennige (49,0). Bronze gab es für den Briten John Sherwood, dessen Frau Sheila Silber im Weitsprung holte.

Die technischen Disziplinen wurden zu einer

Links oben:
Der Ostdeutsche Christoph Höhne gewinnt das 50-km-Gehen.

Oben:
Mit diesem Riesensatz von 8,90 m setzte der Amerikaner Bob Beamon neue Maßstäbe im Weitsprung. Er verbesserte den alten Weltrekord um 55 cm.

Links:
Dick Fosbury revolutionierte die Hochsprungtechnik. Sein »Fosbury-Flop« brachte ihm Gold ein.

Mexiko City

Bill Toomey, der Zehnkampf-Olympiasieger von Mexiko. Er gewann vor den Deutschen Walde und Bendlin.

Mit langen Schritten ins 200-m-Ziel. Irina Szewinska siegt vor den beiden Australierinnen Raelene Boyle und Jennifer Lamy.

Domäne für die US-Amerikaner. Am meisten wurde über den 20jährigen Hochsprungsieger Dick Fosbury gesprochen, der seinen neuen »Rückwärts«-Stil erstmals einer breiten Öffentlichkeit vorstellte. Fosbury gewann mit 2,24 m und sein »Fosbury-Flop« eroberte die Hochsprungwelt beider Geschlechter.
Aber der Weitsprung war die Sensation der Spiele von Mexiko und ist es bis heute geblieben. Immer noch ist jener unwahrscheinliche Rekordsatz des schwarzen Amerikaners Bob Beamon mit 8,90 m als Weltrekord gültig und man nannte ihn den »Sprung ins dritte Jahrtausend«. Es war der erste Sprung des Amerikaners im Wettbewerb und alles stimmte, auch der Rückenwind. Beamon verbesserte die alte Bestleistung gleich um 55 phantastische Zentimeter! Im Dreisprung wurde der alte Weltrekord neunmal verbessert. Der Sowjetrusse Viktor Sanejew siegte mit 17,39 m. Im Stabhochsprung lagen am Ende Bob Seagren (USA), Claus Schiprowski aus Leverkusen und Wolfgang Nordwig mit 5,40 m gleichauf, die Anzahl der Versuche entschied in dieser Reihenfolge über die Medaillen.

Al Oerters sagenhafte Serie

Einen einzigartigen Platz in der olympischen Geschichte verschaffte sich der Amerikaner Al Oerter mit seinem vierten Sieg im Diskuswerfen hintereinander. Ein Rekord, den es noch nie bei Olympischen Spielen gab. Oerter war ein Muster an Kampfkraft, mußte im Wettkampf sogar das Handicap eines verletzten Bauchmuskels wegstecken. Hal Connolly, Olympiasieger von 1956, schaffte bei seinen vierten Olympischen Spielen den Einzug ins Hammerfinale nicht, seine Frau, Diskussiegerin 1956, wurde diesmal in ihrem Wettbewerb Sechste. Der Ungar Zsivotzky, der schon zweimal Silber geholt hatte, sicherte sich diesmal das Hammer-Gold. Janis Lusis (UdSSR) gewann den Speerwurf, Randy Matson (USA) das Kugelstoßen.
Im Zehnkampf setzte sich der Amerikaner Bill Toomey relativ leicht (82 Punkte Vorsprung) gegen die beiden bundesdeutschen Athleten Hans-Joachim Walde und Kurt Bendlin durch, doch hatte Walde am zweiten Tag eine Aufholjagd gestartet, die den Amerikaner noch ins Schwitzen brachte.
Die Weltrekorde purzelten auch in den Frauensprints. Wyomia Tyus gewann die 100 m in 11,0 Sekunden und war die erste Frau, die auf dieser Strecke bei aufeinanderfolgenden Spielen siegte. Irena Szewinska (früher Kirszenstein) holte sich die 200 m in 22,5, und in der Staffel sicherte sich Wyomia Tyus ihr zweites Gold. Über 400 m wurde die Engländerin Lilian Board überraschend von der Französin Colette Besson besiegt. Lilian Board starb 1971, kurz nach ihrem 22. Geburtstag, an Krebs.
Die 800 m brachten den eindrucksvollen Sieg der Amerikanerin Madeline Manning. Weltre-

400-m-Sieg der Französin Colette Besson (Nr. 117) vor der Engländerin Lillian Board. Helga Henning aus Hamburg (Startnummer 5) wurde Siebente.

Bob Beamon

18. Oktober 1968 in Mexico City, Finale im Weitsprung der Männer. Gerade ist der vierte Teilnehmer gesprungen, Bob Beamon aus den USA. Das Ergebnis läßt auf sich warten, Unruhe breitet sich im Stadion aus. Das Publikum hat den weiten Satz registriert, wittert eine Sensation. Unten stehen die Funktionäre um die Sprunggrube herum, immer wieder wird nachgemessen.

Als das Ergebnis dann schließlich auf der Anzeigentafel erscheint, reicht das Wort »Sensation« eigentlich nicht mehr aus, um zu beschreiben, was sich an diesem Tag in Mexico City ereignet hat: 8,90 Meter weit ist dieser Bob Beamon geflogen, hat den bestehenden Weltrekord um 55 Zentimeter verbessert! Die Sportwelt ist fassungslos, kann erst allmählich begreifen, welche schier unglaubliche Leistung dieser Mann vollbracht hat. Beamon wurde am 29. August 1946 in Jamaica im Bundesstaat New York geboren. Er war ein guter Sprinter, auch ein veranlagter Weitspringer, aber es fehlte ihm an Beständigkeit. Trotzdem: Seine Bestleistung bis zu diesem historischen Tag betrug immerhin 8,33 Meter, lag nur zwei Zentimeter unter dem Weltrekord von Ter-Owanesian. Und dann diese 8,90 Meter! 44 Jahre hatten vorher die besten Springer der Welt gebraucht, um die Bestmarke nach und nach um 55 Zentimeter auf 8,35 m zu verbessern. Glück hat dieser Sprung ins nächste Jahrtausend Beamon nicht gebracht. Schon seine Jugend war nicht besonders glücklich gewesen. Er verlor seine Mutter früh und verbummelte die Schulzeit. Vor und nach Mexiko studierte Beamon an der Universität von Texas, aber er hatte größte Schwierigkeiten, sein Heldenstück von Mexiko psychologisch zu verkraften. Niemals mehr sprang er weiter als 8,20 m! Er bestand sein Abschlußexamen in Soziologie, konnte sich aber nicht für die Olympischen Spiele in München qualifizieren, wurde für kurze Zeit ein erfolgloser Profi und ging dann nach New York, wo er sich ab 1974 um Waisenkinder kümmerte. Seine Ehe hatte keinen Bestand, und ein zu freigebiges Leben stürzte ihn in Schulden. Er war ein schlichter Mann, der zunächst nicht mit den Strapazen, die internationaler Ruhm mit sich bringt, fertig werden konnte. Bob Beamon mußte erst wieder ein ganz normaler Mensch werden, der nicht mehr jeden Tag in den Massenmedien erschien, ehe er zu sich zurückfand und das Leben bewältigte. Heute wartet er gespannt, wie die ganze Sportwelt, ob Carl Lewis (USA) seine 8,90 m überbietet. Denn dieser Mann, der mittlerweile schon über 8,70 m sprang, scheint in der Lage, den »Fabel-Rekord« zu löschen.

Madeline Manning, die spätere 800-m-Siegerin, führt hier in einem Vorlauf.

Rechts außen: Siegerehrung der Kugelstoßerinnen. Die Ostdeutsche Margitta Gummel gewann mit Weltrekordweite von 19,61 m vor ihrer Landsmännin Maritta Lange und der Russin Tschischowa.

kordlerin Vera Nicolic war übertrainiert und gab im Semifinale erschöpft auf. Ein Gerücht wollte wissen, sie habe sich danach von einer Brücke in der Nähe des Stadions stürzen wollen. Die 17jährige Neuseeländerin Maureen Caird wurde über 80 m Hürden die jüngste Siegerin dieser Spiele. Bejubelt wurde der Hochsprungsieg der jungen Tschechoslowakin Miroslava Rezkowa über zwei Sowjetrussinnen. Der Weitsprung-Weltrekord der Rumänin Viorica Viscopoleanu (6,82 m) war fast so eindrucksvoll wie der von Bob Beamon. Mit Weltrekord (19,61 m) siegte auch die Ostberlinerin Margitta Gummel im Kugelstoßen.
Spannend wurde es im Fünfkampf. Nach vier Wettbewerben hatte die Österreicherin Liese Prokop geführt, aber Ingrid Becker übertraf sie noch dank eines phantastischen 200-m-Laufes in 23,5 Sekunden. Es blieb die einzige Leichtathletik-Goldmedaille der bundesdeutschen Mannschaft.

Startet Heide oder nicht?

Eine Reportage von damals macht die Spannung dieses Wettbewerbs noch heute fühlbar: »Startet Heide Rosendahl oder nicht? Das ist die bange Frage, die nicht nur die deutschen Mannschaftsführer bewegt, sondern auch die Teilnehmerinnen am Fünfkampf. Im deutschen Lager ist man zuversichtlich, denn die Darminfektion scheint gut überstanden zu sein. Die Hiobsbotschaft aber kommt kurz vor dem Start zur ersten Übung, den 80 m Hürden. Die Leverkusenerin zuckt beim Aufwärmen plötzlich zusammen: Muskelzerrung! Für Heide droht die Welt zusammenzubrechen. Ihre Konkurrentinnen jedoch atmen auf. Vor allem die kräftige Österreicherin Liesel Prokop und die russische Europameisterin Walentina Tichomirowa sehen ihre Chancen steigen. Die deutschen Hoffnungen ruhen jetzt auf der 26jährigen Ingrid Becker aus Geseke.

Eine ideale Fünfkämpferin

Ingrid ist eine der erfahrensten und vielseitigsten Athletinnen der deutschen Mannschaft. 1960, mit 18 Jahren, startete sie mit einer Ausnahmegenehmigung im Hochsprung bei den Spielen in Rom. 1964, in Tokio, entdeckte sie ihre Weitsprungqualitäten – sie wurde Vierte mit 6,40 m – und ihr Fünfkampftalent. Sie belegte in Tokio den 8. Platz. In den letzten Jahren nun stieß die schwarzhaarige Ingrid aus Geseke in Westfalen in die Spitzengruppe der deutschen Sprinterinnen vor. Sie besitzt also ideale Voraussetzungen für eine Fünfkämpferin, wenn man von ihrer Schwäche, dem Kugelstoßen, absieht.
Vielversprechend ist der Auftakt über 80 m Hürden. Ingrid Becker startet den Fünfkampf in persönlicher Bestzeit von 10,9 Sekunden. Schlimmer als erwartet aber kommt der Rückschlag im Kugelstoßen. Mit 11,48 m bleibt Ingrid beinahe 3 m unter ihrer Normalleistung – als Folge einer schweren Handverletzung, die sie sich im Winter zugezogen hat. Hier in der 2. Übung holt sich Liesel Prokop aus Österreich wichtige Punkte und übernimmt die Spitze. Ingrid liegt damit weit abgeschlagen zurück. Aber ihre Paradeübungen stehen ja noch aus. Wertvollen Boden macht sie schon im Hochsprung wieder gut. Mit 1,71 m stellt sie den DLV-Rekord ein und verbessert sich damit um etliche Plätze.
Schlag auf Schlag geht es am zweiten Tag des Fünfkampfs. Weitsprung: Ingrid springt 6,43 m, so weit wie im Einzelwettbewerb am Montag.

tag. Manon Bornholdt, der ›Fünfkampf-Teenager‹ aus Wahlstedt, hat hier übrigens das Pech, bei einem herrlichen Sprung von 6,66 m knapp überzutreten. Entscheidende Punkte verliert die führende Österreicherin Liesel Prokop. Sie schafft nur 5,97 m. Damit liegt sie nur noch 22 Punkte vor Ingrid Becker. Der Grundstein für Ingrids Sieg ist gelegt, denn die 200-m-Bestzeit der Österreicherin liegt bisher bei 25,9 Sekunden, Ingrid aber kann gut unter 24 Sekunden laufen. Doch Liesel Prokop wehrt sich in der letzten Übung verzweifelt. 3 Zehntelsekunden muß Ingrid schneller sein, um die Goldmedaille

Mit ihrem Weitsprung von 6,43 m im letzten Versuch legte Ingrid Becker den Grundstock für ihren Olympiasieg im Fünfkampf. Der abschließende 200-m-Lauf war dann für die Favoritin fast nur noch Formsache.

Fast eine Gegendemonstration gegen Black Power. Schwergewichtssieger George Foreman schwenkt nach seinem Boxerfolg eine kleine amerikanische Flagge.

Zweimal Gold für Rückenschwimmer Roland Matthes aus Erfurt. Dieses Kunststück wiederholte er übrigens vier Jahre später in München. Hier beobachtet er, wie sich die Medaillengewinner über 200 m Rücken, die Amerikaner Mitchell Ivey (links) und Jack Horsley, der Bronze gewann, gratulieren.

zu gewinnen! 23,5 zeigen die Stoppuhren für die Westfalin. Und Liesel Prokop? 25,1. Damit ist die Entscheidung gefallen: Gold für Ingrid!«
Für Liesel Prokop aber brechen noch einmal bange Minuten an. Überraschend stark ist die Ungarin Annemarie Toth in den Sprungübungen aufgekommen. Über 200 m ist sie 1,3 Sekunden schneller als Liesel. Fieberhaft rechnen die österreichischen Betreuer die Zeiten in Punkte um. Es reicht zu Silber, um winzige sieben Punkte vor der Ungarin.

Verdauungsschwierigkeiten à la Mexiko

Die Höhenlage und die Schwierigkeiten mit der »Verdauung« beeinträchtigten die Schwimmer. Die US-Mannschaft dominierte noch stärker als in Tokio, gewann 21 der 29 Wettbewerbe. In den Einzelrennen wurden nur drei Weltrekorde verbessert. Der Erfurter Rückenschwimmer Roland Matthes gehörte zu den Doppelsiegern wie Mike Wenden, Charles Hickcox und Mike Burton. Drei Goldmedaillen gab es für die Amerikanerin Debbie Meyer, über 400 m Kraul und auf den beiden neu eingeführten Strecken 200 m Kraul und 400 m Kraul. Don Schollander vergrößerte seine Medaillensammlung von vier Goldmedaillen auf fünf und fügte noch Silber hinzu. Am Anfang einer gewaltigen Olympiakarriere stand ein gewisser Mark Spitz, der zweimal Gold mit der Staffel sowie Silber und Bronze gewann. Vier Jahre später in München schlug er dann erst richtig zu.
Im Boxturnier gab es die üblichen Schwierigkeiten mit den Punktrichtern, fünf wurden vorzeitig abgelöst. Im Schwergewicht setzte sich George Foreman durch, der bei der Siegerehrung ein amerikanisches Fähnchen schwenkte

Eine der wenigen Goldmedaillen des britischen Teams im Schießsport holte der Trapschütze Bob Braithwaite.

und damit bewußt einen Kontrast zu den Demonstrationen der Black-Power-Leute setzte. Günther Meier, der Fallschirmjäger aus Fürth, gewann die Bronzemedaille im Halbmittelgewicht.
Amerikaner und Japaner gewannen je fünf Goldmedaillen im Ringen und Gewichtheben. Wilfried Dietrich holte als Dritter im Schwergewicht des Freistilringens erneut eine Medaille. Zum zweitenmal war der russische Riese Leonid Schabotinski der stärkste Mann der Welt. Wie in Tokio hob er im Dreikampf 572,5 Kilo.

Regelwidriges Anschieben

Im Radsport gab es ein böses Erwachen für den bundesdeutschen Bahnvierer. Hempel, Link, Henrichs und Jürgen Kissner hatten zwar im Finale überlegen vor Dänemark gewonnen, wurden aber – wegen eines unerlaubten Anschiebens (Kissner an Henrichs) – zunächst disqualifiziert und dann doch noch auf Platz zwei gesetzt und mit Silbermedaillen belohnt. Die Franzosen Daniel Morelon und Pierre Trentin holten sich je zwei Rad-Goldmedaillen. Im Zeitfahren auf der Straße erfuhren sich die vier Brüder Pettersson aus Schweden die Silbermedaille hinter Holland.
Der amerikanische Reiter Bill Steinkraus, 43 Jahre alt, gewann das erste Reitergold für die USA, H. G. Winkler wurde in diesem Einzeljagdspringen Fünfter und mit der Mannschaft (noch Schockemöhle und Schridde) im Preis der Nationen hinter Kanada und Frankreich Dritter. Besser machten es die Dressurreiter Josef Neckermann, Rainer Klimke und Liselott Lin-

Al Oerter

Trotz seiner vier Weltrekorde wird er in der Erinnerung bleiben als der Mann, der erst im Wettkampf über sich hinauswachsen konnte wie kein anderer. Bei vier aufeinanderfolgenden Olympischen Spielen gewann er den Diskus-Wettbewerb gegen seinen schmerzenden Körper und gegen Männer kämpfend, die eine bessere Leistung in den Wettkampf einbrachten. Er wurde am 19. September 1936 in Astoria (New York) geboren. Mit 20 Jahren, 1956, war er der Überraschungssieger bei den Spielen in Melbourne. 1960 in Rom das gleiche: Oerter mit persönlicher Bestleistung vor dem Weltrekordmann Richard Babka. 1962 (zweimal), 1963 und 1964 verbesserte Oerter den Weltrekord, aber bei den Spielen 1964 in Tokio gehörte diese Bestleistung dem Tschechoslowaken Ludvik Danek. Oerter warf mit einem Klebeverband um die Rippen und einem stützenden Verband um den Hals, um die Schmerzen eines ausgerenkten Halswirbels zu lindern. In seinem fünften Versuch übertraf er Danek und schlug zum drittenmal den Weltrekordmann bei Olympia. Für die Spiele in Mexiko mußte Oerter hart trainieren, wieder behinderten ihn Halsschmerzen und ein gezerrter Oberschenkelmuskel. Danek war erneut dabei und auch der Amerikaner Jay Silvester, der auf die Anerkennung seines neuen Weltrekordes wartete, der über fünf Meter besser war als Al Oerters bester jemals erzielter Wurf. Aber wen wundert es: Oerter siegte mit persönlicher Bestleistung. Für München 1972 konnte er sich aber nicht mehr qualifizieren.

Rechts:
Zum erstenmal gewann ein Amerikaner das olympische Einzel-Jagdspringen. William Steinkraus bei der Siegerehrung in Mexiko. Das Pferd auf dem Bild ist das Pony Stroller, mit dem die 19jährige Britin Marion Coakes sensationell Silber holte.

Gold für die deutsche Dressur-Mannschaft. Von links: Josef Neckermann auf seinem Pferd Mariano, Liselott Linsenhoff auf Piaff und Reiner Klimke auf Dux.

Der Flying Dutchman »Superdocious«, in dem die Briten Rodney Pattisson und Iain MacDonald-Smith in der Bucht von Acapulco die Goldmedaille gewannen.

senhoff, die als Mannschaft die vierte deutsche Goldmedaille dieser Spiele holten. In der Einzelwertung gaben sich Neckermann (Zweiter) und Klimke (Dritter) nur dem Russen Ivan Kissimow geschlagen. Gold Nummer fünf steuerte schließlich im Rudern der bundesdeutsche Achter bei, der mit weniger als einer Sekunde vor Australien und der UdSSR siegte. Aus einer Live-Reportage von 1968:
»Vor den Toren ihrer Hauptstadt haben die Mexikaner für Ruderer und Kanuten eine Traumstrecke geschaffen, die schönste Regattabahn der Welt. Der künstliche See ist 2200 m lang und 125 m breit, hat allseits gleiche Wasser- und Windverhältnisse, zwei Ausweichbahnen für Anfahrt und Training und ist eingebettet in einen Blumengarten von einmaliger Schönheit. Aber in diesem Paradies liegen Glück und Tragik enger beieinander als an irgendeinem anderen Ort dieser Olympischen Spiele. Wegen der Höhenlage leiden viele Ruderer unter Erkältung und Bronchitis. Atemnot, Erschöpfung und Zusammenbrüche am laufenden Band kennzeichnen die Kämpfe in der Höhenluft. Das ist das Bild von Xochimilco vor Beginn der sieben Endläufe! Sie finden bei brütender Hitze statt. Höhepunkt ist das Achterrennen.
So liegen die weltbesten Achter am Start nebeneinander: Rußland, USA, Deutschland, Australien, die CSSR und Neuseeland, der geheime Favorit. Die USA gehen sofort in Führung, dahinter liegen Neuseeland und die CSSR. Das deutsche Boot folgt erst an 5. Stelle. Dann legen sich die deutschen Ruderrecken in die Riemen. Mit einer Wucht ohnegleichen arbeiten sie sich an den Amerikanern vorbei. Zentimeter um Zentimeter rückt der Deutschland-Achter jetzt an die führenden Neuseeländer heran, scheint kurz zu verweilen und schiebt dann die Bug-Spitze endgültig in Front.«
Den meisten Gesprächsstoff dieser Spiele außerhalb der Sportarenen boten die ersten olympischen Sex-Tests für Frauen, die genauen Dopingkontrollen, die hohen Summen, die die amerikanischen Leichtathleten von zwei rivalisierenden Sportschuh-Produzenten bekamen, und die Black-Power-Demonstrationen. Keine Frau wurde disqualifiziert, es gab keinen Dopingskandal, und das IOC drückte offensichtlich bei den »Schmugeldern« ein Auge zu.
Die Spiele selbst verliefen nicht immer glücklich. Die Mexikaner hatten ihre eigenen schweren Probleme und konnten sich mit Olympia nicht in der Weise identifizieren, wie es die Japaner getan hatten. Die extrem guten Leistungen vieler Athleten in der Höhe von Mexico City werden aber länger im Gedächtnis bleiben als die politischen Querelen.

Vera Caslavska

Nach Larissa Latynina (UdSSR) ist Vera Caslavska die erfolgreichste olympische Turnerin aller Zeiten. Geboren wurde sie am 3. Mai 1943 in Prag und begann ihre olympische Erfolgsserie mit Silber in der Mannschaft 1960 in Rom. 1964 war sie schon ganz oben, gewann in Tokio dreimal Gold und einmal Silber und erreichte dann 1968 in Mexiko die absolute Spitze mit vier Goldmedaillen und zwei Silbermedaillen. Sie entzückte das mexikanische Publikum mit ihrem Können und durch ihre Siege über die Russinnen. Nach diesen Spielen zog sie sich vom Leistungssport zurück und heiratete noch in Mexiko ihren Landsmann Josef Odlozil, der 1964 hinter Peter Snell über 1500 m Zweiter war. Außer ihren Olympiamedaillen gewann sie noch vier Weltmeister- und elf Europameistertitel.

Sapporo

Zum erstenmal in der olympischen Geschichte fanden die Winterspiele in Asien statt, und zum erstenmal in einer Millionenstadt. Sapporo steckte eine gewaltige Summe in die Vorbereitungen, nach damaligem Umrechnungskurs etwa 2,2 Milliarden Mark! Aber nur etwa 115 Millionen davon wurden für den Sportstättenbau ausgegeben, der gewaltige »Rest« floß in bleibende Infrastrukturen wie U-Bahn, Straßen, Brücken, Häuser, Parks, Flugplatz. Die teuerste Sportarena war die Makomanai-Eishalle für 9000 Zuschauer, die 20 Millionen kostete. Die Japaner waren Weltmeister in Zuvorkommenheit und Freundlichkeit und sie organisierten alles überpünktlich.

Die Teilnehmerrekorde von Grenoble konnten im fernen Asien natürlich nicht wiederholt, geschweige denn überboten werden. In den Hochhäusern der beiden olympischen Dörfer, Männlein und Weiblein durch einen angeblich undurchdringlichen Zaun getrennt, wohnten 912 Sportler und 217 Sportlerinnen aus 34 Ländern. Es gab das gleiche Programm wie schon 1964 und 1968, insgesamt 35 Wettbewerbe. Mit der stärksten Mannschaft rückten die Amerikaner an, insgesamt 118, aber sie errangen nur dreimal Gold, zweimal Silber und dreimal Bronze. Die Mannschaft aus der UdSSR übernahm nun die Führung auch im Winter, mit acht Goldmedaillen, fünf silbernen

Stimmungsbild von der Eröffnungsfeier der Olympischen Winterspiele 1972 in Sapporo.

Erhard Keller aus Günzburg, heute wohlbestallter Zahnarzt in München, holte sich in Japan seine zweite Goldmedaille im 500-m-Sprint.

Rechts außen:
Die Russin Galina Kulakowa gewann in Sapporo sämtliche Goldmedaillen, die sich eine Langläuferin holen konnte. Dreimal stand sie ganz oben auf dem Siegespodest.

und drei bronzenen. Den Anschluß gefunden, ja fast schon die Spitze erklommen hatten die Wintersportler aus der DDR, die nun zum erstenmal als eigene Mannschaft bei Olympia auftreten durften. Jetzt, mit eigener Hymne und Flagge schlugen sie gleich mit vier Goldmedaillen zu, wobei sie allein im Rennrodeln acht ihrer insgesamt 13 Medaillen (4 Gold, drei Silber, 6 Bronze) errangen.
Die DDR-Rodler überließen von den neun möglichen Medaillen in den drei Wettbewerben nur eine der Konkurrenz, im Zweisitzer für die Italiener Hildgartner/Plaikner, die mit Hörnlein/Bredow (DDR) gleichauf lagen und sich Gold teilten. So gab es kein Silber. Fast genauso souverän beherrschte die DDR auch die Nordische Kombination, in der Ulrich Wehling Gold und Dieter Luck Bronze gewannen. Das bundesdeutsche Team, insgesamt 90 Teilnehmer, schlug sich achtbar, hatte aber längst den Anschluß an die DDR verloren. Erhard Keller aus München sicherte sich wie schon 1968 erneut das Gold im 500-m-Eissprint, und die Münchnerin Monika Pflug, beide im Eiszentrum Inzell groß geworden, steuerte überraschend Gold im 1000-m-Eisschnellauf bei. Gold Nummer drei lieferten die Ohlstädter Zweierbobfahrer Zimmerer/Utzschneider, die zusammen mit Gaisreiter und Steinbauer auch noch Bronze im Vierer herausfuhren. Weil Horst Floth/Josef Bader im Zweierbob noch auf Rang zwei kamen, verbuchte das bundesdeutsche Gesamtkonto dreimal Gold und je einmal Silber und Bronze.
Bemerkenswerte Außenseitersiege gab es im Slalom durch den Spanier Francisco Fernandez-Ochoa und im Springen von der großen Schanze durch den Polen Wojciech Fortuna, dem eine Windbö half. Die Japaner feierten einen Dreifachsieg von der Normalschanze und der Holländer Ard Schenk gewann drei Goldmedaillen im Eisschnellauf.

Skandinavische Überlegenheit gebrochen

Die Überlegenheit der Skandinavier in den nordischen Skiwettbewerben war endgültig gebrochen. Es gab keine Springermedaille für sie, gerade noch Silber in der Kombination und zwei Siege im Langlauf durch den Schweden Lundbäck (15 km) und den Norweger Tyldum (50 km). Den 30-km-Langlauf und die Staffel schnappten ihnen die Russen weg.

Annemarie Pröll aus Österreich war die Favoritin, aber die Schweizerin Marie-Theres Nadig (im Bild bei der Abfahrt) schnappte ihr die Goldmedaillen in der Abfahrt und im Riesenslalom weg. Das 19jährige Bauernmädchen war die Sensation in Sapporo.

Sapporo

Der Südtiroler Gustav Thöni, damals Weltcupsieger, sicherte sich Gold im Riesenslalom (Bild) und Silber im Spezialslalom, den ihm völlig überraschend der Spanier Francisco Ochoa wegschnappte. Thönis Vetter Roland Thöni wurde Dritter im Slalom.

Eindrucksvoll war auch der sowjetische Doppelsieg im Paarlauf. Irina Rodnina und ihr Partner Alexei Ulanow traten die Nachfolge des Ehepaares Protopopow an und die Eiskunstlauf-Ära Rodnina begann. Den Schmerz der Österreicher über die entgangenen Goldmedaillen im alpinen Skilauf mußte die Eiskunstläuferin Trixi Schuba mildern, die als beste Pflichtläuferin siegte und Österreichs einziges Gold dieser Spiele holte.

Ja, der Schmerz der Österreicher auf dem alpinen Sektor! An ihrem Karl Schranz hatte vor allem Avery Brundage ein Exempel statuiert und den Tiroler vom Arlberg kurz vor Beginn der Spiele an Ort und Stelle in Sapporo wegen »Verstößen gegen den Amateurstatus« von den Spielen ausgeschlossen. Natürlich war es ein ungerechter K.-o.-Schlag, denn Karl Schranz war soviel oder sowenig Amateur wie die anderen auch. Amateur im herkömmlichen Sinn war wohl kein einziger bekannter Sportler bei diesen Winterspielen.

Da auch die heiße Favoritin Annemarie Pröll (später Moser) zweimal von der Schweizerin Marie-Theres Nadig besiegt wurde, war der Katzenjammer in Österreich noch größer.

Sieht man einmal von dem Fall Schranz ab, dann waren die olympischen Tage von Sapporo vom 3. bis zum 13. Februar eine Reise wert, von der glanzvollen Eröffnungsfeier, als Kaiser Hirohito die Eröffnungsformel sprach, bis zur sentimentalen Schlußfeier. Die Japaner hatten auch großes Glück mit dem Wetter. In der letzten olympischen Nacht setzte Tauwetter ein. Es gab aber auch noch lange Gesprächsstoff über die »schwarze Liste« von Brundage, die angeblich die Namen von 40 Amateursündern enthielt, über die Drohung einiger Mannschaften nach dem Ausschluß von Schranz abzureisen, und über die Tatsache, daß Österreichs Mannschaft nur deshalb in Sapporo blieb, weil sie von Karl Schranz darum gebeten wurde.

In vorbildlicher »Luftfahrt« schießt Abfahrts-Olympiasieger Bernhard Russi aus der Schweiz dem Ziel entgegen. Er siegte vor seinem Landsmann Roland Collombin.

Der Schweizer Viererbob, gesteuert von Jean Wicki, jagt

München

Sie sollten nach dem Willen der Veranstalter als die »heiteren Spiele« in die olympische Geschichte eingehen. Und die enthusiastische Anteilnahme der Münchner Bevölkerung, eine wunderschöne lockere Eröffnungsfeier, das herrliche Wetter und mitreißende Wettkämpfe ließen nach einer Woche den Schluß zu, daß das gesteckte Ziel erreicht war.

Aber dann geschah das Unfaßbare, zerstörte der mörderische Überfall der palästinensischen Terroristen auf die israelische Mannschaft alle Illusionen, ließ die Menschen auf offener Straße in Tränen ausbrechen, stellte den Fortgang der Spiele in Frage.

Noch am Montag, dem 4. September, hatten 80000 Zuschauer frenetisch ein unbekanntes, 16jähriges Nesthäkchen namens Ulrike Meyfarth umjubelt, die sich mit jugendlicher Unbekümmertheit die Goldmedaille im Hochsprung schnappte. Mit der Einstellung des Weltrekordes von 1,92 Meter siegte sie sensationell vor der Bulgarin Blagojewa und der Österreicherin Ilona Gusenbauer. In der folgenden Nacht brach der Schrecken über die Spiele herein.

Schwarze Stunden in München. Der Boß der arabischen Terroristen (maskiert mit weißem Hut) verhandelt mit dem bundesdeutschen Innenminister Hans-Dietrich Genscher (dritter von links), dem bayerischen Innenminister Bruno Merk (zweiter von rechts) und dem Münchner Polizeipräsidenten Manfred Schreiber (zweiter von links).

Siebzehn Menschenleben ausgelöscht

Am 5. September, am frühen Morgen gegen 4.30 Uhr, dringen fünf palästinensische Terroristen in das Quartier der israelischen Mannschaft im Olympiadorf ein, erschießen den 33jährigen Ringertrainer Moshe Weinberg und den 31jährigen Gewichtheber Joseph Romano und nehmen neun israelische Sportler als Geiseln. Sie fordern die Freilassung inhaftierter Gesinnungsgenossen. Die Verhandlungen ziehen sich über den ganzen Tag hin. Am Abend werden Terroristen und Geiseln zum Flugplatz Fürstenfeldbruck gebracht, um angeblich ausgeflogen zu werden. Der Versuch, die Geiseln mit Gewalt zu befreien, mißlingt. 20 Stunden nach dem Überfall endet das grausige Geschehen blutig. Geiseln, Terroristen und ein Münchner Polizist sterben im Kugelhagel. Der Terroranschlag hat 17 Menschenleben ausgelöscht.

Die Meinungen, ob die Spiele abgebrochen werden müssen oder nicht, sind geteilt. Am Dienstag um 15.30 Uhr wird erstmals vor dem Olympiastadion über Lautsprecher bekanntgegeben, daß die Spiele vorläufig unterbrochen seien. Um 16 Uhr steht offiziell fest, daß die

Trauerfeier für die ermordeten israelischen Sportler und den getöteten Münchner Polizisten im Münchner Olympiastadion.

1972

Zweimal schlug der russische Sprinter Waleri Borsow die Amerikaner in München. Hier bei seinem 200-m-Sieg in 20,0 Sekunden vor Larry Black (Nr. 973) und dem Italiener Pietro Mennea (Nr. 528). Martin Jellinghaus (vierter von rechts) belegte den siebenten Rang hinter dem DDR-Läufer Schenke (ganz links).

restlichen Wettbewerbe des 5. September abgesagt sind. IOC-Präsident Brundage war von Anfang an dafür, die Spiele fortzusetzen. Man will nur den Zeitplan um 24 Stunden verschieben. Für den nächsten Vormittag wird eine Trauerfeier angesetzt. Gegen Mitternacht heißt es, unmittelbar nach der Trauerfeier geht es mit der Leichtathletik weiter. Das Organisationskomitee beharrt auf einer Verschiebung um 24 Stunden. Am nächsten Tag steht die Entscheidung fest. Die Spiele gehen weiter, gleich nach der Trauerfeier, und zwar am Nachmittag dort, wo sie am Vortag abgebrochen worden waren. Am Mittwoch, dem 6. September, werden alle Ereignisse des Dienstags nachgeholt. Das weitere Programm verschiebt sich genau um 24 Stunden, alle Wettbewerbe werden zur geplanten Zeit, aber einen Tag später durchgeführt. Die Spiele dauern also einen Tag länger.

Drei Wochen, nachdem das IOC in Madrid beschlossen hatte, künftig zwei deutsche Mannschaften zuzulassen, schlug NOK-Präsident Willi Daume dem Münchener Oberbürgermeister Dr. Hans-Jochen Vogel am 28. Oktober 1965 vor, daß sich die bayerische Hauptstadt um die Olympischen Spiele 1972 bewerben solle. Nach Zustimmung aller notwendigen Gremien wurde am 30. Dezember 1965 die offizielle Unterlagen am Sitz des IOC in Lausanne eingereicht. Neben München bewarben sich auch Montreal, Detroit und Madrid. Die Würfel fielen auf der IOC-Tagung am 26. April 1966 in Rom. Im ersten Wahlgang schieden Detroit und Madrid aus. Im zweiten Wahlgang gewann München hauchdünn gegen Montreal.

In München begannen der Bau von exquisiten Olympiaanlagen, vor allem auf dem Oberwiesenfeld, und der Ausbau der Infrastruktur. Alles wurde rechtzeitig fertig, alles funktionierte vorzüglich. Der Olympiapark ist heute noch ein überaus lebendiges Sportzentrum und eine Attraktion für Millionen Touristen und Einheimische. Insgesamt betrugen die Kosten mit allen Infrastrukturmaßnahmen rund zwei Milliarden Mark, darunter 200 Millionen Mark für das allseits bewunderte Zeltdach, das Stadion und die Sport- und die Schwimm-Halle überspannt. Die 4000 Journalisten wohnten in einer eigenen Stadt, in Wohnungen, die später verkauft wurden, wie auch die Häuser und Wohnungen der beiden olympischen Dörfer für Frauen und Männer in Sichtweite des Stadions. Gewaltig waren die Aufwendungen für das Fernsehen, das nahezu pausenlos übertrug und während dieser Spiele schätzungsweise eine Milliarde Zuschauer auf der ganzen Welt er-

München

Vincent Matthews und Wayne Collett, Erster und Zweiter im 400-m-Lauf, demonstrierten bei der Siegerehrung durch betont lässiges Benehmen. Sie weigerten sich auch, ihre Gesichter den Fahnen zuzuwenden.

Spannendes Ende des 800-m-Laufes: Der Amerikaner Dave Wottle, der »Mann mit der Mütze«, siegte vor dem stürzenden Russen Arschanow und Mike Boit aus Kenia.

auch einer der Gründe für den Terror-Überfall durch die Palästinenser auf die israelische Mannschaft.

Die hohen Kosten und die gewaltigen allgemeinen Anstrengungen, deretwegen IOC-Präsident Brundage Befürchtungen für die Zukunft der Olympischen Spiele hegte, haben aber keinen potentiellen Bewerber für zukünftige Spiele abgeschreckt. Es sah im Gegenteil so aus, als könne künftig das Fernsehen die Kosten von Winter- und Sommerspielen praktisch allein tragen und es so den Ausrichter-Kandidaten leichtermachen.

Mit einer überaus gelungenen, heiteren Eröffnungsfeier, bei der Bundespräsident Dr. Gustav Heinemann die übliche Eröffnungsformel sprach und die Leichtathletin Heidi Schüller den Eid für die Athleten ablegte, begannen die Münchner Spiele am 26. August bei strahlendem Sonnenschein. Natürlich gab es neue Rekorde an Teilnehmern: 6659 Männer und 1171 Frauen aus 123 Ländern hatten für die insgesamt 195 Wettbewerbe gemeldet.

Rhodesien ausgeschlossen

Um ein Haar hätte es aber einen großen Boykott gegeben. Das IOC hatte 1971 Rhodesien, das sich 1965 einseitig von Großbritannien gelöst hatte, die Teilnahme in München erlaubt. In München drohten nun 32 afrikanische Staaten mit der Abreise, falls die rhodesischen Sportler, 46 waren schon angekommen, starten dürften. Unter diesem Druck fiel das IOC um und beschloß, sehr zum Ärger von Präsident Brundage, mit 36:31 Stimmen bei drei Enthaltungen den Ausschluß Rhodesiens. Die Spiele waren gerettet, aber das IOC hatte politischem Druck nachgegeben, was Brundage fürchterlich erzürnte.

Bei der Gedenkfeier für die getöteten Israeli stellte er dann auch diesen Anschlag und die afrikanische Boykottdrohung praktisch auf eine Stufe, was nicht nur den Unwillen der Afrikaner, sondern auch Verständnislosigkeit bei den übrigen Ländern hervorrief.

In der deutschen Frage schien in bezug auf Olympia alles geklärt zu sein. Ausgerechnet bei den Spielen in der Bundesrepublik hatte die DDR nun ihre völlige Selbständigkeit erreicht, nahm zum erstenmal unter eigenem Namen und mit eigenen Staatssymbolen an Olympischen Sommerspielen teil. Und die DDR-Athleten zeigten gleich, was sie konnten. Sie gewannen insgesamt 20 Goldmedaillen, davon allein acht in der Leichtathletik, zwei durch den Schwimmer Roland Matthes, je drei im Turnen und Rudern und vier in den Kanuwettbewerben. Dazu kamen noch 23 Silbermedaillen.

Aber auch die bundesdeutsche Mannschaft durfte zufrieden sein. Ihre Zuschauer bejubelten 13 Goldmedaillen (davon sechs in der Leichtathletik), acht Silbermedaillen und elf Bronzemedaillen. Zu den ganz besonderen Höhepunkten zählte jener Nachmittag im Olympiastadion, als innerhalb kurzer Zeit ein bundesdeutscher »Goldregen« fiel.

Von diesem 3. September blieb den Zuschauern vor allem die Stunde zwischen 17 und 18 Uhr unvergeßlich. Die deutsche Mannschaft ver-

1972

Die 400 m holte sich der jubelnde Vincent Matthews vor seinem Landsmann Wayne Collett und dem Afrikaner Sang. Horst-Dieter Schlösske aus Berlin (ganz links) wird als bester Mitteleuropäer Fünfter.

Hier führt Kipchoge Keino noch das 1500-m-Feld an, aber kurz vor dem Ziel überspurtete ihn der Finne Pekka Vasala (Startnummer 226) und besiegte ihn um fünf Zehntelsekunden. Der Läufer mit der Nr. 284 ist der Brite Brendan Foster, der Fünfter wurde.

doppelte ihr Goldmedaillenkonto von drei auf sechs. Die Fans brauchten starke Nerven. Speerwerfer Klaus Wolfermann aus Gendorf führte mit 90,48, sein Konkurrent Janis Lusis (UdSSR) holte zum letzten Wurf aus – nur zwei Zentimeter kürzer! Wolfermann hat das Gold. Heide Rosendahl aus Leverkusen schob sich mit ihrem 6,83-m-Weitsprung (olympischer Rekord) ganz nahe an die Fünfkämpferin Mary Peters heran und lief die 200 m in einem wahnwitzigen Tempo, 22,96 Sekunden, aber die 34jährige Engländerin aus Belfast rettete ihr Gold mit zehn Punkten Vorsprung. Inzwischen leuchteten die Zeiten der Geher auf, Oberfeldwebel Bernd Kannenberg aus Fürth führte mit 21 Sekunden! Dann folgte der 800-m-Lauf der Frauen. Die Fans trugen Hildegard Falck aus Wolfsburg mit ihrem Beifallssturm förmlich ins Ziel und zur Goldmedaille. Unter tosendem Beifall marschierte Kannenberg durchs Marathontor. »Macht das Tor zu«, schrie ein Fan. Aber das war nicht nötig. Kannenberg holte sich das Gold. »War das eine Stunde«, stöhnten die Fans nach diesen nervenaufreibenden Ereignissen.

Unvergessen bleiben auch Heide Rosendahls Weitsprungsieg, Hans Baumgartners Silber im Weitsprung und Rita Wildens zweiter Rang über 400 m. Dazu gab es in der Leichtathletik eine Reihe jener undankbaren vierten Plätze: Franz-Josef Kemper (800 Meter), die 4×400-m-Staffel der Männer, Hermann Magerl (Hochsprung), Reinhard Kuretzky (Stabhoch) und Uwe Beyer (Hammer). Fünfte wurden Rei-

München

Der unglückliche Amerikaner Jim Ryun stürzte in seinem 1500-m-Vorlauf und konnte sich so nicht für das Finale qualifizieren. 500 Meter vor dem Ziel kollidierte er mit dem Ghanesen Fordjour, rappelte sich doch noch auf und erreichte als Letzter das Ziel. Der Weltrekordmann war ausgeschieden.

Oben:
Finale des 10000-m-Laufs: Der spätere Sieger Lasse Viren aus Finnland liegt bereits in Führung vor dem Äthiopier Miruts Yifter, der sich die Bronzemedaille holte. Silber gewann Emil Puttemans aus Belgien, hier noch an vierter Stelle.

Rechts:
Zum erstenmal seit 1908 wieder Marathon-Gold für die USA. Frank Shorter siegte in seiner Geburtsstadt München.

Annegret Richter (100 Meter), auf Platz sechs kam 5000-m-Läufer Harald Norpoth.
Die sieben anderen Goldmedaillen errangen der Boxer Dieter Kottysch (Hamburg), der Skeetschütze Konrad Wirnhier (Pfarrkirchen), die Dressurreiterin Liselott Linsenhoff (Frankfurt), der Bahn-Radvierer, die Ruderer im Vierer mit Steuermann, das Hockeyteam und das Reiterteam im Preis der Nationen.
Im Leichtathletik-Stadion gab es für die US-Amerikaner eine bittere Pleite. Der Sowjetrusse Waleri Borsow gewann beide Sprintstrecken, was bisher nur Jesse Owens 1936 und Bob Morrow 1956 geschafft hatten. Wegen eines Termin-Irrtums der US-Betreuer waren die Klassesprinter Robinson und Hart nicht rechtzeitig zum 100-m-Zwischenlauf erschienen und wurden gnadenlos gestrichen. Nur Taylor war pünktlich da und wurde dann im Finale auf Platz zwei verwiesen. Dafür revanchierten sich die Amerikaner in der Staffel und überließen den Russen (mit Borsow) nur Silber. Die Münchner Zuschauer freuten sich über Bronze der bundesdeutschen Sprinter Hirscht, Klotz, Wucherer und Ehl. Das Gold in der 4×400-m-Staffel »verschenkten« die Amerikaner. Vince Matthews und Wayne Collett, Erster und Zweiter im 400-m-Einzellauf, hatten bei der Siegerehrung, ähnlich wie ihre Kollegen 1968, im Sinne von »Black Power« demonstriert, die Fäuste gereckt und lachend der Fahne den Rücken gekehrt. Beide wurden danach vom IOC ausgeschlossen und heimgeschickt. Das US-Team stellte keine Staffel. Kenia siegte vor den Briten, Franzosen und dem bundesdeutschen Quartett.
Im 800-m-Lauf gewann der Amerikaner Dave Wottle, geschmückt mit seiner üblichen Golfmütze, um Zentimeter vor dem erschöpften Russen Arschanow, Mike Boit aus Kenia und Franz-Josef Kemper, der nur sechs Zehntelsekunden hinter Wottle lag. Am schönsten und am schnellsten über die 400-m-Hürdenstrecke stürmte der unbekannte John Akii-Bua aus Kenia, eines von 43 Kindern eines Vaters mit

acht Ehefrauen. Akii-Bua lief in 47,82 Sekunden einen phantastischen Weltrekord. Über 1500 m war dem Kenianer Kipchoge Keino das Gold durch den Finnen Vasala weggeschnappt worden, über 3000 m Hindernis holte er es sich vor seinem Landsmann Jipcho. König auf den Langstrecken, wie einst Kolehmainen, Zatopek oder Kuz war der Finne Lasse Viren. Dieses seltene Double sollte ihm vier Jahre später noch einmal gelingen. Überlegener Marathonsieger wurde der in München geborene Amerikaner Frank Shorter. Vor ihm hatte sich der 22jährige Student Norbert Südhaus mit einer falschen Nummer ins Stadion gemogelt und ließ sich kurzfristig als »Sieger« feiern.
So schlecht wie in München schnitten die Amerikaner in den technischen Wettbewerben noch nie ab. Es gab nur eine einzige Goldmedaille für sie durch den Weitspringer Randy Williams, der mit seinen 8,24 m den Deutschen Hans Baumgartner aus Heppenheim um sechs Zentimeter besiegte. Im Stabhochsprung ging die Siegesserie der Amerikaner ebenfalls zu Ende. Bob Seagren mußte sich Wolfgang Nordwig aus der DDR geschlagen geben.
Die Leichtathletikwettbewerbe der Mädchen waren ein rein deutsches Duell. Sechs Goldmedaillen gab es für die DDR, vier für die Bundesrepublik, mit den glanzvollen Siegen von Hildegard Falck, Ulrike Meyfarth, Heide Rosendahl und der 4×100-m-Staffel. Hier kämpfte Heide Rosendahl auf den letzten Metern die Doppelsiegerin über 100 m und 200 m, Renate Stecher (DDR), nieder. Es war das Duell der beiden erfolgreichsten Leichtathletinnen dieser Spiele

Über 1500 m hatte es nicht geklappt, aber die entgangene Goldmedaille holte sich Kipchoge Keino, hier beim Sprung über den Wassergraben, dann im 3000-m-Hindernislauf.

Die Münchner Fans hielten ihm alle Daumen. Feldwebel Bernd Kannenberg aus Fürth, hier an zweiter Stelle, gewann den Gehwettbewerb über 50 Kilometer. Im Ziel hatte er über zwei Minuten Vorsprung vor dem Russen Soldatenko.

Kipchoge Keino

Er war keiner, der auf immer neue Rekorde aus war, kein Weltrekordsammler, er lief, weil es ihm Spaß machte. Wenn es darauf ankam, zeigte er seine große Klasse. Keino war der erste jener überragenden schwarzen Läufer aus Afrika, ohne die die Leichtathletik heute nicht mehr vorstellbar ist. Viele Landsleute sind seinem Beispiel gefolgt. Kipchoge Keino wurde am 17. Januar 1940 in Kipsano in Kenia geboren, wurde Polizist und begann 1962 mit dem Wettkampfsport. 1964 in Tokio nahm er ohne großen Erfolg am 1500-m-Lauf und am 5000-m-Lauf teil. Bei den Commonwealth-Spielen 1966 gewann er über eine Meile und über drei Meilen. Die Olympischen Spiele in der Höhe von Mexico City waren ihm dann so richtig auf den Leib geschneidert. Dreimal trat er an, über 10000 m schied er aus, über 5000 m wurde er Zweiter, und die 1500 m gewann er mit dem größten Vorsprung, der je bei Olympischen Spielen erzielt wurde. Bei seinen dritten Olympischen Spielen in München hatte er schon etwas von seinem gewaltigen Endspurt eingebüßt, wurde Zweiter über 1500 m und gewann den 3000-m-Hindernislauf. Danach trat er in den USA in einem Profiteam auf, dem aber nur eine kurze Lebensdauer beschieden war.

München

Olympiasieger Wolfgang Nordwig aus der DDR versucht sich im Stabhochsprung an 5,56 m. Er gewann mit 5,50 m.

Die Damen stürmen dem 800-m-Ziel entgegen. Hildegard Falck (Nr. 159) aus Wolfsburg besiegte unter tosendem Jubel die Russin Sabaite mit einer Zehntelsekunde Vorsprung.

Den Hochsprung in München gewann der Russe Yuri Tarmak mit 2,23 m.

Überglücklich feiert Speerwerfer Klaus Wolfermann aus Gendorf seinen knappen Sieg über Janis Lusis aus der UdSSR. Links der amerikanische Bronzemedaillengewinner William Schmidt. Wolfermann (90,48 m) warf zwei Zentimeter weiter als Lusis (rechts im Bild).

gewesen, beide hatten je zwei Gold- und eine Silbermedaille.
Die neu im Programm stehende 4×400-m-Staffel holten sich die DDR-Läuferinnen ganz überlegen vor den USA und dem bundesdeutschen Quartett Rückers, Bödding, Falck und Wilden. Die ebenfalls neu eingeführten 100 m Hürden (früher 80 m) gewann Anneli Ehrhardt aus der DDR, hier wurde Karin Balzer, Siegerin 1964, Dritte. Und den neuen 1500-m-Lauf ließ sich die Sowjetrussin Ludmila Bragina nicht entgehen.

Das Duell Mary gegen Heide

Dramatisch ging es im Fünfkampf zwischen der Engländerin Mary Peters und Heide Rosendahl zu, die sich schließlich, wie Rita Wilden im 400-m-Lauf, über Silber freuen durfte. Dank ihrer beiden Paradedisziplinen Weitsprung und 200-m-Lauf holte Heide Rosendahl noch mächtig auf, aber die 33jährige »alte Dame« Mary Peters rettete sich mit knappen zehn Punkten Vorsprung ins Ziel. Sie hatte eine solch liebenswerte Ausstrahlung, daß ihr sogar das leicht enttäuschte deutsche Publikum applaudierte.
Die Schwimmwettbewerbe von München werden immer mit dem Namen Mark Spitz verbunden bleiben. Der Amerikaner stellte den »olympischen Rekord« mit sieben Goldmedaillen bei ein und denselben Spielen auf, mit Einzelsiegen über die 100-m- und 200-m-Distanz im Kraul und Butterfly und mit drei Staffelsiegen – alle in Weltrekordzeit! Weiblicher Star war die 15jährige Australierin Shane Gould mit drei Gold- und je einer Silber- und Bronzemedaille. Zum

deutschen Medaillenkontingent trugen die 4×200-m-Staffel (Silber) sowie Hans Lampe und die beiden Frauenstaffeln (jeweils Bronze) bei. Eindrucksvoll waren der Doppelsieg des Erfurter Rückenschwimmers Roland Matthes (wie schon 1968) und der erneute Erfolg des italienischen Turmspringers Klaus Dibiasi. Rick Demont, Sieger über 400 m Kraul, wurde wegen Dopings disqualifiziert. Er hatte gegen sein Asthma ein Mittel genommen, das »Ephedrin« enthielt.

Im Boxen begann die gewaltige Karriere des kubanischen Schwergewichtlers Teofilo Stevenson, der sowohl den weißen Amerikaner Duane Bobick als auch Peter Hussing aus Siegen vor der Zeit hart ausknockte. Hussing bekam immerhin noch Bronze. Gold hingegen holte sich ein wenig überraschend der Hamburger Dieter Kottysch im Halbmittelgewicht.

Den stärksten Eindruck bei Zuschauern und den Millionen an den Fernsehschirmen hinterließ wohl die zierliche russische Turnerin Olga Korbut. Die 17jährige gewann dreimal Gold, ihre Landsmännin Ludmila Turischtschewa den Mehrkampf. Die Japaner Sawao Kato und Skinori Nakayama stockten ihr Goldmedaillenkonto auf je sechs auf.

Ausgezeichnet hielten sich die deutschen Reiter, wenn auch im Einzeljagdspringen Hermann Schridde lediglich Sechster wurde. Aber dafür gewannen seine Kollegen Ligges, Wiltfang, Steenken und Winkler den Nationenpreis, allerdings nur um einen viertel Punkt vor der amerikanischen Equipe. Die letzten Reiter trieben

Hans Günter Winkler kann Deutschlands Sieg sicherstellen, wenn er mit »Torphy« höchstens einen Hindernisfehler begeht. Aber der Wallach reißt beide Hindernisse des Wegesprungs. Nun kann es Steinkraus für die Amerikaner schaffen. Ein zweiter Nullfehlerritt würde den Sieg bedeuten. Konzentriert geht er an die schwierige Aufgabe heran. Steinkraus wirkt sicher und überlegen. »Main Spring« findet den Absprung zentimetergenau. Um so mehr überrascht das heftige Fordern des Pferdes vor dem Wassergraben. Prompt verpaßt »Main Spring« den Moment und landet mitten im Wasser: out! Die Amerikaner verlieren mit diesem einzigen Fehler den Nationenpreis um einen viertel Punkt! Das Duell an der Spitze ist zu Ende. Die Prüfung erfährt noch zusätzliche Dramatik, als es Weltmeister David Broome nicht gelingt, das für die Bronzemedaille der Briten erforderliche Maximum von 12 Punkten zu halten. Zwei Fehler an den beiden letzten Hindernissen werfen die Engländer auf den 4. Platz zurück.

Links oben:
Premiere für Olympia: Die Russin Ludmilla Bragina gewann in München den ersten 1500-m-Lauf in der olympischen Frauen-Leichtathletik.

Oben:
Die kraftvolle Renate Stecher aus Jena entschied beide Sprintstrecken in München für sich. Hier gewinnt sie die 200 m vor der fast auf gleicher Höhe liegenden Australierin Raelene Boyle und der Polin Szewinska, die 1968 gesiegt hatte.

Liebling der Münchner war die erst 16jährige Ulrike Meyfarth, die sensationell mit 1,92 m den Hochsprung gewann und damit den Grundstein zu einer ungewöhnlich erfolgreichen Karriere legte.

Die Favoritin gewann: Faina Melnik aus der UdSSR, die Diskussiegerin von München.

Im Speerwerfen war Ruth Fuchs aus der DDR mit der damals zweitbesten Weite aller Zeiten erfolgreich: 63,88 m.

Unten:
Höhepunkt eines mitreißenden Fünfkampfes. Heide Rosendahl aus Leverkusen gewinnt zwar hier den 200-m-Lauf, aber den Punktevorsprung der Britin Mary Peters (Nr. 111), die hier Vierte ist, kann sie nicht mehr einholen. Burglinde Pollak aus der DDR (Nr. 173) sichert sich die Bronzemedaille.

blick noch zur Bronzemedaille kommen. Als »Entscheidung der letzten Sekunde« wird dieser spannende Nationenpreis in die Geschichte eingehen.

In der Dressur gab es von jeder Medaille eine für Deutschland: Liselott Linsenhoff holte auf »Piaff« Gold. Josef Neckermann wurde Dritter, und die beiden gewannen dann noch zusammen mit Karin Schlüter Mannschaftssilber hinter der UdSSR. Die deutsche Militarymannschaft belegte Rang drei. der Engländer Richard Mead siegte im Einzel und mit seiner Mannschaft.

Keine Chance für Mang

30 Kilo zu wenig hob der stärkste Deutsche, Rudolf Mang aus Bellenberg, der gegen den Sowjetrussen Alexejew (640 Kilo im Dreikampf) keine Chance hatte. Silber holten auch der Ringer Veil und der Judoka Glahn, Bronze der Ringer Seger und der Judoka Barth.

Hatten schon die DDR-Sportler alle Kanuwettbewerbe im Slalom gewonnen, so trumpften auch deren Ruderer mit drei Goldmedaillen auf. Da konnten die bundesdeutschen Ruderer nur den gesteuerten Vierer als Sieger präsentieren. Den Achter schnappte sich überraschend Neuseeland; das bundesdeutsche Boot, stolz Deutschland-Achter genannt, endete als Fünfter.

Zum zweitenmal nach 1964 gewann der bundesdeutsche Bahn-Radvierer das Gold, nach einem dramatischen Kampf mit der DDR, die mit drei Sekunden Vorsprung besiegt wurde. Im ausverkauften Velodrom liefen Udo Hempel, Günther Haritz, Günter Schumacher und Jürgen Colombo eine Ehrenrunde. Sie mit dem Rad zu

Links außen: Mark Spitz war der herausragende Sportler der Spiele in München. Er gewann sieben Goldmedaillen, ein olympischer Rekord.

Links: Mit nur ²⁄₁₀₀₀ Sekunden Vorsprung gewann der Schwede Gunnar Larssen die 400 m Lagen.

Unten: Beste Schwimmerin war Shane Gould. Die Australierin gewann fünf Medaillen, darunter drei in Gold.

Ganz unten: Ein strahlendes Quartett! Die überraschend siegreiche bundesdeutsche 4×100-m-Staffel lief mit Annegret Richter, Ingrid Mickler, Heide Rosendahl und Christiane Krause.

fahren, verboten die olympischen Regeln. In der Einzelverfolgung gewann der Stuttgarter Hans Lutz hinter dem Norweger Knut Knudsen und Xaver Kurmann aus der Schweiz Bronze, die beste Leistung seit Rudi Altigs Zeiten. Bei den Straßenrennen gab es Dopingskandale. Dem Spanier Huelmo und dem holländischen Team wurden die Bronzemedaillen aberkannt. Zum zweitenmal Gold holte sich der französische Sprinter Daniel Morelon.

Jo-Jo-Spiel mit den Medaillen

Viel bejubelt wurde auch der Olympiasieg der bundesdeutschen Hockeymannschaft, die das Finale gegen Pakistan 1:0 durch eine von Michael Krause verwandelte Strafecke gewann. Die Pakistani wetterten über diese Schiedsrichterentscheidung und waren auch bei der Siegerehrung noch so außer sich, daß sie sich wie Rabauken benahmen. Sie spielten mit ihren Silbermedaillen Jo-Jo oder steckten sie sich in die Schuhe. Daraufhin wurden sie vom Weltverband und auch vom IOC für alle künftigen Turniere gesperrt. Eine Sperre, die natürlich nicht lebenslänglich war.
Neu im Programm war Hallenhandball, erster Sieger Jugoslawien vor CSSR, Rumänien, DDR sowie der UdSSR und Deutschland, das im Kampf um Platz fünf gegen die Russen 16:17 verlor. Trainer der Jugoslawen war damals Vlado Stenzel, später Betreuer des bundesdeutschen Weltmeister-Teams.

Die zierliche Turnerin Olga Korbut aus der Sowjetunion war der Liebling des Münchner Publikums. Sie gewann am Boden (Bild), am Schwebebalken und mit der Mannschaft. »Floh« nannte man die nur 1,46 m große 17jährige Schülerin.

Waleri Borsow

Bis heute ist Waleri Borsow der einzige wirklich überragende Sprinter aus der Sowjetunion geblieben. Er wurde am 20. Oktober 1949 in Lyow geboren. Wissenschaftler entdeckten früh seine Begabung als Sprinter, und entsprechend wurde er trainiert. 1971 gewann er beide Europameistertitel auf den Sprintstrecken und ein Jahr später beide Goldmedaillen in München. Sein 100-m-Sieg wurde allerdings durch das Fehlen der beiden besten US-Sprinter abgewertet, die zu spät zum Zwischenlauf erschienen waren. Aber sein Stil und seine Kraft machten ihn zum besten weißen Sprinter seit Bob Morrow (USA). 1973 hatte Borsow eine Formkrise, wurde aber 1974 wieder Europameister über die 100 m und schaffte bei den Olympischen Spielen in Montreal trotz Verletzung eine Bronzemedaille über 100 m. So war er der einzige 100-m-Olympiasieger, der bei den nächsten Spielen eine zweite Medaille im selben Wettbewerb gewann.

gen Ungarn), und im Basketball wurden die Amerikaner, die noch nie ein Spiel bei Olympia verloren hatten, besiegt. Nach einem Durcheinander mit der Zeitnahme warfen die Sowjetrussen in zwei zusätzlich zugestandenen Spielsekunden den Korb zum 51:50-Sieg. Amerikanische Proteste nutzten nichts, die US-Boys verweigerten daraufhin die Annahme der Silbermedaillen.

Die sportliche Bilanz der Spiele brachte der sowjetischen Mannschaft 50 Goldmedaillen, der amerikanischen 33 und der stark aufkommenden DDR 20. Hätte man eine »gesamtdeutsche« Medaillenbilanz aufgestellt, Russen und Amerikaner wären übertroffen worden. Zum erstenmal seit 1960 hatte die UdSSR die meisten Goldmedaillen gewonnen.

Rechts:
Die beste Turnerin im Achtkampf aber war die elegant turnende Russin Ludmilla Turischtschewa.

Lord Killanin löst Brundage ab

Nach den Olympischen Spielen von München trat IOC-Präsident Avery Brundage in den Ruhestand, und der britische Lord Killanin, geboren 1914 in London, aber wohnhaft in Dublin, übernahm sein Amt. Auch er bedauerte die Kommerzialisierung und den Mißbrauch der Medaillen als Beweise der Stärke einer Nation. Er sprach sich gegen Flaggen und Hymnen aus und wünschte sich Olympische Spiele von kleinerem Zuschnitt. Das alles blieben fromme Wünsche. Leider werden die Olympischen Spiele von München immer unter dem Schatten jenes mörderischen Terrorüberfalls stehen. Die Entscheidung, die Spiele trotz der Bluttat fortzusetzen, war und ist bis heute umstritten.

Geblieben ist von den »blutigen Münchner Spielen« aber vor allem eine unglaublich funktionierende und funktionelle Sportstätte, die heute noch so lebendig ist wie in jenen herrlichen Tagen vor dem Attentat. In vielen anderen Olympiastätten, eines der schlechtesten Beispiele dafür ist wohl Tokio, sind die Olympiabauten verfallen, werden sie kaum noch genutzt

In München beendete der japanische Turner Akinori Nakayama seine glanzvolle olympische Karriere, die ihm sechs Gold-, zwei Silber- und zwei Bronzemedaillen eintrug. Unser Bild zeigt ihn bei seinem Olympiasieg 1972 an den Ringen.

Links unten:
Seine fünften und letzten Olympischen Spiele bestritt der Deutsche Hans Günter Winkler in München. Insgesamt gewann er fünf Gold- und eine Bronzemedaille.

In dem kleinen Ort Poing bei München gewann der Engländer Richard Meade beide Goldmedaillen in der Military, im Einzel und mit der Mannschaft. Mannschaftsgold hatte er schon vier Jahre zuvor errungen.

und verschlingen nur Steuergelder. Der Münchner Olympiapark ist mit oder gerade wegen seines umstrittenen Daches eine der größten Touristenattraktionen der bayerischen Landeshauptstadt. Es gibt wohl kaum einen Fremden, schon gar keinen Ausländer, der nicht während seines München-Aufenthalts zumindest eine Rundfahrt durch den Olympiapark unternimmt. Und die Sportstätten, an der Spitze Stadion, Schwimmhalle und Mehrzweckhalle, tauchen regelmäßig mit der Austragung großer Meisterschaften in den internationalen Terminlisten auf. Die Olympiahalle, in der auch Sechstagerennen und nichtsportliche Veranstaltungen (Fasching!) stattfinden, ist Münchens größter und attraktivster Veranstaltungsort. Nicht zuletzt ist der gesamte Park mit seinen 1,7 Millionen m^2 Fläche, seinen unzähligen Büschen und Bäumen und seinen 90000 m^2 künstlicher Wasserfläche eine grüne Oase im Betongewirr der Millionenstadt.

Der stärkste Mann der Welt. Wassili Alexejew wuchtete im Superschwergewicht insgesamt 640 Kilo in die Höhe. Sein eigener Weltrekord stand auf 645 kg. In München brachte der gewichtige Sowjetbürger auch sein höchstes Körpergewicht auf die Waage: 152,8 Kilogramm!

In München stand das Bogenschießen wieder auf dem olympischen Programm, wie schon 1900, 1904, 1908 und 1920. Der Amerikaner John Williams holte sich die Goldmedaille.

Das Basketballturnier erlebte ein hektisches Finale zwischen den Teams aus der UdSSR und den USA. Man stritt um Sekunden, und in der Nachspielzeit von drei Sekunden warfen die Russen den Siegeskorb zum 51:50. Danach spielten sich bis in den frühen Morgen tumultartige Szenen ab. Die Amerikaner erschienen nicht zur Siegerehrung, als ihr Protest abgelehnt wurde, und sie erhielten in München keine Medaillen. Bis 1972 hatten amerikanische Mannschaften alle olympischen Turniere gewonnen!

Mark Spitz

Seine Karriere als Schwimmer hatte zwar auch Tiefen, aber unvergessen wird jener Höhepunkt bleiben, als er bei den Olympischen Spielen 1972 in München sieben Goldmedaillen gewann. Der eigenwillige und temperamentvolle Mark Spitz wurde am 10. Februar 1950 in Modesto (Kalifornien) geboren und reiste, zum »Wunderkind« hochgelobt, zu den Olympischen Spielen 1968 in Mexiko, wo er sechs Goldmedaillen gewinnen sollte. Er holte zwei in den Staffeln und in den Einzeldisziplinen nur Silber und Bronze. Er zeigte sich nicht nur maßlos enttäuscht, er reagierte auch arrogant und machte sich bei seinen Kollegen ausgesprochen unbeliebt. Man warf ihn aus dem berühmten Schwimmklub Santa Clara, und er mußte sich gewaltig anstrengen, um 1972 wieder in Form zu sein. Spitz gewann in München die Einzelwettbewerbe über 100 m und 200 m im Kraul- und Butterflyschwimmen und führte die US-Staffel dreimal zum Sieg – alles mit neuen Weltrekordzeiten. Seinen letzten Münchner Sieg errang er kurz vor dem Überfall auf die israelische Mannschaft, wurde als Jude in einem Münchner Hotel in Sicherheit gebracht und dann nach Hause geflogen. Besonders die Frauen himmelten ihn an. Mark Spitz hatte Zahnmedizin studiert, gab aber nach den Olympischen Spielen diesen Beruf auf, um nach einer kurzen Karriere als Showman und Star der Werbung sein Geld im Versicherungsgeschäft zu verdienen.

Innsbruck

Die Winterspiele kehrten wieder in die Tiroler Metropole Innsbruck zurück, wo sie schon 1964 so ausgezeichnet organisiert worden waren. Innsbruck sprang für die amerikanische Stadt Denver ein, deren Bürger sich in einer Abstimmung gegen die Winterspiele entschieden hatten. Spötter sagten, IOC-Präsident Avery Brundage, bekannter Gegner der Winterspiele, habe mit Hilfe von Denver die Olympischen Winterspiele sterben lassen wollen. Nun aber konnte er erleben, wie die Innsbrucker wieder zu relativ einfach Spielen zurückkehrten.

37 Länder schickten 1094 Sportler und 276 Sportlerinnen in die 37 Wettbewerbe, alles neue Rekordzahlen. Die Eröffnungsfeier fand wieder im Stadion der Berg-Isel-Schanze statt, und es leuchteten zwei olympische Feuer für die zweite Austragung.

Wieder holten sich die Sowjets den Löwenanteil an Medaillen: Dreizehn goldene, sechs silberne und acht bronzene. Noch größeren Aufschwung hatte die DDR genommen. Gewannen die Russen insgesamt 25 Medaillen, so standen ihnen die DDR-Sportler nicht viel nach: 19 Medaillen, sieben aus Gold, fünf silberne und sieben bronzene. Jetzt beherrschte die DDR nicht nur das Rennrodeln (dreimal Gold), sondern sie schickte auch die besten Bobfahrer. Steuermann Nehmer gewann zweimal Gold.

Mit seinem Sieg waren die Olympischen Winterspiele in Innsbruck »gerettet«. Franz Klammer »mußte« die Abfahrt vom Patscherkofel einfach gewinnen, er schaffte es mit Bravour und wurde zum Volkshelden.

Österreichs erste Goldmedaille im Skispringen. Karl Schnabel gewann das Springen von der 90-m-Schanze am Berg Isel.

1976

Gold-Rosi nannte sie die deutsche Presse und das deutsche Publikum. Um ein Haar hätte sie das gleiche Kunststück wie ihre männlichen Kollegen Toni Sailer und Jean-Claude Killy fertiggebracht und alle drei alpinen Rennen gewonnen. In der Abfahrt (unser Bild) setzte sich Rosi Mittermaier von der Winklmoosalm bei Reit im Winkl noch überraschend durch, den Slalom gewann sie eigentlich programmgemäß, im Riesenslalom aber blieb »nur« Silber hinter der Kanadierin Kathy Kreiner. Rosi war der wirkliche »Star« der zweiten Winterspiele von Innsbruck.

Die Skandinavier hatten einmal mehr nicht so viel zu bestellen. Ulrich Wehling aus der DDR gewann die nordische Kombination, Skispringer Aschenbach auf der 70-m-Schanze, der Österreicher Karl Schnabl auf der 90-m-Schanze. Alle Skispringermedaillen teilten sich die DDR und Österreich, jeder bekam eine goldene, eine silberne und eine bronzene.
Für die Österreicher waren es die »Spiele des Franz Klammer«. Als er die Abfahrt am ersten Tag gewonnen hatte, konnte für die Veranstalter nichts mehr schiefgehen. Für die Deutschen waren es die »Spiele der Rosi Mittermaier«. Das Mädchen von der Winklmoosalm siegte in der Abfahrt, die sie vorher noch nie gewonnen hatte, holte Gold im Slalom und gab sich im Riesenslalom nur hauchdünn der Kanadierin Kathy Kreiner (um zwölf Hundertstelsekunden) geschlagen. »Gold-Rosi«, in Deutschland mehr als enthusiastisch gefeiert, war die einzige, die in der bundesdeutschen Mannschaft Gold errang. Der Kombinierer Urban Hettich, der Rodler Fendt, die Zweisitzer-Rodler Brandner/Schwarm und die Zweierbobfahrer Zimmer-

Mittermeier die fünf bundesdeutschen Silbermedaillen bei. Bronze holten die Rodlerin Elisabeth Demleitner, der Viererbob (Steuermann Zimmerer) und ganz sensationell das Eishokkeyteam. Wie gewohnt gewann die UdSSR vor der CSSR. Dahinter waren Deutschland und Finnland punktgleich.

Dramatik im Eishockey

Es dauerte lange, bis der Modus bei Punktgleichheit geklärt war. Da auch die Tordifferenz zwischen Deutschland und Finnland gleich war (7:6 gegenüber 9:8), mußte dividiert werden, und dabei ergab sich ein Vorteil von 41 Tausendstel (!) für die bundesdeutsche Mannschaft, die ihr Glück kaum fassen konnte. Es darf aber nicht vergessen werden, daß Schweden und Kanada sowie die Mannschaft der DDR fehlten. Unter diesen Aspekten war der dritte Platz nicht mehr ganz so sensationell. Zum viertenmal hintereinander siegten die Sowjets. Der CSSR-Kapitän Pospisil wurde wegen Dopings disqualifiziert.

Für Ingemar Stenmark, den brillanten Schweden, war die Zeit noch nicht reif. Er gewann Bronze im Riesenslalom, den der Schweizer Heini Hemmi vor seinem Landsmann Ernst Good gewann. Den Slalom holte sich der Italiener Piero Gros vor seinem Landsmann Gustav Thöni.

Während sich die Eisschnelläufer die Medaillen gerecht teilten, schnappten sich die sowjetischen Frauen drei von vier möglichen Goldmedaillen, zwei davon Tatjana Awerina. Die Amerikanerin Sheila Young, Weltmeisterin auf dem Rad, gewann den 500-m-Sprint.

Die Olympischen Spiele von Innsbruck hatten nicht sehr viel gekostet, waren die Anlagen doch noch zwölf Jahre nach der letzten Austragung gut in Schuß. So bedeutete die Bezeichnung »einfache Spiele« durchaus ein hohes Lob. Und eine Hoffnung!

Irina Rodnina und Alexander Zaitzew, seit 1975 auch ein Ehepaar, gewannen den Paarlauf in der Innsbrucker Eishalle vor zwei DDR-Paaren.

Die elegante amerikanische Eiskunstlauf-Olympiasiegerin Dorothy Hamill.

Auf dem Rennrad und den Eisschnellaufkufen perfekt. Die Amerikanerin Sheila Young, auch Rad-Weltmeisterin, gewann in Innsbruck die Goldmedaille im 500-m-Sprint.

1976

John Curry – Triumph der Kunst. So beschrieben viele Beobachter die tänzerische Eleganz und die Perfektion des britischen Olympiasiegers, der als erster Engländer die Goldmedaille im Eiskunstlauf der Männer gewann.

John Curry

John Curry erklomm ganz allmählich die Spitze im Eiskunstlauf, wurde innerhalb weniger Monate zur Legende und nahm dann sofort den Weg fast aller heutigen Eiskunstläufer: er ging zu einer Revue. Curry wurde am 9. September 1949 in Birmingham geboren, begann sehr früh mit dem Eiskunstlauf und entwickelte einen neuen Stil mit Anleihen aus dem Ballett. Weil er Neues brachte, den Europameisterschaften 1972 belegte er den fünften Rang, wurde Neunter bei der Weltmeisterschaft und Elfter bei den Olympischen Spielen in Sapporo. Danach trainierte er in Amerika bei dem Italiener Carlo Fassi und verbesserte sich immer mehr, bis zum zweiten Rang in Europa und zum dritten in der Welt. 1976 gewann er dann alle möglichen Titel.

Montreal

Die dramatischen Ereignisse von München waren noch nicht vergessen, und die Angst vor neuen Attentaten beherrschte die Spiele in Montreal. Zwar hatten die strengen Sicherheitsmaßnahmen Erfolg, und die Veranstaltung ging glatt über die Bühne, aber trotzdem werden die Bewohner der Region um Montreal und die Einwohner selbst »ihre« Spiele nicht nur in guter Erinnerung behalten. Denn für die immensen Kosten von über 1,5 Milliarden Dollar werden sie noch im nächsten Jahrtausend zu zahlen haben. Die veranschlagten Baukosten explodierten, die Organisation geriet fast völlig außer Kontrolle, Termine wurden nicht eingehalten. Vor den Spielen interessierte sich für sportliche Ereignisse kaum noch jemand, die Schlagzeilen waren beherrscht von der Frage: Schaffen sie es oder schaffen sie es nicht? Die Kanadier meisterten die Probleme, trotz eines Bauarbeiterstreiks, trotz aller Hindernisse, die sich ihnen in den Weg stellten, mit bemerkenswerter Gelassenheit. Und die Sportstätten erwiesen sich letztendlich als außerordentlich gut. 5861 Sportler und 1473 Sportlerinnen aus 88 Ländern gingen an den Start. Es zeigte sich bald, daß mancher vorschnelle Urteile revidieren mußte. Nach ein paar Tagen zeigte das kanadische Publikum echte Anteilnahme, ja sogar Herzlichkeit. Etappenweise hatte der sogenannte olympische Geist von Stadt und Land Besitz ergriffen. Die Eröffnungsfeier, anfangs von Angst vor Terror und Gewalt geprägt, brauchte allerdings eine lange Anlaufzeit, bis Stimmung aufkam. Trachtengruppen aus Bayern trugen zur späteren heiteren Stimmung bei. Schließlich empfanden die Kanadier dann doch Erleichterung nach den Jahren, die vom Wort »Skandal« beherrscht gewesen waren. Die Königin von England, Kanadas Staatsoberhaupt, eröffnete die Spiele in französisch und englisch – ungeheuer wichtig im zweisprachigen Kanada. Die Spiele fanden vom 17. Juli bis zum 1. August statt und wurden vom Fernsehen in alle Welt übertragen. Im Stadion konnten die Zuschauer die Ereignisse auf einer großen elektronischen Wand bewundern, die sogar Wiederholungen in Zeitlupe bot.

100-m-Finish in Montreal. Hasely Crawford aus Trinidad bezwingt knapp Don Quarrie aus Jamaica. »Titelverteidiger« Waleri Borsow wird Dritter.

Einmarsch der Athleten zur Eröffnungsfeier der Olympischen Spiele in Montreal 1976.

Sportpolitische Probleme

Wie nun schon fast üblich, gab es auch wieder sportpolitische Probleme. Die Kanadier hatten die Volksrepublik China – vor allem wegen ihres Weizenexports in dieses Land – diplomatisch anerkannt. Deshalb luden sie die »Republik China« nur unter der Bedingung ein, daß die Nationalchinesen unter dem Namen »Taiwan« starten würden. Taiwan nahm daraufhin nicht teil.

In einem Brief forderten 16 afrikanische Staaten den Ausschluß Neuseelands von den Spielen, weil ein neuseeländisches Rugbyteam in Südafrika gespielt hatte. Als Neuseeland dennoch in Montreal starten durfte, entschlossen sich 22 Staaten zum Boykott, nicht alle nur wegen Neuseeland, einige wohl auch, weil sie die Kosten für die Reise nach Kanada nicht aufbringen konnten. Es gab nur wenig Sympathie für die Haltung der Afrikaner, die Neuseeland zum

1976

Der jubelnde Neuseeländer John Walker im Ziel des 1500-m-Laufs. Dicht hinter ihm: der Belgier Ivo Van Damme als Zweiter, der Deutsche Paul-Heinz Wellmann, der sich jetzt schon über seine Bronzemedaille freut, Eamonn Coghlan aus Irland (Nr. 514) als Vierter und der Brite Clement, der Fünfter wird. Diese ersten Fünf trennte eine halbe Sekunde.

Don Quarrie aus Jamaica gewinnt die 200 m vor dem Amerikaner Millard Hampton.

Sündenbock machen wollten, obwohl viele andere Länder mit diesem Staat ebenfalls Sportverkehr pflegten. Bedauert wurde aber das Fehlen vieler großartiger afrikanischer Läufer, speziell das von Filbert Bayi aus Kenia. Schließlich starteten 34 Mannschaften und etwa 1000 Sportler weniger als in München.

Die sowjetrussischen Sportler zeigten sich erneut von ihrer besten Seite, gewannen die meisten Medaillen, 47mal Gold, 63mal Silber und 35mal Bonze. Enorm war der Aufschwung der DDR-Athleten. Holten sie in München 20 Goldmedaillen, so verdoppelten sie diese Zahl in Montreal glatt. Elf Olympiasiege schafften sie in der Leichtathletik, neun allein durch ihre Frauen. Die DDR-Schwimmerinnen siegten in elf von 13 Wettbewerben. Dazu kamen neun Goldmedaillen im Rudern, drei im Kanu, zwei im Schießen, je eine im Segeln, Radsport, Boxen und der Olympiasieg im Fußballturnier. Dagegen war das Abschneiden des bundesdeutschen Aufgebots eher bescheiden. Trotzdem war es mit seinen zehn Goldmedaillen, zwölf Silbermedaillen und 16 Bronzemedaillen ganz zufrieden. Den einzigen Sieg in der Leichtathletik schaffte Annegret Richter im 100-m-Lauf, holte dazu Silber im 200-m-Lauf und mit der

Verfolgung und mit dem Bahn-Vierer. Ein großer Sieger war auch der Reiter Alwin Schokkemöhle. Gold holte der Degenfechter Alexander Pusch (Heidenheim), dazu noch Silber mit der Mannschaft. Die Florettmannschaft siegte, ebenso die Dressurmannschaft (Harry Boldt, Rainer Klimke und Gabriele Grillo). Boldt und Klimke holten auch noch Silber und Bronze. Olympia-Sieger wurden auch zwei Segler-Teams und der Kleinkaliberschütze Karlheinz Smieszek. Das Handballteam wurde Vierter, die Hockeymannschaft, Goldmedaillengewinner 1972, fiel auf Platz fünf zurück. Silbermedaillengewinner Guido Kratschmer im Zehnkampf, die Speerwerferin Marion Becker, der Judoka Neureuther, der Degenfechter Hehn, das Reiterteam (Alwin und Paul Schockemöhle, Sönke Sönksen und H. G. Winkler) und vor allem der schier untröstliche Ruderer Peter-Michael Kolbe, der als hoher Favorit gestartet war, verpaßten den Olympia-Sieg nur knapp. Zum erstenmal seit 1928 gab es für die Amerikaner keine Medaille im 100-m-Lauf. Hasely Crawford aus Trinidad stürmte siegreich durch alle Läufe und holte das erste Gold seines Landes in der olympischen Geschichte. Er und

Erst zum dritten Mal in der olympischen Geschichte war der 110-m-Hürdensieger kein Amerikaner. In Montreal siegt der Franzose Guy Drut (im Vordergrund).

Der einzige amerikanische Leichtathlet, der in Montreal eine Einzel-Goldmedaille gewann, war der eindrucksvolle 400-m-Hürdensieger Edwin Moses.

3000-m-Hindernislauf in Montreal. Der Pole Bronislaw Malinowski führte hier und gewann schließlich Silber. Sieger wurde der Schwede Anders Gärderud (Startnummer 812).

Die erste Goldmedaille in der Leichtathletik für Mexiko gewann in Montreal Daniel Bautista (ganz in Rot), der das 20-km-Gehen für sich entschied.

der Zweite Don Quarrie hatten 1972 ihre Chancen wegen Verletzungen eingebüßt, der damalige Sieger, Waleri Borsow, wurde in Montreal Dritter. Quarrie gewann die 200 m eindrucksvoll, Crawford gab wegen einer Muskelverletzung auf, Borsow konnte wegen einer Oberschenkelverletzung nicht starten. In der Staffel holte er nochmals Bronze, die Amerikaner gewannen sie vor der DDR.
Der 400-m-Spezialist Alberto Juantorena aus Kuba ging zuerst die 800 m an, die er bislang nur dreimal bestritten hatte. Er holte sich das Gold vor dem Belgier Ivo van Damme, der noch im selben Jahr bei einem Autounfall getötet wurde. Neuling Juantorena stellte mit 1:43,50 Minuten einen neuen Weltrekord auf, Willi Wühlbeck wurde Vierter. Juantorena war natürlich Favorit über die 400 m und gewann sie überlegen vor den Amerikanern Newhouse und Frazier. Als einziger schaffte er dieses Double in der olympischen Geschichte. Mit der 4×400-m-Staffel konnte er nichts erreichen, die Amerikaner gewannen überlegen vor Polen und dem deutschen Quartett Hoffmeister, Krieg, Herrmann und Harald Schmid. Die 1500 m litten unter dem Fehlen von Weltrekordmann Bayi. In einem langsamen

Ein junger Pole, Jacek Wszola, siegte im Hochsprung mit 2,25 m vor dem Kanadier Greg Joy und dem amerikanischen Favoriten Dwight Stones.

Klar gewann im Zehnkampf der Amerikaner Bruce Jenner, hier in Führung beim abschließenden 1500-m-Lauf, vor Guido Kratschmer aus Mainz (mit der Startnummer 428). Am Ende hatte der Amerikaner 207 Punkte Vorsprung.

Über 5000 m und 10000 m strebte der Finne Lasse Viren jenes Double an, das ihm in München geglückt war, und er schaffte es. Der Einlauf über 5000 m war knapp, Klaus-Peter Hildenbrand warf sich ins Ziel und rettete so Bronze. Über 10000 m fand sich im Gegensatz zu den 5000 m nun in dem Portugiesen Lopez ein Schrittmacher für Viren, den der Finne im Endspurt leicht abhängte.
Auf der 110-m-Hürden-Strecke hatten die schwarzen Amerikaner seit 1932 immer gewonnen, aber diesmal war der Franzose Guy Drut an der Reihe, Frankreichs erster Leichtathletik-Olympiasieger seit 1920. Über die 400 m Hürden fehlte wegen des Boykotts der Favorit Akii-Bua, aber es wurde ein neuer Star geboren. Der 20jährige Edwin Moses siegte in Weltrekordzeit von 47,64, fast eine Sekunde vor seinem Landsmann Mike Shine. Es war übrigens der einzige amerikanische Sieg eines Einzelläufers auf der Bahn.
Über 3000 m Hindernis gab es ein mitreißendes Rennen zwischen dem Schweden Gärderud, dem Polen Malinowski und Frank Baumgärtl aus der DDR. Baumgärtl stürzte, als er Gärderud auf die Absätze trat, Malinowski wich aus, und Gärderud stürmte zum Sieg in Weltrekordzeit. Baumgärtl holte noch Bronze.

Eine Runde zuviel

Zum Marathonlauf trat auch der erstaunliche Lasse Viren an, aber der große Schlag glückte ihm nicht. Über drei Minuten blieb er als Fünfter hinter dem Sieger. Der hieß Waldemar Cierpinski (DDR), schlug Frank Shorter, den Sieger von 1972, und den Belgier Lismond, den Dritten von München, und lief eine zusätzliche Runde, weil der Rundenanzeiger falsch eingestellt war. Im 20-km-Gehen gab es die erste Leichtathletik-Goldmedaille für Mexiko durch den 23jährigen Polizisten Daniel Bautista.
Das kanadische Publikum buhte den amerikanischen Hochsprung-Weltrekordler Dwight Stones aus, weil er die Organisation kritisiert hatte. Aber es war wohl dann eher der Regen, der ihn behinderte. Stones wischte zwar fleißig das Wasser auf, wurde aber nur Dritter. Überraschend siegte der 19jährige Pole Jacek Wzsola vor dem kaum bekannten Kanadier Greg Joy. Auch die amerikanischen Stabhochspringer wurden wieder besiegt. Der Pole Tadeusz Slusarski gewann. Arnie Robinson holte sich eindrucksvoll den Weitsprung mit 8,35 m vor dem

Olympiasieger von 1972, Randy Williams. 1972 war Robinson Dritter geworden.
Zum drittenmal hintereinander hieß der Dreisprung-Olympiasieger Viktor Sanejew aus der UdSSR, und er hoffte nun, in vier Jahren in Moskau den sagenhaften Rekord von Al Oerter einstellen zu können. Erstaunlich war, daß es seit 1952 nur drei verschiedene Dreisprungsieger gegeben hatte. Drei neue Medaillengewinner gab es im Kugelstoßen, mit Udo Beyer aus der DDR an der Spitze. Mac Wilkins siegte mit dem Diskus vor dem DDR-Athleten Wolfgang Schmidt. Mit dem Hammer gewann der Russe Sedych, gecoacht von Anatoli Bondartschuk, in München Erster, in Montreal Dritter. Der Ungar Miklos Nemeth warf den Speer im ersten Versuch auf die Weltrekordweite von 94,58 m und gewann das Gold wie sein Vater Imre jenes mit dem Hammer 1948 in London. Vater und Sohn als Olympia-Sieger hatte es bis dahin in der Leichtathletik noch nie gegeben.

Duell Jenner–Kratschmer

Im Zehnkampf versuchte Guido Kratschmer vergeblich den Amerikaner Bruce Jenner zu übertreffen, der sogar seinen Beruf aufgegeben hatte, nur um für Montreal ausreichend trainieren zu können. Am Ende hatte er 207 Punkte Vorsprung vor dem Deutschen.
Neun Goldmedaillen sicherten sich die Leichtathletinnen aus der DDR, aber Annegret Richter war schneller als die Olympiasiegerin von 1972, Renate Stecher, lief im Halbfinale mit 11,01 Sekunden Weltrekord und riß im Finale auch noch Inge Helten zur Bronzemedaille mit.
Auch über 200 m besiegte Annegret Richter die Renate Stecher, aber da war Bärbel Eckert (DDR) doch noch um zwei Hundertstel Sekunden schneller. Das Staffelgold holten sich die Sprinterinnen aus der DDR hauchdünn um vier Hundertstel Sekunden vor der Bundesrepublik.
Die 25jährige Stenokontoristin Annegret Richter vom OSC Dortmund war mit ihrem Sieg über 100 m die einzige Goldmedaillen-Gewinnerin der Leichtathletik, die nicht aus einem Ostblockland kam. Zweite Plätze über 200 m hinter Bärbel Eckert (DDR) und mit der 4mal-100-m-Staffel hinter der DDR besserten ihre Bilanz weiter auf. Dankbar schenkte sie ihr im 200-m-Sprint erworbenes kostbares Silber dem Bundestrainer Wolfgang Thiele. Dem vierzig Jahre alten Berliner verdankt sie nämlich ihr Glück. Er hatte sie und die Staffelläuferinnen im Herbst 1975 veranlaßt, das Trainingspensum um dreißig Prozent zu erhöhen. Er wagte sich mit ihnen auf Neuland vor, aber während des Oster-Lehrgangs in Berlin schien alles vorbei, denn alle Läuferinnen waren verletzt.
Annegret Richter hatte sich am 30. Dezember 1975 schon einen Ischiasschaden zugezogen, den sie erst vier Monate später richtig wegbrachte. »Wenn ich noch vierzehn Tage länger verletzt gewesen wäre, hätte ich mit dem Leistungssport aufgehört«, sagte sie, als sie das

Rosemarie Ackermann aus der DDR war mit 1,93 m die Beste im Hochsprung.

Erst als ihr Rennen an der Anzeigetafel in Zeitlupe wiederholt wurde, glaubte Annegret Richter (im Bild links) an ihren sensationellen Olympiasieg über 100 m. Im 200-m-Rennen holte sie dann noch Silber, wie auch in der 4×100-m-Staffel. Über 100 m besiegte sie mit 0,05 Sekunden Vorsprung Renate

Montreal

Fünfkampf-Siegerin Siegrun Siegl aus der DDR beim Weitsprung.

Rechts außen: Dreimal Gold für den hochgewachsenen amerikanischen Schwimmer Jim Montgomery, der die 100 m Kraul in der Weltrekordzeit von 49,99 Sekunden gewann.

Gleich vier Goldmedaillen durfte sich der amerikanische Schwimmer John Naber abholen, hier bei seinem Sieg über 200 m Rücken.

Sie arbeitete zunächst nur noch halbtags, und sieben Wochen vor den Spielen konzentrierte sie ihre Gedanken und Energien vollkommen auf den Sport.
Inge Helten verfuhr ähnlich. Die 25 Jahre alte Sprinterin war von Andernach über Berlin nach Dortmund gekommen. Ihre Reibereien mit dem ebenso strengen wie sensiblen Trainer Thiele füllten viele Zeitungsspalten. In Montreal setzte sie ihren Start im 200-m-Lauf gegen Thieles Willen durch, als sie die Mannschaftsleitung auf ihre Seite brachte. Der als Tiefbau-Ingenieur vom Berliner Senat für zwei Jahre freigestellte Bundestrainer sagte daraufhin zweierlei voraus: Inge Helten werde doch nur Fünfte und die Staffel nur Zweite, wo er doch allein auf Rang eins programmiert war. Beide Prophezeiungen erfüllten sich. »Ich hätte mich zum erstenmal gerne getäuscht.« Am Ende der Leichtathletik-Tage kündigte Wolfgang Thiele enttäuscht seinen Rücktritt an. Die westdeutschen Sprinterinnen gewannen vier der fünf Medaillen in ihrer Mannschaft. Den glorreichen Rest steuerte die Speerwerferin Marion Becker bei, eine zierliche Person im Vergleich zu ihren Gegnerinnen. Aber eine ausgefeilte Technik und verblüffend stabile Nerven brachten die Sensation zustande.

Mutter Irena mit Weltrekord

Im 400-m-Lauf dominierte die Polin Irena Szewinska, inzwischen verheiratet und Mutter von zwei Kindern. Seit 1964 hatte sie Medaillen gewonnen über 100 m und 200 m, mit der Staffel und im Weitsprung. Nun wählte sie sich für den Abschied die längere Strecke und siegte in Weltrekordzeit von 49,29 Sekunden. Ihre Leistung stellte sogar die beiden Goldmedaillen der Russin Kasankina über 800 m und 1500 m in den Schatten.
Bitter wurde es für Olympiasiegerin Ulrike Meyfahrt. Nun 20 Jahre alt, schaffte sie in Montreal nicht einmal den Einzug in den End-

kampf, die Qualifikationshöhe von 1,80 m war diesmal zu hoch für sie! Rosemarie Ackermann aus der DDR, 1972 Siebente, siegte mit 1,93 m und übersprang später als erste Frau die magische 2-m-Grenze. Faina Melnik aus der UdSSR, Weltrekordhalterin und Olympiasiegerin im Diskuswerfen von München, wurde nur Vierte. Ihr bester Wurf, der Silber bedeutet hätte, wurde später annulliert, weil sie während der Wurfvorbereitung zweimal aus dem Kreis getreten war. Die Polin Danuta Rosani wurde disqualifiziert, weil der Anabolika-Test bewies, daß sie gedopt war, der erste derartige Fall in der olympischen Geschichte. Ruth Fuchs gewann erneut das Speerwerfen, und die DDR-Fünfkämpferinnen kassierten alle Medaillen, wobei sie nur fünf Punkte auseinanderlagen. Die Schwimmwettkämpfe wurden zu einseitigen Angelegenheiten mit nur vier neuen Weltrekorden. Amerikas Männer siegten in zwölf von 13 Rennen, die DDR-Mädchen in elf von 13. Und vorher hatte noch nie eine Schwimmerin aus der DDR Gold geholt!

Ausnahmeerscheinung Kornelia Ender

Eine Ausnahmeerscheinung war Kornelia Ender. Mit 13 Jahren hatte sie in München teilgenommen und drei Silbermedaillen gewonnen. In Montreal, noch nicht ganz 18 Jahre alt, siegte sie viermal und nahm noch eine Silbermedaille mit. Die einzigen Sieger, die nicht aus den USA oder der DDR kamen, waren David Wilkins (200 m Brust) und die Russin Marina Koschewia über 100 m Brust.

Klaus Dibiasi gewann sein drittes Turmspringer-Gold hintereinander und bekam als erster die Höchstnote Zehn gezeigt.

Boxer Teofilo Stevenson schlug wieder zu. In der ersten Runde knockte er den Amerikaner John Tate aus, der später dann mal kurze Zeit Profi-Weltmeister war. Profi-Weltmeister im Schwergewicht, und das sogar gegen Cassius Clay (Muhammad Ali), wurde auch der Montrealer Olympiasieger im Halbschwergewicht, Leon Spinks. Sein Bruder Mike siegte im Mittelgewicht, und das Gold im Halbwelter holte Sugar Ray Robinson, der spätere glanzvolle Weltmeister.

Die berühmteste Darstellerin dieser Spiele wurde die Turnerin Nadia Comaneci aus Rumänien. Noch nie war bei Olympischen Spielen die

Die Fernsehzuschauer in aller Welt bewunderten das Mädchen, wie es zu drei Gold-, einer Silber- und einer Bronzemedaille turnte. Auch die Russin Nelli Kim, die mit der Mannschaft gewann, kam auf drei Goldmedaillen.

Die Japaner gewannen das Mannschaftsgold, aber der Russe Nikolai Andrianow war mit vier Gold-, zwei Silber- und einer Bronzemedaille der beste Einzelturner. Der Japaner Sawao

Er war der einzige Nicht-Amerikaner, der das Schwimmstadion von Montreal mit einer Goldmedaille verlassen durfte. David Wilkie aus Großbritannien siegte über 200 m Brust.

Oben:
Leon Spinks (rechts) gewann das Boxfinale im Halbschwergewicht gegen den Kubaner Sixto Soria. Er wurde danach Profi – und gegen Cassius Clay alias Muhammad Ali sogar Schwergewichtsweltmeister. Auch Spinks' Bruder Michael holte sich Gold in Montreal, er siegte im Mittelgewicht.

Rechts:
»Sugar« Ray Leonhard (links), der Sieger im Halbweltergewichtsfinale gegen den Kubaner Andres Aldama, wurde später ein überragender Profi-Weltmeister.

medaillen. Seine Sammlung: achtmal Gold, dreimal Silber und einmal Bronze bei drei Olympischen Spielen. Eberhard Gienger gewann Bronze am Reck.

Im Modernen Fünfkampf wurde der Sowjetrusse Boris Onischenko mit einer präparierten Fechtwaffe erwischt, die Treffer anzeigte, wenn gar keine gefallen waren. Natürlich wurde er disqualifiziert. Prinzessin Anne ritt in der britischen Militarymannschaft, kam aber auf keinen der vorderen Plätze. Kein deutscher Reiter ging leer aus. Gold für Alwin Schockemöhle ohne einen einzigen Fehler, Gold für die Dressurmannschaft, Silber für Harry Boldt hinter der Schweizerin Christine Stückelberger in der Dressur. Silber für die Militarymannschaft und die Nationenmannschaft, Bronze für den Militaryreiter Karl Schulz und für Klimke – da gab es für jeden etwas.

Die Russen holten sich fünf der neun Heber-Goldmedaillen ab, Schwergewichts-Koloß Alexejew siegte zum zweitenmal, diesmal im neuen Zweikampf (ohne Drücken) mit 440 Kilo, und die Sowjets kassierten auch zwölf von 20 Ringer-Goldmedaillen.

Rudern war eine Sache für die DDR-Athleten, bei den Männern siegten sie in fünf von acht Rennen, bei den Frauen (erstmals im olympischen Programm) viermal in sechs Wettbewerben. Peter Kolbe sah traurig seine Silbermedaille an. Im Einer hatte ihn der finnische Feuerwehrmann Karppinen kurz vor dem Ziel überraschend abgehängt.

Konnten sich im Radsport Gregor Braun und der Bahnvierer über Gold freuen, Sprinter Dieter Berkmann und der Straßenvierer immerhin über vierte Ränge, so durfte Klaus-Peter Thaler sein Silber im Einer-Straßenrennen nur kurz betrachten. Wegen unkorrekter Fahrweise beim Zielsprint wurde er von Platz zwei auf Rang neun zurückgesetzt. Nur 20 Minuten lang war die Silbermedaille in seinem Besitz.

Auf den Bahnvierer ist Verlaß

Dieser Bahnvierer war ein Erfolgsgarant des deutschen Sports: sechsmal Weltmeister, Olympiasieger 1964 und 1972, Silber 1968 nur deswegen, weil ein Fehler in der Fahrerablösung passierte und das deutsche Team, trotz seines klaren Sieges über die Dänen, auf Rang zwei zurückversetzt wurde. Sein Erfolg hat viele Komponenten, Leistung der Fahrer, unendliches Training der millimetergenauen Zusammenarbeit auf der Piste, technische Vollkommenheit und, nicht zuletzt, das Können von Trainer Gustav Kilian, dem »Goldschmied aus Dortmund«, der vor 40 Jahren hier in Montreal fast um die gleiche Zeit Sechstagesieger war.

Daß die Deutschen praktisch wie in einer Luftblase fuhren, nur Millimeter voneinander getrennt, auch das ist ein Verdienst der unermüdlichen Arbeit von Gustav Kilian, einem Mann, dem große Worte unangenehm sind, der die Wissenschaftler durch sein intuitives praktisches Geschick übertrumpfte, dem alle Tricks, z. B. die mit den Gummianzügen, fast als unsportlich erschienen.

Im Velodrom von Montreal wurde tatsächlich hauptsächlich Deutsch gesprochen. Denn aus

Oben links: Dieses britische Team gewann den Modernen Fünfkampf. Von links: Jim Fox, Adrian Parker und Bob Nightingale.

Oben: Jim Fox (rechts) deckte in diesem Kampf die Manipulation des Russen Onischenko auf.

Irina Szewinska

In einem Lager in Leningrad (UdSSR) kam die Polin Irina Kirszenstein am 24. Mai 1946, ein Jahr nach Ende des Zweiten Weltkriegs, auf die Welt. Ihre ungewöhnlichen Talente machten sie zu einer der weltbesten Leichtathletinnen, die ihr Land bei nicht weniger als fünf Olympischen Spielen vertrat. Über einen Zeitraum von 20 Jahren gehörte sie zu den besten Sprinterinnen. Als 18jährige bestritt sie 1964 in Tokio ihre ersten Olympischen Spiele. Sie gewann Silber über 200 Meter und im Weitsprung, holte dazu Gold mit der 4×100-m-Staffel. 1965 lief Irina Weltrekord über die beiden Sprintstrecken.

Dann mußte sich die Sportwelt an einen neuen Namen von Irina gewöhnen, denn 1968 heiratete sie den Leichtathleten und Photographen Janusz Szewinska. Unter ihrem neuen Namen ging sie in Mexico City an den Start, holte sich Bronze über 100 Meter und Gold über 200 Meter in neuer Weltrekordzeit. Ihr Sohn Andrei kam 1970 auf die Welt und stand jetzt für sie im Mittelpunkt. Die Europameisterschaften 1971 brachten ihr nur einen dritten Rang über 200 Meter und die Olympischen Spiele 1972 in München auch nur Bronze auf dieser Strecke. 1974 war sie aber wieder ganz oben, nun über die längere Distanz. Als erste Frau lief sie die 400 Meter unter 50

Bei den Olympischen Spielen 1976 in Montreal bot sie mit einem phantastischen Weltrekord über 400 Meter eine grandiose Leistung. Dann, als 30jährige, beschloß sie, in der Leichtathletik ein wenig kürzerzutreten und sich noch mehr der Familie zu widmen. Aber nun lockten die Olympischen Spiele in Moskau 1980. Als 34jährige erreichte sie das Halbfinale über 400 Meter, doch dann verletzte sie sich, und der Traum vom Finale war vorbei. Ihre Medaillensammlung kann sich sehen lassen: dreimal Gold, je zweimal Silber und Bronze.

Unten: Irena Szewinska gewann den 400-m-Lauf in Montreal.

Zweimal fehlerlos über den Parcours, auch ein olympischer Rekord. Alwin Schockemöhle wurde mit Warwick Rex überragender Olympiasieger im Einzel-Jagdspringen.

Zum zweiten Mal holte sich der Finne Lasse Viren beide Goldmedaillen über 5000 m und 10 000 m, eine wahrhaft olympische Leistung. Hier siegt er im 5000-m-Lauf von Montreal knapp vor dem Neuseeländer Dick Quax. Der Deutsche Klaus-Peter Hildenbrand wirft sich mit einem Sprung ins Ziel und rettet die Bronzemedaille vor dem Neuseeländer Rod Dixon.

Lasse Viren

Finnische Läufer hatten die Langstrecken bei den Olympischen Spielen zwischen den Kriegen beherrscht. Nach dem Zweiten Weltkrieg aber war eine Bronzemedaille im Marathon alles, was sie bis 1972 vorzuweisen hatten. Doch dann kam Lasse Viren. Er wurde am 22. Juli 1949 in Myrskyla geboren, arbeitete als Polizist. In München ging er zunächst über 10 000 Meter an den Start. Nach der Hälfte der Distanz stürzte er, rappelte sich auf, holte die Führenden wieder ein und siegte in neuer Weltrekordzeit. Danach gelang ihm das gleiche goldene Kunststück über 5000 m. Das war ein Double, das vor ihm nur Kolehmainen, Zatopek und Kuz erreicht hatten.
Vor den Olympischen Spielen 1976 trat Lasse Viren kaum in Erscheinung. In aller Stille trainierte er hart, um sein Doppel-Kunststück von München zu wiederholen. Und der große Wurf gelang. Er war der erste Läufer, der auf beiden Langstrecken vier Goldmedaillen gewonnen hatte, Nurmi und Zatopek brachten es auf je drei. Viren versuchte sich in Montreal auch noch im Marathon und wurde auf Anhieb respektabler Fünfter. Vielleicht wegen seiner großen Überlegenheit gerade bei Olympischen Spielen kamen Gerüchte auf, Lasse Viren würde sich mit Hilfe einer »Blutwäsche« dopen. Aber Viren hatte offensichtlich das Können, sein Training speziell so zu dosieren und auszurichten, daß er immer bei Olympischen Spielen in Höchstform war. Sein hochgewachsener Körper war ideal für den Langstreckenlauf. Ein drittes Mal konnte er aber nicht mehr zuschlagen. 1980 in Moskau wurde er Fünfter über 10 000 und schied im Marathonlauf aus.

»gesamtdeutscher« Sicht gab es in drei Wettbewerben Siege, in allen vieren Medaillen! Ähnliches vollbrachten früher Franzosen oder Italiener, und für beide bleibt diesmal nur ein einziges Silber durch Morelon. Olympisch gilt der Bahnradsport noch etwas, auch wenn man aus Sparsamkeitsgründen das Tandem strich. An jedem Tag war das Velodrom ausverkauft. Im täglichen Sport aber gerät er immer ins Abseits, findet zwischen den Spielen kaum Interesse. In Deutschland sind Bahnradrennen mangels Zuschauer kaum noch zu finanzieren. In den klassischen Radsportländern Westeuropas fristen sie ebenfalls ein Schattendasein, alles Interesse gilt den Straßenrennen. Der Ostblock ist es, der den Bahnsport, neben der Bundesrepublik, noch hochhält.

Zufrieden und glücklich waren die Segler: Gold für Frank Hübner / Harro Bode (470er Jolle), Gold für die Brüder Diesch vom Ammersee (Flying Dutchman) und Bronze für die Nürnberger Spengler / Schmall (Tornado). Das ließ sich sehen in nur sechs Klassen.

Pertti Karppinen, der Bezwinger von Peter-Michael Kolbe im Einer der Ruderer. Karppinen siegte auch 1980 in Moskau.

Zuschauerboom beim Fußball

Amerikas Basketballer eroberten ihr in München verlorenes Gold wieder zurück, 95:74 im Finale gegen Jugoslawien, das die Russen überraschend im Halbfinale ausgebootet hatte. Im Hockey Neuseeland vor Australien, dann Pakistan, Holland und Deutschland, der Sieger von München, dann Spanien und nur als Siebter Indien – das war eine große Überraschung. Im Handball gewannen die sowjetrussischen Männer (Deutschland Vierter) vor Rumänien und Polen, und die sowjetischen Frauen (im neu eingeführten Wettbewerb) vor der DDR. Die besten Zuschauerzahlen gab es beim Fußball, wo die DDR gegen Polen im Endspiel 3:1 gewann, beide Teams bestückt mit vielen WM-Spielern.

Für die Amerikaner wurde Montreal zu einer schweren Enttäuschung, wurden sie doch in der Nationenwertung sowohl von den Sowjets als auch von der DDR überflügelt. Betrachtet man die Leichtathletik, dann lag auch hier die DDR vor den USA, dank der besseren Frauen-Resultate.

Beobachter unterstrichen in ihren Bewertungen, daß nun die Olympischen Spiele wohl endgültig jenen Geist, jene Idee und Prinzipien, auf denen sie beruhten, überlebt hatten. Ursache dafür war die unglaubliche Kommerzialisierung, die sich überall breitmachte, und Gerüchte über Korruption, die sich bei der Finanzierung der Olympiabauten zugetragen haben soll-

Enttäuschte Kanadier

Die Kanadier hatten wirklich Grund, enttäuscht zu sein. Sie gewannen nicht eine einzige Goldmedaille, der afrikanische Boykott hatte ihre Olympischen Spiele erheblich entwertet, und obendrein mußten sie nun auch noch die hohe Zeche zahlen, in des Wortes wahrster Bedeutung und für lange Zeit. Auf der Guthabenseite dieser Spiele aber stehen einige Namen, an die man sich noch lange erinnern wird, etwa Lasse Viren, Alberto Juantoreno, Kornelia Ender oder Nadia Comaneci. Und vielleicht denkt jemand auch an einen Rudolf Dollinger, der die einzige Medaille der Österreicher in Montreal gewann, nämlich die Bronzemedaille mit der Freien Pistole.

Alberto Juantorena

Nur wenige Athleten haben sich vor Alberto Juantorena daran versucht, bei Olympischen Spielen sowohl die 400 m als auch die 800 m zu bestreiten. Bevil Rudd war Erster und Dritter 1920, Arthur Wint Erster und Zweiter 1948, Mal Whitfield Dritter und Erster im selben Jahr. Rudolf Harbig hätte es wohl auch geschafft, wenn die Olympischen Spiele 1940 stattgefunden hätten. Der einzige Läufer, der das Kunststück fertigbrachte, beide Strecken bei denselben Olympischen Spielen zu gewinnen, war der Kubaner Alberto Juantorena 1976.
Er wurde am 3. Dezember 1951 in Orente geboren, spielte zuerst Basketball und wechselte als 19jähriger zur Leichtathletik. Die Teilnahme in München verpaßte er nur knapp. 1973 wurde er Studenten-Weltmeister über 400 m. Nach einer längeren Verletzungspause kam er in Montreal groß heraus, stampfte die 800 m kraftvoll in neuer Weltrekordzeit herunter. Über 400 m hatte er einen schwachen Start, aber einmal in voller Fahrt, war er nicht zu besiegen. Mit seinen 1,88 m Größe und seinen 83,5 Kilo Körpergewicht war er eine kraftvolle Erscheinung. Man nannte ihn den »weißen Blitz«, weil er meistens ein weißes Trikot trug. Später erlitt er einige schwere Verletzungen, versuchte sich in Moskau erneut im 400-m-Lauf und wurde Vierter.

Einer der ganz großen Läufer in Montreal war der Kubaner Alberto Juantorena, den sie den »weißen Blitz« oder das »Pferd« nannten. Er gewann sowohl die 400 m als auch die 800 m, ein ganz seltenes olympisches Kunststück. Unser Bild zeigt den mächtigen Kubaner in einem 400-m-Vorlauf, verfolgt von Joseph (Trinidad).

Klaus Dibiasi

Klaus Dibiasi wurde am 6. Oktober 1947 im österreichischen Solbad Hall geboren, aber seine Eltern wanderten nach Bozen in Südtirol aus. Sein Vater Carlo war italienischer Meister im Wasserspringen und später Nationaltrainer. Klaus Dibiasi kam als 17jähriger Unbekannter zu den Olympischen Spielen 1964 in Tokio, führte im Turmspringen vor den letzten beiden Durchgängen und gewann Silber. 1966 gewann er das Turmspringen bei den Europameisterschaften und 1968 bei den Olympischen Spielen in Mexiko das Gold vom Turm und Silber vom Dreimeterbrett. Seine erste und einzige Niederlage nach 1964 im Turmspringen erlitt Dibiasi bei den Europameisterschaften 1970, wo er in beiden Wettbewerben Zweiter wurde. 1972 in München wurde er wieder Olympiasieger vom Turm, bei den Weltmeisterschaften 1973 siegte er im Turmspringen und wurde Zweiter im Kunstspringen. Bei den Olympischen Spielen in Montreal schien er eine Niederlage im Turmspringen nicht mehr abwenden zu können, denn nach der Pflicht führte der Amerikaner Greg Louganis. Aber Klaus Dibiasi schlug in der Kür zurück und gewann seine dritte Goldmedaille hintereinander, eine bis heute einmalige Leistung. Zehn Jahre lang war er der weltbeste Wasserspringer. Nach den Spielen in Montreal wurde er Trainer.

Kornelia Ender

Schwimmerinnen haben heutzutage ein kurzes Sportlerleben, und auch Kornelia Ender stand nur drei Jahre an der Spitze. Sie wurde am 25. Oktober 1958 in Plauen (DDR) geboren und begann im Alter von zehn Jahren mit dem Schwimmsport, zu dem ihr der Arzt geraten hatte. Kornelia hatte Probleme mit ihrer Hüfte. Nicht einmal 14 Jahre alt, schwamm sie in München mit, holte sich drei Silbermedaillen, davon zwei in den Staffeln. Ab 1973 brach sie reihenweise die Weltrekorde. Sie kam nach Montreal und holte sich erneut ihre übliche Beute ab: vier Goldmedaillen, dazu noch eine silberne. Zwei Wettbewerbe, 200 m Kraul und 100 m Butterfly, fanden innerhalb von 25 Minuten statt. Damals hatte sie insgesamt 23 Weltrekorde aufgestellt, in allen Stilarten außer Brustschwimmen. Sie war kräftig gebaut, und man nannte sie eine »Schwimm-Maschine«, aber Kornelia hatte durchaus auch viele andere Interessen. Kurz nach ihrem 18. Geburtstag zog sie sich schon vom Leistungssport zurück.

Die überragende Schwimmerin in Montreal war Kornelia Ender aus der DDR, die sich fünf Goldmedaillen sicherte.

Nadina Comaneci

In Montreal turnte sie so perfekt wie niemand zuvor. Noch nie hatte eine olympische Turnerin die Höchstnote Zehn bekommen. Nadia Comaneci erhielt sie gleich sechsmal. Sie wurde am 12. November 1961 in Gheorghiu-Dej in Rumänien geboren, mit sieben Jahren als Turntalent entdeckt, hervorragend trainiert, mit zwölf Jahren rumänische Meisterin und vierfache Europameisterin. Als sie in Montreal die Massen entzückte, war sie erst 14 Jahre alt. Sie gewann am Stufenbarren mit der Gesamtnote 20, die nicht mehr zu überbieten ist, siegte am Schwebebalken, wurde Dritte im Bodenturnen und Vierte beim Pferdsprung. Ihrer Mannschaft verhalf sie zur Silbermedaille. Den Achtkampf gewann sie überlegen, keine einzige Note war niedriger als 9,75. Als sie bei den Weltmeisterschaften 1978 antrat, war sie um zehn Zentimeter gewachsen und neun Kilo schwerer. Sie gewann nur einen Titel, die rumänischen Funktionäre protestierten gegen die zu niedrigen Wertungen. Nadia Comaneci startete auch noch bei den Olympischen Spielen in Moskau – und hatte erstaunlicherweise wieder Erfolg mit zwei Goldmedaillen an den Geräten, Silber im

Die Turnkönigin von Montreal: Nadia Comaneci aus Rumänien. Für sie zogen

Lake Placid

Wieder fanden die Olympischen Winterspiele an einem vertrauten Platz statt. Schon 1932 war in Lake Placid um Medaillen gekämpft worden. Diese Entscheidung war genauso gut wie die für Innsbruck, obwohl dort natürlich die Olympiaerfahrungen noch jüngerer Natur waren. Das amerikanische Publikum, von europäischen Beobachtern als ein wenig zu sensationslüstern (etwa bei den gefährlichen Bobrennen) und als zu wenig fachmännisch bezeichnet, hatte mehrfach Anlaß zum überschäumenden Jubel. Da waren die goldenen Stunden mit dem Eisschnelläufer Eric Heiden, der alle(!) fünf Wettbewerbe gewann, und die Begeisterung um das Eishockeyteam, das die haushohen Favoriten aus der UdSSR 4:3 niederkämpfte und dann, wie schon 1960 in Squaw Valley, die Goldmedaille gewann. Es waren aber auch die Spiele der Skifahrerin Hanni Wenzel aus Liechtenstein, die die gleiche Leistung wie Rosi Mittermaier vier Jahre zuvor vollbrachte: zwei Goldmedaillen im Slalom und Riesenslalom und Silber in der Abfahrt. Sie ließ sich nur von der Österreicherin Annemarie Moser bezwingen, die inzwischen wieder zum Skisport zurückgefunden hatte und endlich die ersehnte Goldmedaille gewann. Nun konnte sich die erfolgreichste Skifahrerin aller Zeiten, ein Titel, den ihr der Weltcup eingebracht hatte, in Ruhe aufs Altenteil zurückziehen. Zu seinen verdienten Goldmedaillen kam endlich auch der beste Skifahrer der Welt, der Schwede Ingemar Stenmark, der im Slalom und im Riesenslalom erfolgreich war. Die Abfahrt sicherte sich überraschend der Österreicher Leonhard Stock, als Ersatzmann erst durch

Die farbenprächtige Eröffnungsfeier in Lake Placid.

Raisa Smetanina gewann Gold über 5 km und Silber mit der sowjetischen Staffel.

Rechts außen: Der überlegene Biathlonkämpfer war Frank Ullrich aus der DDR: Gold über 10 km, Silber über 20 km und Silber in der Staffel.

1980

Skikönig Ingemar Stenmark wurde mit Gold im Slalom und im Riesenslalom ausgezeichnet.

Hanni Wenzel aus Liechtenstein schaffte in Lake Placid ein ähnliches Kunststück wie Rosi Mittermaier vier Jahre zuvor. Sie gewann Slalom und Riesenslalom und wurde in der Abfahrt Zweite.

seine Trainingsleistung an Ort und Stelle ins Abfahrtsteam gekommen.

Lake Placid – das waren einmal mehr die Spiele der sowjetischen Wintersportler, die sich in den 37 Wettbewerben zehn Gold-, sechs Silber- und acht Bronzemedaillen holten, insgesamt allerdings fünf weniger als in Innsbruck. Weiter nach vorn stieß erneut die DDR mit neun Goldmedaillen und je sieben in Silber und Bronze. Gastgeber USA kam dank Heiden und dem Eishockeyteam zu Goldehren, die noch durch vier Silbermedaillen und zwei Bronzemedaillen abgerundet wurden.

Kein Gold für das bundesdeutsche Team

Nicht besonders gut erging es dem bundesdeutschen Team. Lediglich fünf Medaillen und nicht eine aus Gold! Zwei silberne steuerten die Skidamen Christa Kinshofer aus Miesbach im Slalom und Irene Epple aus Seeg im Riesenslalom bei. Bronze holten die Biathlonstaffel, der Rodler Anton Winkler (Berchtesgaden) und die Eiskunstläuferin Dagmar Lurz aus Dortmund. Schon während der Spiele und auch danach amüsierten sich die deutschen Sportfreunde über die manchmal lustig klingenden Ausreden der Sportler und Funktionäre, die aus Amerika herüber drangen. Skifahrer Frank Wörndl zum Beispiel meinte: »Der Kurs war mir zu eckig.« Und NOK-Präsident Willi Daume zog den logischen Schluß: »Nur in Ausreden sind wir

Endlich die Goldmedaille für Annemarie Moser-Pröll. Die Österreicherin, 1972 in Sapporo so tief enttäuscht, gewann in Lake Placid die Abfahrt und konnte nun beruhigt ihre Karriere beenden, die sie zur überragenden Skifahrerin der siebziger Jahre gemacht hatte.

Wieder fiel das Eiskunstlauf-Gold der Männer an einen Briten. Dem Sieger von 1976, John Curry, folgte in Lake Placid Robin Cousins.

Die Spiele in Lake Placid dauerten vom 12. bis zum 23. Februar, und Mannschaften aus 37 Ländern nahmen teil, genausoviel wie in Grenoble 1968. Im nordischen Skisport war die weiter aufstrebende Entwicklung der Sportler aus der UdSSR und der DDR unverkennbar. Die Russen gewannen hier sechs Goldmedaillen, die DDR-Sportler vier. Zum erstenmal in der olympischen Geschichte gab es keinen Olympiasieg für Norwegen, das bis 1952 führend gewesen war und noch 1968 in Grenoble die erfolgreichste Mannschaft gestellt hatte.

Auch der Sowjetrusse Nikolai Simjatow stellte einen Rekord auf. Mit seinen Siegen über 30 km und 50 km und in der Staffel war er der erste olympische Langläufer, der drei Goldmedaillen bei denselben Spielen gewann. Über 15 km siegte der Schwede Thomas Wassberg mit dem kleinsten denkbaren Vorsprung von einer Hundertstelsekunde vor dem unglücklichen finnischen Riesen Juha Mieto, der es einfach nicht schaffte, einmal Einzel-Olympiasieger zu werden. Die Sowjetrussin Galina Kulakowa gewann mit der Staffel noch einmal Silber und konnte nun eine schöne Sammlung aus vier Olympischen Spielen vorweisen: viermal Gold, zweimal Silber und zweimal Bronze.

Toni Innauer aus Österreich siegte im Springen von der 70-m-Schanze, der Finne Juoko Törmänen auf der 90-m-Schanze. Ulrich Wehling aus der DDR schaffte auch einen seltenen Rekord: Zum drittenmal hintereinander gewann er die Nordische Kombination!

Die Engländer hatten für den Eiskunstläufer John Curry einen würdigen Nachfolger gefunden. Robin Cousins aus Bristol, Zehnter 1976, siegte vor Jan Hoffmann aus der DDR. Enttäuschung bei den Amerikanern: Annette Pötzsch aus der DDR besiegte die Eisprinzessin Linda Fratianne, und das Paar Tai Babilonia / Randy Gardner konnte wegen Verletzung nicht antreten. Irina Rodnina (mit Ehemann Zaitzev) holte sich zum drittenmal hintereinander das Paarlauf-Gold.

Der fünffache Eric Heiden

Eric Heidens sensationeller fünffacher Sieg wurde noch dadurch unterstrichen, daß der Leistungsstandard im Eisschnellauf sehr hoch war, in jeder Disziplin blieben die ersten sechs Läufer jeweils unter dem Olympiarekord. Der Schweizer Bobfahrer Erich Schärer konnte diesmal den DDR-Piloten Paroli bieten. Er gewann mit Josef Benz im Zweier und holte Silber im Vierer. Meinhard Nehmer gewann zum drittenmal Gold, diesmal im Vierer, und Bronze im Zweier. Die bundesdeutschen Bobfahrer blamierten sich. Mit dem neuen »Sensationsbob«, der von einer Autofirma entwickelt und konstruiert worden war, kamen sie überhaupt nicht zurecht. Ja, es war fast lebensgefährlich, mit diesem Gefährt auf der schwierigen Bahn von Lake Placid zu Tal zu rasen. Von der einstigen bundesdeutschen Bobherrlichkeit konnte Trainer Wolfgang Zimmerer, einst selbst Olympiasieger, nur träumen. Der Anschluß an die Weltspitze war völlig verlorengegangen. Überraschend konnte die Russin Vera Sosulia Erste im Rodeln werden, Elisabeth Demleitner, in Innsbruck Bronzemedaillengewinnerin, kam auf Platz vier.

Der amerikanische Eishockey-Sieg riß die Zuschauer in Lake Placid und die Zuschauer an den Fernsehgeräten von den Sitzen, das Spiel über die UdSSR (4:3) war nichts für Herzkranke. Zwar mußten die USA noch gegen Finnland gewinnen, aber als dieser 4:2-Sieg feststand, wurde die Eishalle zu einem Tollhaus. Fünfmal hatten die Sowjets das olympische Eishockey-Turnier seit 1956 gewonnen, nur 1960 nicht, da fanden die Winterspiele auch in den USA statt, und damals hatte ebenfalls die US-Mannschaft gesiegt. In Lake Placid wurden die Schweden hinter der UdSSR Dritte vor den Finnen. Die CSSR hatte die Finalrunde nicht erreicht, war von den Amerikanern ausgebootet worden, wie die Kanadier in der anderen Gruppe von den Finnen! Das deutsche Team gewann nur einmal, 10:4 über Norwegen.

Im ganzen gesehen zeigten auch die Winterspiele in Lake Placid einen Trend hin zur Sportlichkeit und Einfachheit und waren damit erfolgreich gewesen. Von »toten« Olympischen Winterspielen sprach keiner mehr.

Eine einmalige Leistung in der olympischen Geschichte vollbrachte der amerikanische Eisschnelläufer Eric Heiden. Er siegte in allen fünf Wettbewerben. Fünf Goldmedaillen hatte noch kein Wintersportler vor ihm bei denselben Spielen errungen.

Die Sensation von Lake Placid war der Olympiasieg der amerikanischen Eishockeymannschaft, hier nach ihrem Sieg über die UdSSR. Auch 1960 hatten die US-Boys bei den Winterspielen im eigenen

Moskau

Bei der Eröffnungsfeier der umstrittenen Olympischen Spiele in Moskau produzierten viele Tausende Menschen »lebende« Bilder und Symbole.

Die Olympischen Spiele von Moskau nehmen eine Sonderstellung in der olympischen Geschichte ein. Die Politik hatte ja schon in der einen oder anderen Form die Spiele seit ihrer Neugründung beeinflußt und behindert, am tragischsten 1968 in Mexiko City und 1972 in München. 1976 wurden die Spiele in Montreal von den afrikanischen Ländern boykottiert, aber Olympia 1980 litt unter der Abwesenheit der Mehrheit potentieller Medaillengewinner. Die Probleme waren entstanden, als die Sowjetunion im Dezember 1979 ihre Truppen im Nachbarland Afghanistan einmarschieren ließ. Die westlichen Regierungen erwogen eine Reihe von Gegen- oder Strafmaßnahmen, darunter auch einen Boykott der Spiele in Moskau. Da sich die Politiker an starke wirtschaftliche Sanktionen mehr oder weniger nicht herantrauten beziehungsweise deren Nachteile fürchteten, benutzten sie vornehmlich den Sport als Mittel für ihre Ziele. US-Präsident Jimmy Carter machte sich dafür stark. Viele andere westliche Regierungen übten in diesem Sinne direkten Druck auf den Sport aus, oder sie »empfahlen« den Boykott so, daß dies direktem Druck gleichkam und von vielen Sportführern nicht übergangen werden konnte. Die Mitglieder des Nationalen Olympischen Komitees der Bundesrepublik Deutschland, die nach außen hin frei waren in ihrer Entscheidung, votierten mit Mehrheit für den Boykott, der ihnen vom Deutschen Bundestag auch »empfohlen« worden war. Es gab überall im Land heftige Debatten, aber schließlich setzten sich die Befürworter durch.

In Großbritannien entstand ebenfalls eine hitzige Debatte. Die Regierung empfahl den Boykott, die Entscheidung wurde aber letztlich jedem einzelnen Sportler freigestellt. Die meisten Athleten traten die Reise nach Moskau an. Wer blieb, mußte sich, wie in den anderen Boykott-Ländern auch, schließlich darüber ärgern, daß er ein Opfer gebracht hatte, während politische, diplomatische und wirtschaftliche Beziehungen zur Sowjetunion aufrechterhalten wurden.

Teams aus 81 Ländern

Schließlich wirkte sich das Fehlen der Mannschaften aus den USA, aus der Bundesrepublik Deutschland und aus Japan an stärksten auf die Wettkämpfe und Leistungen in Moskau aus. Aus manchen Ländern wurden nur Sportler aus bestimmten Sportarten nach Moskau geschickt, aus anderen Disziplinen nicht. Als die Spiele in Moskau eröffnet wurden, nahmen Teams aus 81 Ländern teil, nur sieben weniger als 1976, als die Afrikaner fehlten, und 41 weniger als bei der Rekordzahl von 122 in München 1972. Einige Länder nahmen zum erstenmal teil. Unter jenen Ländern, die Moskau komplett boykottierten, waren die wichtigsten: USA, Japan, Kana-

1980

1500-m-Lauf in Moskau: Sebastian Coe, der spätere Sieger, führt vor seinem Landsmann und Hauptrivalen Steve Ovett, der noch vom DDR-Läufer Straub im Kampf um Silber abgefangen wurde. Es war Ovetts erste Niederlage nach 45 Siegen über 1500 m oder die Meile.

Zeitgleich (10,25) waren Allan Wells (ganz links) und Silvio Leonard (ganz rechts) im 100-m-Endlauf. Das Zielphoto entschied für den Briten vor dem Kubaner.

da, Bundesrepublik Deutschland, Kenia, Norwegen, Israel und die Türkei. So wurden in Moskau einige Sportarten, wie etwa das Reiten, zu einer reinen Farce.

Es war natürlich kein Wunder, daß die gastgebenden Sowjets die meisten Medaillen einheimsten: Insgesamt 195 in 204 Wettbewerben, 80mal Gold, 69mal Silber und 46mal Bronze. Das Team der DDR gewann 47 Goldmedaillen, 37 Silbermedaillen und 42 Bronzemedaillen. Den Abstand dieser beiden Mannschaften zu den anderen kann man ermessen, wenn man die Medaillenzahl der drittbesten Mannschaft studiert: Bulgarien holte acht Goldmedaillen, 16 Silbermedaillen und 42 Bronzemedaillen. Olympiasiege gab es für insgesamt 25 Länder, Medaillen für Sportler aus 41 Ländern. Sowjetische und ostdeutsche Sportler gewannen zusammen 127 Goldmedaillen, die restlichen 77 verteilten sich auf 23 Mannschaften.

Auf verschiedene Weise drückten die einzelnen Mannschaften beim Einmarsch zur Eröffnungsfeier ihren Protest gegen die Invasion in Afghanistan aus. Aus Großbritannien marschierte ... der Generalsekretär des Nationalen

wurden dann zum Beispiel für die Briten die Olympiafahne aufgezogen und die Olympiahymne gespielt.

Organisation und Anlagen in Moskau waren perfekt. Nur die massiven, teilweise skurrilen Sicherheitsvorkehrungen, wie es sie in dieser Art bei Olympia noch nie gegeben hatte, stimmten die einen ärgerlich, die anderen eher heiter.
... Teil. Über 100 m

Rechts:
Im 10000-m-Lauf führt hier der Äthiopier Miruts Yifter vor seinem Landsmann Kedir und dem Briten Brendan Foster. Im Ziel war Yifter dann Olympiasieger, Kedir Dritter, und Foster fiel auf den elften Rang zurück.

Leonhard mit dem letzten Schritt, verlor aber fast ebenso knapp über 200 m gegen den Italiener Pietro Mennea. Don Quarrie, Olympiasieger von 1976, wurde Dritter. Zwei Goldmedaillen holte sich der sowjetische 400-m-Läufer Viktor Markin im Einzellauf und mit der Staffel.

Die beiden besten Läufer der Welt

Das stärkste Interesse galt wohl den Rennen über 800 m und 1500 m, wo die beiden besten Läufer der Welt, die Briten Sebastian Coe und Steve Ovett, aufeinanderprallten. Seit zwei Jahren hatten sie keine Rennen mehr gegeneinander bestritten. Coe war Favorit über die 800 m, lief aber taktisch schlecht, setzte seinen gefürchteten Endspurt zu spät an und wurde von Ovett um eine halbe Sekunde geschlagen. Jetzt war Ovett, der in 45 Rennen über 1500 m oder die Meile unbesiegt geblieben war, noch höherer Favorit für die Mittelstrecke. Jürgen Straub aus der DDR machte das Tempo, aber diesmal war Coe auf der Hut, übernahm zeitig die Führung und war im Endspurt nicht zu schlagen. Ovett resignierte ein bißchen und überließ Straub das Silber. So hatte jeder der beiden »Laufgiganten« seine Goldmedaille. Beide Langstrecken gewann auf bestechende Weise Miruts Yifter aus Äthiopien, schaffte das sechste olympische Double dieser Art. Lasse Viren, Doppelsieger in München und Montreal, belegte über 10000 m Platz fünf. Yifter hatte ja in Kanada wegen des Boykotts nicht starten können. 1972 gewann er in München schon Bronze, und er selbst schätzte sein Alter zwischen 33 und 40. Er war Vater von acht Kindern.

Die beiden Hürdensieger Munkelt (DDR) und Beck (DDR) profitierten von der Abwesenheit der Amerikaner Renaldo Nehemiah und Edwin Moses, die ihnen sicher weit überlegen gewesen wären. Der Pole Bronislaw Malinowski, der später bei einem Unfall getötet wurde, war hingegen ein sicherer Olympiasieger über die 3000 m Hindernis. Filbert Bayi aus Tansania, der seinen Leistungshöhepunkt über 1500 m 1976 hatte und in Montreal wegen des Boykotts nicht teilnehmen konnte, wurde Zweiter. Den Marathonlauf gewann zum zweitenmal hintereinander Waldemar Cierpinski aus der DDR wie einst Abebe Bikila.

In den technischen Wettbewerben überließen die Sportler aus der DDR und der UdSSR nur einem anderen Teilnehmer Gold, dem polni-

Das Finale im 110-m-Hürdenlauf: Thomas Munkelt aus der DDR führt und gewinnt vor dem Kubaner Alejandro Casanas (im Vordergrund), der auch schon 1976 Zweiter war.

Der Pole Bronislaw Malinowski auf dem Weg zu seinem überlegenen Sieg im 3000-m-Hindernislauf, in dem er 1976 Zweiter gewesen war.

Links außen:
Zum zweitenmal gewann Waldemar Cierpinski aus der DDR den Marathonlauf.

Links:
Eine Überraschung war der Sieg von Gerd Wessig (DDR) im Hochsprung mit der Weltrekordhöhe von 2,36 m.

Zum viertenmal in Folge Olympiasieger im Dreisprung wollte der Sowjetrusse Viktor Sanejew werden. Aber der große Coup mißglückte, sein Landsmann Jaak Uudmae verdrängte ihn auf den zweiten Rang.

Viktor Sanejew

Um ein Haar hätte er Al Oerters phantastischen Olympiarekord von vier Siegen bei vier Spielen hintereinander eingestellt. Aber beim vierten Anlauf in Moskau 1980 blieb für den Dreispringer Viktor Sanejew »nur« Silber. Seine Gelenke, Sehnen und Muskeln müssen unglaublich gut ausgebildet gewesen sein, daß sie die gewaltigen Belastungen einer so langen Dreispringer-Karriere überstanden. Er wurde am 10. März 1945 in Soukhoumi (UdSSR) geboren und entwickelte sich zu einem strammen Athleten von 1,88 m Körpergröße und 82,5 Kilo Gewicht. Seinen ersten internationalen Dreisprungsieg feierte er 1967. Ein Jahr später sprang er bei seinem ersten Oympiasieg Weltrekord. 1969 wurde er Europameister und gewann erneut olympisches Gold 1972 in München, holte sich kurz danach den an Pedro Perez verlorenen Weltrekord zurück. Wieder Europameister 1974, nahm ihm 1975 der Brasilianer Joao de Oliveira den Weltrekord ab. Oliveira sprang ihn aber in der Höhe von Mexiko. Dort schlug ihn dann Sanejew später bei den Olympischen Spielen, wo er sein drittes Gold hintereinander gewann. Dem 35jähri-

Moskau

Lutz Dombrowski aus der DDR sprang phantastische 8,54 m weit. Von Bob Beamons in der Höhe Mexikos erzieltem Weltrekord trennten ihn aber immer noch 36 cm.

Rechts außen: Weltrekord im Stabhochsprung vor der olympischen Flamme. Der Pole Wladislaw Kozakiewicz übersprang 5,78 m.

Den 400-m-Lauf gewann die überragende DDR-Läuferin Marita Koch in 48,88 Sekunden; in der 400-m-Staffel (unser Bild) aber mußte sie sich mit Silber zufrieden geben.

schen Stabhochspringer Wladyslaw Kozakiewisz, der mit 5,78 m einen neuen Weltrekord schaffte. Die herausragende Leistung bot der DDR-Hochspringer Gerd Wessing mit der Weltrekordhöhe von 2,36 m. Er besiegte den Polen Wszola, der in Montreal gewonnen hatte und 2,31 m schaffte. Im Weitsprung flog Lutz Dombrowski (DDR) auf 8,54 m, die zweitbeste Weite aller Zeiten hinter Bob Beamon.
Dreispringer Viktor Sanejew konnte den Rekord von Al Oerter nicht einstellen. Beim Anlauf zum vierten aufeinanderfolgenden Olympiasieg wurde er »nur« Zweiter hinter seinem Landsmann Uudmae. Überlegen gewann der farbige Brite Daley Thompson, erst 22 Jahre alt, den Zehnkampf, konnte aber den Weltrekord des Deutschen Guido Kratschmer (8649) aus demselben Jahr nicht erreichen.
Nur zwei Goldmedaillen überließen die Leichtathletinnen aus der UdSSR und der DDR Kolleginnen aus anderen Ländern. Die Kubanerin Maria Colon gewann überraschend das Speerwerfen, und die Italienerin Sara Simeoni übersprang 1,97 m. Sie hielt den Weltrekord damals mit 2,01 m. Olympiasiegerin Rosemarie Ackermann kam mit nur 1,91 m auf Platz vier. Nadeschda Tkatschenko (UdSSR), die zwei Jahre vorher wegen Anabolika-Mißbrauchs gesperrt worden war, gewann den Fünfkampf.

Die Schwimmwettbewerbe der Männer waren natürlich ohne die Amerikaner ein Witz. Im Schwimmen und Wasserspringen holten sich die Russen acht Goldmedaillen. Die beste Leistung bot über 1500 m Kraul Wladimir Salnikow mit dem neuen Weltrekord von 14:58,27 Minuten. Die Rechnung bei den Mädchen war wieder einfach: Zwölf von 15 Goldmedaillen für die DDR-Schwimmerinnen, zwei für die UdSSR und eine für Australien. Drei Goldmedaillen holten Barbara Krause und Rica Reinisch.

Ähnlich überlegen waren die Kubaner im Boxring. Sie kassierten sechs Goldmedaillen, Schwergewichtler Teofilo Stevenson holte sich seine dritte hintereinander ab. Der sowjetische Turner Alexander Ditjatin stellte einen neuen olympischen Rekord auf. Er gewann acht Medaillen, dreimal Gold und viermal Silber. Nadia Comaneci, nun fast erwachsen, konnte sich mit zwei Goldmedaillen in Erinnerung bringen.

Gewichtheber-Koloß Alexejew erlebte am Ende seiner Karriere bittere Stunden, schied vorzeitig aus. Für ihn sprang sein Landsmann Sultan Rachmanow in die Bresche. Die sowjeti-

Links:
Mit der Weltrekordweite von 22,41 m gewann Ilona Slupianek aus der DDR das Kugelstoßen. Wegen Dopings mit Anabolika hatte sie der Internationale Leichtathletik-Verband 1977 gesperrt, sie dann aber doch wieder begnadigt.

Daley Thompson

Einer der gegenwärtig besten Zehnkämpfer ist Daley Thompson. Er wurde am 30. Juli 1958 in London geboren, sein Vater ist Nigerianer, seine Mutter Schottin. Schon mit 16 Jahren bewies er seine ungewöhnlichen Talente für den Zehnkampf. Mit 18 Jahren nahm er an den Spielen in Montreal teil und wurde Achtzehnter, aber Sieger Bruce Jenner erkannte damals schon Thompsons Talent. 1978 wurde er Commonwealth-Sieger und EM-Zweiter. 1980 besiegte er den Deutschen Guido Kratschmer, Silbermedaillengewinner von 1976, und schaffte seinen ersten Weltrekord. Leider fiel ja dann wegen des Boykotts das Aufeinandertreffen mit Kratschmer in Moskau ins Wasser. Kratschmer nahm Thompson nach dessen Olympiasieg den Weltrekord ab, aber der Brite holte ihn sich wieder zurück. Dann verlor er den Weltrekord an Jürgen Hingsen, eroberte ihn erneut zurück und wurde jeweils vor dem Deutschen Welt- und Europameister. Zwischen diesen beiden Titelkämpfen hatte Hingsen allerdings mit 8777 Punkten erneut

Zehnkampf-Olympiasieger in Abwesenheit der Amerikaner und Bundesdeutschen wurde der Brite Daley Thompson, der aber damals auch den Weltrekord hielt und so wohl verdientermaßen das begehrte Zehnkampf-Gold gewann.

Ganz oben:
Der Sowjetrusse Wladimir Salnikow gewann über 400 m und 1500 m Kraul sowie in der 4×200-m-Kraul-Staffel.

Glatzköpfig gewann der Brite Duncan Goodhew die Goldmedaille auf der 100-m-Bruststrecke.

Acht Medaillen holte sich der Sowjetrusse Alexander Ditjatin, darunter Gold an den Ringen (unser Bild) und im Zwölfkampf.

schen Heber sahnten die Hälfte aller Goldmedaillen ab, die UdSSR-Ringer gleich noch mehr. Im Reiten gewannen die Sowjets alle Mannschaftswettbewerbe, die Goldmedaille in der Dressur fiel an die Österreicherin Elisabeth Theurer.
Der Schweizer Robert Dill-Bundi schlich sich in die Phalanx der Radsportsieger aus der UdSSR und der DDR ein und holte sich das Gold in der Verfolgung über 4000 m.
Auf dem Wasser zeigten die DDR-Ruderer einmal mehr ihre Wertarbeit. Die Männer gewannen sieben von acht möglichen Goldmedaillen, die Frauen vier von sechs. Der Finne Pertti Karppinen hängte als einziger die DDR-Athleten ab und wiederholte seinen Einer-Olympiasieg von 1976.
In Abwesenheit der Japaner siegten die sowjetischen Teams in beiden Volleyball-Wettbewerben. Aber den Männern gelang es nicht, den Sieg im Basketball zu erringen, obwohl ja die Amerikaner nicht dabei waren. Die UdSSR wurde sogar nur Dritter! Jugoslawien schlug Italien im Finale 86:77.

Gold-Premiere für die DDR

Überaus dramatisch war das Handball-Endspiel, in dem sich die DDR 23:22 gegen die UdSSR durchsetzte. Die DDR gewann diesen Wettbewerb zum erstenmal. Indien holte sich nach langer Pause wieder die Hockeykrone, schlug Spanien im Endspiel 4:3. Das neueingeführte Hockeyturnier der Damen, das besonders unter dem Boykott litt, wurde von Zimbabwe (früher Rhodesien) gewonnen. Im Fußballfinale schlug die CSSR den Sieger von 1976, die DDR, mit 1:0.
Die Zuschauerzahlen waren bei allen Ereignissen in Moskau extrem hoch, weniger die, natur-

gemäß, an den Fernsehschirmen in aller Welt. 80 Goldmedaillen, wie die Sowjetrussen in Moskau, hatte noch nie eine Mannschaft gewonnen, aber man muß ja die Umstände bedenken. Ohne die Amerikaner sind die Olympischen Spiele eigentlich nicht vorstellbar, und dieser Makel wird den Spielen von Moskau immer anhaften, ein Makel, den die amerikanische Regierung durch ihren Boykott-Befehl verursachte. Aber für Medaillengewinner ist eine Medaille eine Medaille, und sie brauchen sich ihrer Moskauer Auszeichnungen sicher nicht zu schämen.
Die Menschen in aller Welt, ob für Boykott oder dagegen, mußten nun endgültig begreifen, daß sich die Politik aus dem Sport nicht heraushalten ließ, was viele vielleicht auch heute noch nicht wahrhaben wollen.
Coubertin ahnte schon, daß der Sport sowohl zum Frieden als auch zum Krieg beitragen könnte. Lange vor den ersten modernen Olympischen Spielen sagte er: »Die Wiedergeburt des Sports wird ihn vielleicht in eine internationale Rolle zwingen, die man sich jetzt noch gar nicht vorstellen kann.«
Es kann immer wieder zu einer ähnlichen Prüfung für den Sport kommen, dessen muß man sich stets bewußt sein. Bleibt zu hoffen, daß sich die Sportler in olympischer Freundschaft in Los Angeles 1984 treffen können.
Nach Abschluß der Olympischen Spiele in Moskau gab IOC-Präsident Juan Antonio Samaranch der sowjetischen Zeitschrift »Olympisches Panorama« folgendes Interview, hier Auszüge:
Meinen Sie, daß die Durchführung der Spiele, der 83. IOC-Tagung und der 17 Kongresse internationaler Sportföderationen in Moskau als ein Sieg der olympischen Idee gewertet werden kann, als ein Zeugnis für ihre außerordentliche Popularität in der ganzen Welt, als Beweis für die Entschlossenheit der Anhänger

Teofilo Stevenson

Der Kubaner konnte zuschlagen wie kaum ein Boxamateur vor ihm. Seine schreckliche Rechte führte ihn zu über 100 K.-o.-Siegen in seiner langen Karriere, die ihm bisher drei Olympiasiege hintereinander im Schwergewicht einbrachte. Geboren wurde er am 29. März 1952 in Oriente. Er wuchs zu einem Muskelpaket von 1,98 m Länge und 93 Kilo Gewicht heran. Mit 20 Jahren boxte er in München und schlug sowohl die »weiße US-Hoffnung« Duanne Bobick als auch den deutschen Riesen Peter Hussing fürchterlich zusammen. Stevenson brauchte für sein Gold nur siebeneinhalb Kampfminuten, da sein rumänischer Finalgegner Jon Alexe wegen »Verletzung« nicht antrat. Zu den Profis ließ sich der fanatische Fidel-Castro-Anhänger nie locken. 1976 gewann er in Montreal erneut Gold, schlug auf dem Weg zum Sieg den späteren amerikanischen Profiweltmeister John Tate k.o. 1980 zum drittenmal Olympiasieger, mußte er sich schon mehr anstrengen und in zwei Kämpfen über die vollen drei Runden boxen. Und bei der Weltmeisterschaft 1982 blamierte er sich fürchterlich mit seiner Punktniederlage im Viertelfinale gegen den Italiener Francesco Damiani. 1984 ist Ste-

Zum drittenmal in Folge Olympiasieger der Schwergewichtsboxer. Der Kubaner Teofilo Stevenson schlug im Moskauer Finale den Sowjetrussen Sajev.

Angelo Parisi (Frankreich) gewann das Judofinale im Schwergewicht. 1972 hatte er noch »als Engländer« eine Bronzemedaille errungen.

der olympischen Bewegung, die olympischen Ideale zu verteidigen und die Einheit ihrer Reihen zu festigen?
Samaranch: »Sie wissen, daß das Internationale Olympische Komitee sich vorbehaltlos für die Durchführung der Olympischen Spiele und auch der Tagung des IOC in Moskau ausgesprochen und diese Position verteidigt hat. Wir hatten einen Vertrag mit den sowjetischen Sportfunktionären, sollten ihn bis zum letzten Buchstaben erfüllen und haben es getan.«
Entsprach Ihrer Meinung nach die Tätigkeit des Organisationskomitees »Olympiade '80« den in der Olympischen Charta festgelegten Regeln?
Samaranch: »Ich kann mich nur den Worten des früheren IOC-Präsidenten Lord Killanin anschließen und sagen, daß das Organisationskomitee der Olympischen Spiele sich nicht nur strikt an die Olympische Charta gehalten, sondern auch stets die Instruktionen, Ratschläge und Hinweise des IOC befolgt hat.«
Bei Ihren Begegnungen mit Vertretern der Massenmedien haben Sie mehrmals die großartige Organisation der Olympiade '80 hervorgehoben. Könnten Sie ausführlicher berichten, was Sie speziell meinten?
Samaranch: »Sehen Sie, in der Sowjetunion ist nicht nur der Sport an sich gut entwickelt, auch die damit verbundene Leitungsfähigkeit steht auf einem hohen Niveau. Man hat hier reiche Erfahrungen bei der Durchführung großer Wettkämpfe. Kein Wunder, daß die Moskauer auch an die Organisation der Olympischen Spiele mit großem Ernst herangegangen sind. Die Vorbereitung der Spiele war sehr gut geplant. Nicht alles ist speziell zu den Spielen gebaut worden, man hat die zahlreichen in Moskau bereits vorhandenen Sportanlagen genutzt; um jedoch die Durchführung der Wettkämpfe in den 21 im olympischen Programm vorgesehenen Sportarten unter den besten Bedingungen zu gewährleisten, wurden auch etliche neue gebaut. Ich war überzeugt, daß die Organisation der Spiele ausgezeichnet klappen würde. Und das ist auch eingetroffen.«
Worin sehen Sie als IOC-Präsident Ihre Hauptaufgabe in der heutigen Zeit?
Samaranch: »Die heutige Zeit ist eine Zeit, da man Lehren aus der Vergangenheit ziehen und vorwärts blicken muß. Ich denke, es ist unsere Hauptaufgabe, ein enges Bündnis aller an der olympischen Bewegung Beteiligten zu schaffen, d. h. aller Mitglieder des Internationalen Olympischen Komitees, der internationalen Föderationen sowie der Nationalen Olympischen Komitees, deren Zahl bereits auf über 150 angestiegen ist.«

Endspiel im Fußballturnier: Die CSSR gewinnt gegen die DDR 1:0. Seit 1952 beherrschen die Staatsamateure aus Osteuropa den olympischen Fußball, weil die Profis westlicher Prägung nicht teilnehmen dürfen.

Sebastian Coe

Sebastian Coe wurde am 29. September 1956 in London geboren und zog später mit seiner Familie nach Yorkshire. Nach einer schweren Verletzung verpaßte er die Qualifikation für die Olympischen Spiele in Montreal. Dann behinderte erneut eine Achillessehnenverletzung seine läuferische Entwicklung, und bei den Europameisterschaften 1978 mußte er sich mit dem dritten Platz über 800 m zufriedengeben. 1979 bot er dann phantastische Vorstellungen. Innerhalb von sechs Wochen unterbot er die Weltrekorde über 800 m, 1500 m und die Meile und wurde der erste Läufer, der diese Bestleistungen zur gleichen Zeit hielt. 1980 steuerte er noch den Weltrekord über 1000 m bei und verbesserte seine Zeit über 800 m. In Moskau gewann er den 1500-m-Lauf und wurde über 800 m Zweiter hinter seinem Landsmann Steve Ovett. Nach einer Verletzung lief er 1981 wieder Weltrekorde, abwechselnd mit Ovett. Die beiden waren ständig in den Schlagzeilen. Ein cleverer Geschäftsmann kam dann 1982 auf die Idee, eine Super-Serie mit den beiden Läufern zu veranstalten, so eine Art »Zwei-Mann-Zirkus«. Da aber Coe und Ovett verletzt waren, kam es nicht zu diesen Schau-Rennen. 1982 unterlag Coe bei den Europameisterschaften sensationell dem Ingolstädter Hans-Peter Ferner. Der Brite fand nicht mehr zu seiner Form, zog sich zurück und trat bei den Weltmeisterschaften in Helsinki nicht an.

Siegerehrung für die 800-m-Läufer. Nun hat auch Steve Ovett aus Großbritannien seine Goldmedaille erkämpft. Sebastian Coe, sein Landsmann und größter Rivale, wurde nach seinem 1500-m-Sieg diesmal Zweiter, vor dem Sowjetrussen Nikolai Kirow (rechts). Steve Ovett lief 1:45,4 Minuten, Coe brauchte eine halbe Sekunde mehr.

Steve Ovett

Die Rivalität zwischen den britischen Mittelstrecklern Sebastian Coe und Steve Ovett brachte viele Höhepunkte in der Leichtathletik der späten 70er und frühen 80er Jahre. Steve Ovett wurde am 9. Oktober 1955 in Brighton geboren und ist fast ein Jahr älter als sein großer Konkurrent. Durch den Sieg beim Europacup 1975 über 800 m machte er zum erstenmal international auf sich aufmerksam. In Montreal startete er über 800 m und wurde Fünfter, während er über 1500 m schon im Semifinale ausschied. Danach blieb er bis zum olympischen Finale 1980 über 1500 m und über eine Meile unbesiegt. 1977 gewann er beim Europacup und beim Weltcup die Rennen über 1500 m. Überraschend verlor er die Europameisterschaft über 800 m 1978 an den DDR-Läufer Olaf Beyer, aber den Titel über 1500 m sicherte er sich. Dann lieferte er sich ständig Weltrekordduelle mit Coe, immer wieder unterbot einer den anderen. Über 800 m wurde Ovett in Moskau Olympiasieger vor Coe, hatte dann aber nicht mehr die Kraft über 1500 m und errang nur die Bronzemedaille. Danach stellte er erneut einen Weltrekord über 1500 m auf. 1981 verlor er zunächst seinen Meilen-Weltrekord an Coe, holte ihn sich zurück, um ihn wiederum seinem großen Rivalen abgeben zu müssen – und das alles in neun Tagen. Eine schlimme Beinverletzung warf ihn 1982 zurück, und es gab vorläufig keine der reizvollen Duelle gegen Sebastian Coe mehr.

Los Angeles

Die Olympischen Sommerspiele 1984 werden vom 28. Juli bis zum 12. August 1984 in Los Angeles stattfinden. Die Stadt war schon 1932 olympischer Gastgeber. Sie wird also die dritte Stadt in der olympischen Geschichte sein, in der die Spiele zweimal ausgetragen wurden. Außer Athen, wo 1906 sogenannte Zwischenspiele stattfanden, waren es Paris 1900 und 1924 und London 1908 und 1948, Winterspiele wurden je zweimal in Lake Placid, St. Moritz und Innsbruck durchgeführt.
Die Spiele in Los Angeles 1932 waren die bestorganisierten ihrer Epoche und die sorgfältigen Vorbereitungen setzten den Maßstab für die Nachfolger. Die wichtigste Neuerung war damals das olympische Dorf in den Bergen der Stadt, in dem die Athleten wohnten und in dem es alle Einrichtungen wie in einem normalen Dorf gab. Von nun an gehörte das olympische Dorf zu allen Olympischen Spielen und es trug dazu bei, die Freundschaft unter den Sportlern zu fördern. Eigentlich ja ein Grundgedanke der olympischen Bewegung.
Wegen der großen Entfernung zu Europa war 1932 die Teilnehmerzahl die geringste seit 1904, aber heute könnte wohl nur eine politische Krisensituation einen ähnlichen Rückgang bewirken. Hoffen darf man übrigens auf das bekannt gute Wetter in Los Angeles. 1932 verhalf der strahlende Sonnenschein jedenfalls den Sportlern zu einigen Rekorden.

Wieder ein Gewinn?

Ein weiterer Vergleich zwischen 1932 und 1984 sei erlaubt. Auch damals war die Organisation der Spiele so angelegt. daß sie einen Gewinn abwarfen. Die hohen Kosten der Olympischen Spiele in München und Montreal haben bei vielen Verfechtern der olympischen Bewegung Mißbehagen ausgelöst. Man gab in Montreal und München aber auch so viel Geld aus, weil man die Infrastruktur verbessern und funktionstüchtige Sportanlagen für die Zukunft schaffen wollte. In München zumindest hat sich dieses Rezept bewährt. Der Olympiapark ist lebendig und auch finanziell einträglich, wie man es kaum für möglich gehalten hätte.
Das Organisationskomitee der Olympischen Spiele in Los Angeles (LAOOC) hat seine Vorbereitungen so angelegt, daß am Ende schwarze Zahlen geschrieben werden. Falls die Macher in Kalifornien Erfolg mit ihren Methoden haben, werden sie eine neue Norm für künftige Veranstalter setzen. Die Gelder fließen in Los Angeles aus drei Hauptquellen: Von Sponsoren, die auf Werbung setzen, aus Fernsehrechten und aus dem Kartenverkauf. Lotterien, wie sie andere Veranstalter durchführten, sind in Kalifornien verboten.

Keine Kosten für die Bürger

Einen großen Vorteil hat Los Angeles. Es verfügt schon über fast alle notwendigen Stadien und Anlagen. Neubauten wird es nur in ganz geringem Umfang geben.
Der Stadt und ihren Bürgern erwachsen keine (Steuer-)Kosten. Im Gegenteil, die Steuerbürger haben sogar den Nutzen, sie bekommen einige neue Sportanlagen und andere Annehmlichkeiten wie ein Gelände für Bogenschießen, neue Kunststoff-Bahnen, Verbesserungen der bestehenden Einrichtungen, ein Radstadion und ein Schwimmstadion, neue Verwaltungsgebäude und sportmedizinische Einrichtungen an der Universität von Kalifornien. Es wird mehr Beschäftigung und neue Arbeitsplätze geben. Die Sponsoren dürfen für ihr Geld und ihr zur Verfügung gestelltes Material Werbung unter Verwendung des Emblems der Olympischen Spiele machen. Daraus finanzieren die Organisatoren einen großen Teil ihrer Ausgaben. Das Organisationskomitee ist bemüht, die Zahl der Sponsoren möglichst zu begrenzen. Viele Verträge, vor allem für Lizenzen und offizielle Ausstatter, wurden frühzeitig unter Dach und Fach gebracht.
Trotz dieser Arrangements behaupten die Organisatoren, sie seien weniger »kommerziell« als ihre Vorgänger. Es wird sich erweisen müssen, ob dieses Finanzkonzept richtig war und ob es tatsächlich einen Gewinn gibt, ob auch die Bürger von Los Angeles Nutzen aus diesen Spielen ziehen. Vielleicht können mit diesem Konzept, falls es sich durchsetzt, künftig auch Städte an die Ausrichtung von Olympischen Spielen denken, die sich heute noch nicht an diese gewaltige Aufgabe herantrauten. Das wäre vielleicht sogar im Sinne von Coubertin.
Los Angeles bekam die Olympischen Spiele am 20. Oktober 1978 zugesprochen. Zwischen Stadt und IOC wurde im Weißen Haus ein entsprechender Vertrag geschlossen. Das Na-

tionale Olympische Komitee der USA hatte der Bewerbung von Los Angeles am 25. September 1977 zugestimmt. Als die Kandidatenliste am 31. Oktober 1977 geschlossen wurde, war Los Angeles übrigens der einzige Bewerber. Nachdem der Vertrag mit dem IOC unterschrieben worden war, beschloß die Stadtverwaltung eine Verordnung, nach der sie keine öffentlichen Mittel, die nicht zurückgezahlt würden, bereitstellt.
Anfang 1979 wurden die Mitglieder des Organisationskomitees benannt, und die Arbeit begann. Die Anlagen wurden geplant, Verhandlungen mit den Sponsoren, den Fernsehgesellschaften und den Grundeigentümern begannen. Die Finanzierung war die Hauptaufgabe der Organisatoren in den fünf Jahren, die bis zur Eröffnungsfeier blieben.
Unter den Anlagen, die bereitgestellt werden müssen, ist auch das olympische Dorf. 1984 werden die Athleten hauptsächlich in Studentenheimen der Universität von Süd-Kalifornien und der Universität von Los Angeles untergebracht. Für die Ruderer und die Kanufahrer gibt es ein »Satelliten-Dorf« am Lake Casitas. Wohnungen müssen aber auch für die »olympische Familie« gefunden werden, für Tausende von Offiziellen, Sponsoren und Berichterstattern der Medien. Man schätzt, daß dafür ungefähr 20000 Hotelzimmer benötigt werden. Ende 1982 waren davon schon 19000 angemietet worden.

Münzen zur Erinnerung

An die Ausgabe von Erinnerungsmünzen wurde auch gedacht. Es wird drei Münzen geben: Zwei Silberdollar und ein goldenes Zehndollarstück, das erste »Goldstück«, das in den USA seit 1933 ausgegeben wird. Olympische Erinnerungsmünzen sind ja schon Tradition, die ersten wurden von Finnland für die Spiele 1952 herausgebracht. Seit 1964 machen es alle Veranstalter so. Für Los Angeles gibt es auch Olympiabriefmarken und während der Spiele eine Ausstellung früherer Olympiabriefmarken.
Los Angeles plant auch kulturelle Veranstaltungen. Es soll ein dreitägiges Multi-Art-Festival geben, Theateraufführungen, eine Film-Retrospektive der offiziellen Olympiafilme früherer Spiele und ein 50stündiges »Marathon-Kino« mit Spiel- und Dokumentarfilmen, die sich mit Sportthemen beschäftigen.
Ganz anders werden diese Olympischen Spiele vielleicht dadurch werden, daß man die Teilnahme der Sportler aus der Volksrepublik China erwartet. Das IOC hat 1982 beschlossen, daß künftig beide chinesischen Staaten teilnehmen können. Und verändert werden diese Spiele sicher auch dadurch, daß es eine Ausweitung des Programms für Frauen gibt. Der populärste neue Frauenwettbewerb könnte vielleicht der Marathonlauf werden. Frauen haben bewiesen, wie gut sie über die Langstrecken laufen können. 1932 glaubte man in Los Angeles noch, das 800-m-Rennen sei für Frauen zu lang, waren doch viele Läuferinnen 1928 auf dieser Strecke erschöpft zusammengebrochen.

Dreizehn neue Disziplinen

Insgesamt gibt es in Los Angeles 13 neue Frauen-Disziplinen: Marathon, 3000 m, 400 m Hürden, 4×200-m-Kraul-Schwimmstaffel, 500 Meter im Kanuvierer, Schießen in drei Klassen, Rad-Straßenrennen, Synchron-Schwimmen (2), Rhythmische Gymnastik und in der Leichtathletik den Siebenkampf, der den alten Fünfkampf ablöst. Insgesamt werden in Los Angeles 21 olympische Sportarten geboten: Bogenschießen im El Dorado Park, Leichtathletik im Los Angeles Memorial Coliseum, Basketball im Forum, Boxen in der Los Angeles Memorial Sports Arena, Kanu und Rudern auf dem Lake Casitas, Radsport im neuen Velodrom in Dominguez Hills, Reiten im Santa Anita Park, Fechten in der Long Beach Convention Hall, Fußball im Rose-Bowl-Stadion, Handball in Pomona und Fullerton, Hockey im East Los Angeles College, Judo in der State University, Moderner Fünfkampf in Coto de Caza, Turnen im Pauley Pavillon, Schwimmen in der Universität von Süd-Kalifornien, Volleyball in der Long Beach Arena, Wasserball in der Pepperdine-Universität, Gewichtheben in der Loyola-Universität, Ringen im Anaheim-Center, Schießen im Prado Recreation Aerea und Segeln in der Bucht von Long Beach.
Dazu gibt es zwei Demonstrations-Sportarten: Baseball und Tennis, die beide früher einmal im olympischen Programm standen, Tennis bis 1924. Die N

den von der Attraktivität, die Los Angeles bieten kann. Und Hollywood liegt gar nicht weit entfernt in den Bergen.
Die oberste Verantwortung für die Olympischen Spiele liegt beim Internationalen Olympischen Komitee (IOC), das die Organisation entweder dem Nationalen Olympischen Komitee überträgt oder einem speziellen Organisationskomitee, wie es in Los Angeles der Fall ist. Kandidaten für die Austragung Olympischer Spiele können nur Städte sein. Schon Coubertin legte dies so fest, um die Einflußnahme von Regierungen zu verhindern oder wenigstens zu mildern. Olympische Spiele werden also immer an Städte, nie an Länder vergeben. Wollen sich mehrere Städte eines Landes bewerben, muß das Nationale Olympische Komitee einen Kandidaten bestimmen. Regierungen sind auch beteiligt, müssen sie doch die Einhaltung der olympischen Regeln garantieren. Nur so kann das IOC sicher sein, daß alle Sportler, Offiziellen und Journalisten unbehelligt einreisen (und ausreisen) können und daß keinem die Teilnahme untersagt wird. Das IOC muß auch das jeweilige Organisationskomitee anerkennen und darauf bestehen, daß die IOC-Mitglieder des Landes mit einbezogen werden und Stimmrecht im OK haben. Der Kandidat muß auch alle Anforderungen des IOC an Programmgestaltung und Anlagen erfüllen.
Üblicherweise vergibt das IOC die Olympischen Spiele sechs Jahre im voraus. Die gewählte Stadt muß dann ihre Verpflichtungen erfüllen, neben den obengenannten etwa noch: Ausreichende Stadien und Trainingsmöglichkeiten, Einrichtungen für die Medien, Unterbringung der Athleten, der Offiziellen und der Presse, geeignete medizinische Einrichtungen und traurigerweise auch, was die Erfahrung notwendig erscheinen läßt, Sicherheitsvorkehrungen zu treffen.

Die wichtigsten Regeln

Status, Zweck und Macht des IOC sind in ausführlichen olympischen Regeln und Bestimmungen niedergelegt. Hauptsächlich ist das IOC zuständig für Kontrolle und Fortentwicklung der Olympischen Spiele, aber Profitmachen gehört nicht zu seinen Aufgaben. Die vier wichtigsten Ziele des IOC sind: 1. Die Feier der Spiele entsprechend den Regeln, 2. Spiele im Geist ihrer Ideale und ihrer Geschichte zu erhalten und fortzuentwickeln, 3. die Entwicklung des Amateursports zu fördern, 4. den Sport zu den olympischen Idealen zu führen, Freundschaft zwischen den Sportlern aller Länder zu fördern und zu verstärken.
Es wurde schon erwähnt, daß man in Los Angeles einen finanziellen Gewinn erhofft. Wenn er eintritt, wird er folgendermaßen verteilt: 40 Prozent an das amerikanische Olympische Komitee, 40 Prozent für den Amateursport in Süd-Kalifornien und 20 Prozent für die Förderung der Panamerikanischen und der Olympischen Spiele. Dies entspricht den olympischen Regeln, die fordern, daß ein materieller Gewinn aus Olympischen Spielen der olympischen Bewegung oder der Unterstützung des Amateursports zugeführt werden muß. Das IOC hat eigene Einnahmen aus Beiträgen der Mitglieder, Spenden und durch die Summe, die eine Ausrichterstadt bezahlen muß.

Geheime Wahl der Präsidenten

Die Präsidenten des IOC werden in geheimer Wahl von den IOC-Mitgliedern gewählt. Sie haben eine Amtszeit von acht Jahren, mit der Möglichkeit der Wiederwahl jeweils für vier Jahre. Bisher gab es nur acht IOC-Präsidenten: Demetrius Vikelas (Griechenland) 1894–1896, Baron Pierre de Coubertin (Frankreich) 1896–1916, Baron Godefroy de Blonay (Schweiz) 1916–1919, Baron de Coubertin erneut von 1919 bis 1925, Henri de Baillet-Latour (Belgien) 1925–1942, Sigfrid Edström (Schweden) 1946–1952, Avery Brundage (USA) 1952–1972, Lord Michael Killanin (Irland) 1972–1980, und seither Juan Antonio Samaranch.

Olympische Kontinuität

In den Regeln des IOC steht auch, daß der Bürgermeister der ausrichtenden Stadt die offizielle Fahne des IOC im Rathaus aufbewahren muß und sie dann bei der Eröffnungsfeier dem Bürgermeister der neuen Olympiastadt übergibt. Das Überreichen der Flagge soll ein Zeichen für die olympische Kontinuität sein, auf die das IOC stets Wert legte.
Diese Fahne ist eines der vielen olympischen Symbole. Auf weißem Grund ohne Rand befinden sich die fünf olympischen Ringe, ineinander verschlungen, das am meisten bekannte olympische Zeichen. Die farbigen Ringe, von links blau, gelb, schwarz, grün und rot, symbolisieren die Einheit der fünf Kontinente und den Zusammenschluß der Sportler im freundschaftlichen

und fairen Wettkampf. Coubertin selbst übergab diese Fahne dem IOC-Kongreß 1914, ein Jahr nachdem er das Ringesymbol entdeckt hatte.
Es gibt auch ein olympisches Motto: citius, altius, fortius (schneller, höher, stärker). Der Dominikaner-Mönch Henri Didon erdachte es, und es wurde zuerst bei den Olympischen Spielen 1924 in Paris verwendet. Bekannter ist das Motto: Teilnahme ist wichtiger als der Sieg. Dies ist allerdings nicht offiziell. Solche oder ähnliche Worte verwendete der Bischof von Pennsylvania bei einem Gottesdienst aus Anlaß der vierten Olympischen Spiele 1908 in der St.-Paul's-Kathedrale in London. Sie beeindruckten Coubertin sehr, und er griff sie auf. Diese Worte bekamen ihre Bedeutung weit über die Olympischen Spiele hinaus und sollten eigentlich für alle Lebensbereiche, nicht nur für Sportsgeist, gelten. Der Grieche Spyros Samaras komponierte eine spezielle Olympiahymne, Worte dazu schrieb sein Landsmann, der Dichter Costis Palamas. Diese Hymne wurde offiziell als Olympiahymne 1957 anerkannt und seither bei allen olympischen Feiern gespielt.

Theodor Lewalds Idee

Das olympische Feuer brannte zuerst bei den Spielen von 1928. Die Idee zu einem olympischen Fackellauf wurde von dem deutschen IOC-Mitglied Theodor Lewald angeregt und 1934 in das olympische Protokoll aufgenommen. Eine Stafette von Läufern bringt die im Hain von Olympia in Griechenland mit Hilfe eines Brennglases entzündete Flamme in die jeweilige Olympiastadt. Der letzte Läufer entzündet mit der Fackel das olympische Feuer in einer Schale, in der es während der Dauer der Spiele nicht verlöschen soll. Der erste Fackellauf dieser Art führte 1936 nach Berlin, 3000 Läufer trugen das Feuer. Es soll an den antiken Ursprung der Spiele erinnern und symbolisieren, daß der alte olympische Geist fortbesteht.
Die Olympiamedaille, das Ziel so vieler Sportler, hat einen vergleichsweise geringen kommerziellen Wert, ist aber ein Symbol für die höchste sportliche Leistung. Bei den ersten modernen Olympischen Spielen 1896 bekamen der Sieger eine Silbermedaille und der Zweite eine Bronzemedaille. Die ersten Goldmedaillen wurden den Olympiasiegern von 1908 überreicht. Die Medaillen bestehen nicht aus reinem Gold, sondern aus schwerem Silber, das vergol-

sind Ort und Jahr der Spiele und die Sportart eingraviert. Die Sieger haben noch die zusätzliche Ehre, daß ihre Namen im Olympiastadion verewigt werden. Die ersten Acht in jeder Disziplin erhalten ein olympisches Diplom. Ferner gibt es Urkunden und Erinnerungsmedaillen für alle Wettkämpfer und Offiziellen.

Die Eröffnungszeremonie

Der Flug der Tauben bei der Eröffnungsfeier gehört seit den Olympischen Spielen in Antwerpen 1920 zur offiziellen Zeremonie. Aber schon 1896 gab es diesen Brauch. Die Eröffnungsfeier rollt nach einem festgelegten Protokoll ab, aber dem Veranstalter bleiben erhebliche Freiräume für verschiedene Programmpunkte. Den Einmarsch der Athleten führt traditionell die griechische Mannschaft an, am Schluß marschieren die Sportler des Gastgebers ein. Jede Mannschaft wird von einem Flaggenträger angeführt. Der IOC-Präsident bittet das jeweilige Staatsoberhaupt, die Eröffnungsformel zu sprechen. Die Olympiafahne wird aufgezogen, der Bürgermeister der letzten Olympiastadt übergibt die zweite Fahne. Tauben werden gen Himmel geschickt, die Fahnenträger versammeln sich um ein Podium, auf dem ein Sportler des Veranstalterlandes im Namen aller Sportler den »Eid« spricht, besser gesagt ein Versprechen abgibt, fair zu kämpfen. Er faßt dabei mit der linken Hand die Olympiafahne und erhebt die rechte. Auch ein Kampfrichter legt für alle anderen den Eid ab.
Den ersten olympischen Eid sprach der belgische Fechter Viktor Boin in Antwerpen 1920. In der Formel heißt es, man werde die Regeln der Spiele beachten. Daraus entstanden viele Diskussionen im Hinblick auf den Amateurstatus. Die erste Definition des Amateurs stand bereits im ersten Bulletin des IOC 1894. Es ist bis heute ein unlösbares Problem geblieben.
Eigentlich waren die Olympischen Spiele ja für Einzelsportler gedacht. Aber Staffeln und Spiele machen Mannschaften unerläßlich. Auch die Olympischen Spiele selbst können nicht ohne »Mannschaften« organisiert werden. Zu den vielen ungelösten olympischen Problemen zählen auch die Hymnen und Flaggen, also die Staatssymbole. Die einen möchten sie ganz verschwinden lassen, die anderen können sich Olympische Spiele ohne sie nicht vorstellen, etwa die sogenannten »jungen« Staaten. Das Thema wird ständig in der Debatte bleiben.

Fernsehens, werden für künftige Organisatoren von entscheidender Bedeutung sein. Es wurde geschätzt, daß rund eine Milliarde Menschen die Eröffnungsfeier der Münchner Spiele an den Fernsehschirmen verfolgten. In Los Angeles glaubt man sogar, 1984 würden auf diese Weise rund 2,5 Milliarden Menschen, also fast die halbe Erdbevölkerung, zuschauen. Die American Broadcasting Company (ABC) hat die Fernsehrechte an den Olympischen Spielen 1984 für 225 Millionen Dollar gekauft und plant, 207 Stunden lang zu übertragen.

Hoffnung auf finanziellen Gewinn

Die privaten Organisatoren sehen zuversichtlich in die Zukunft. Im Spätsommer 1983 waren die Sportstätten mit Ausnahme Schießen, Rudern und Kanu betriebsbereit. Was aber für die Ausrichter wohl noch wichtiger war: Sie waren fest davon überzeugt, daß die Spiele einen Gewinn abwerfen werden. Exekutiv-Direktor Don Miller vom US-Olympiakomitee und William Simon, der Präsident des Amerikanischen Olympischen Komitees, strahlten bei einer Pressekonferenz im Spätherbst 1983 Zuversicht und Gelassenheit aus. Die meisten bis dahin noch anhängigen Probleme seien in der Zwischenzeit zur Zufriedenheit geklärt worden. Miller: »Was die Verkehrsprobleme betrifft, so haben sich verschiedene Firmen zur Verfügung gestellt, die uns tatkräftig unterstützen wollen. Die Schwierigkeiten mit den Abgasen der Autos sind meiner Meinung nach extrem hochgespielt worden. Unter den gleichen Bedingungen, wie sie 1984 in Los Angeles herrschen werden, haben Athleten schon hervorragende Leistungen erbracht. Außerdem haben wir ein vorzügliches und umfassendes Sicherheitsprogramm ausgearbeitet.«
Die beiden hochrangigen Organisatoren waren auch der Meinung, daß das Olympische Programm auch in finanzieller Hinsicht auf gesunden Füßen stünde. »Die Stadionbauten kosten uns praktisch gar nichts! Die meisten Anlagen sind ja schon vorhanden.«
Das Amerikanische Olympische Komitee hat eine spezielle Münze herausgebracht, aus deren Verkauf zum Zeitpunkt des Erscheinens dieses Buches bereits 15,5 Millionen Dollar eingenommen worden waren. Exekutiv-Direktor Don Miller: »Wenn alle Münzen verkauft werden sollten, würden wir insgesamt rund 600 Millionen Dollar einnehmen. Wir sind jedoch realistisch und rechnen mit rund 100 Millionen Dollar. Diese Einnahmen werden unter dem Nationalen Olympischen Komitee der USA und dem Organisationskomitee von Los Angeles aufgeteilt.«

Stiftung für den Nachwuchs

Dieses Geld soll künftigen Sportler-Generationen als finanzielle Sicherheit dienen. Die Amerikaner planen eine Stiftung einzurichten, aus deren Erlösen dann Training und Ausbildung von begabten Nachwuchssportlern in den kommenden Jahren mitfinanziert werden sollen.
Die Leichtathletik ist immer die »Krönung« Olympischer Spiele. Aber vor die Teilnahme hat der Internationale Verband Normen gesetzt, die bis zum 15. Juli 1984 erfüllt werden müssen. Jeder Landesverband kann einen Teilnehmer pro Disziplin automatisch (auch ohne Normerfüllung) melden, aber alle weiteren Starter in dieser Disziplin müssen die Leistungsanforderungen der IAAF bestanden haben. Die nachfolgende Tabelle listet diese Olympianormen auf, wobei bei zwei Leistungsangaben die erste eine Leistung mit Handstoppung, die zweite eine Leistung mit elektrischer Zeitnahme bedeutet. Hier kann so mancher gute Hobbysportler staunend nachlesen, was ein Olympiasportler leisten muß, damit er überhaupt nach Los Angeles reisen darf.

Disziplin	Männer	Frauen
100 m	10,2/10,44	11,3/11,54
200 m	20,7/20,94	23,4/23,64
400 m	46,2/46,34	52,6/52,74
800 m	1:47,0	2:02,0
1500 m	3:39,0	4:09,0
3000 m	–	9:05,0
5000 m	13:35,0	–
10000 m	28:25,0	–
110/100 m Hürden	13,8/14,04	13,4/13,64
400 m Hürden	50,4/50,54	58,5/58,64
3000 m Hindernis	8:30,0	–
Hochsprung	2,22	1,86
Stabhoch	5,35	–
Weitsprung	7,80	6,45
Dreisprung	16,45	–
Kugel	19,40	16,80
Diskus	61,00	57,00
Hammer	71,00	–
Speer	82,00	56,00
Zehnkampf	7700/7600	–
Siebenkampf	–	5750/5700

Fällt Al Oerters Rekord?
So werden viele Millionen Menschen die Triumphe und die Trauer der Sportler und Sportlerinnen im August 1984 miterleben. Olympische Medaillengewinner vorherzusagen ist natürlich eine gefährliche Sache und praktisch unmöglich. Gerade olympische Sportler steigen schnell auf und fallen rasch wieder. Schwimmer und Schwimmerinnen, auch Turnerinnen, die Gold gewinnen können, gehen heute vielleicht noch zur Schule. Falls sie teilnehmen, könnten zwei Männer stolze Rekorde aufstellen. Der Boxer Teofilo Stevenson könnte Al Oerters unglaublichen Rekord von vier Goldmedaillen hintereinander im selben Wettbewerb einstellen. Waldemar Cierpinski aus der DDR erreicht vielleicht seinen dritten Marathon-Olympiasieg hintereinander und übertrifft damit den legendären Abebe Bikila.
Die Spiele von Los Angeles haben noch nicht einmal stattgefunden, da hört man schon die neuesten Nachrichten aus dem nächsten Olympiaort. Die Spiele der XXIV. Olympiade finden 1988 in Seoul, der Hauptstadt von Südkorea statt. Als Präsident des Organisationskomitees in Seoul wurde der 50jährige ehemalige General Ro Tae-Woo berufen, der in Südkorea als starker Mann oder graue Eminenz gilt, weil er schon den Geheimdienst kommandierte und Staatsminister für Sicherheit und Auswärtige Angelegenheiten sowie Sportminister und Innenminister war. Ein Mann also, der wohl alle Fäden in der Hand hat. Aber freuen wir uns zunächst einmal auf Los Angeles.

Statistik

1896 ATHEN

Leichtathletik

100 Meter
T. Burke (USA) 12,0
F. Hofmann (GER) 12,2
A. Szokolyi (HUN) 12,6

400 Meter
T. Burke (USA) 54,2
H. Jamison (USA)
M. Gmelin (GBR)

800 Meter
E. Flack (AUS) 2:11,0
N. Dani (HUN) 2:11,8
D. Gomelis (GRE)

1500 Meter
E. Flack (AUS) 4:33,2
A. Blake (USA) 4:34,0
A. Lermusiaux (FRA) 4:36,0

Marathon
S. Louis (GRE) 2:58:50
C. Vasilakos (GRE) 3:06:03
G. Kellner (HUN) 3:06:35

110 m Hürden
T. Curtis (USA) 17,6
G. Goulding (GBR) 17,7

Hochsprung
E. Clark (USA) 1,81
J. Connolly (USA) 1,65
R. Garrett (USA) 1,65

Weitsprung
E. Clark (USA) 6,35
R. Garrett (USA) 6,18
J. Connolly (USA) 6,11

Dreisprung
J. Connolly (USA) 13,71
A. Tuffère (FRA) 12,70
J. Persakis (GRE) 12,52

Stabhochsprung
W. Hoyt (USA) 3,30
A. Tyler (USA) 3,25
A. Damaskos (GRE) 2,85

Kugelstoßen
R. Garrett (USA) 11,22
M. Gouskos (GRE) 11,20
G. Papasideris (GRE) 10,36

Diskuswerfen
R. Garrett (USA) 29,15
P. Paraskevopoulos (GRE) 28,95
S. Versis (GRE) 28,78

Radfahren

2000 m Sprint
P. Masson (FRA) 24,0
S. Nikolopoulos (GRE) 25,4
A. Schmal (AUT) 26,6

10000 Meter
P. Masson (FRA) 17:54,2
L. Flameng (FRA)
A. Schmal (AUT)

100 Kilometer
L. Flameng (FRA) 3:08:19,2
G. Kolettis (GRE)

12-Stunden-Fahren
A. Schmal (AUT) 314,997
F. Keeping (GBR) 314,664
P. Paraskevopoulos (GRE) 313,330

Straßenfahren 87 km
A. Konstantinidis (GRE) 3:22:31
A. Goedrich (GER) 3:42:18
F. Battel (GBR)

Fechten

Florett
E. Gravelotte (FRA)
H. Callot (FRA)
D. Pierrakos (GRE)

Florett für Fechtmeister
L. Pyrgos (GRE)
M. Perronnet (FRA)
K. Miliotis (GRE)

Säbel
J. Georgiadis (GRE)
T. Karakalos (GRE)
H. Nielsen (DEN)

Turnen

Barren
A. Flatow (GER)
L. Zutter (SUI)
H. Weingärtner (GER)

Mannschaft
GER–GRE–GRE

Reck
H. Weingärtner (GER)
A. Flatow (GER)

Mannschaft
GER

Seitpferd
L. Zutter (SUI)
H. Weingärtner (GER)

Pferdsprung
K. Schuhmann (GER)
L. Zutter (SUI)

Ringe
J. Mitropoulos (GRE)
H. Weingärtner (GER)
P. Persakis (GRE)

Tauhangeln
N. Andriakopoulos (GRE)
T. Xenakis (GRE)
F. Hofmann (GER)

Tennis

Herreneinzel
J. P. Boland (GBR)
D. Kasdaglis (GRE)

Herrendoppel
J. P. Boland (GBR)/ F. Traun (GER)
D. Kasdaglis (GRE)/ Petrokokkinos (GRE)

Schießen

Pistole – 25 m
J. Phrangoudis (GRE) 344
G. Orphanidis (GRE) 249
H. Nielsen (DEN)

Militärrevolver – 25 m
J. Paine (USA) 442
S. Paine (USA) 380
Morakis (GRE) 205

Militärrevolver – 30 m
S. Paine (USA) 442
V. Jensen (DEN) 285
H. Nielsen (DEN)

Militärgewehr – 200 m
P. Karraseudas (GRE) 2320
P. Pavlidis (GRE) 1978
N. Tricoupes (GRE) 1718

Militärgewehr – 300 m
G. Orphanidis (GRE) 1583
J. Phrangoudis (GRE) 1312
V. Jensen (DEN) 1305

Schwimmen

100 m Kraul
A. Hajos (HUN) 1:22,2
E. Choraphas (GRE) 1:23,0
O. Herschmann (AUT)

500 m Kraul
P. Neumann (AUT) 8:12,6
A. Pepanos (GRE)
E. Choraphas (GRE)

1200 m Kraul
A. Hajos (HUN) 18:22,2
J. Andreou (GRE) 21:03,4
E. Choraphas (GRE)

100 m Matrosenschwimmen
I. Malokinis (GRE) 2:20,4
S. Chasapis (GRE)
D. Drivas (GRE)

Gewichtheben

Einarmig
L. Elliot (GBR) 71,0
V. Jensen (DEN) 57,2
A. Nikolopoulos (GRE) 57,2

Beidarmig
V. Jensen (DEN) 111,5
L. Elliot (GBR) 111,5
S. Versis (GRE) 110,0

Ringen

GRIECHISCH-RÖMISCH
K. Schuhmann (GER)
G. Tsitas (GRE)
S. Christopoulos (GRE)

1900 PARIS

Leichtathletik

60 Meter
A. Kraenzlein (USA) 7,0
J. Tewksbury (USA) 7,1
S. Rowley (AUS) 7,2

100 Meter
F. Jarvis (USA) 11,0
J. Tewksbury (USA) 11,1
S. Rowley (AUS) 11,2

200 Meter
J. Tewksbury (USA) 22,2
N. Pritchard (IND) 22,8
S. Rowley (AUS) 22,9

400 Meter
M. Long (USA) 49,4
W. Holland (USA) 49,6
E. Schulz (DEN)

800 Meter
A. Tysoe (GBR) 2:01.2
J. Cregan (USA) 2:03.0
D. Hall (USA)

1500 Meter
Ch. Bennet (GBR) 4:06.2
H. Deloge (FRA) 4:06,6
J. Bray (USA) 4:07,2

Marathon
M. Theato (FRA) 2:59:45
E. Champion (FRA) 3:04:17
E. Fast (SWE) 3:37:14

5000 m Mannschaft
GBR–FRA

2500 m Hindernis
G. Orton (CAN) 7:34,4
S. Robinson (GBR) 7:38,0
J. Chastanié (FRA)

4000 m Hindernis
J. Rimmer (GBR) 12:58,4
Ch. Bennet (GBR) 12:58,6
S. Robinson (GBR) 12:58,8

110 m Hürden
A. Kraenzlein (USA) 15,4
J. McLean (USA) 15,5
F. Moloney (USA)

200 m Hürden
A. Kraenzlein (USA) 25,4
N. Pritchard (IND) 26,6
J. Tewksbury (USA)

400 m Hürden
J. Tewksbury (USA) 57,6
G. Tauzin (FRA)
G. Orton (CAN)

Hochsprung
I. Baxter (USA) 1,90
P. Leahy (GBR) 1,78
L. Gönczy (HUN) 1,75

Stabhochsprung
I. Baxter (USA) 3,30
M. Colket (USA) 3,25
A. Andersen (NOR) 3,20

Alvin Kraenzlein

Weitsprung
A. Kraenzlein (USA) 7,185
M. Prinstein (USA) 7,175
P. Leahy (GBR) 6,95

Dreisprung
M. Prinstein (USA) 14,47
J. Connolly (USA) 13,97
L. P. Sheldon (USA) 13,64

Hochsprung aus dem Stand
R. Ewry (USA) 1,65
I. Baxter (USA) 1,52
L. P. Sheldon (USA) 1,50

Weitsprung aus dem Stand
R. Ewry (USA) 3,21
I. Baxter (USA) 3,13
E. Torcheboeuf (FRA) 3,03

Dreisprung aus dem Stand
R. Ewry (USA) 10,58
I. Baxter (USA) 9,95
R. Garrett (USA) 9,50

Kugelstoßen
R. Sheldon (USA) 14,10
J. McCracken (USA) 12,85
R. Garrett (USA) 12,37

Diskuswerfen
R. Bauer (HUN) 36,04
F. Janda-Suk (BOH) 35,25
R. Sheldon (USA) 34,60

Hammerwerfen
J. Flanagan (USA) 49,73
T. Hare (USA) 49,13
J. McCracken (USA) 42,46

Tauziehen

Mannschaft
DEN/SWE–FRA

Cricket

FRA–GBR

Crocket

FRA–FRA–FRA

Radfahren

2000 m Sprint
G. Taillandier (FRA) 2:52,0
F. Sanz (FRA)
L. Lake (USA)

Reiten

Preisspringen
A. Haegeman (BEL)
G. van der Poele (BEL)
de Champsavin (FRA)

Hochspringen
D. M. Gardères (FRA) 1,85
G. G. Trissino (ITA) 1,85
G. van de Poele (BEL) 1,70

Weitspringen
C. van Langhendonck (BEL) 6,10
G. G. Trissino (ITA) 5,70
de Bellegarde (FRA)

Fechten

Florett
E. Coste (FRA) 6
H. Masson (FRA) 5
J. Boulenger (FRA) 4

Florett für Fechtmeister
L. Mérignac (FRA) 6
A. Kirchhoffer (FRA) 6
J. B. Mimiague (FRA) 4

Degen
R. Fonst (CUB)
L. Perrée (FRA)
L. Sée (FRA)

Degen für Fechtmeister
A. Ayat (FRA)
E. Bougnol (FRA)
H. Laurent (FRA)

Degen für Amateure und Fechtmeister
A. Ayat (FRA)
R. Fonst (CUB)
L. Sée (FRA)

Säbel
G. de la Falaise (FRA)
L. Thiébaut (FRA)
F. Flesch (AUT)

Säbel für Fechtmeister
A. Conte (ITA) 7
I. Santelli (ITA) 6
M. Neralic (AUT) 4

Golf

HERREN
C. Sands (USA)
W. Rutherford (GBR)
D. Robertson (GBR)

DAMEN
A. Abbot (USA)
P. Whittier (SUI)
H. Pratt (USA)

Turnen

Mehrkampf
G. Sandras (FRA) 302
N. Bas (FRA) 295
L. Démanet (FRA) 293

Tennis

HERREN
H. L. Doherty (GBR)
H. S. Mahony (GBR)
R. F. Doherty (GBR) u.
A. B. J. Norris (GBR)

Doppel
R. F. Doherty/
H. L. Doherty (GBR)
S. de Garmendia (USA)/
M. Decugis (FRA)
A. Prévost/
G. de la Chapelle (FRA) u.
H. Mahony/
A. B. J. Norris (GBR)

DAMEN
C. Cooper (GBR)
H. Prévost (FRA)
M. Jones (USA) u.
H. Rosenbaum (BOH)

GEMISCHTES DOPPEL
C. Cooper/
R.F. Doherty (GBR)
H. Prévost (FRA)/
H.S. Mahony (GBR)
H. Rosenbaum (BOH)/
A.A. Warden (GBR) u.
M. Jones (USA)/
H. L. Doherty (GBR)

Polo

GBR–GBR–FRA

Rugby

FRA–GER–GBR

Rudern

Einer
H. Barrelet (FRA) 7:35,6
A. Gaudin (FRA) 7:41,6
G. Saint-Aske (GBR) 8:15,6

Zweier o. Steuermann
BEL I–BEL II–FRA

Zweier m. Steuermann
HOL 7:34,2
FRA I 7:34,4
FRA II 7:57,2

Vierer o. Steuermann

Vierer m. Steuermann
GER I 5:59,0
HOL 6:33,0
GER II 6:35,0

Achter
USA 6:09,8
BEL 6:13,8
HOL 6:23,0

Schießen

Freie Pistole
K. Röderer (SUI) 503
K. Stäheli (SUI) 453
L. Richardet (SUI) 448

Schnellfeuerpistole
M. Larrouy (FRA) 58
M. Moreaux (FRA) 57
A. Morlan (FRA)

Revolver – Mannschaft
SUI 2271
FRA 2203
HOL 1876

Großkalibergewehr – liegend
A. Paroche (FRA) 332
A.P. Nielsen (DEN)
O. Ostmo (NOR)

Großkalibergewehr – kniend
K. Staeheli (SUI) 324
E. Kellenberger (SUI)
A.P. Nielsen (DEN)

Großkalibergewehr – stehend
L.J. Madsen (DEN) 305
O. Ostmo (NOR)
C.P. du Verger (BEL)

Großkalibergewehr – Dreistellungskampf
E. Kellenberger (SUI) 930
A.P. Nielsen (DEN)
O. Ostmo (NOR)

Großkalibergewehr – Mannschaft
SUI 4399
NOR 4290
FRA 4278

Trap
R. de Babarin (FRA) 17
R. Guyot (FRA) 17
J. de Clary (FRA) 17

Taubenschießen
B. de Lunden (BEL) 21
M. Faure (FRA) 20
D. MacIntosh (AUS) 18

Schwimmen

200 m Freistil
F. Lane (AUS) 2:25,2
Z. von Halmay (HUN) 2:31,0
K. Ruberl (AUT) 2:32,0

Mannschaft
GER 32
FRA I 51
FRA II 61

1000 m Freistil
J. Jarvis (GBR) 13:40,0
O. Wahle (AUT) 14:53,4
Z. von Halmay (HUN) 15:16,0

4000 m Freistil
J. Jarvis (GBR) 58:24,0
Z. von Halmay (HUN) 1:08:55,4
L. Martin (FRA) 1:13:10,4

200 m Rücken

200 m Tauchen
C. de Vaudeville (FRA) 1:53,4
M. Siso (FRA) 1:56,4
J. Lukkeberg (DEN)

200 m Hindernisschwimmen
F. Lane (AUS) 2:38,4
O. Wahle (AUT) 2:40,0
P. Kemp (GBR) 2:47,4

Wasserball

GBR–BEL–FRA I +II

Segeln

Offene Klasse
GBR–GER–FRA

0,5 Tonnen
FRA–FRA–FRA

0,5–1 Tonne
GBR–FRA–FRA

1–2 Tonnen
GER–SUI–FRA

2–3 Tonnen
GBR–FRA–FRA

3–10 Tonnen
USA–FRA–FRA

10–20 Tonnen
FRA–FRA–GBR

1904 ST. LOUIS

Leichtathletik

60 Meter
A. Hahn (USA) 7,0
W. Hogenson (USA) 7,2
F. Moulton (USA) 7,2

100 Meter
A. Hahn (USA) 11,0
N. Cartmell (USA) 11,2
W. Hogenson (USA) 11,2

200 Meter
A. Hahn (USA) 21,6
N. Cartmell (USA) 21,9
W. Hogenson (USA)

400 Meter
H. Hillman (USA) 49,2
F. Waller (USA) 49,9
H. Groman (USA) 50,0

800 Meter
J. Lightbody (USA) 1:56,0
H. Valentine (USA) 1:56,3
E. Breitkreutz (USA) 1:56,4

1500 Meter
J. Lightbody (USA) 4:05,4
F. Verner (USA) 4:06,8
L. Hearn (USA)

Marathon
T. Hicks (USA) 3:28:53,0
A. Corey (USA) 3:34:14,0
A. Newton (USA) 3:47:33,0

Querfeldein – 6437 m
USA–USA

110 m Hürden
F. Schule (USA) 16,0
T. Schiedler (USA)
L. Ashburner (USA)

200 m Hürden

400 m Hürden
H. Hillman (USA) 53,0
F. Waller (USA)
G. Poage (USA)

2500 m Hindernis
J. Lightbody (USA) 7:39,6
J. Daley (GBR)
A. Newton (USA)

Hochsprung
S. Jones (USA) 1,80
G. Serviss (USA) 1,78
P. Weinstein (GER) 1,78

Stabhochsprung
C. Dvorak (USA) 3,50
S. Leroy (USA) 3,43
L. Wilkins (USA) 3,43

Weitsprung
M. Prinstein (USA) 7,34
D. Frank (USA) 6,89
F. Strangland (USA) 6,88

Dreisprung
M. Prinstein (USA) 14,35
F. Englehardt (USA) 13,90
F. Strangland (USA) 13,37

Hochsprung aus dem Stand
R. Ewry (USA) 1,50
J. Stadler (USA) 1,45
L. Robertson (USA) 1,45

Weitsprung aus dem Stand
R. Ewry (USA) 3,48
Ch. King (USA) 3,28
J. Biller (USA) 3,26

Dreisprung aus dem Stand
R. Ewry (USA) 10,55
Ch. King (USA) 10,16
J. Stadler (USA) 9,53

Kugelstoßen
R. Rose (USA) 14,81
W. Coe jr. (USA) 14,40
L. Feuerbach (USA) 13,37

Diskuswerfen
M. Sheridan (USA) 39,28
R. Rose (USA) 39,20
N. Georquantos (GRE) 37,68

Hammerwerfen
J. Flanagan (USA) 51,23 m
J. Dewitt (USA) 50,27
R. Rose (USA) 45,73

Gewichtwerfen
E. Desmarteau (CAN) 10,46
J. Flanagan (USA) 10,16
J. Mitchell (USA) 10,13

Dreikampf – (100 Yards, Weitsprung, Kugelstoßen)
M. Emmerich (USA)
J. Grieb (USA)
W. Merz (USA)

Mehrkampf
T. Kiely (GBR) 6036

Tauziehen

USA I–USA II–USA III

Bogenschießen

HERREN
Kleine Distanz
H. Taylor (USA) 811
C. Hubbard (USA) 799
L. Maxon (USA) 777

Große Distanz

Mannschaft
USA I 1344
USA II
USA III

DAMEN
Kleine Distanz
M.C. Howell (USA) 867
E.C. Cooke (USA) 630
H.C. Pollock (USA) 630

Große Distanz
M.C. Howell (USA) 620
H.C. Pollock (USA) 419
E.C. Cooke (USA) 419

Mannschaft
USA I–USA II

Boxen

Fliegengewicht
G. Finnegan (USA)
M. Burke (USA)

Bantamgewicht
O.L. Kirk (USA)
G. Finnegan (USA)

Federgewicht
O.L. Kirk (USA)
F. Haller (USA)

Leichtgewicht
H. Spanger (USA)
J. Eagan (USA)
R. Van Horn (USA)

Weltergewicht
A. Young (USA)
H. Spanger (USA)
J. Lydon (USA)

Mittelgewicht
C. Mayer (USA)
B. Spradley (USA)

Schwergewicht
S. Berger (USA)
C. Mayer (USA)

Fechten

Florett
R. Fonst (CUB)
A. Van Zo Post (CUB)
C. Tatham (CUB)

Degen
R. Fonst (CUB)
C. Tatham (CUB)
A. Van Zo Post (CUB)

Säbel
M. De Diaz (CUB)
W. Grebe (USA)
A. Van Zo Post (CUB)

Stockfechten
A. Van Zo Post (CUB)
W. Grebe (USA)
W.S. O'Connor (USA)

Golf

G.S. Lyon (CAN)
C.C. Egan (USA)
B. McKinnie (USA)

Mannschaft
USA I–USA II

Turnen

Komb. Sechskampf
J. Lenhart (AUT) 70,50
W. Weber (GER) 69,10
A. Spinnler (SUI) 67,99

Komb. Neunkampf
A. Spinnler (SUI) 43,49
J. Lenhart (AUT)
W. Weber (GER)

Siebenkampf
A. Heida (USA) 161
G. Eyser (USA) 152
W. Merz (USA) 135

Reck
A. Heida (USA) 40 u.
E. Hennig (USA) 40
G. Eyser (USA) 39

Barren
G. Eyser (USA) 44
A. Heida (USA) 43
J. Duha (USA) 40

Seitpferd
A. Heida (USA) 42
G. Eyser (USA) 33
W. Merz (USA) 29

Pferdsprung
A. Heida (USA) 36
G. Eyser (USA) 36
W. Merz (USA) 31

Ringe
H. Glass (USA) 45
W. Merz (USA) 35
E. Voight (USA) 32

Seilklettern
G. Eyser (USA) 7,0
C. Krause (USA) 7,8
E. Voight (USA) 9,8

Keule
E. Hennig (USA) 13
E. Voight (USA) 9
R. Wilson (USA) 5

Lacrosse

CAN–USA

Tennis

B.C. Wright (USA)
R. LeRoy (USA)

Doppel
E.W. Leonard/
B.C. Wright (USA)
A.L. Bell/
R. LeRoy (USA)

Roque

C. Jacobus (USA)
S.O. Streeter (USA)
D.C. Brown (USA)

Rudern

Einer
F. Greer (USA) 10:08,5
J. Juvenal (USA)
C. Titus (USA)

Doppelzweier
USA I 10:03,2
USA II
USA III

Zweier o. Steuermann
USA I 10:57,0
USA II
USA III

Achter
USA 7:50,0
CAN

Schwimmen

50 Yards Freistil
Z. von Halmay (HUN) 28,0
J.S. Leary (USA) 28,6
C. Daniels (USA)

100 Yards Freistil
Z. von Halmay (HUN) 1:02,8
C. Daniels (USA)
J.S. Leary (USA)

220 Yards Freistil
C. Daniels (USA) 2:44,2
F. Gailey (USA) 2:46,0
E. Rausch (GER) 2:56,0

440 Yards Freistil
C. Daniels (USA) 6:16,2
F. Gailey (USA) 6:22,0
O. Wahle (AUT) 6:39,0

880 Yards Freistil
E. Rausch (GER) 13:11,4
F. Gailey (USA) 13:23,4
G. Kiss (HUN)

1 Meile Freistil
E. Rausch (GER) 27:18,2
G. Kiss (HUN) 28:28,2
F. Gailey (USA) 28:54,0

4 × 50 Yards Freistil
USA I 2:04,6
USA II
USA III

100 Yards Rücken
W. Brack (GER) 1:16,8
G. Hoffmann (GER)
G. Zacharias (GER)

440 Yards Brust
G. Zacharias (GER) 7:23,6
W. Brack (GER) 7:33,0
H.J. Handy (USA)

Turmspringen
G. Sheldon (USA) 12,75
G. Hoffmann (GER) 11,33
F. Kehoe (USA) u.
A. Braunschweiger (GER)

Kopfweitsprung
W.E. Dickey (USA) 19,05
E. Adams (USA) 17,526
L. Goodwin (USA) 17,37

Gewichtheben

Einarmig
O.P. Osthoff (USA) 86,75
F. Winters (USA)
F. Kungler (USA)

Beidarmig
P. Kakousis (GRE) 111,58
O.P. Osthoff (USA) 84,44
F. Kungler (USA) 68,09

Ringen

FREISTIL

Fliegengewicht
R. Curry (USA)
J. Heim (USA)
G. Thiefenthaler (USA)

Bantamgewicht
G. Mehnert (USA)
G. Bauers (USA)
M. Nelson (USA)

Federgewicht
I. Niflot (USA)
A. Wester (USA)
Z. Strebler (USA)

Leichtgewicht
B. Bradshaw (USA)
T. McLear (USA)
B.C. Clapper (USA)

Halbmittelgewicht
O. Roehm (USA)
S.R. Tesing (USA)
A. Zirkel (USA)

Halbschwergewicht
C. Erikson (USA)
W. Beckman (USA)
J. Winholtz (USA)

Schwergewicht
B. Hansen (USA)
F. Kungler (USA)
F. Warmbold (USA)

ZWISCHEN-SPIELE 1906 ATHEN

Leichtathletik

100 Meter
A. Hahn (USA) 11,2
F. Moulton (USA) 11,3
N. Barker (AUS) 11,3

400 Meter
P. Pilgrim (USA) 53,2
W. Halswelle (GBR) 53,8
N. Barker (AUS) 54,1

1500 Meter
J. Lightbody (USA) 4:12,0
J. McGough (GBR) 4:12,6
K. Hellström (SWE) 4:13,4

5 Meilen
H. Hawtrey (GBR) 26:11,8
J. Svanberg (SWE) 26:19,4
E. Dahl (SWE) 26:26,2

Marathon
W. Sherring (CAN) 2:51:23,6
J. Svanberg (SWE) 2:58:20,8
W. Frank (USA) 3:00:46,8

1500 m Gehen
G. Bonhag (USA) 7:12,6
D. Linden (CAN) 7:19,8
K. Spetsiotis (GRE) 7:22,0

3000 m Gehen
G. Sztantics (HUN) 15:13,2
H. Müller (GER) 15:20,0
G. Saridakis (GRE) 15:33,0

110 m Hürden
R. Leavitt (USA) 16,2
A. Healey (GBR) 16,2
V. Duncker (SAF) 16,3

Hochsprung
C. Leahy (GBR) 1,77
L. Gonczy (HUN) 1,75
H. Kerrigan (USA) u.
T. Diakidis (GRE) 1,72

Stabhochsprung
F. Gonder (FRA) 3,40
B. Söderström (SWE) u.
E. Glover (USA) 3,35

Weitsprung
M. Prinstein (USA) 7,20
P. O'Connor (GBR) 7,025
H. Friend (USA) 6,960

Dreisprung
P. O'Connor (GBR) 14,07
C. Leahy (GBR) 13,98
T. Cronan (USA) 13,70

Hochsprung aus dem Stand
R. Ewry (USA) 1,56
M. Sheridan (USA) 1,40
L. Dupont (BEL) 1,40

Weitsprung aus dem Stand
R. Ewry (USA) 3,30
M. Sheridan (USA) 3,095
L. Robertson (USA) 3,050

Kugelstoßen
M. Sheridan (USA) 12,32
M. David (HUN) 11,83
E. Lemming (SWE) 11,26

Diskus – Freistil
M. Sheridan (USA) 41,46
N. Georgantas (GRE) 38,06
W. Jarvinen (FIN) 36,82

Diskus – Griechisch
W. Jarvinen (FIN) 37,17
N. Georgantas (GRE) 32,80
I. Mudin (HUN) 31,91

Speerwerfen
E. Lemming (SWE) 53,90
K. Lindberg (SWE) 45,17
B. Söderström (SWE) 44,92

Fünfkampf
H. Mellander (SWE)
I. Mudin (HUN)
E. Lemming (SWE)

Tauziehen
GER–GRE–SWE

Steinstoßen (6,35 kg)
N. Georgantas (GRE) 19,92
M. Sheridan (USA) 19,035
M. Dorizas (GRE) 18,585

Radsport

333⅓ Meter
F. Verri (ITA) 22,8
H. Crowther (GBR)
Menjou (FRA)

1000 Meter
F. Verri (ITA) 1:42,2
H. Bouffler (GBR)
E. Debougnie (BEL)

5000 Meter
F. Verri (ITA) 10:35,0
H. Crowther (GBR)
B. Vast (FRA)

2000 m Tandem
GBR 2:57,0
GER I
GER II

20 Kilometer – Schrittmacher
W.J. Pett (GBR) 29:00,0
M. Bardonneau (FRA) 29:30,0
B. Vast (FRA) 29:32,0

Straßenrennen – 84 km
B. Vast (FRA) 2:41:28,0
M. Bardonneau (FRA) 2:41:28,4
Luguet (FRA) 2:41:28,6

Fechten

Florett
G. Dillon-Kavanagh (FRA)
G. Casmir (GER)
P. d'Hugues (FRA)

Degen
G. de la Falaise (FRA)
G. Dillon-Kavanagh (FRA)
A. van Blijenburgh (HOL)

Mannschaft
FRA–GBR–BEL

Degen für Fechtmeister
C. Verbrugge (BEL)
M. Gubiani (ITA)
I. Raissis (GRE)

Säbel
J. Georgiadis (GRE)
G. Casmir (GER)
F. Cesarano (ITA)

Säbel für Fechtmeister
C. Verbrugge (BEL)
I. Raissis (GRE)

Säbel auf drei Treffer
G. Casmir (GER)
G. van Rossam (HOL)
P. Toth (HUN)

Turnen

Mannschaft
NOR–DEN–ITA

Seilklettern
G. Aliprantis (GRE)
B. Erody (HUN)
K. Kozanitas (GRE)

Tennis

HERREN
M. Decugis (FRA)
M. Germot (FRA)
Z. Zemla (AUT)

Doppel
M. Decugis/
M. Germot (FRA)
X. Kasdaglis/I. Ballis (GRE)
Z. Zemla/L. Zemla (AUT)

DAMEN
E. Semyriotou (GRE)
S. Marinou (GRE)
E. Paspati (GRE)

GEMISCHTES DOPPEL
M. Decugis/Mme. Decugis (FRA)
S. Marinou/G. Simiriotis (GRE)
A. Matsa/X. Kasdaglis (GRE)

Rudern

Einer
G. Delaplane (FRA)
J. Larran (FRA)

Zweier m. Steuermann 1000 m
ITA I–ITA II– FRA

Zweier m. Steuermann 1600 m
ITA–BEL–FRA

Vierer m. Steuermann 2000 m
ITA–FRA I–FRA II

Kriegsbarken – 76 Mann
ITA–GRE I– GRE II

Kriegsbarken – 16 Mann
GRE I–GRE II–ITA

Schießen

Pistole – 50 m
G. Orphanidis (GRE) 221
J. Fouconnier (FRA) 219
A. Rangavis (GRE) 218

Schnellfeuerpistole
M. Lecoq (FRA) 250
L. Moreaux (FRA) 249
A. Rangavis (GRE) 245

Freies Gewehr – liegend
G.G. Skatteboe (NOR)

Freies Gewehr – kniend
K. Staeheli (SUI)

Freies Gewehr – stehend
G.G. Skatteboe (NOR)

Freies Gewehr – beliebig
M. de Stadelhofen (SUI) 243
K. Stäheli (SUI) 238
L. Moreaux (FRA) 234

Freies Gewehr – stehend, kniend, liegend
G.G. Skatteboe (NOR) 977
K. Stäheli (SUI) 943
J. Reich (SUI) 933

Mannschaft
SUI–NOR–FRA

Militärgewehr – 200 m
L. Moreaux (FRA) 187
L. Richardet (SUI) 187
J. Reich (SUI) 183

Militärgewehr – 300 m
L. Richardet (SUI) 238
J. Reich (SUI) 234
R. de Boigne (FRA) 232

Militärrevolver – 20 m
L. Richardet (SUI) 253
A. Theophilakis (GRE) 250
G. Skotadis (GRE) 240

Militärrevolver, Modell 1873
J. Fouconnier (FRA) 219
R. de Boigne (FRA) 216
H. Martin (FRA) 215

Duellpistole – 20 m
L. Moreaux (FRA) 242
C. Liverziani (ITA) 233
M. Lecoq (FRA) 231

Duellpistole – 25 m
M. Skarlatos (GRE) 133
J.H. von Holst (SWE) 115/27
W. Carlberg (SWE) 115/26

Fußball

DEN–GRE I–GRE II

Schwimmen

100 m Freistil
C. Daniels (USA) 1:13,4
Z. von Halmay (HUN) 1:14,2
C. Healy (AUS)

400 m Freistil
O. Scheff (AUT) 6:23,8
H. Taylor (GBR) 6:24,4
J. Jarvis (GBR) 6:27,2

1 Meile Freistil
H. Taylor (GBR) 28:28,0
J. Jarvis (GBR) 30:13,0
O. Scheff AUT) 30:59,0

4 × 250-m-Staffel
HUN – GER – GBR

Turmspringen
G. Walz (GER) 156
G. Hoffmann (GER) 150
O. Satzinger (AUT) 147

1908 LONDON

Leichtathletik

100 Meter
R. Walker (SAF) 10,8
J. Rector (USA) 10,9
R. Kerr (CAN) 11,0

200 Meter
R. Kerr (CAN) 22,6
R. Cloughen (USA) 22,6
N. Cartmell (USA) 22,7

400 Meter
W. Halswelle (GBR) 50,0
nahm als einziger am Finale teil

800 Meter
M. Sheppard (USA) 1:52,8
E. Lunghi (ITA) 1:54,2
H. Braun (GER) 1:55,2

1500 Meter
M. Sheppard (USA) 4:03,4
H. Wilson (GBR) 4:03,6
N. Hallows (GBR) 4:04,0

5 Meilen
E. Voigt (GBR) 25:11,2
E. Owen (GBR) 25:24,0
J. Svanberg (SWE) 25:37,2

Marathon
J. Hayes (USA) 2:55:18,4
C. Hefferon (SAF) 2:56:06,0
J. Forshaw (USA) 2:57:10,4

Staffel (2 × 200, 1 × 400, 1 × 800 m)
USA–GER–HUN

110 m Hürden
F. Smithson (USA) 15,0
J. Garrels (USA) 15,7
A. Shaw (USA)

400 m Hürden
C. Bacon (USA) 55,0
H. Hillmann (USA) 55,3
L. Tremeer (GBR) 57,0

3200 m Hindernis
A. Russell (GBR) 10:47,8
A. Robertson (GBR) 10:48,4
J. Eisele (USA)

3 Meilen – Mannschaft
GBR–USA–FRA

3500 m Gehen
G. Larner (GBR) 14:55,0
E. Webb (GBR) 15:07,4
H. Kerr (NZL) 15:43,4

10 Meilen Gehen
G. Larner (GBR) 1:15:57,4
E. Webb (GBR) 1:17:31,0
E. Spencer (GBR) 1:21:20,2

Hochsprung aus dem Stand
R. Ewry (USA) 1,57
K. Tsiklitiras (GRE) 1,55
J. Biller (USA) 1,55

Weitsprung aus dem Stand
R. Ewry (USA) 3,33
K. Tsiklitiras (GRE) 3,23
M. Sheridan (USA) 3,225

Hochsprung
H. Porter (USA) 1,905
C. Leahy (GBR) u.
I. Somodi (HUN) u.
G. André (FRA) 1,88

Stabhochsprung
A. Gilbert (USA) 3,71
E. Archibald (CAN) 3,58
F. Irons (USA) 3,48

Weitsprung
F. Irons (USA) 7,48
D. Kelly (USA) 7,09
C. Bricker (CAN) 7,08

Dreisprung
T. Ahearne (GBR) 14,91
J. MacDonald (CAN) 14,76
E. Larsen (NOR) 14,39

Kugelstoßen
R. Rose (USA) 14,21
D. Horgan (GBR) 13,62
J. Garrels (USA) 13,18

Diskus (Freistil)
M. Sheridan (USA) 40,89
M. Giffin (USA) 40,70
M. Horr (USA) 39,45

Diskus (Griechisch)
M. Sheridan (USA) 38,00
M. Horr (USA) 37,32
W. Jarvinen (FIN) 36,48

Hammer
J. Flanagan (USA) 51,92
M. McGrath (USA) 51,18
C. Walsh (USA) 48,51

Speer (Freistil)
E. Lemming (SWE) 54,45
M. Dorizas (GRE) 51,36
A. Halse (NOR) 49,73

Speer (Griechisch)
E. Lemming (SWE) 54,83
A. Halse (NOR) 50,57
O. Nilsson (SWE) 47,11

Tauziehen
GBR I - GBR II - GBR III

Bogenschießen

HERREN
»York Round«
W. Dod (GBR) 815
R.B. Brookes-King (GBR) 768
H.B. Richardson (USA) 760

50 Meter (Continental Style)
E. Grizot (FRA) 263
L. Vernet (FRA) 256
G. Cabaret (FRA) 255

DAMEN
Q. Newall (GBR) 688
L. Dod (GBR) 642
Hill-Lowe (GBR) 618

John Flanagan

Boxen

Bantamgewicht
H. Thomas (GBR)
J. Condon (GBR)
W. Webb (GBR)

Federgewicht
R. Gunn (GBR)
C. Morris (GBR)
H. Roddin (GBR)

Leichtgewicht
F. Grace (GBR)
F. Spiller (GBR)
H. Johnson (GBR)

Mittelgewicht
J. Douglas (GBR)
R. Baker (AUS)
W. Philo (GBR)

Schwergewicht
A. Oldham (GBR)
S. Evans (GBR)
F. Parks (GBR)

Radsport

Eine Runde – 603,491 m
V. Johnson (GBR) 51,2
E. Demangel (FRA)
K. Neumer (GER)

1000 m Sprint
wegen Zeitüberschreitung nicht gewertet

5000 Meter
B. Jones (GBR) 8:36,2
M. Schilles (FRA)
A. Auffray (FRA)

20 Kilometer
C. Kingsbury (GBR) 34:13,6
B. Jones (GBR)
J. Werbrouck (BEL)

100 Kilometer
C. Bartlett (GBR)2:41:48,6
C. Denny (GBR)
O. Lapize (FRA)

Verfolgung – 3 Runden
Mannschaft
GBR 2:18,6
GER 2:28,6
CAN 2:29,6

2000 m Tandem
GBR I 3:07,6
GBR II

Fechten

Degen
G. Alibert (FRA)
A. Lippmann (FRA)
E. Olivier (FRA)

Mannschaft
FRA–GBR–BEL

Säbel
J. Fuchs (HUN)
B. Zulawsky (HUN)
V. G. de Lobsdorf (BOH)

Mannschaft
HUN–ITA–BOH

Eiskunstlauf

Damen
E.M. Syers (GBR) 252,5
E. Rendschmidt (GER) 211,0
D. Greenhough-Smith (GBR) 192,1

Paarlauf
A. Heubler/H. Burger (GER) 11,2
P.W. Johnson/J.H. Johnson (GBR) 10,3
M. Syers/E. Syers (GBR) 7,6

Turnen

Mehrkampf
A. Braglia (ITA) 317
S. Tysal (GBR) 312
L. Segurra (FRA) 297

Mannschaft
SWE–NOR–FIN

Feldhockey

ENG–IRL–SCO u. WAL

Jeu de Paume

J. Gould (USA)
E. Miles (GBR)
N.S. Lytton (GBR)

Lacrosse

CAN–GBR

Rasentennis

HERREN
J.G. Ritchie (GBR)
O. Froitzheim (GER)
W.V. Eaves (GBR)

Doppel
G. Hillyard/R.F. Doherty (GBR
J.G. Ritchie/J.C. Parke (GBR)
C. Cazalet/C.P. Dixon (GBR)

DAMEN
D. Lambert Chambers (GBR)
D.B. Boothby (GBR)
J. Winch (GBR)

Hallentennis

HERREN
A.N. Gore (GBR)
G.A. Caridia (GBR)
J.G. Ritchie (GBR)

Doppel
A. Gore/H. Roper-Barrett (GBR)

DAMEN
G. Eastlake-Smith (GBR)
A.N. Greene (GBR)
M. Adlerstrahle (SWE)

Motorbootrennen

Offene Klasse
E. Thubron (FRA)

Unter 60 Fuß
T. Thornycroft/
B. Redwood (GBR)

Polo

GBR I–GBR II–GBR III

Rackets

E. Noel (GBR)
H. Leaf (GBR)
J.J. Astor (GBR)

Doppel
V. Pennell/
J.J. Astor (GBR)
E. Bury/
C. Browning (GBR)
E. Noel/H. Leaf (GBR)

Rudern

Einer
H. Blackstaffe (GBR) 9:26,0
A. McCulloch (GBR)
B. von Gaza (GER) u.
K. Levitzky (HUN)

Zweier o. Steuermann
GBR I–GBR II–CAN

Achter
GBR–BEL–CAN

Rugby

AUS–GBR

Schießen

Militärgewehr
J.K. Millner (GBR) 98
K.K. Casey (USA) 93
M. Blood (GBR) 92

Mannschaft
USA–GBR–CAN

Freies Gewehr
A. Helgerud (NOR) 909
H. Simon (USA) 887
O. Saether (NOR) 883

Mannschaft
NOR–SWE–FRA

Kleinkalibergewehr
A. Carnell (GBR) 387
H. Humby (GBR) 386
C. Barnes (GBR) 385

Mannschaft
GBR–SWE–FRA

Verschwindendes Ziel
W. Styles (GBR) 45
H. Hawkins (GBR) 45
E. Amoore (GBR) 45

Bewegliches Ziel
A. Fleming (GBR) 24
M. Matthews (GBR) 24
W. Marsden (GBR) 24

Schnellfeuerpistole
P. van Asbroek (HOL) 490
R. Storms (BEL) 487
J. Gorman (USA) 485

Mannschaft
USA–BEL–GBR

Laufender Hirsch – 1 Schuß

Doppelschuß
W. Winans (USA) 46
T. Ranken (GBR) 46
O. Swahn (SWE) 38

Mannschaft
SWE–GBR

Trap
W. Ewing (CAN) 72
G. Beattie (CAN) 60
A. Maunder (GBR) u.
A. Metaxas (GRE) 57

Mannschaft
GBR–CAN–GBR

Fußball

GBR–DEN–HOL

Schwimmen

100 m Freistil
C. Daniels (USA) 1:05,6
Z. von Halmay (HUN) 1:06,2
H. Julin (SWE) 1:08,0

400 m Freistil
H. Taylor (GBR) 5:36,8
F. Beaurepaire (AUS) 5:44,2
O. Scheff (AUT) 5:46,0

1500 m Freistil
H. Taylor (GBR) 22:48,4
T. Battersby (GBR) 22:51,2
F. Beaurepaire (AUS) 22:56,2

200 m Brust
F. Holman (GBR) 3:09,2
W. Robinson (GBR) 3:12,8
P. Hansson (SWE) 3:14,6

100 m Rücken
A. Bieberstein (GER) 1:24,6
L. Dam (DEN) 1:26,6
H. Haresnape (GBR) 1:27,0

4 × 200-m-Freistil-Staffel
GBR–HUN–USA

Turmspringen
H. Johansson (SWE) 83,75
K. Malmström (SWE) 78,73
A. Spangberg (SWE) 74,00

Charles Daniels

Kunstspringen
A. Zürner (GER) 85,5
K. Behrens (GER) 85,3
G. Gaidzik (USA) 80,8

Ringen

FREISTIL

Bantamgewicht
G. Mehnert (USA)
W. Press (GBR)
B. Côté (CAN)

Federgewicht
G. Dole (USA)
J. Slim (GBR)
W. McKie (GBR)

Leichtgewicht
G. de Relwyskow (GBR)
W. Wood (GBR)
A. Gingell (GBR)

Mittelgewicht
S. Bacon (GBR)
G. de Relwyskow (GBR)
F. Beck (GBR)

Schwergewicht
G. O'Kelly (GBR)
J. Gundersen (NOR)
E. Barrett (GBR)

GRIECHISCH-RÖMISCH

Leichtgewicht
E. Porro (ITA)
N. Orlov (URS)
A. Linden-Linko (FIN)

Mittelgewicht
F. Martensson (SWE)
M. Andersson (SWE)
A. Andersen (DEN)

Halbschwergewicht
V. Weckman (FIN)
Y. Saarela (FIN)
C. Jensen (DEN)

Schwergewicht
R. Weisz (HUN)
A. Petrow (URS)
S. Jensen (DEN)

Segeln

6-Meter-Klasse
GBR–BEL–FRA

7-Meter-Klasse
GBR

8-Meter-Klasse
GBR–SWE–GBR

12-Meter-Klasse
GBR I–GBR II

1912 STOCKHOLM

Leichtathletik

100 Meter
R. Craig (USA) 10,8
A. Meyer (USA) 10,9
D. Lippincott (USA) 10,9

200 Meter
R. Craig (USA) 21,7
D. Lippincott (USA) 21,8
W. Applegarth (GBR) 22,0

400 Meter
C. Reidpath (USA) 48,2

800 Meter
J.E. Meredith (USA) 1:51,9
M. Sheppard (USA) 1:52,0
I. Davenport (USA) 1:52,0

1500 Meter
A. Strode-Jackson (GBR) 3:56,8
A. Kiviat (USA) 3:56,9
N. Taber (USA) 3:56,9

5000 Meter
H. Kolehmainen (FIN) 14:36,6
J. Bouin (FRA) 14:36,7
G. Hutson (GBR) 15:07,6

10000 Meter
H. Kolehmainen (FIN) 31:20,8
L. Tewanima (USA) 32:06,6
A. Stenroos (FIN) 32:21,8

Marathon
K. McArthur (SAF) 2:36:54,8
C. Gitsham (SAF) 2:37:52,0
G. Strobino (USA) 2:38:42,4

110 m Hürden
F. Kelly (USA) 15,1

Albert Strode-Jackson

J. Wendell (USA) 15,2
M. Hawkins (USA) 15,3

4 × 100-m-Staffel
GBR 42,4
SWE 42,6

4 × 400-m-Staffel
USA 3:16,6
FRA
GBR

Geländelauf – 12000 m
H. Kolehmainen (FIN) 45:11,6
H. Andersson (SWE) 45:44,8
J. Eke (SWE) 46:37,6

Mannschaft
SWE–FIN–GBR

3000 m Mannschaft
USA–SWE–GBR

10000 m Gehen
G. Goulding (CAN) 46:28,4
E. Webb (GBR) 46:50,4
F. Altimani (ITA) 47:37,6

Hochsprung
A. Richards (USA) 1,93
H. Liesche (GER) 1,91
G. Horinne (USA) 1,89

Weitsprung
A. Gutterson (USA) 7,60
C. Bricker (CAN) 7,21
G. Aberg (SWE) 7,18

Dreisprung
G. Lindblom (SWE) 14,76
G. Aberg (SWE) 14,51
E. Almlöf (SWE) 14,17

Stabhochsprung
H. Babcock (USA) 3,95
F. Nelson (USA) und
M. Wright (USA) 3,85

Hochsprung aus dem Stand
P. Adams (USA) 1,63
B. Adams (USA) 1,60
K. Tsiklitiras (GRE) 1,55

Weitsprung aus dem Stand
C. Tsiklitiras (GRE) 3,37
P. Adams (USA) 3,36
B. Adams (USA) 3,28

Kugelstoßen (einarmig)
P. McDonald (USA) 15,34
R. Rose (USA) 15,25
L. Whitney (USA) 13,93

Kugelstoßen (beidarmig)
R. Rose (USA) 27,70
P. McDonald (USA) 27,53
E. Niklander (FIN) 27,14

Diskus (einarmig)
A. Taipale (FIN) 45,21
R. Byrd (USA) 42,32
J. Duncan (USA) 42,28

Diskus (beidarmig)
A. Taipale (FIN) 82,86
E. Niklander (FIN) 77,96
F. Magnussen (SWE) 77,37

Speer (einarmig)
E. Lemming (SWE) 60,64
J. Saaristo (FIN) 58,66
M. Kovács (HUN) 55,50

Speer (beidarmig)
J. Saaristo (FIN) 109,42
V. Siikaniemi (FIN) 101,13
U. Peltonen (FIN) 100,24

Hammerwerfen
M. McGrath (USA) 54,74
D. Gillis (CAN) 48,89
C. Childs (USA) 48,17

Fünfkampf
F. Bie (NOR) 16
J. Donahue (USA) 24
F. Lukeman (CAN) 24

Zehnkampf
H. Wieslander (SWE) 7724,495
C. Lomberg (SWE) 7413,510
G. Molmér (SWE) 7347,855
Der ursprüngliche Sieger im Fünf- und Zehnkampf, J. Thorpe (USA), wurde ein Jahr später disqualifiziert. 1982 wurden ihm die Medaillen posthum wieder zuerkannt.

Tauziehen
SWE–GBR

Radfahren

Straßenrennen (320 km)
R. Lewis (SAF) 10:42:39,5
F. Grubb (GBR) 10:51:24,2
C. Schutte (USA) 10:52:38,8

Mannschaft
SWE 44:35:33,6
GBR
USA

Reiten

Jagdspringen
J. Cariou (FRA) 186
R.W. von Kröcher (GER) 185
E. Blommaert de Soye (BEL) 185

Preis der Nationen
SWE 545
FRA 538
GER 530

Dressur
C. Bonde (SWE) 15
G.A. Boltenstern (SWE) 21
H. von Blixen-Finecke (SWE) 32

Military
A. Nordlander (SWE) 46,59
H. von Rochow (GER) 46,42
J. Cariou (FRA) 46,32

Mannschaft
SWE 139,06
GER 138,48
USA 137,33

Fechten

Florett
N. Nadi (ITA) 7
P. Speciale (ITA) 5
R. Verderber (AUT) 4

Degen
P. Anspach (BEL) 6
I. Osilier (DEN) 5
P. le Hardy de Beaulieu (BEL) 4

Mannschaft
BEL–GBR–HOL

Säbel
J. Fuchs (HUN) 6
B. Békessy (HUN) 5
E. Mészáros (HUN) 5

Mannschaft
HUN–AUT–HOL

Turnen

Mehrkampf
A. Braglia (ITA) 135
L. Ségura (FRA) 132,5
A. Tunesi (ITA) 131,5

Mannschaft
ITA–HUN–GBR

Schwedisches System
SWE–DEN–NOR

Kür
NOR–FIN–DEN

Rasentennis

HERREN
C.L. Winslow (SAF)
H.A. Kitson (SAF)
O. Kreuzer (GER)

Doppel
H.A. Kitson/
C.L. Winslow (SAF)
F. Pipes/A. Zborzil (AUT)
A. Canet/
M.M. de Marangue (FRA)

DAMEN
M. Broquedis (FRA)
D. Köring (GER)
M. Bjurstedt (NOR)

GEMISCHTES DOPPEL
D. Köring/
H. Schomburgk (GER)
S. Fick/S. Setterwall (SWE)
M. Broquedis/
A. Canet (FRA)

Hallentennis

HERREN
A.H. Gobert (FRA)
C.P. Dixon (GBR)
A.F. Wilding (NZL)

Doppel
A.H. Gobert/
M. Germot (FRA)
G. Setterwall/
C. Kempe (SWE)
C.P. Dixon/
A.F. Beamish (GBR)

DAMEN
E.N. Hannam (GBR)
T. Castenschiold (DEN)
M.G. Parton (GBR)

GEMISCHTES DOPPEL
E.N. Hannam/
C.P. Dixon (GBR)
H. Aitchison/
H.R. Barrett (GBR)
S. Fick/G. Setterwall (SWE)

Moderner Fünfkampf

G. Lilliehöök (SWE) 27
G. Åsbrink (SWE) 28
G. de Laval (SWE) 30

Rudern

Einer
W.D. Kinnear (GBR) 7:47,6
P. Veirman (BEL) 7:56,0
E.B. Butler (CAN) und
M. Kusik (URS)

Vierer m. Steuermann
GER–GBR–DEN

Vierer m. Steuermann Innendollen
DEN–SWE–NOR

Achter
GBR–GBR–GER

Schießen

Freie Pistole
A. Lane (USA) 499
P. Dolfen (USA) 474
C.E. Stewart (GBR) 470

Militärrevolver – 30 m
SWE–URS–GBR

Militärrevolver – 50 m
USA–SWE–GBR

Schnellfeuerpistole
A. Lane (USA) 287
P. Palén (SWE) 286
J.H. von Holst (SWE) 283

Freies Gewehr
P. Colas (FRA) 987
L.J. Madsen (DEN) 981
N.H.D. Larsen (DEN) 962

Mannschaft
SWE–NOR–DEN

Militärgewehr – 300 m
S. Prokopp (HUN) 97
C. Osburn (USA) 95
E. Skogen (NOR) 95

Militärgewehr – 600 m
P. Colas (FRA) 94
C. Osburn (USA) 94
J. Jackson (USA) 93

Mannschaft
USA–GBR–SWE

Kleinkalibergewehr
F. Hird (USA) 194
W. Milne (GBR) 193
H. Burt (GBR) 192

Mannschaft
GBR–SWE–USA

Kleinkalibergewehr verschwindendes Ziel
W. Carlberg (SWE) 242
J.H. von Holst (SWE) 233
G. Ericsson (SWE) 231

Mannschaft
SWE–GBR–USA

Laufender Hirsch Einzelschuß
A. Swahn (SWE) 41
A. Lundeberg (SWE) 41
N. Toivonen (FIN) 41

Mannschaft
SWE–USA–FIN

Laufender Hirsch Doppelschuß
A. Lundberg (SWE) 79
E. Benedicks (SWE) 74
O. Swahn (SWE) 72

Trap
J. Graham (USA) 96
A. Göldel (GER) 94
H. Blau (URS) 91

Mannschaft
USA–GBR–GER

Fußball

GBR–DEN–HOL

Schwimmen

HERREN

100 m Freistil
D.P. Kahanamoku (USA) 1:03,4
C. Healy (AUS) 1:04,6
K. Huszagh (USA) 1:05,6

400 m Freistil
G. Hodgson (CAN) 5:24,4
J. Hatfield (GBR) 5:25,8
H. Hardwick (AUS) 5:31,2

1500 m Freistil
G. Hodgson (CAN) 22:00,0
J. Hatfield (GBR) 22:39,0
H. Hardwick (AUS) 23:15,4

100 m Rücken
H. Hebner (USA) 1:21,2
O. Fahr (GER) 1:22,4
P. Kellner (GER) 1:24,0

200 m Brust
W. Bathe (GER) 3:01,08
W. Lützow (GER) 3:05,0
K. Malisch (GER) 3:08,0

400 m Brust
W. Bathe (GER) 6:29,6
T. Henning (SWE) 6:35,6
P. Courtman (GBR) 6:36,4

4 × 200-m-Freistil-Staffel
AUS 10:11,6
USA 10:20,2
GBR 10:28,2

Turmspringen
E. Adlerz (SWE) 40
H. Johansson (SWE) 39,3
J. Jansson (SWE) 39,1

Turmspringen – Kür
E. Adlerz (SWE) 73,94
A. Zürner (GER) 72,60
G. Blomgren (SWE) 69,56

Kunstspringen
P. Günther (GER) 79,23
H. Luber (GER) 76,78
K. Behrens (GER) 73,73

Wasserball
GBR–SWE–BEL

DAMEN

100 m Freistil
F. Durack (AUS) 1:22,2
W. Wylie (AUS) 1:25,4
J. Fletcher (GBR) 1:27,0

4 × 100-m-Freistil-Staffel
GBR 5:52,8
GER 6:04,6
AUT 6:17,0

Turmspringen
G. Johansson (SWE) 39,9
L. Regnell (SWE) 36
I. White (GBR) 34

Ringen

GRIECHISCH-RÖMISCH

Federgewicht
K. Koskelo (FIN)
G. Gerstacker (GER)
O. Lasanen (FIN)

Leichtgewicht
E. Väre (FIN)
G. Malmström (SWE)
E. Matiasson (SWE)

Mittelgewicht
C. Johansson (SWE)
M. Klein (URS)
A. Asikainen (FIN)

Halbschwergewicht
Eine Goldmedaille wurde nicht vergeben.
A. Ahlgren (SWE) und
I. Böhling (FIN)
B. Varga (HUN)

Schwergewicht
Y. Saarela (FIN)
J. Olin (FIN)
S.M. Jensen (DEN)

Segeln

6-m-Klasse
FRA–DEN–SWE

8-m-Klasse
NOR–SWE–FIN

10-m-Klasse
SWE–FIN–URS

12-m-Klasse
NOR–SWE–FIN

1920 ANTWERPEN

Leichtathletik

100 Meter
C. Paddock (USA) 10,8
M. Kirksey (USA) 10,8
H. Edward (GBR) 11,0

Charles Paddock

200 Meter
A. Woodring (USA) 22,0
C. Paddock (USA) 22,1
H. Edward (GBR) 22,2

400 Meter
B. Rudd (SAF) 49,6
G. Butler (GBR) 49,9
N. Engdahl (SWE) 49,9

800 Meter
A. Hill (GBR) 1:53,4
E. Eby (USA) 1:53,6
B. Rudd (SAF) 1:54,0

1500 Meter
A. Hill (GBR) 4:01,8
P. Noel-Baker (GBR) 4:02,0
S. Shields (USA) 4:03,1

3000 m Mannschaft
USA–GBR–SWE

Albert Hill

10000 Meter
P. Nurmi (FIN) 31:45,8
J. Guillemot (FRA) 31:47,2
J. Wilson (GBR) 31:50,8

Marathon
H. Kolehmainen (FIN) 2:32:35,8
J. Lossman (EST) 2:32:48,6
V. Arri (ITA) 2:36:32,8

Paavo Nurmi

110 m Hürden
E. Thomson (CAN) 14,8
H. Barron (USA)
F. Murray (USA)

400 m Hürden
F. Loomis (USA) 54,0
J. Norton (USA)
A. Desch (USA)

3000 m Hindernis
P. Hodge (GBR) 10:00,4
P. Flynn (USA)
E. Ambrosini (ITA)

8000 m Geländelauf
P. Nurmi (FIN) 27:15,0
E. Backman (SWE) 27:15,6
H. Liimatainen (FIN) 27:37,0

Mannschaft
FIN–GBR–SWE

3000 m Gehen
U. Frigerio (ITA) 13:14,2
G. Parker (AUS)
R.F. Remer (USA)

10000 m Gehen
U. Frigerio (ITA) 48:06,2
J. Pearman (USA)
C. Gunn (GBR)

4 × 100-m-Staffel
USA 42,2
FRA 42,6
SWE 42,3

4 × 400-m-Staffel
GBR 3:22,2
SAF 3:24,2
FRA 3:24,8

Hochsprung
R. Landon (USA) 1,94
H. Muller (USA) 1,90
B. Eklund (SWE) 1,90

Weitsprung
W. Pettersson (SWE) 7,15
C. Johnson (USA) 7,095
E. Abrahamsson (SWE) 7,08

Dreisprung
V. Tuulos (FIN) 14,50
F. Jansson (SWE) 14,48

Kugelstoßen
W. Pörhölä (FIN) 14,81
E. Niklander (FIN) 14,155
H. Liversedge (USA) 14,15

Diskuswerfen
E. Niklander (FIN) 44,69
A. Taipale (FIN) 44,19
A. Pope (USA) 42,13

Hammerwerfen
P. Ryan (USA) 52,88
C.H. Lindh (SWE) 48,43
B. Bennett (USA) 48,25

Speerwerfen
J. Myyrä (FIN) 65,78
U. Peltonen (FIN) 63,50
P. Jaale-Johannson (FIN) 63,095

Gewichtwerfen
P. McDonald (USA) 11,26
P. Ryan (USA) 10,965
C.J. Lindh (SWE) 10,25

Fünfkampf
E. Lethonen (FIN) 18
E. Bradley (USA) 24
H. Lahtinen (FIN) 26

Zehnkampf
N. Lövland (NOR) 6803,35
B. Hamilton (USA) 6770,86
B. Olsson (SWE) 6579,80

Tauziehen
GBR–HOL–BEL

Bogenschießen

HERREN

Festes Vogelziel – klein
E. van Moer (BEL) 11
L. van de Perck (BEL) 8
J. Hermans (BEL) 6

Festes Vogelziel – groß
E. Clostens (BEL) 13
L. van de Perck (BEL) 11
F. Flamand (BEL) 7

Beweglicher Vogel – 28 m
H. van Innis (BEL) 144
L.C. Quentin (FRA) 115

Mannschaft
HOL–BEL–FRA

Beweglicher Vogel – 33 m
H. van Innis (BEL) 139
J.L. Brulé (FRA) 106

Mannschaft
BEL–FRA

Beweglicher Vogel – 50 m
J. L. Brulé (FRA) 134
H. van Innis (BEL) 106

Mannschaft
BEL–FRA

DAMEN

60 und 50 Yards
Q. Newall (GBR) 132

Boxen

Fliegengewicht
F. de Genaro (USA)
A. Petersen (DEN)
W. Cuthbertson (GBR)

Bantamgewicht
C. Walker (SAF)
C.J. Graham (CAN)

Leichtgewicht
S. Mosberg (USA)
G. Johanssen (DEN)
C. Newton (CAN)

Weltergewicht
J. Schneider (CAN)
A. Ireland (GBR)
F. Colberg (USA)

Mittelgewicht
H. Mallin (GBR)
G.A. Prud'homme (CAN)
M.H. Herzowitch (CAN)

Halbschwergewicht
E. Egan (USA)
S. Sörsdal (NOR)
H. Franks (GBR)

Schwergewicht
R. Rawson (GBR)
S. Petersen (DEN)
X. Eluère (FRA)

Radfahren

Fliegerrennen – 1000 m
M. Peeters (HOL) 1:38,3
H.T. Johnson (GBR)
H. Ryan (GBR)

4000 m Verfolgung
ITA–GBR–SAF

Tandem – 2000 m
GBR–SAF–HOL

50 km Bahnrennen
H. George (BEL) 1:16:43,5
C.A. Alden (GBR)
P. Ikelaar (HOL)

Straßenrennen (175 km)
H. Stenqvist (SWE) 4:40:01,08
H.J. Kaltebrun (SAF) 4:41:26,6
F. Canteloube (FRA) 4:42:54,4

Mannschaft
FRA 19:16:43,2
SWE 19:23:10,0
BEL 19:28:44,4

Reiten

Jagdspringen
T. Lequio (ITA) 2
A. Valerio (ITA) 3
G. Lewenhaupt (SWE) 4

Mannschaft
SWE–BEL–ITA

Dressur
J. Lundblad (SWE) 27,937
B. Sandström (SWE) 26,312
H. von Rosen (SWE) 25,125

Military
H. Mörner (SWE) 1775,00
A. Lundström (SWE) 1738,00
E. Caffaratti (ITA) 1733,75

Mannschaft
SWE–ITA–BEL

Fechten

Florett
N. Nadi (ITA)

Degen
A. Massard (FRA)
A. Lippmann (FRA)
E. Olivier (FRA)

Mannschaft
ITA–BEL–FRA

Säbel
N. Nadi (ITA)
A. Nadi (ITA)
A.W. de Jong (HOL)

Mannschaft
ITA–FRA–HOL

Eiskunstlauf

Herren
G. Grafström (SWE) 2838,50
A. Krogh (NOR) 2518,75
M. Stixruth (NOR) 2233,50

Damen
H. Plank-Szabo (SWE) 913,50
B. Loughran (SWE) 887,75
E. Muckelt (USA) 868,00

Paarlauf
L. Jakobsson/W. Jakobsson (FIN)80,75
A. Bryn/Y. Bryn (NOR)
P.W. Johnson/B. Williams (GBR)

Turnen

Mehrkampf
G. Zampori (ITA) 88,35
M. Torrès (FRA) 87,62
J. Gounot (FRA) 87,45

Mannschaft
ITA–BEL–FRA

Kür – Mannschaft
DEN–NOR

Schwedisches System
SWE–DEN–BEL

Feldhockey

ENG–DEN–BEL

Eishockey

CAN–USA–TCH

Tennis

HERREN

L. Raymond (SAF)
I. Kumagae (JPN)
C.L. Winslow (SAF)

Doppel
O.G. Turnbull/M. Woosnam (GBR)
I. Kumagae/S. Kashio (JPN)
M. Decugis/P. Albarran (FRA)

DAMEN

S. Lenglen (FRA)
E.D. Holman (GBR)
K. McKane (GBR)

GEMISCHTES DOPPEL
M. Decugis/S. Lenglen (FRA)
K. McKane/M. Woosnam (GBR)
M. Skrbkova/L. Zemla (TCH)

Moderner Fünfkampf

G. Dyrssen (SWE) 18
E. de Laval (SWE) 23
G. Runö (SWE) 27

Polo

GBR–ESP–USA

Rudern

Einer
J.B. Kelly (USA) 7:35,0
J. Beresford (GBR) 7:36,0
C.H. d'Arcy (NZL) 7:48,0

Doppelzweier
USA 7:09,0
ITA 7:19,0
FRA 7:21,0

Zweier m. Steuermann
ITA 7:56,0
FRA 7:57,0
SUI

Vierer m. Steuermann
SUI 6:54,0
USA 6:58,0
NOR 7:02,0

Achter
USA–GBR–NOR

Rugby

USA–FRA

Schießen

Freie Pistole
C. Frederick (USA) 496
A. da Costa (BRA) 489
A. Lane (USA) 481

Mannschaft
USA–SWE–BRA

Schnellfeuerpistole – 30 m
G. Paraense (BRA) 274
R. Bracken (USA) 272
F. Zulauf (SUI) 269

Mannschaft
USA–GRE–SWE

Laufender Hirsch Einzelschuß
O.M. Olsen (NOR) 43
A. Swahn (SWE) 41
H. Natvig (NOR) 41

Mannschaft
NOR–FIN–USA

Laufender Hirsch Doppelschuß
O. Lilloe-Olsen (NOR) 82

Militärgewehr – zwei Stellungen
M. Fisher (USA) 997
N.H.D. Larsen (DEN) 985
Ö. Östensen (NOR) 980

Mannschaft
USA–NOR–SUI

Militärgewehr – stehend
C. Osburn (USA) 56
L.J. Madsen (DEN) 55
L. Nuesslein (USA) 54

Mannschaft
DEN–USA–SWE

Militärgewehr – liegend – 300 m
O. Olsen (NOR) 60
L. Johnson (FRA) 59
F. Kuchen (SUI) 59

Mannschaft
USA–FRA–FIN

Militärgewehr – liegend – 600 m
C.H. Johansson (SWE)
M. Eriksson (SWE) 56
L. Spooner (USA) 56

Mannschaft
USA–SAF–SWE

Militärgewehr – liegend – 300 und 600 m – Mannschaft
USA–NOR–SWE

Kleinkalibergewehr
L.A. Nuesslein (USA) 391
A. Rothrock (USA) 386
D. Fenton (USA) 385

Mannschaft
USA–SWE–NOR

Trap
M. Arie (USA) 95
F. Troeh (USA) 93
F. Wright (USA) 87

Mannschaft
USA–BEL–SWE

Fußball

BEL–ESP–HOL

Schwimmen

HERREN

100 m Freistil
D.P. Kahanamoku (USA) 1:01,4
P.K. Kealoha (USA) 1:02,2
W. Harris (USA) 1:03,2

400 m Freistil
N. Ross (USA) 5:26,8
L. Langer (USA) 5:29,2
G. Vernot (CAN) 5:29,8

1500 m Freistil
N. Ross (USA) 22:23,2
G. Vernot (CAN) 22:36,4
F. Beaurepaire (AUS) 23:04,0

100 m Rücken
W.P. Kealoha (USA) 1:15,2
R. Kegeris (USA) 1:16,2
G. Blitz (BEL) 1:19,0

200 m Brust
H. Malmroth (SWE) 3:04,4
T. Henning (SWE) 3:09,2
A. Aaltonen (FIN) 3:12,2

400 m Brust
H. Malmroth (SWE) 6:31,8
T. Henning (SWE) 6:45,2
A. Aaltonen (FIN) 6:48,0

4 × 200-m-Staffel
USA 10:04,4
AUS 10:25,4
GBR 10:37,2

Turmspringen – 5 und 10 m
A. Wallman (SWE) 7
N. Skoglund (SWE) 8
J. Jansson (SWE) 16

Kunstspringen – 1 und 3 m
L. Kuehn (USA) 10
C. Pinkston (USA) 11
L. Balbach (USA) 15

Kunstspringen – 5 und 10 m
C. Pinkston (USA) 7
E. Adlerz (SWE) 10
H. Prieste (USA) 16

Wasserball
GBR–BEL–SWE

DAMEN

100 m Freistil
E. Bleibtrey (USA) 1:13,6
I. Guest (USA) 1:17,0
F. Schroth (USA) 1:17,2

300 m Freistil
E. Bleibtrey (USA) 4:34,0
M. Woodbridge (USA) 4:42,4
F. Schroth (USA) 4:54,0

4 × 100-m-Freistil-Staffel
USA 5:11,6
GBR 5:40,8
SWE 5:43,6

Turmspringen – 4 und 8 m
S. Fryland-Clausen (GBR) 6
E. Armstrong (GBR) 10
E. Ollivier (SWE) 11

Kunstspringen – 1 und 3 m
A. Riggin (USA) 9
H. Wainwright (USA) 9
T. Payne (USA) 12

Gewichtheben

Federgewicht
F. de Haes (BEL) 220,0
A. Schmidt (EST) 212,5
E. Ritter (SUI) 210,0

Leichtgewicht
A. Neyland (EST) 257,5
L. Williquet (BEL) 240,0
F. Rooms (BEL) 230,0

Mittelgewicht
H. Grance (FRA) 245,0
U. Bianchi (ITA) 237,5
A. Pettersson (SWE) 237,5

Halbschwergewicht
E. Cadine (FRA) 290,0
F. Hünenberger (SUI) 275,0
E. Pettersson (SWE) 272,5

Schwergewicht
F. Bottino (ITA) 270
J. Alzin (LUX) 255,0
L. Bernot (FRA) 250,0

Ringen

FREISTIL

Federgewicht
C. Ackerley (USA)
S. Gerson (USA)
P.W. Bernard (GBR)

Leichtgewicht
K. Anttila (FIN)
G. Svensson (SWE)
P. Wright (GBR)

Mittelgewicht
E. Leino (FIN)
V. Penttala (FIN)
C. Johnson (USA)

Halbschwergewicht
A. Larsson (SWE)
C. Courant (SUI)
W. Maurer (USA)

Schwergewicht
R. Roth (SUI)
N. Pendleton (USA)
E. Nilssson (SWE) u.
F. Meyer (USA)

GRIECHISCH-RÖMISCH

Federgewicht
O. Friman (FIN)
H. Kähkönen (FIN)
F. Svensson (SWE)

Leichtgewicht
E. Vare (FIN)
T. Tamminen (FIN)
F. Andersen (NOR)

Mittelgewicht
C. Westergren (SWE)
A. Lindfors (FIN)
M. Perttilla (FIN)

Halbschwergewicht
C. Johansson (SWE)
E. Rosenqvist (FIN)
J. Eriksen (DEN)

Schwergewicht
A. Lindfors (FIN)
P. Hansen (DEN)
M. Nieminen (FIN)

Segeln

12-m-Jacht – Alter Typ
NOR

12-m-Jacht – Neuer Typ
NOR

10-m-Jacht – Alter Typ
NOR

10-m-Jacht – Neuer Typ
NOR

8-m-Jacht – Alter Typ
NOR I–NOR II

8-m-Jacht – Neuer Typ
NOR I–NOR II–BEL

7-m-Jacht – Alter Typ
GBR

6,5-m-Jacht
HOL–FRA

6-m-Jacht – Alter Typ
BEL–NOR I–NOR II

6-m-Jacht – Neuer Typ
NOR–BEL

40-m-Klasse
SWE I–SWE II

30-m-Klasse
SWE

12-Fuß-Jolle
HOL I–HOL II

18-Fuß-Jolle
HOL–GBR

1924 CHAMONIX

Ski nordisch

18 km Langlauf
T. Haug (NOR) 1:14:31,0
J. Gröttumsbraaten (NOR) 1:15:51,0
T. Niku (FIN) 1:16:26,0

Thorleif Haug

50 km Langlauf
T. Haug (NOR) 3:44:32,0
T. Strömstad (NOR) 3:46:23,0
J. Gröttumsbraaten (NOR) 3:47:46,0

Spezialspringen
J. Tullin-Thams (NOR) 18,960
N. Bonna (NOR) 18,689
T. Haug (NOR) 18,000

Nordische Kombination
T. Haug (NOR) 18,906
T. Strömstad (NOR) 18,219
J. Gröttumsbraaten (NOR) 17,854

Eiskunstlauf

Herren
G. Grafström (SWE) 367,89
W. Böckl (AUT) 359,82
G. Gautschi (SUI) 319,07

Damen
H. Plank-Szabó (AUT) 299,17
B.S. Loughran (USA) 279,85
E. Muckelt (GBR) 250,07

Paarlauf
H. Engelmann/A. Berger (AUT) 10,64
L. Jakobsson (FIN)/W. Jakobsson (FIN) 10,25
A. Joly/P. Brunet (FRA) 9,89

Eisschnellauf

500 Meter
C. Jewtraw (USA) 44,0
O. Olsen (NOR) 44,2
R.M. Larsen (NOR) und
C. Thunberg (FIN) 44,8

1500 Meter
C. Thunberg (FIN) 2:20,8
R.M. Larsen (NOR) 2:22,0
S.O. Moen (NOR) 2:25,6

5000 Meter
C. Thunberg (FIN) 8:39,0
J. Skutnabb (FIN) 8:48,4
R.M. Larsen (NOR) 8:50,2

10000 Meter
J. Skutnabb (FIN) 18:04,8
C. Thunberg (FIN) 18:07,8
R.M. Larsen (NOR) 18:12,2

Mehrkampf
C. Thunberg (FIN) 5,5
R. Larsen (NOR) 9,5
J. Skutnabb (FIN) 11

Bobfahren

Vierer
SUI II 5:45,54
GBR II 5:48,83
BEL I 6:02,29

Eishockey

CAN–USA–GBR

1924 PARIS

Leichtathletik

100 Meter
H. Abrahams (GBR) 10,6
J. Scholz (USA) 10,7
A. Porritt (NZL) 10,8

Harold Abrahams

200 Meter
J. Scholz (USA) 21,6
C. Paddock (USA) 21,7
E. Liddell (GBR) 21,9

Eric Liddell

400 Meter
E. Liddell (GBR) 47,6
H. Fitch (USA) 48,4
G. Butler (GBR) 48,6

800 Meter
D. Lowe (GBR) 1:52,4
P. Martin (SUI) 1:52,6
S. Enck (USA) 1:53,1

1500 Meter
P. Nurmi (FIN) 3:53,6
W. Schärer (SUI) 3:54,8
H. Stallard (GBR) 3:55,0

5000 Meter
P. Nurmi (FIN) 14:31,2
V. Ritola (FIN) 14:31,4
E. Wide (SWE) 15:01,3

10000 Meter
V. Ritola (FIN) 30:23,2
E. Wide (SWE) 30:50,0
E. Berg (FIN) 31:59,0

Marathon
A. Stenroos (FIN) 2:41:22,6
R. Bertini (ITA) 2:47:19,6
C. DeMar (USA) 2:48:14,0

3000 m Mannschaft
FIN–GBR–USA

110 m Hürden
D. Kinsey (USA) 15,0
S. Atkinson (SAF) 15,0
S. Pettersson (SWE) 15,4

400 m Hürden
F.M. Taylor (USA) 52,6
E. Vilen (FIN) 53,8
I. Riley (USA) 54,2

3000 m Hindernis
V. Ritola (FIN) 9:33,6
E. Katz (FIN) 9:44,0
P. Bontemps (FRA) 9:45,2

Ville Ritola

Geländelauf (10650 m)
P. Nurmi (FIN) 32:54,8
V. Ritola (FIN) 34:19,4
E. Johnson (USA) 35:21,0

Mannschaft
FIN–USA–FRA

4 × 100-m-Staffel
USA 41,0
GBR 41,0
HOL 41,8

4 × 400-m-Staffel
USA 3:16,0
SWE
GBR

10 km Gehen
U. Frigerio (ITA) 47:49,0
G. Goodwin (GBR)
C.C. McMaster (SAF)

Hochsprung
H. Osborn (USA) 1,98
L. Brown (USA) 1,95
P. Lewden (FRA) 1,92

Weitsprung
W.D.H. Hubbard (USA) 7,44
E. Gourdin (USA) 7,27
S. Hansen (NOR) 7,26

Dreisprung
A. Winter (AUS) 15,52
L. Bruneto (ARG) 15,42
V. Tuulos (FIN) 15,37

Stabhochsprung
L. Barnes (USA) 3,95
G. Graham (USA) 3,95
J. Brooker (USA) 3,90

Kugelstoßen
C. Houser (USA) 14,99
G. Hartranft (USA) 14,98
R. Hills (USA) 14,64

Diskuswerfen
C. Houser (USA) 46,16
V. Niittymaa (FIN) 44,95
T. Lieb (USA) 44,83

Hammerwerfen
F. Tootell (USA) 53,30
M. McGrath (USA) 50,84
M. Nokes (GBR) 48,87

Speerwerfen
J. Myyrä (FIN) 62,96
G. Lindström (SWE) 60,92
E. Oberst (USA) 58,35

Fünfkampf
E. Lehtonen (FIN) 16
E. Somfay (HUN) 18
R. LeGendre (USA) 20

Zehnkampf
H. Osborn (USA) 7710,775
E. Norton (USA) 7350,895
A. Klumberg (EST) 7329,36

Boxen

Fliegengewicht
F. LaBarba (USA)
J. Mackenzie (GBR)
R. Fee (USA)

Bantamgewicht
W. Smith (SAF)
S. Tripoli (USA)
J. Ces (FRA)

Federgewicht
J. Fields (USA)
J. Salas (USA)
P. Quartucci (ARG)

Leichtgewicht
H. Nielsen (DEN)
A. Copello (ARG)
F. Boylstein (USA)

Weltergewicht
J. Delarge (BEL)
H. Mendez (ARG)
D. Lewis (CAN)

Mittelgewicht
H. Mallin (GBR)
J. Elliott (GBR)
J. Beecken (BEL)

Halbschwergewicht
H. Mitchell (GBR)
T. Petersen (DEN)
S. Sörsdal (NOR)

Schwergewicht
O. von Porat (NOR)
S. Petersen (DEN)
A. Porzio (ARG)

Radfahren

1000 m Fliegerrennen

2000 m Tandem
FRA–DEN–HOL

50 km Bahnrennen
J. Willems (HOL) 1:18:24,0
C.A. Alden (GBR)
F.H. Wyld (GBR)

Straßenrennen (288 km)
A. Blanchonnet (FRA) 6:20:48,0
H. Hoeveraers (BEL) 6:30:27,0
R. Hamel (FRA) 6:30:51,6

Mannschaft
FRA–BEL–SWE

Reiten

Jagdspringen
A. Gemuseus (SUI) 6
T. Lequio (ITA) 8,75
A. Krolikiewicz (POL) 10

Preis der Nationen
SWE 42,25
SUI 50,00
POR 53,00

Dressur
E. Linder (SWE) 276,4
B. Sandström (SWE) 275,8
F.X. Lesage (FRA) 268,5

Military
A.C.D. van der Voort van Xijp (HOL) 1976
F. Kirkebierg (DEN) 1873,5
S. Doak (USA) 1845,5

Mannschaft
HOL 5297,5
SWE 4743,5
ITA 4512,5

Fechten

HERREN

Florett
R. Ducret (FRA)
P. Cattiau (FRA)
M. van Damme (BEL)

Mannschaft
FRA–BEL–HUN

Degen
C. Delporte (BEL)
R. Ducret (FRA)
N. Hellsten (SWE)

Mannschaft
FRA–BEL–ITA

Säbel
S. Pósta (HUN)
R. Ducret (FRA)
J. Garai (HUN)

Mannschaft
ITA–HUN–HOL

DAMEN

Florett
E. Osiier (DEN)
G.M. Davis (GBR)
G. Heckscher (DEN)

Turnen

Mannschaft
ITA 839,058
FRA 820,528
SUI 816,661

Reck
L. Stukelj (YUG) 19,73
J. Gutweniger (SUI) 19,236
A. Higelin (FRA) 19,163

Barren
A. Güttinger (SUI) 21,63
R. Prazak (TCH) 21,61
G. Zampori (ITA) 21,45

Seitpferd mit Pauschen
J. Wilhelm (SUI) 21,23
J. Gutweniger (SUI) 21,13
A. Rebetz (SUI) 20,73

Langpferd – Sprung
F. Kriz (USA) 9,98
J. Koutny (TCH) 9,87
B. Morkovsky (TCH) 9,93

Seitpferd – Sprung
A. Seguin (FRA) 10
J. Gounot (FRA) 9,93
F. Gangloff (FRA) 9,93

Ringe
F. Martino (ITA) 21,553
R. Prazak (TCH) 21,483
L. Vacha (TCH) 21,43

Seilklettern
B. Supcik (TCH) 7,2
A. Seguin (FRA) 7,4
A. Güttinger (SUI) u.
L. Vácha (TCH) 7,8

Tennis

HERREN
V. Richards (USA)
H. Cochet (FRA)
U. L. de Morpurgo (ITA)

Doppel
V. Richards/F. Hunter (USA)
J. Brugnon/H. Cochet (FRA)
R. Borotra/R. Lacoste (FRA)

DAMEN
H. Wills (USA)
J.P. Vlasto (FRA)
K. McKane (GBR)

Doppel
H. Wills/H. Wightman (USA)
E. Covell/K. McKane (GBR)
D.C. Shepherd-Barron/E.L. Colyer (GBR)

GEMISCHTES DOPPEL
R.N. Williams/H. Wightman (USA)
M. Jessup/V. Richards (USA)
C. Bouman/H. Timmer (HOL)

Moderner Fünfkampf

B. Lindman (SWE) 18
G. Dyrssen (SWE) 39
B. Uggla (SWE) 45

Polo

ARG–USA–GBR

Rudern

Einer

Doppelzweier
USA 6:34,0
FRA 6:38,0
SUI

Zweier o. Steuermann
HOL 8:19,4
FRA 8:21,6

Zweier m. Steuermann
SUI 8:39,0
ITA 8:39,1
USA

Vierer o. Steuermann
GBR 7:08,6
CAN
SUI

Vierer m. Steuermann
SUI 7:18,4
FRA 7:21,6
USA

Achter
USA 6:33,4
CAN 6:49,0
ITA

Rugby

USA–FRA–ROM

Schießen

Schnellfeuerpistole
H.N. Bailey (USA) 18
V. Carlberg (SWE) 18
L. Hannelius (FIN) 18

Freies Gewehr
M. Fisher (USA) 95
C.T. Osburn (USA) 95
N.H.D. Larsen (DEN) 93

Freies Gewehr – Mannschaft
USA–FRA–HAI

Kleinkalibergewehr – liegend
P.C. de Lisle (FRA) 398
M. Dinwiddie (USA) 396
J. Hartmann (SUI) 394

Laufender Hirsch Einzelschuß
J. Boles (USA) 40
C.W. Mackworth-Praed (GBR) 39
O.M. Olsen (NOR) 39

Mannschaft
NOR–SWE–USA

Laufender Hirsch Doppelschuß
O. Lilloe-Olsen (NOR) 76
C.W. Mackworth-Praed (GBR) 72
A. Swahn (SWE) 72

Mannschaft
GBR–NOR–SWE

Trap
G. Halasy (HUN) 98
K. Huber (FIN) 98
F. Hughes (USA) 97

Mannschaft
USA – CAN – FIN

Fußball

URU–SUI–SWE

Schwimmen

HERREN

100 m Freistil

400 m Freistil
J. Weissmuller (USA) 5:04,2
A. Borg (SWE) 5:05,6
A. Charlton (AUS) 5:06,6

1500 m Freistil
A. Charlton (AUS) 20:06,6
A. Borg (SWE) 20:41,4
F. Beaurepaire (AUS) 21:48,4

100 m Rücken
W.P. Kealoha (USA) 1:13,2
P. Wyatt (USA) 1:15,4
K. Bartha (HUN) 1:17,8

200 m Brust
R. Skelton (USA) 2:56,6
J. de Combe (BEL) 2:59,2
W. Kirschbaum (USA) 3:01,0

4 × 200 m Freistil
USA–AUS–SWE

Turmspringen
A. White (USA) 487,3
D. Fall (USA) 486,5
C. Pinkston (USA) 473

Turmspringen – Kür
R. Eve (AUS) 160
J. Jansson (SWE) 158
H. Clarke (GBR) 157

Kunstspringen
A. White (USA) 696,4
P. Desjardins (USA) 693,2
C. Pinkston (USA) 653

Wasserball
FRA–BEL–USA

DAMEN

100 m Freistil
E. Lackie (USA) 1:12,4
M. Wehselau (USA) 1:12,8
G. Ederle (USA) 1:14,2

400 m Freistil
M. Norelius (USA) 6:02,2
H. Wainwright (USA) 6:03,8
G. Ederle (USA) 6:04,8

100 m Rücken
S. Bauer (USA) 1:23,2
P. Harding (GBR) 1:27,4
A. Riggin (USA) 1:28,2

200 m Brust
L. Morton (GBR) 3:33,2
A. Geraghty (USA) 3:34,0
G. Carson (USA) 3:35,4

4 × 100-m-Freistil-Staffel
USA 4:58,8
GBR 5:17,0
SWE 5:35,6

Turmspringen
C. Smith (USA) 166
E. Becker (USA) 165
H. Töpel (SWE) 164

Kunstspringen
E. Becker (USA) 474,5
A. Riggin (USA) 460,4
C. Fletcher (USA) 434,4

Gewichtheben

Federgewicht
P. Gabetti (ITA) 402,5
A. Stadler (AUT) 385,0
A. Reinmann (SUI) 382,5

Leichtgewicht

Mittelgewicht
C. Galimberti (ITA) 492,5
A. Neyland (EST) 455,0
J. Kikkas (EST) 450,0

Halbschwergewicht
C. Rigoulot (FRA) 502,5
E. Hünenberger (SUI) 490,0
L. Friedrich (AUT) 490,0

Schwergewicht
G. Tonani (ITA) 517,5
F. Aigner (AUT) 515,0
H. Tammer (EST) 497,5

Ringen

FREISTIL

Bantamgewicht
K. Pihlajamäki (FIN)
K.E. Mäkinen (FIN)
B. Hines (USA)

Federgewicht
B. Reed (USA)
C. Newton (USA)
K. Naito (JPN)

Leichtgewicht
R. Vis (USA)
V. Vikström (FIN)
A. Haavisto (FIN)

Weltergewicht
H. Gehri (SUI)
E. Leino (FIN)
O. Müller (SUI)

Mittelgewicht
F. Haggmann (SUI)
P. Olivier (BEL)
V.K. Pekkala (FIN)

Halbschwergewicht
J. Spellmann (USA)
R. Svensson (SWE)
C. Courant (SUI)

Schwergewicht
H. Steele (USA)
H. Wernli (SUI)
A. McDonald (GBR)

GRIECHISCH-RÖMISCH

Bantamgewicht
E. Pütsep (EST)
A. Ahlfors (FIN)
V. Ikonen (FIN)

Federgewicht
K. Anttila (FIN)
A. Toivola (FIN)
E. Malmberg (SWE)

Leichtgewicht
O. Friman (FIN)
L. Keresztes (HUN)
K. Westerlund (FIN)

Mittelgewicht
E. Westerlund (FIN)
A. Lindfors (FIN)
R. Steinberg (EST)

Halbschwergewicht
C. Westergren (SWE)
J.R. Svensson (SWE)
O. Pellinen (FIN)

Schwergewicht
H. Deglane (FRA)
E. Rosenqvist (FIN)
R. Bado (HUN)

Segeln

6-m-Klasse
NOR–DEN–HOL

12-Fuß-Jolle
L. Huybrechts (BEL)
H. Robert (NOR)
H. Dittmar (FIN)

1928 ST. MORITZ

Ski nordisch

18 km Langlauf
J. Gröttumsbraaten (NOR) 1:37:01,0
O. Hegge (NOR) 1:39:01,0
R. Ödegaard (NOR) 1:40:10,0

Johan Gröttumsbraaten

50 km Langlauf
P.E. Hedlund (SWE) 4:52:03,0
G. Jonsson (SWE) 5:05:30,0
V. Andersson (SWE) 5:05:46,0

Spezialspringen
A. Andersen (NOR) 19,208
S. Ruud (NOR) 18,542
R. Purkert (TCH) 17,937

Nordische Kombination
J. Gröttumsbraaten (NOR) 17,833
H. Vinjarengen (NOR) 15,303
J. Snersrud (NOR) 15,021

Eiskunstlauf

Herren
G. Grafström (SWE) 385,77
W. Böckl (AUT) 383,21
R. van Zeenbroeck (BEL) 368,39

Damen
S. Henie (NOR) 350,30
F. Burger (AUT) 321,20
B.S. Loughram (USA) 322,10

Paarlauf
A. Joly/P. Brunet (FRA) 11,20
L. Scholz/O. Kaiser (AUT) 11,00
M. Brunner/L. Wrede (AUT) 10,40

Eisschnellauf

500 Meter
C. Thunberg (FIN) u.
B. Evensen (NOR) 43,4
J.O. Farrell (USA) u.
J. Friman (FIN) 43,6

1500 Meter
C. Thunberg (FIN) 2:21,0
B. Evensen (NOR) 2:21,9
I. Ballangrud (NOR) 2:22,6

5000 Meter
I. Ballangrud (NOR) 8:50,5
J. Skutnabb (FIN) 8:59,1
B. Evensen (NOR) 9:01,1

10000 Meter
Kein Eis – ausgefallen

Bob

Vierbob
USA II 3:20,50
USA I 3:21,00
GER I 3:21,90

Rodeln

J. Heaton (USA) 3:18,0
J.R. Heaton (USA)
Earl of Northesk (GBR)

Eishockey

CAN–SWE–SUI

1928 AMSTERDAM

Leichtathletik

HERREN

100 Meter
P. Williams (CAN) 10,8
J. London (GBR) 10,9
G. Lammers (GER)10,9

200 Meter
P. Williams (CAN) 21,8
W. Rangeley (GBR) 21,9
H. Körnig (GER) 21,9

400 Meter
R. Barbutti (USA) 47,8
J. Ball (CAN) 48,0
J. Büchner (GER) 48,2

800 Meter
D. Lowe (GBR) 1:51,8
E. Bylehn (SWE) 1:52,8
H. Engelhardt (GER) 1:53,2

1500 Meter
H. Larva (FIN) 3:53,2
J. Ladoumegue (FRA) 3:54,0
E. Purje (FIN) 3:57,0

5000 Meter
V. Ritola (FIN) 14:38,0
P. Nurmi (FIN) 14:40,0
E. Wide (SWE) 14:40,2

10000 Meter
P. Nurmi (FIN) 30:18,8
V. Ritola (FIN) 30:19,4
E. Wide (SWE) 31:04,0

Marathonlauf
El Quafi (FRA) 2:32:57,0
M. Plaza (CHI) 2:33:23,0
M. Marttelin (FIN) 2:35:02,0

110 m Hürden
S. Atkinson (SAF) 14,8
S. Anderson (USA) 14,8
J. Collier (USA) 14,9

400 m Hürden
Lord Burghley (GBR) 53,4
F. Cuhel (USA) 53,6
F.M. Taylor (USA) 53,8

3000 m Hindernis
T. Loukola (FIN) 9:21,8
P. Nurmi (FIN) 9:32,6
D. Andersen (FIN) 9:35,2

4 × 100-m-Staffel
USA 41,0
GER 41,2
GBR 41,4

4 × 400-m-Staffel
USA 3:14,2
GER 3:14,6
CAN 3:15,0

Hochsprung
R. King (USA) 1,94
B. Hedges (USA) 1,91
C. Menard (FRA) 1,91

Weitsprung
E. Hamm (USA) 7,73
S. Cator (HAI) 7,58
A. Bates (USA) 7,40

Dreisprung
M. Oda (JPN) 15,21
L. Casey (USA) 15,17
V. Tuulos (FIN) 15,11

Stabhochsprung
S. Carr (USA) 4,20
W. Droegemüller (USA) 4,10
C. McGinnis (USA) 3,95

Kugelstoßen
J. Kuck (USA) 15,87
H. Brix (USA) 15,75
E. Hirschfeld (GER) 15,72

Diskuswerfen
C. Houser (USA) 47,32
A. Kivi (FIN) 47,23
J. Corson (USA) 47,10

Hammerwerfen
P. O'Callaghan (IRL) 51,39
O. Sköld (SWE) 51,29
E. Black (USA) 49,30

Speerwerfen
E. Lundqvist (SWE) 66,60
B. Szepes (HUN) 65,26
O. Sunde (NOR) 63,97

Zehnkampf
P. Yrjölä (FIN) 8053,29
A. Järvinen (FIN) 7931,50
J.K. Doherty (USA) 7706,65

DAMEN

100 Meter
E. Robinson (USA) 12,2
F. Rosenfeld (CAN) 12,3
E. Smith (CAN) 12,3

800 Meter
L. Radke (GER) 2:16,8
K. Hitomi (JPN) 2:17,6
I. Gentzel (SWE) 2:17,8

4 × 100-m-Staffel
CAN 48,4
USA 48,8
GER 49,0

Hochsprung
E. Catherwood (CAN) 1,59
C. Gisolf (HOL) 1,56
M. Wiley (USA) 1,56

Diskuswerfen
H. Konopacka (POL) 39,62
L. Copeland (USA) 37,08
R. Svedberg (SWE) 35,92

Boxen

Fliegengewicht
A. Kocsis (HUN)
A. Appel (FRA)
C. Cavagnoli (ITA)

Bantamgewicht
V. Tamagnini (ITA)
J. Daley (USA)
H. Isaacs (SAF)

Federgewicht
L. van Klaveren (HOL)
V. Peralta (ARG)
H. Devine (USA)

Leichtgewicht
C. Orlandi (ITA)
S. Halaiko (USA)
G. Berggren (SWE)

Weltergewicht
E. Morgan (NZL)
R. Landini (ARG)
R. Smillie (CAN)

Mittelgewicht
P. Toscani (ITA)
J. Hermanek (TCH)
L. Steyaert (BEL)

Halbschwergewicht
V. Avendano (ARG)
E. Pistulla (GER)
K.L. Miljon (HOL)

Schwergewicht
A.R. Jurado (ARG)
N. Ramm (SWE)
M.J. Michaelsen (DEN)

Radsport

1000 m Sprint
R. Beaufrand (FRA) 13,2
A. Mazairac (HOL)
W. Falck-Hansen (DEN)

1000 m Zeitfahren
W. Falck-Hansen (DEN) 1:14,4
Bosch van Drakestein (HOL) 1:15,2
E. Gray (AUS) 1:15,6

4000 m Verfolgung
ITA–HOL–GBR

2000 m Tandem
HOL–GBR–GER

Straßenrennen
H. Hansen (DEN) 4:47:18,0
F.W. Southall (GBR) 4:54:55,0
G. Carlsson (SWE) 4:59:55,0

Mannschaft
DEN 15:09:14,0
GBR 15:14:49,0
SWE 15:27:49,0

Reiten

Jagdspringen
F. Ventura (TCH) 0
P. Bertran (FRA) 2
C. Juhn (SUI) 4

Preis der Nationen
ESP 4
POL 8
SWE 10

Dressur
C.F. von Langen (GER) 237,42
P. Marion (FRA) 231,00
R. Olsson (SWE) 229,78

Mannschaft
GER–SWE–HOL

Military
C.F. Pahud de Mortanges (HOL) 1969,82
G.P. de Kruyff (HOL) 1967,26
B. Neumann (GER) 1934,42

Mannschaft
HOL 5865,68
NOR 5395,68
POL 5067,92

Fechten

HERREN

Florett
L. Gaudin (FRA)
E. Casmir (GER)
G. Gaudini (ITA)

Mannschaft
ITA–FRA–ARG

Degen
L. Gaudin (FRA)
G. Buchard (FRA)
G. Calnan (USA)

Mannschaft
ITA–FRA–POR

Säbel
O. Tersztyanszky (HUN)
A. Petschauer (AUT)
B. Bini (ITA)

Mannschaft
HUN–ITA–POL

DAMEN

Florett
H. Mayer (GER)
M. Freeman (GBR)
O. Ölkers (GER)

Turnen

HERREN

Zwölfkampf
G. Miez (SUI) 247,500
H. Hänggi (SUI) 246,625
L. Stukelj (YUG) 244,875

Mannschaft
SUI 1718,625
TCH 1712,250
YUG 1648,750

Reck
G. Miez (SUI) 57,500
R. Neri (ITA) 57,000
E. Mack (SUI) 56,750

Barren
L. Vacha (TCH) 56,500
J. Primozic (YUG) 55,500
H. Hänggi (SUI) 54,500

Seitpferd
H. Hänggi (SUI) 59,250
G. Miez (SUI) 57,750
H. Savolainen (FIN) 56,500

Pferdsprung
E. Mack (SUI) 28,750
E. Löffler (TCH) 28,500
S. Dergan (YUG) 28,375

Ringe
L. Stukelj (YUG) 57,750
L. Vacha (TCH) 57,500
E. Löffler (TCH) 56,500

DAMEN

Achtkampf – Mannschaft
HOL 316,75
ITA 289,00
GBR 258,25

Hockey

IND–HOL–GER

Moderner Fünfkampf

S. Thofelt (SWE) 47,0
B. Lindmann (SWE) 50,0
H. Kahl (GER) 52,0

Rudern

Einer
H. Pearce (AUS) 7:11,00
K. Myers (USA) 7:20,80
D.T. Collett (GBR) 7:29,80

Doppelzweier
USA 6:41,40
CAN 6:51,00
AUT 6:58,80

Zweier o. Steuermann
GER 7:06,40
GBR 7:08,80
USA 7:20,40

Zweier m. Steuermann
SUI 7:42,60
FRA 7:48,40
BEL 7:59,40

Vierer o. Steuermann
GBR 6:36,00
USA 6:37,00
ITA 6:37,00

Vierer m. Steuermann
ITA 6:47,80
SUI 7:03,30
POL 7:12,80

Achter
USA 6:03,20
GBR 6:05,60
CAN 6:08,80

Fußball

URU–ARG–ITA

Schwimmen

HERREN

100 m Freistil
J. Weissmuller (USA) 0:58,6
I. Barany (HUN) 0:59,8
K. Takaishi (JPN) 1:00,0

Johnny Weissmuller

400 m Freistil
A. Zorilla (ARG) 5:01,6
A. Charlton (AUS) 5:03,6
A. Borg (SWE) 5:04,6

1500 m Freistil
A. Borg (SWE) 19:51,8
A. Charlton (AUS) 20:02,6
C. Crabbe (USA) 28:28,8

100 m Rücken
G. Kojac (USA) 1:08,2
W. Laufer (USA) 1:10,0
P. Wyatt (USA) 1:12,0

200 m Brust
Y. Tsuruta (JPN) 2:48,8
E. Rademacher (GER) 2:50,6
T. Ildefonso (PHI) 2:51,1

4 × 200-m-Freistilstaffel
USA 9:36,2
JPN 9:41,4
CAN 9:47,8

Turmspringen
P. Desjardins (USA) 98,74 – 6,0
F. Simaika (EGY) 99,58 – 9,0
M. Galitzen (USA) 92,34 – 17,0

Kunstspringen
P. Desjardins (USA) 185,04 – 5,0
M. Galitzen (USA) 174,06 – 14,0
F. Simaika (EGY) 172,46 – 15,0

Wasserball
GER–HUN–FRA

DAMEN

100 m Freistil
A. Osipowich (USA) 1:11,0
E. Garatti (USA) 1:11,4
J. Cooper (GBR) 1:13,6

400 m Freistil
M. Norelius (USA) 5:42,8
M. J. Braun (HOL) 5:57,8
J. McKim (USA) 6:00,2

100 m Rücken
M. J. Braun (HOL) 1:22,0
E. E. King (GBR) 1:22,2
J. Cooper (GBR) 1:22,8

200 m Brust
H. Schrader (GER) 3:12,6
M. Baron (HOL) 3:15,2
L. Mühe (GER) 3:17,6

4 × 100-m-Freistilstaffel
USA 4:47,6
GBR 5:02,8
SAF 5:13,4

Turmspringen
E. (Becker) Pinkston (USA) 31,60
G. Coleman (USA) 30,60
L. Sjöquvist (SWE) 29,20

Kunstspringen
H. Meany (USA) 78,62
D. Poynton (USA) 75,62
G. Coleman (USA) 73,68

Gewichtheben

Federgewicht
F. Andrysek (AUT) 287,5
P. Gabetti (ITA) 282,5
H. Wölpert (GER) 282,5

Mittelgewicht
R. François (FRA) 335,0
C. Galimberti (ITA) 332,5
A. Scheffer (HOL) 327,5

Halbschwergewicht
S. Nosseir (EGY) 355,0
L. Hostin (FRA) 352,5
J. Verheijen (HOL) 337,5

Schwergewicht
J. Strassberger (GER) 372,5
A. Luhaär (EST) 360,0
J. Skobla (TCH) 357,5

Ringen

FREISTIL

Bantamgewicht
K. E. Mäkinen (FIN)
E. Spapen (BEL)
J. Trifunov (CAN)

Federgewicht
A. Morrison (USA)
K. Pihlajamäki (FIN)
H. Minder (SUI)

Leichtgewicht
O. Kapp (EST)
C. Pacôme (FRA)
E. Leino (FIN)

Weltergewicht
A. J. Haavisto (FIN)
L. O. Appleton (USA)
M. E. Letchford (CAN)

Mittelgewicht
E. Kyburz (SUI)
D. P. Stockton (CAN)
S. Rabin (GBR)

Halbschwergewicht
T. Sjöstedt (SWE)
A. Bögli (SUI)
H. Lefebre (FRA)

Schwergewicht
J. Richthoff (SWE)
A. Sihvola (FIN)
E. Dame (FRA)

GRIECHISCH-RÖMISCH

Bantamgewicht
K. Leucht (GER)
J. Maudr (TCH)
G. Gozzi (ITA)

Federgewicht
W. Wäli (EST)
E. Malmberg (SWE)
G. Quaglia (ITA)

Leichtgewicht
L. Keresztes (HUN)
E. Sperling (GER)
E. Westerlund (FIN)

Mittelgewicht
V. Kokkinen (FIN)
L. Papp (HUN)
A. Kusnets (EST)

Halbschwergewicht
I. Mustafa (EGY)
A. Rieger (GER)
O. Pellinen (FIN)

Segeln

6-m-Klasse
NOR–DEN–EST

8-m-Klasse
FRA–HOL–SWE

Solo-Klasse
SWE–NOR–FIN

1932 LAKE PLACID

Ski nordisch

18 km Langlauf
S. Utterström (SWE) 1:23:07,0
A. T. Wikström (SWE) 1:25:07,0
V. Saarinen (FIN) 1:25:24,0

50 km Langlauf
V. Saarinen (FIN) 4:28:00,0
V. Liikkanen (FIN) 4:28:20,0
A. Rustadstuen (NOR) 4:31:53,0

Spezialspringen
B. Ruud (NOR) 228,1
H. Beck (NOR) 227,0
K. Wahlberg (NOR) 219,5

Nordische Kombination
J. Gröttumsbraaten (NOR) 446,0
O. Stenen (NOR) 436,05
H. Vinjarengen (NOR) 434,6

Eiskunstlauf

Herren
K. Schäfer (AUT) 2602,0
G. Grafström (SWE) 2514,5
M. Wilson (CAN) 2448,3

Damen
S. Henie (NOR) 2301,5
F. Burger (AUT) 2167,1
M. Vinson (USA) 2158,5

Paarlauf
A. Brunet/P. Brunet (FRA) 76,7
B. Loughran/S. Badger (USA) 77,5
E. Rotter/L. Szollas HUN) 76,4

Eisschnellauf

500 Meter
J. A. Shea (USA) 43,4
B. Evensen (NOR)
A. Hurd (CAN)

1500 Meter
J. A. Shea (USA) 2:57,5
A. Hurd (CAN)
W. F. Logan (CAN)

5000 Meter
I. Jaffee (USA) 9:40,8
E. S. Murphy (USA)
W. F. Logan (CAN)

10000 Meter
I. Jaffee (USA) 19:13,6
I. Ballangrud (NOR) –
F. Stack (CAN) –

Bob

Vierer-Bob
USA I 7:53,68
USA II 7:55,70
GER I 8:00,04

Eishockey

CAN–USA–GER

1932 LOS ANGELES

Leichtathletik

HERREN

100 Meter
E. Tolan (USA) 10,3
R. Metcalfe (USA) 10,3
A. Jonath (GER) 10,4

200 Meter
E. Tolan (USA) 21,2
G. Simpson (USA) 21,4
R. Metcalfe (USA) 21,5

400 Meter
W. Carr (USA) 46,2
B. Eastman (USA) 46,4
A. Wilson (CAN) 47,4

800 Meter
T. A. Hampson (GBR) 1:49,7
A. Wilson (CAN) 1:49,9
P. Edwards (CAN) 1:51,5

1500 Meter
L. Beccali (ITA) 3:51,2
J. Cornes (GBR) 3:52,6
P. Edwards (CAN) 3:52,8

5000 Meter
L. Lehtinen (FIN) 14:30,0
R. Hill (USA) 14:30,0
L. Virtanen (FIN) 14:44,0

10000 Meter
J. Kusocinski (POL) 30:11,4
V. Iso-Hollo (FIN) 30:12,6
L. Virtanen (FIN) 30:35,0

Marathon
J. Zabala (ARG) 2:31:36,0
S. Ferris (GBR) 2:31:55,0
A. Toivonen (FIN) 2:32:12,0

110 m Hürden
G. Saling (USA) 14,6
P. Beard (USA) 14,7
D. Finlay (GBR) 14,8

400 m Hürden
R. Tisdall (IRL) 51,7
G. Hardin (USA) 51,9
F. M. Taylor (USA) 53,6

3000 m Hindernis
V. Iso-Hollo (FIN) 10:33,4
T. Evenson (GBR) 10:46,0
J. McCluskey (USA) 10:46,2
(eine Runde zu viel gelaufen!)

4 × 100-m-Staffel
USA 40,0
GER 40,9
ITA 41,2

4 × 400-m-Staffel
USA 3:08,2
GBR 3:11,2
CAN 3:12,8

50 km Gehen
T. Green (GBR) 4:50:10
J. Dalinsch (LAT) 4:57:20
U. Frigerio (ITA) 4:59:06

Hochsprung

Weitsprung
E. Gordon (USA) 7,64
C. L. Redd (USA) 7,60
C. Nambu (JPN) 7,45

Dreisprung
C. Nambu (JPN) 15,72
E. Svensson (SWE) 15,32
K. Oshima (JPN) 15,12

Stabhochsprung
W. Miller (USA) 4,315
S. Nishida (JPN) 4,30
G. Jefferson (USA) 4,20

Kugelstoßen
L. Saxton (USA) 16,005
H. Rothert (USA) 15,675
H. Douda (TCH) 15,61

Diskuswerfen
J. Anderson (USA) 49,49
H. Laborde (USA) 48,47
P. Winter (FRA) 47,85

Hammerwerfen
P. O'Callaghan (IRL) 53,92
W. Pörhölä (FIN) 52,27
P. Zaremba (USA) 50,33

Speerwerfen
M. Järvinen (FIN) 72,71
M. Sippala (FIN) 69,80
E. Penttillä (FIN) 68,70

Zehnkampf
J. Bausch (USA) 8462,23
A. Järvinen (FIN) 8292,48
W. Eberle (GER) 8030,80

DAMEN

100 Meter
S. Walasiewicz (POL) 11,9
H. Strike (CAN) 11,9
W. von Bremen (USA) 12,0

80 m Hürden
M. Didrikson (USA) 11,7
E. Hall (USA) 11,7
M. Clark (SAF) 11,8

4 × 100-m-Staffel
USA 47,0
CAN 47,0
GBR 47,6

Hochsprung
J. Shiley (USA) 1,657
M. Didrikson (USA) 1,657
E. Dawes (CAN) 1,60

Diskuswerfen
L. Copeland (USA) 40,58
R. Osburn (USA) 40,12
J. Wajsowna (POL) 38,74

Speerwerfen
M. Didrikson (USA) 43,68
E. Braumüller (GER) 43,49
T. Fleischer (GER) 43,00

Boxen

Fliegengewicht
I. Enekes (HUN)
F. Cabanas (MEX)
L. Salica (USA)

Bantamgewicht
H. Gwynne (CAN)
H. Ziglarski (GER)
J. Villanueva (PHI)

Federgewicht

Leichtgewicht
L. Stevens (SAF)
T. Ahlqvist (SWE)
N. Bor (USA)

Weltergewicht
E. Flynn (USA)
E. Campe (GER)
B. Ahlberg (FIN)

Mittelgewicht
C. Barth (USA)
A. Azar (ARG)
E. Pierce (SAF)

Halbschwergewicht
D. Carstens (SAF)
G. Rossi (ITA)
P. Jörgensen (DEN)

Schwergewicht
S. Lovell (ARG)
L. Rovati (ITA)
F. Feary (USA)

Radsport

1000 m Sprint
J. van Egmond (HOL) 12,6
L. Chaillot (FRA)
B. Pellizzari (ITA)

1000 m Zeitfahren
E. Gray (AUS) 1:13,0
J. van Egmond (HOL) 1:13,3
G. Rampelberg (FRA) 1:13,4

4000 m Verfolgung
ITA 4:53,0
FRA 4:55,7
GBR 4:56,0

2000 m Tandem
FRA 12,0
GBR
DEN

Straßenrennen (100 km)
A. Pavesi (ITA) 2:28:05,6
G. Segato (ITA) 2:29:21,4
B. Britz (SWE) 2:29:45,2

Mannschaft
ITA 7:27:15,2
DEN 7:38:50,2
SWE 7:39:12,6

Reitsport

Jagdspringen
T. Nishi (JPN) 8
H. Chamberlin (USA) 12
C. von Rosen (SWE) 16

Preis der Nationen
Alle Teams disqualifiziert. Keine Mannschaft konnte drei Reiter ins Ziel bringen.

Dressur
F. X. Lesage (FRA) 343,75
P. Marion (FRA) 305,42
H. Tuttle (USA) 300,50

Mannschaft
FRA 2818,75
SWE 2678,00
USA 2576,75

Military
C. F. Pahud de Mortanges (HOL) 1813,83
E. F. Thomson (USA) 1811,00
C. von Rosen (SWE) 1809,42

Mannschaft
USA 5038,083
HOL 4689,083

Fechten

HERREN

Florett
G. Marzi (ITA)
J. Levis (USA)
G. Gaudini (ITA)

Mannschaft
FRA–ITA–USA

Degen
G. Cornaggia-Medici (ITA)
G. Buchard (FRA)
G. Calnan (USA)

Mannschaft
FRA–ITA–USA

Säbel
G. Piller (HUN)
G. Gaudini (ITA)
E. Kabos (HUN)

Mannschaft
HUN–ITA–POL

DAMEN

Florett
E. Preis (AUT)
J.H. Guiness (GBR)
E. Bogen (HUN)

Turnen

Mehrkampf
R. Neri (ITA) 140,625
I. Pelle (HUN) 134,925
H. Savolainen (FIN) 134,575

Mannschaft
ITA 541,850
USA 522,275
FIN 509,995

Bodenturnen
I. Pelle (HUN) 9,60
G. Miez (SUI) 9,47
M. Lertora (ITA) 9,23

Reck
D. Bixler (USA) 18,33
H. Savolainen (FIN) 18,07
E. Terasvirta (FIN) 18,07

Barren
R. Neri (ITA) 18,97
I. Pelle (HUN) 18,60
H. Savolainen (FIN) 18,27

Seitpferd
I. Pelle (HUN) 19,07
O. Bonoli (ITA) 18,87
F. Haubold (USA) 18,57

Pferdsprung
S. Guglielmetti (ITA) 18,03
A. Jochim (GER) 17,77
E. Carmichael (USA) 17,53

Ringe
G. Gulack (USA) 18,97
W. Denton (USA) 18,60
G. Lattuada (ITA) 18,50

Tauhangeln
R. Bass (USA) 6,7
W. Galbraith (USA) 6,8
T. Connelly (USA) 7,0

Federbrettsprung
R. Wolfe (USA) 18,90
E. Gross (USA) 18,67
W. Herrmann (USA) 18,37

Keulenschwingen
G. Roth (USA) 8,97
P. Erenberg (USA) 8,90
W. Kuhlmeier (USA) 8,63

Hockey

IND–JPN–USA

Moderner Fünfkampf

J. Oxenstierna (SWE) 32
B. Lindman (SWE) 35,5
R. Mayo (USA) 38,5

Rudern

Einer
H. Pearce (AUS) 7:44,4
W. Miller (USA) 7:45,2
G. Douglas (URU) 8:13,6

Doppelzweier
USA 7:17,4
GER 7:22,8
CAN 7:27,6

Zweier o. Steuermann
GBR 8:00,0
NZL 8:02,4
POL 8:08,2

Zweier m. Steuermann
USA 8:25,8
POL 8:31,2
FRA 8:41,2

Vierer o. Steuermann
GBR 6:58,2
GER 7:03,0
ITA 7:04,0

Vierer m. Steuermann
GER 7:19,0
ITA 7:19,2
POL 7:26,8

Achter
USA 6:37,6
ITA 6:37,8
CAN 6:40,4

Schießen

Schnellfeuerpistole
R. Morigi (ITA) 36
H. Hax (GER) 36
D. Matteucci (ITA) 36

Kleinkalibergewehr
B. Rönnmark (SWE) 294
G. Huet (MEX) 294
Y. Hradetzky-Soos (HUN) 293

Schwimmen

HERREN

100 m Freistil
Y. Miyazaki (JPN) 58,2
T. Kawaishi (JPN) 58,6
A. Schwartz (USA) 58,8

400 m Freistil
C. Crabbe (USA) 4:48,4
J. Taris (FRA) 4:48,5
T. Oyokota (JPN) 4:52,3

1500 m Freistil
K. Kitamura (JPN) 19:12,4
S. Makino (JPN) 19:14,1
J. Cristy (USA) 19:39,5

100 m Rücken
M. Kiyokawa (JPN) 1:08,6
T. Irie (JPN) 1:09,8
K. Kawatsu (JPN) 1:10,0

200 m Brust
Y. Tsuruta (JPN) 2:45,4
R. Koike (JPN) 2:46,6
T. Ildefonso (PHI) 2:47,1

4 × 200-m-Freistilstaffel
JPN 8:58,4
USA 9:10,5
HUN 9:31,4

Turmspringen
H. Smith (USA) 124,80
M. Galitzen (USA) 124,28
F. Kurtz (USA) 121,98

Kunstspringen
M. Galitzen (USA) 161,38
H. Smith (USA) 158,54
R. Degener (USA) 151,82

Wasserball
HUN–GER–USA

DAMEN

100 m Freistil
H. Madison (USA) 1:06,8
W. den Ouden (HOL) 1:07,8
E. (Garatti) Saville (USA) 1:08,2

400 m Freistil
H. Madison (USA) 5:28,5
L. Knight (USA) 5:28,6
J. Makaal (SAF) 5:47,3

100 m Rücken
E. Holm (USA) 1:19,4
P. Mealing (AUS) 1:21,3
V. Davies (GBR) 1:22,5

200 m Brust
C. Dennis (AUS) 3:06,3
H. Maehata (JPN) 3:06,4
E. Jacobsen (DEN) 3:07,1

4 × 100-m-Freilstilstaffel
USA 4:38,0
HOL 4:47,5
GBR 4:52,4

Turmspringen
D. Poynton (USA) 40,26
G. Coleman (USA) 35,56
M. Roper (USA) 35,22

Kunstspringen
G. Coleman (USA) 87,52
K. Rawls (USA) 82,56
J. Fauntz (USA) 82,12

Gewichtheben

Federgewicht
R. Suvigny (FRA) 287,5
H. Wölpert (GER) 282,5
A. Terlazzo (USA) 280,0

Leichtgewicht
R. Duverger (FRA) 325,0
H. Haas (AUT) 307,5
G. Pierini (ITA) 302,5

Mittelgewicht
R. Ismayr (GER) 345,0
G. Calimberti (ITA) 340,0
K. Hipfinger (AUT) 337,5

Halbschwergewicht
L. Hostin (FRA) 365,0
S. Olsen (DEN) 360,0
H. Duey (USA) 330,0

Schwergewicht
J. Skobla (TCH) 380,0
V. Pšenićka (TCH) 377,5
J. Straßberger (GER) 377,5

Ringen

FREISTIL

Bantamgewicht
R. Pearce (USA)
O. Zombori (HUN)
A. Jaskari (FIN)

Federgewicht
H. Pihlajamäki (FIN)
E. Nemir (USA)
E. Karlsson (SWE)

Leichtgewicht
C. Pacôme (FRA)
K. Karpati (HUN)
G. Klaren (SWE)

Weltergewicht
J. van Bebber (USA)
D. MacDonald (CAN)
E. Leino (FIN)

Mittelgewicht
I. Johansson (SWE)
K. Luukko (FIN)
J. Tunyogi (HUN)

Halbschwergewicht
P. Mehringer (USA)
T. Sjöstedt (SWE)
E. Scarf (AUS)

Schwergewicht
J. Richthoff (SWE)
J. Riley (USA)
N. Hirschl (AUT)

GRIECHISCH-RÖMISCH

Bantamgewicht
J. Brendel (GER)
M. Nizzola (ITA)
L. François (FRA)

Federgewicht
G. Gozzi (ITA)
W. Ehrl (GER)
L. Koskela (FIN)

Leichtgewicht
E. Malmberg (SWE)
A. Kurland (DEN)
E. Sperling (GER)

Weltergewicht
I. Johansson (SWE)
V. Kajander (FIN)
E. Gallegati (ITA)

Mittelgewicht
V. Kokkinen (FIN)
J. Földeák (GER)
A. Cadier (SWE)

Halbschwergewicht
R. Svensson (SWE)
O. Pellinen (FIN)
M. Gruppioni (ITA)

Schwergewicht
C. Westergren (SWE)
J. Urban (TCH)
N. Hirschl (AUT)

Segeln

Solo-Klasse
J. Lebrun (FRA)
A.L.J. Maas (HOL)
S.A. Cansino (ESP)

6-m-Klasse
SWE–USA–CAN

8-m-Klasse
USA–CAN

Star
USA–GBR–SWE

1936 GARMISCH-P.

Ski nordisch

18 km Langlauf
E.A. Larsson (SWE) 1:14:38,0
O. Hagen (NOR) 1:15:33,0
P. Niemi (FIN) 1:16:59,0

50 km Langlauf
E. Wiklund (SWE) 3:30:11,0
A. Wikström (SWE) 3:33:20,0
N.J. Englund (SWE) 3:34:10,0

4 × 10-km-Staffel
FIN 2:41:33,0
NOR 2:41:39,0
SWE 2:43:03,0

Spezialspringen
B. Ruud (NOR) 232,0
S. Eriksson (SWE) 230,5
R. Andersen (NOR) 228,9

Nordische Kombination
O. Hagen (NOR) 430,30
O. Hoffsbakken (NOR) 419,80
S. Brodahl (NOR) 408,10

Ski alpin

HERREN

Kombination
F. Pfnür (GER) 99,25
G. Lantschner (GER) 96,26
E. Allais (FRA) 94,69

DAMEN

Kombination
C. Cranz (GER) 97,06
K. Grasegger (GER) 95,26
L.S. Nilsen (NOR) 93,48

Eiskunstlauf

Herren
K. Schäfer (AUT) 2959,0
E. Baier (GER) 2805,3
F. Kaspar (AUT) 2801,0

Damen
S. Henie (NOR) 2971,4
C. Colledge (GBR) 2926,8
V.A. Hulten (SWE) 2763,2

Paarlauf
M. Herber/E. Baier (GER) 103,3
I. Pausin/E. Pausin (AUT) 102,7
E. Rotter/L. Szollás (HUN) 97,6

Eisschnellauf

500 Meter
I. Ballangrud (NOR) 43,4
G. Krog (NOR) 43,5
L. Freisinger (USA) 44,0

1500 Meter
C. Mathiesen (NOR) 2:19,2
I. Ballangrud (NOR) 2:20,2
B. Wasenius (FIN) 2:20,9

5000 Meter
I. Ballangrud (NOR) 8:19,6
B. Wasenius (FIN) 8:23,3
A. Ojala (FIN) 8:30,1

10000 Meter
I. Ballangrud (NOR) 17:24,3
B. Wasenius (FIN) 17:28,2
M. Stiepl (AUT) 17:30,0

Bob

Zweier-Bob
USA I 5:29,29
SUI II 5:30,64
USA II 5:33,96

Vierer-Bob
SUI II 5:19,85
SUI I 5:22,73
GBR 5:23,41

Eishockey

GBR–CAN–USA

1936 BERLIN

Leichtathletik

HERREN

100 Meter
J.C. Owens (USA) 10,3
R. Metcalfe (USA) 10,4
M. Osendarp (HOL) 10,5

Jesse Owens

200 Meter
J.C. Owens (USA) 20,7
M. Robinson (USA) 21,1
M. Osendarp (HOL) 21,3

400 Meter
A. Williams (USA) 46,5
A.G. Brown (GBR) 46,7
J. LuValle (USA) 46,8

800 Meter
J. Woodruff (USA) 1:52,9
M. Lanzi (ITA) 1:53,3
P. Edwards (CAN) 1:53,6

1500 Meter
J. Lovelock (NZL) 3:47,8
G. Cunningham (USA) 3:48,4
L. Beccali (ITA) 3:49,2

John Lovelock

5000 Meter
G. Höckert (FIN) 14:22,2
L. Lehtinen (FIN) 14:25,8
H. Jonsson (SWE) 14:29,0

Gunnar Höckert

10000 Meter
I. Salminen (FIN) 30:15,4
A. Askola (FIN) 30:15,6
V. Iso-Hollo (FIN) 30:20,2

Marathon
K. Son (JPN) 2:29:19,2
E. Harper (GBR) 2:31:23,2
S. Nan (JPN) 2:31:42,0

110 m Hürden
F. Towns (USA) 14,2
D. Finlay (GBR) 14,4
F. Pollard (USA) 14,4

400 m Hürden
G. Hardin (USA) 52,4
J. Loaring (CAN)
M. White (PHI)

3000 m Hindernis
V. Iso-Hollo (FIN) 9:03,8
K. Tuominen (FIN) 9:06,8
A. Dompert (GER) 9:07,2

4 × 100-m-Staffel
USA 39,8
ITA 41,1
GER 41,2

4 × 400-m-Staffel
GBR 3:09,0
USA 3:11,0
GER 3:11,8

50 km Gehen
H. Whitlock (GBR) 4:30:41,1
A. Schwab (SUI) 4:32:09,2
A. Bubenko (LAT) 4:32:42,2

Harold Whitlock

Hochsprung
C. Johnson (USA) 2,03
D. Albritton (USA) 2,00
D. Thurber (USA) 2,00

Weitsprung
J.C. Owens (USA) 8,06
L. Long (GER) 7,87

Stabhochsprung
E. Meadows (USA) 4,35
S. Nishida (JPN) 4,25
S. Oe (JPN) 4,25

Kugelstoßen
H. Woellke (GER) 16,20
S. Bärlund (FIN) 16,12
G. Stöck (GER) 15,66

Diskuswerfen
K. Carpenter (USA) 50,48
G. Dunn (USA) 49,36
G. Oberweger (ITA) 49,23

Hammerwerfen
K. Hein (GER) 56,49
E. Blask (GER) 55,04
F. Warngärd (SWE) 54,83

Kenneth Carpenter

Speerwerfen
G. Stöck (GER) 71,84
Y. Nikkanen (FIN) 70,77
K. Toivonen (FIN) 70,72

Zehnkampf
G. Morris (USA) 7421
R. Clark (USA) 7226
J. Parker (USA) 6918

DAMEN

100 Meter
H. Stephens (USA) 11,5
S. Walasiewicz (POL) 11,7
K. Krauss (GER) 11,9

80 m Hürden
T. Valla (ITA) 11,7
A. Steuer (GER) 11,7
E. Taylor (CAN) 11,7

4 × 100-m-Staffel
USA 46,9
GBR 47,6
CAN 47,8

Hochsprung
I. Csak (HUN) 1,60
D. Odam (GBR) 1,60
E. Kaun (GER) 1,60

Diskuswerfen
G. Mauermayer (GER) 47,63
J. Wajsowna (POL) 46,22
P. Mollenhauer (GER) 39,80

Speerwerfen
T. Fleischer (GER) 45,18
L. Krüger (GER) 43,29
M. Kwasniewska (POL) 41,80

Basketball

USA–CAN–MEX

Boxen

Bantamgewicht
U. Sergo (ITA)
J. Wilson (USA)
F. Ortiz (MEX)

Federgewicht
O. Casanovas (ARG)
C. Catterall (SAF)
J. Miner (GER)

Leichtgewicht
I. Harangi (HUN)
N. Stepulov (EST)
E. Agren (SWE)

Weltergewicht
S. Suvio (FIN)
M. Murach (GER)
G. Pedersen (DEN)

Mittelgewicht
J. Despeaux (FRA)
H. Tiller (NOR)
R. Villareal (ARG)

Halbschwergewicht
R. Michelot (FRA)
R. Vogt (GER)
F. Risiglione (ARG)

Schwergewicht
H. Runge (GER)
G. Lovell (ARG)
E. Nilsen (NOR)

Kanu

Einer-Canadier – 1000 m
F. Amyot (CAN) 5:32,1
B. Karlik (TCH) 5:36,9
E. Koschik (GER) 5:39,0

Zweier-Canadier – 1000 m
TCH 4:50,1
AUT 4:53,8
CAN 4:56,7

Zweier-Canadier – 10000 m
TCH 50:33,5
CAN 51:15,8
AUT 51:28,0

Einer-Kajak – 1000 m
G. Hradetzky (AUT) 4:22,9
H. Cämmerer (GER) 4:25,6
J. Kraaier (HOL) 4:35,1

Einer-Kajak – 10000 m
E. Krebs (GER) 46:01,6
F. Landertinger (AUT) 46:14,7
E. Riedel (USA) 47:23,9

Zweier-Kajak – 1000 m
AUT 4:03,8
GER 4:08,9
HOL 4:12,2

Zweier-Kajak – 10000 m
GER 41:45,0
AUT 42:05,4
SWE 43:06,1

Faltboot-Einer – 10000 m
G. Hradetzky (AUT) 50:01,2
F. Eberhardt (FRA) 50:04,2
X. Hörmann (GER) 50:06,5

Faltboot-Zweier – 10000 m
SWE 45:49,0
GER 45:49,2
HOL 46:12,4

Radsport

1000 m Zeitfahren
A. van Vliet (HOL) 1:12,0
P. Georget (FRA) 1:12,8
R. Karsch (GER) 1:13,2

4000 m Verfolgung
FRA 4:45,0
ITA 4:51,0
GBR 4:53,6

2000 m Tandem
GER 11,8
HOL
FRA

Straßenrennen (100 km)
R. Charpentier (FRA) 2:33:05,0
G. Lapébie (FRA) 2:33:05,2
E. Nievergelt (SUI) 2:33:05,8

Mannschaft
FRA 7:39:16,2
SUI 7:39:20,4
BEL 7:39:21,0

Reitsport

Jagdspringen
K. Hasse (GER) 4/59,2
H. Rang (ROM) 4/72,8
J. von Platthy (HUN) 8/62,6

Preis der Nationen
GER 44
HOL 51,5
POR 56

Dressur
H. Pollay (GER) 1760,0
F. Gerhard (GER) 1745,5
A. Podhajsky (AUT) 1721,5

Mannschaft
GER 5074,0
FRA 4846,0
SWE 4660,5

Military
L. Stubbendorf (GER) 37,70
E.F. Thomson (USA) 99,90
H.M. Lunding (DEN) 102,20

Mannschaft
GER 676,65
POL 991,70
GBR 995,50

Fechten

HERREN

Florett
G. Gaudini (ITA)
E. Gardère (FRA)
G. Bocchino (ITA)

Mannschaft
ITA–FRA–GER

Degen
F. Riccardi (ITA)
S. Ragno (ITA)
G. Cornaggia-Medici (ITA)

Mannschaft
ITA–SWE–FRA

Säbel
E. Kabos (HUN)
G. Marzi (ITA)
A. Gerevich (HUN)

Mannschaft
HUN–ITA–GER

DAMEN

Florett

Turnen

HERREN

Mehrkampf
A. Schwarzmann (GER) 113,100
E. Mack (SUI) 112,334
K. Frey (GER) 111,532

Mannschaft
GER 657,430
SUI 654,802
FIN 638,468

Bodenturnen
G. Miez (SUI) 18,666
J. Walter (SUI) 18,500
K. Frey (GER) u.
E. Mack (SUI) 18,466

Reck
A. Saarvala (FIN) 19,367
K. Frey (GER) 19,267
A. Schwarzmann (GER) 19,233

Barren
K. Frey (GER) 19,067
M. Reusch (SUI) 19,034
A. Schwarzmann (GER) 18,967

Seitpferd
K. Frey (GER) 19,333
E. Mack (SUI) 19,167
A. Bachmann (SUI) 19,067

Pferdsprung
A. Schwarzmann (GER) 19,2
E. Mack (SUI) 18,967
M. Volz (GER) 18,467

Ringe
A. Hudec (TCH) 19,433
L. Stukelj (YUG) 18,867
M. Volz (GER) 18,667

DAMEN

Mehrkampf – Mannschaft
GER 506,50
TCH 503,60
HUN 499,00

Feldhandball

GER–AUT–SUI

Hockey

IND–GER–HOL

Moderner Fünfkampf

G. Handrick (GER) 31,5
C. Leonard (USA) 39,5
S. Abba (ITA) 45,5

Polo

ARG–GBR–MEX

Rudern

Einer
G. Schäfer (GER) 8:21,5
J. Hasenöhrl (AUT) 8:25,8
D. Barrow (USA) 8:28,0

Doppelzweier
GBR 7:20,8
GER 7:26,2
POL 7:36,2

Zweier o. Steuermann

Zweier m. Steuermann
GER 8:36,9
ITA 8:49,7
FRA 8:54,0

Vierer o. Steuermann
GER 7:01,8
GBR 7:06,5
SUI 7:10,6

Vierer m. Steuermann
GER 7:16,2
SUI 7:24,3
FRA 7:33,3

Achter
USA 6:25,4
ITA 6:26,0
GER 6:26,4

Schießen

Freie Pistole
T. Ullman (SWE) 559
E. Krempel (GER) 544
C. des Jammonières (FRA) 540

Schnellfeuerpistole
C. van Oyen (GER) 36
H. Hax (GER) 35
T. Ullman (SWE) 34

Kleinkalibergewehr
W. Rögeberg (NOR) 300
R. Berzsenyi (HUN) 296
W. Karas (POL) 296

Fußball

ITA–AUT–NOR

Schwimmen

HERREN

100 m Freistil
F. Csik (HUN) 57,6
M. Yusa (JPN) 57,9
S. Arai (JPN) 58,0

400 m Freistil
J. Medica (USA) 4:44,5
S. Uto (JPN) 4:45,6
S. Makino (JPN) 4:48,1

1500 m Freistil
N. Terada (JPN) 19:13,7
J. Medica (USA) 19:34,0
S. Uto (JPN) 19:34,5

100 m Rücken
A. Kiefer (USA) 1:05,9
A. Van de Weghe (USA) 1:07,7
M. Kiyokawa (JPN) 1:08,4

200 m Brust
T. Hamuro (JPN) 2:41,5
E. Sietas (GER) 2:42,9
R. Koike (JPN) 2:44,2

4 × 200-m-Freistilstaffel
JPN 8:51,5
USA 9:03,0
HUN 9:12,3

Turmspringen
M. Wayne (USA) 113,58
E. Root (USA) 110,60
H. Stork (GER) 110,31

Kunstspringen
R. Degener (USA) 163,57
M. Wayne (USA) 159,56
A. Greene (USA) 146,29

DAMEN

100 m Freistil
H. Mastenbroek (HOL) 1:05,9
J. Campbell (ARG) 1:06,4
G. Arendt (GER) 1:06,6

400 m Freistil
H. Mastenbroek (HOL) 5:26,4
R. Hveger (DEN) 5:27,5
L. Wingard (USA) 5:29,0

100 m Rücken
D. Senff (HOL) 1:18,9
H. Mastenbroek (HOL) 1:19,2
A. Bridges (USA) 1:19,4

200 m Brust
H. Maehata (JPN) 3:03,6
M. Genenger (GER) 3:04,2
I. Sörensen (DEN) 3:07,8

4 × 100-m-Freistilstaffel
HOL 4:36,0
GER 4:36,8
USA 4:40,2

Turmspringen
D. Hill (USA) 33,93
V. Dunn (USA) 33,63
K. Köhler (GER) 33,43

Kunstspringen
M. Gestring (USA) 89,27
K. Rawls (USA) 88,35
D. Hill (USA) 82,36

Gewichtheben

Federgewicht
A. Terlazzo (USA) 312,5
S. Soliman (EGY) 305,0
I.H. Shams (EGY) 300,0

Leichtgewicht
A.M. Mesbah (EGY) u.
R. Fein (AUT) 342,5
K. Jansen (GER) 327,5

Mittelgewicht
K.S. el Touni (EGY) 387,5
R. Ismayr (GER) 352,5
A. Wagner (GER) 352,5

Halbschwergewicht
L. Hostin (FRA) 372,5
E. Deutsch (GER) 365,0
F. Wasif (EGY) 360,0

Schwergewicht
J. Manger (GER) 410,0
V. Pšenicka (TCH) 402,5
A. Luhaäär (EST) 400,0

Ringen

FREISTIL

Bantamgewicht
O. Zombori (HUN)
R. Flood (USA)
J. Herbert (GER)

Federgewicht
K. Pihlajamäki (FIN)
F. Millard (USA)
G. Jönsson (SWE)

Leichtgewicht
K. Karpati (HUN)
W. Ehrl (FIN)
H. Pihlajamäki (FIN)

Weltergewicht
F. Lewis (USA)
T. Andersson (SWE)
J. Schleimer (CAN)

Mittelgewicht
E. Poilvé (FRA)
R. Voliva (USA)
A. Kirecci (TUR)

Halbschwergewicht
K. Fridell (SWE)
A. Neo (EST)
E. Siebert (GER)

Schwergewicht
K. Palusalu (EST)
J. Klapuch (TCH)
H. Nyström (FIN)

GRIECHISCH-RÖMISCH

Bantamgewicht
M. Lörincz (HUN)
E. Svensson (SWE)
J. Brendel (GER)

Federgewicht
Y. Erkan (TUR)
A. Reini (FIN)
E. Karlsson (SWE)

Leichtgewicht
E. Koskela (FIN)
J. Herda (TCH)
W. Wäli (EST)

Weltergewicht
R. Svedberg (SWE)
F. Schäfer (GER)
E. Virtanen (FIN)

Mittelgewicht
I. Johansson (SWE)
L. Schweikert (GER)
J. Palotas (HUN)

Halbschwergewicht
A. Cadier (SWE)
E. Bietags (LIT)
A. Neo (EST)

Schwergewicht
K. Palusalu (EST)
J. Nyman (SWE)
K. Hornfischer (GER)

Segeln

6-m-Klasse
GBR
NOR
SWE

8-m-Klasse
ITA
NOR
GER

Star
GER
SWE
HOL

Solo-Klasse
D.M.J. Kagchelland (HOL)
W. Krogmann (GER)
P.M. Scott (GBR)

1948 ST. MORITZ

Ski nordisch

18 km Langlauf
M. Lundström (SWE) 1:13:50,0
N. Östensson (SWE) 1:14:22,0
G. Eriksson (SWE) 1:16:06,0

50 km Langlauf
N. Karlsson (SWE) 3:47:48,0
H. Eriksson (SWE) 3:52:20,0
B. Vanninen (FIN) 3:57:28,0

4 × 10-km-Staffel
SWE 2:32:08,0
FIN 2:41:06,0
NOR 2:44:33,0

Spezialspringen
P. Hugsted (NOR) 228,1
B. Ruud (NOR) 226,6
T. Schjelderup (NOR) 225,1

Nordische Kombination
H. Hasu (FIN) 448,80
M. Huhtala (FIN) 433,65
S. Israelsson (SWE) 433,40

Ski alpin

HERREN

Abfahrtslauf
H. Oreiller (FRA) 2:55,0
F. Gabl (AUT) 2:59,1
K. Molitor (SUI) u.
R. Olinger (SUI) 3:00,3

Slalom
E. Reinalter (SUI) 2:10,3
J. Couttet (FRA) 2:10,8
H. Oreiller (FRA) 2:12,8

Kombination
H. Oreiller (FRA) 3,27
K. Molitor (SUI) 6,44
J. Couttet (FRA) 6,95

DAMEN

Abfahrt
H. Schlunegger (SUI) 2:28,3
T. Beiser (AUT) 2:29,1
R. Hammerer (AUT) 2:30,2

Slalom
G. Fraser (USA) 1:57,2
A. Meyer (SUI) 1:57,7
E. Mahringer (AUT) 1:58,0

Kombination
T. Beiser (AUT) 6,58
G. Frazer (USA) 6,95
E. Mahringer (AUT) 7,04

Eiskunstlauf

Herren
R. Button (USA) 1720,6
H. Gerschwiler (SUI) 1630,1
E. Rada (AUT) 1603,0

Damen
B.A. Scott (CAN) 1467,7
E. Pawlik (AUT) 1418,3
J. Altwegg (GBR) 1405,5

Paarlauf
M. Lannoy/
P. Baugniet (BEL) 103,3
A. Kékessy/
E. Király (HUN) 122,2
S. Morrow/
W. Diestelmeyer (CAN) 121,0

Eisschnellauf

500 Meter
F. Helgesen (NOR) 43,1
K. Bartholomew (USA) u.
T. Byberg (NOR) u.
R. Fitzgerald (USA) 43,2

1500 Meter
S. Farstad (NOR) 2:17,6
A. Seyffarth (SWE) 2:18,1
O. Lundberg (NOR) 2:18,9

5000 Meter
R. Liaklev (NOR) 8:29,4
O. Lundberg (NOR) 8:32,7
G. Hedlund (SWE) 8:34,8

10000 Meter
A. Seyffarth (SWE) 17:26,3
L. Parkkinen (FIN) 17:36,0
P. Lammio (FIN) 17:42,7

Bob

Zweier-Bob
SUI II 5:29,20
SUI I 5:30,40
USA II 5:35,30

Vierer-Bob
USA II 5:20,1
BEL I 5:21,3
USA I 5:21,5

Skeleton

N. Bibbia (ITA) 5:23,2
J. R. Heaton (USA) 5:24,6
J.G. Crammond (GBR) 5:25,1

Eishockey

CAN–TCH–SUI

1948 LONDON

Leichtathletik

HERREN

100 Meter
W.H. Dillard (USA) 10,3
H.N. Ewell (USA) 10,4
L. LaBeach (PAN) 10,4

200 Meter
M. Patton (USA) 21,1
H.N. Ewell (USA) 21,1
L. LaBeach (PAN) 21,2

Malvin Whitfield

400 Meter
A. Wint (JAM) 46,2
H. McKenley (JAM) 46,4
M. Whitfield (USA) 46,9

800 Meter
M. Whitfield (USA) 1:49,2
A. Wint (JAM) 1:49,5
M. Hansenne (FRA) 1:49,8

Emil Zatopek

1500 Meter
H. Eriksson (SWE) 3:49,8
L. Strand (SWE) 3:50,4
W. Slijkhuis (HOL) 3:50,4

5000 Meter
G. Reiff (BEL) 14:17,6
E. Zatopek (TCH) 14:17,8
W. Slijkhuis (HOL) 14:26,8

10000 Meter
E. Zatopek (TCH) 29:59,6
A. Mimoun (FRA) 30:47,4
B. Albertsson (SWE) 30:53,6

Marathon
D. Cabrera (ARG) 2:34:51,6
T. Richards (GBR) 2:35:07,6
E. Gailly (BEL) 2:35:33,6

110 m Hürden
W. Porter (USA) 13,9
C. Scott (USA) 14,1
C. Dixon (USA) 14,1

400 m Hürden
R. Cochran (USA) 51,1
D. White (CEY) 51,8
R. Larsson (SWE) 52,2

3000 m Hindernis
T. Sjöstrand (SWE) 9:04,6
E. Elmsäter (SWE) 9:08,2
G. Hagström (SWE) 9:11,8

4 × 100-m-Staffel
USA 40,6
GBR 41,3
ITA 41,5

4 × 400-m-Staffel
USA 3:10,4
FRA 3:14,8
SWE 3:16,0

10 km Gehen
J. Mikaelsson (SWE) 45:13,2
I. Johansson (SWE) 45:43,8
F. Schwab (SUI) 46:00,2

50 km Gehen
J. Ljunggren (SWE) 4:41:52,0
G. Godel (SUI) 4:48:17,0
T. Johnson (GBR) 4:48:31,0

Hochsprung
J. Winter (AUS) 1,98
B. Paulson (NOR) 1,95
G. Stanich (USA) 1,95

Weitsprung
W. Steele (USA) 7,82
T. Bruce (AUS) 7,55
H. Douglas (USA) 7,54

Dreisprung
A. Ahman (SWE) 15,40
G. Avery (AUS) 15,36
R. Sarialp (TUR) 15,02

Stabhochsprung
O.G. Smith (USA) 4,30
E. Kataja (FIN) 4,20
R. Richards (USA) 4,20

Kugelstoßen
W. Thompson (USA) 17,12
J. Delaney (USA) 16,68
J. Fuchs (USA) 16,42

Diskuswerfen
A. Consolini (ITA) 52,78
G. Tosi (ITA) 51,78
F. Gordien (USA) 50,77

Hammerwerfen
I. Németh (HUN) 56,07
I. Gubijan (YUG) 54,27
R. Bennett (USA) 53,73

Speerwerfen
T. Rautavaara (FIN) 69,77
S. Seymour (USA) 67,56
J. Várszegi (HUN) 67,03

Zehnkampf
R. Mathias (USA) 6826
I. Heinrich (FRA) 6740
F. Simmons (USA) 6711

DAMEN

100 Meter
F. Blankers-Koen (HOL) 11,9
D. Manley (GBR) 12,2
S. Strickland (AUS) 12,2

200 Meter
F. Blankers-Koen (HOL) 24,4
A. Williamson (GBR) 25,1
A. Patterson (USA) 25,2

80 m Hürden
F. Blankers-Koen (HOL) 11,2
M. Gardner (GBR) 11,2
S. Strickland (AUS) 11,4

4 × 100-m-Staffel
HOL 47,5
AUS 47,6
CAN 47,8

Hochsprung
A. Coachman (USA) 1,68
D. Tylor-Odam (GBR) 1,68
M. Ostermeyer (FRA) 1,61

Weitsprung
O. Gyarmati (HUN) 5,695
N.S. de Portela (ARG) 5,60
A.B. Leyman (SWE) 5,575

Fanny Blankers-Koen

Kugelstoßen
M. Ostermeyer (FRA) 13,75
A. Piccinini (ITA) 13,095
I. Schäffer (AUT) 13,08

Diskuswerfen
M. Ostermeyer (FRA) 41,92
E. Gentile-Cordiale (ITA) 41,17
J. Mazéas (FRA) 40,47

Speerwerfen
H. Bauma (AUT) 45,57
K. Parviainen (FIN) 43,79
L. Carlstedt (DEN) 42,08

Basketball

USA–FRA–BRA

Boxen

Fliegengewicht
P. Perez (ARG)
S. Bandinelli (ITA)
S.A. Han (KOR)

Bantamgewicht
T. Csik (HUN)
G. Zuddas (ITA)
J. Venegas (PUR)

Federgewicht
E. Formenti (ITA)
D. Shepherd (SAF)
A. Antkiewicz (POL)

Leichtgewicht
G. Dreyer (SAF)
J. Vissers (BEL)
S. Vad (DEN)

Weltergewicht
J. Torma (TCH)
H. Herring (USA)
A. d'Ottavio (ITA)

Mittelgewicht
L. Papp (HUN)
J. Wright (GBR)
I. Fontana (ITA)

Halbschwergewicht
G. Hunter (SAF)
D. Scott (GBR)
M. Cia (ARG)

Schwergewicht
R. Iglesias (ARG)
G. Nilsson (SWE)
J. Arthur (SAF)

Kanu

Herren

Einer-Canadier – 1000 m
J. Holecek (TCH) 5:42,0
D. Bennett (CAN) 5:53,3
R. Boutigny (FRA) 5:55,9

Einer-Canadier – 10000 m
F. Capek (TCH) 1:02:05,2
F. Havens (USA) 1:02:40,4
N. Lane (CAN) 1:04:35,3

Zweier-Canadier – 1000 m
TCH 5:07,1
USA 5:08,2
FRA 5:15,2

Zweier-Canadier – 10000 m
USA 55:55,4
TCH 57:38,5
FRA 58:00,8

Einer-Kajak – 1000 m
G. Fredriksson (SWE) 4:33,2
J.F. Kobberup Andersen (DEN) 4:39,9
H. Eberhardt (FRA) 4:41,4

Einer-Kajak 10000 m
G. Fredriksson (SWE) 50:47,7
K. Wires (FIN) 51:18,2
E. Skabo (NOR) 51:35,4

Zweier-Kajak – 1000 m
SWE 4:07,3
DEN 4:07,5
FIN 4:08,7

Zweier-Kajak – 10000 m
SWE 46:09,4
NOR 46:44,8
FIN 46:48,2

DAMEN

Einer-Kajak
K. Hoff (DEN) 2:31,9
A. van der Anker (HOL) 2:32,8
F. Schwingl (AUT) 2:32,9

Radsport

1000 m Zeitfahren
J. Dupont (FRA) 1:13,5
P. Nihant (BEL) 1:14,5
T. Godwin (GBR) 1:15,0

4000 m Verfolgung
FRA 4:57,8
ITA 5:36,7
GBR 4:55,8

2000 m Tandem
ITA 11,3
GBR
FRA

Straßenrennen (199,6 km)
J. Beyaert (FRA) 5:18:12,6
G.P. Voorting (HOL) 5:18:16,2
L. Wouters (BEL) 5:18:16,2

Mannschaft
BEL–GBR–FRA

Reitsport

Jagdspringen
H. Mariles-Cortes (MEX) 6,25
R. Uriza (MEX) 8,00
J.F. d'Orgeix (FRA) 8,00

Preis der Nationen
MEX 34,25
ESP 56,50
GBR 67,00

Dressur
H. Moser (SUI) 492,5
A. Jousseaume (FRA) 480,0
G.A. Boltenstern (SWE) 477,5

Mannschaft
FRA 1269,0
USA 1256,0
POR 1182,0

Military
B. Chevallier (FRA) +4
F. Henry (USA) −21
R. Selfelt (SWE) −25

Mannschaft
USA 161,50
SWE 165,00
MEX 305,25

Fechten

HERREN

Florett
J. Buhan (FRA)
C. d'Oriola (FRA)
L. Maszlay (HUN)

Mannschaft
FRA–ITA–BEL

Degen
L. Cantone (ITA)
O. Zappelli (SUI)
E. Mangiarotti (ITA)

Mannschaft
FRA–ITA–SWE

Säbel
A. Gerevich (HUN)
V. Pinton (ITA)
P. Kovacs (HUN)

Mannschaft
HUN–ITA–USA

DAMEN

Turnen

HERREN

Mehrkampf
V. Huhtanen (FIN) 229,70
W. Lehmann (SUI) 229,00
P. Aaltonen (FIN) 228,80

Mannschaft
FIN 1358,30
SUI 1356,70
HUN 1330,85

Bodenturnen
F. Pataki (HUN) 38,70
J. Mogyorosi-Klencs (HUN) 38,40
Z. Ružička (TCH) 38,10

Reck
J. Stalder (SUI) 39,70
W. Lehmann (SUI) 39,40
V. Huhtanen (FIN) 39,20

Barren
M. Reusch (SUI) 39,50
V. Huhtanen (FIN) 39,30
C. Kipfer (SUI) u.
J. Stalder (SUI) 39,10

Seitpferd
P. Aaltonen (FIN) u.
V. Huhtanen (FIN) u.
H. Savolainen (FIN) 38,70
L. Zanetti (ITA) 38,30
G. Vigone (ITA) 38,20

Pferdsprung
P. Aaltonen (FIN) 39,10
O. Rove (FIN) 39,00
J. Mogyorosi-Klencs (HUN) u.
F. Pataki (HUN) u.
L. Sotornik (TCH) 38,50

Ringe
K. Frei (SUI) 39,60
M. Reusch (SUI) 39,10
Z. Ružička (TCH) 38,50

DAMEN

Mannschaftskombination
TCH 445,45
HUN 440,55
USA 422,63

Hockey

IND–GBR–HOL

Moderner Fünfkampf

W. Grut (SWE) 16
G. Moore (USA) 47
G. Gardin (SWE) 49

Rudern

Einer
M. Wood (AUS) 7:24,4
E. Risso (URU) 7:38,2
R. Catasta (ITA) 7:51,4

Doppelzweier
GBR 6:51,3
DEN 6:55,3
URU 7:12,4

Zweier m. Steuermann
DEN 8:00,5
ITA 8:12,2
HUN 8:25,2

Vierer o. Steuermann
ITA 6:39,0
DEN 6:43,5
USA 6:47,7

Vierer m. Steuermann
USA 6:50,3
SUI 6:53,3
DEN 6:58,6

Achter
USA 5:56,7
GBR 6:06,9
NOR 6:10,3

Schießen

Freie Pistole
E. Vasquez Cam (PER) 545
R. Schnyder (SUI) 539/60/21
T. Ullman (SWE) 539/60/16

Schnellfeuerpistole
K. Takacs (HUN) 580
C.E. Sáenz Valiente (ARG) 571
S. Lundqvist (SWE) 569

Freies Gewehr
E. Grüning (SUI) 1120
P. Janhonen (FIN) 1114
W. Rögeberg (NOR) 1112

Kleinkalibergewehr
A. Cook (USA) 599/43
W. Tomsen (USA) 599/42
I. Jonsson (SWE) 597

Fußball

SWE–YUG–DEN

Schwimmen

HERREN

100 m Freistil
W. Ris (USA) 57,3
A. Ford (USA) 57,8
G. Kádas (HUN) 58,1

400 m Freistil
W. Smith (USA) 4:41,0
J. McLane (USA) 4:43,4
J. Marshall (AUS) 4:47,4

1500 m Freistil
J. McLane (USA) 19:18,5
J. Marshall (AUS) 19:31,3
G. Mitrô (HUN) 19:43,2

100 m Rücken
A. Stack (USA) 1:06,4
R. Cowell (USA) 1:06,5
G. Vallerey (FRA) 1:07,8

200 m Brust
J. Verdeur (USA) 2:39,3
K. Carter (USA) 2:40,2
R. Sohl (USA) 2:43,9

4 × 200-m-Freistil-Staffel
USA 8:46,0
HUN 8:48,4
FRA 9:08,0

Turmspringen
S. Lee (USA) 130,05
B. Harlan (USA) 122,30
J. Capilla Pérez (MEX) 113,52

Kunstspringen

Wasserball
ITA–HUN–HOL

DAMEN

100 m Freistil
G. Andersen (DEN) 1:06,3
A. Curtis (USA) 1:06,5
M.L. Vaessen (HOL) 1:07,6

400 m Freistil
A. Curtis (USA) 5:17,8
K.M. Harup (DEN) 5:21,2
C. Gibson (GBR) 5:22,5

100 m Rücken
K.M. Harup (DEN) 1:14,4
S. Zimmerman (USA) 1:16,0
J.J. Davies (AUS) 1:16,7

200 m Brust
P. van Vliet (HOL) 2:57,2
B. Lyons (AUS) 2:57,7
E. Novák (HUN) 3:00,2

4 × 100-m-Staffel
USA 4:29,2
DEN 4:29,6
HOL 4:31,6

Turmspringen
V. Draves (USA) 68,87
P. Elsener (USA) 66,28
B. Christoffersen (DAN) 66,04

Kunstspringen
V. Draves (USA) 108,74
Z. Olsen (USA) 108,23
P. Elsener (USA) 101,30

Gewichtheben

Bantamgewicht
J. Di Pietro (USA) 307,5
J. Creus (GBR) 297,5
R. Tom (USA) 295,0

Federgewicht
M. Fayad (EGY) 332,5
R. Wilkes (TRI) 317,5
J. Salmassi (IRN) 312,5

Leichtgewicht
I.H. Shams (EGY) 360,0
A. Hamouda (EGY) 360,0
J. Halliday (GBR) 340,0

Mittelgewicht
F. Spellman (USA) 390,0
P. George (USA) 382,5
S.J. Kim (KOR) 380,0

Halbschwergewicht
S. Stanczyk (USA) 417,5
H. Sakata (USA) 380,0
G. Magnusson (SWE) 375,0

Schwergewicht
J. Davis (USA) 452,5
N. Schemansky (USA) 425,0
A. Charité (HOL) 412,5

Ringen

FREISTIL

Fliegengewicht
L. Viitala (FIN)
H. Balamir (TUR)
T. Johansson (SWE)

Bantamgewicht
N. Akar (TUN)
G. Leeman (USA)
C. Kouyos (FRA)

Federgewicht

Leichtgewicht
C. Atik (TUR)
G. Frändfors (SWE)
H. Baumann (SUI)

Weltergewicht
Y. Dogu (TUR)
R. Garrard (AUS)
L. Merrill (USA)

Mittelgewicht
G. Brand (USA)
A. Candemir (TUR)
E. Linden (SWE)

Halbschwergewicht
H. Wittenberg (USA)
F. Stöckli (SUI)
B. Fahlkvist (SWE)

Schwergewicht
G. Bobis (HUN)
B. Antonsson (SWE)
J. Armstrong (AUS)

GRIECHISCH-RÖMISCH

Fliegengewicht
P. Lombardi (ITA)
K. Olcay (TUR)
R. Kangasmäki (FIN)

Bantamgewicht
K. Pettersen (SWE)
A.M. Hassan (EGY)
H. Kaya (TUR)

Federgewicht
M. Oktav (TUR)
O. Anderberg (SWE)
F. Toth (HUN)

Leichtgewicht
G. Freij (SWE)
A. Eriksen (NOR)
K. Ferencz (HUN)

Weltergewicht
G. Andersson (SWE)
M. Szilvasi (HUN)
H. Hansen (DEN)

Mittelgewicht
A. Grönberg (SWE)
M. Tayfur (TUR)
E. Gallegati (ITA)

Halbschwergewicht
K.E. Nilsson (SWE)
K. Gröndahl (FIN)
I. Orabi (EGY)

Schwergewicht
A. Kirecci (TUR)
T. Nilsson (SWE)
G. Fantoni (ITA)

Segeln

6-m-Klasse
USA–ARG–SWE

Drachen
NOR–SWE–DEN

Star
USA–CUB–HOL

Swallow
GBR–POR–USA

Soloklasse
P. Elvström (DEN)
R. Evans (USA)
J.H. de Jong (HOL)

1952 OSLO

Ski nordisch

18 km Langlauf
H. Brenden (NOR) 1:01:34,0
T. Mäkelä (FIN) 1:02:09,0
P. Lonkila (FIN) 1:02:20,0

50 km Langlauf
V. Hakulinen (FIN) 3:33:33,0
E. Kolehmainen (FIN) 3:38:11,0
M. Estenstad (NOR) 3:38:28,0

4 × 10-km-Staffel
FIN 2:20:16,0
NOR 2:23:13,0
SWE 2:24:13,0

Spezialspringen
A. Bergmann (NOR) 226,0
T. Falkanger (NOR) 221,5
K. Holmström (SWE) 219,5

Nordische Kombination
S. Slättvik (NOR) 451,621
H. Hasu (FIN) 447,500
S. Stenersen (NOR) 436,335

DAMEN

10 km Langlauf
L. Wideman (FIN) 41:40,0
M. Hietamies (FIN) 42:39,0
S. Rantanen (FIN) 42:50,0

Ski alpin

HERREN

Abfahrtslauf
Z. Colo (ITA) 2:30,8
O. Schneider (AUT) 2:32,0
C. Pravda (AUT) 2:32,4

Riesenslalom
S. Eriksen (NOR) 2:25,0
C. Pravda (AUT) 2:26,9
T. Spiess (AUT) 2:28,8

Spezialslalom
O. Schneider (AUT) 2:00,0
S. Eriksen (NOR) 2:21,2
G. Berge (NOR) 2:21,7

DAMEN

Abfahrtslauf
T. Jochum-Beiser (AUT) 1:47,1
A. Buchner (GER) 1:48,0
G. Minuzzo (ITA) 1:49,0

Riesenslalom
A. Mead-Lawrence (USA) 2:06,8
D. Rom (AUT) 2:09,0
A. Buchner (GER) 2:10,0

Spezialslalom
A. Mead-Lawrence (USA) 2:10,6 Min.
O. Reichert (GER) 2:11,4
A. Buchner (GER) 2:13,3

Eiskunstlauf

Herren
R. Button (USA) 1730,3
H. Seibt (AUT) 1621,3
J. Grogan (USA) 1627,4

Damen
J. Altwegg (GBR) 1455,8
T. Albright (USA) 1432,2
J. du Bief (FRA) 1422,0

Paarlauf
R. Falk/P. Falk (GER) 102,6
K.E. Kennedy/M. Kennedy (USA) 100,6
M. Nagy/L. Nagy (HUN) 97,4

Eisschnellauf

500 Meter
K. Henry (USA) 43,2
D. McDermott (USA) 43,9
A. Johansen (NOR) u.
G. Audley (CAN) 44,0

1500 Meter
H. Andersen (NOR) 2:20,4
W. van der Voort (HOL) 2:20,6
R. Aas (NOR) 2:21,6

5000 Meter
H. Andersen (NOR) 8:10,6
K. Broekman (HOL) 8:21,6
S. Haugli (NOR) 8:22,4

10000 Meter
H. Andersen (NOR) 16:45,8
K. Broekman (HOL) 17:10,6
C.E. Asplund (SWE) 17:16,6

Hjalmar Andersen

Bob

Zweier-Bob
GER I 5:24,54
USA I 5:26,89
SUI I 5:27,71

Vierer-Bob
GER I 5:07,84
USA I 5:10,48
SUI I 5:11,70

Eishockey

CAN–USA–SWE

1952 HELSINKI

Leichtathletik

HERREN

100 Meter
L. Remigino (USA) 10,4
H. McKenley (JAM) 10,4
E. McDonald Bailey (GBR) 10,4

200 Meter
A. Stanfield (USA) 20,7
W.T. Baker (USA) 20,8
J. Gathers (USA) 20,8

400 Meter
G. Rhoden (JAM) 45,9
H. McKenley (JAM) 45,9
O. Matson (USA) 46,8

800 Meter
M. Whitfield (USA) 1:49,2
A. Wint (JAM) 1:49,4
H. Ulzheimer (GER) 1:49,7

1500 Meter
J. Barthel (LUX) 3:45,1
R. McMillen (USA) 3:45,2
W. Lueg (GER) 3:45,4

5000 Meter
E. Zatopek (TCH) 14:06,6
A. Mimoun (FRA) 14:07,4
H. Schade (GER) 14:08,6

10000 Meter
E. Zatopek (TCH) 29:17,0
A. Mimoun (FRA) 29:32,8
A. Anufrijew (URS) 29:48,2

Marathon
E. Zatopek (TCH) 2:33:03,2
R. Gorno (ARG) 2:25:35,0
G. Jansson (SWE) 2:26:07,0

110 m Hürden
W.H. Dillard (USA) 13,7
J. Davis (USA) 13,7
A. Barnard (USA) 14,1

400 m Hürden
C. Moore (USA) 50,8
J. Litujew (URS) 51,3
J. Holland (NZL) 52,2

3000 m Hindernis
H. Ashenfelter (USA) 8:45,4
V. Kasantsew (URS) 8:51,6
J. Disley (GBR) 8:51,8

4 × 100-m-Staffel
USA 40,1
URS 40,3
HUN 40,5

4 × 400-m-Staffel
JAM 3:03,9
USA 3:04,0
GER 3:06,6

10 km Gehen
J. Mikaelsson (SWE) 45:13,2
F. Schwab (SUI) 45:41,0
B. Junk (URS) 45:41,0

50 km Gehen
G. Dordoni (ITA) 4:28:07,8
J. Doležal (TCH) 4:30:17,8
A. Róka (HUN) 4:31:27,2

Hochsprung
W. Davis (USA) 2,04
K. Wiesner (USA) 2,01
J. Telles de Conceição (BRA) 1,98

Weitsprung
J. Biffle (USA) 7,57
M. Gourdine (USA) 7,53
O. Földessy (HUN) 7,30

Dreisprung
A.F. da Silva (BRA) 16,22
L. Schtscherbakow (URS) 15,98
A. Devonish (VEN) 15,52

Stabhochsprung
R. Richards (USA) 4,55
D. Laz (USA) 4,50
R. Lundberg (SWE) 4,40

Adhemar da Silva

Kugelstoßen
P. O'Brien (USA) 17,41
D. Hooper (USA) 17,39
J. Fuchs (USA) 17,06

Diskuswerfen
S. Iness (USA) 55,03
A. Consolini (ITA) 53,78
J. Dillion (USA) 53,28

Hammerwerfen
J. Csermak (HUN) 60,34
K. Storch (GER) 58,86
I. Nemeth (HUN) 57,74

Speerwerfen
C. Young (USA) 73,78
W. Miller (USA) 72,46
T. Hyytiäinen (FIN) 71,89

Zehnkampf
R. Mathias (USA) 7731
M. Campbell (USA) 7132
F. Simmons (USA) 7069

DAMEN

100 Meter
M. Jackson (AUS) 11,5
D. Hasenjager (SAF) 11,8
S. Strickland (AUS) 11,9

Bob Mathias

200 Meter
M. Jackson (USA) 23,7
B. Brouwer (HOL) 24,2
N. Chnykina (URS) 24,2

80 m Hürden
S. Strickland (AUS) 10,9
M. Golubnitschaja (URS) 11,1
M. Sander (GER) 11,1

4 × 100-m-Staffel
USA 45,9 Sek.
GER 45,9
GBR 46,2

Hochsprung
E. Brand (SAF) 1,67
S. Lerwill (GBR) 1,65
A. Tschudina (URS) 1,63

Weitsprung
Y. Williams (NZL) 6,24
A. Tschudina (URS) 6,14
S. Cawley (GBR) 5,92

Kugelstoßen
G. Sybina (URS) 15,28
M. Werner (GER) 14,57
K. Totschenowa (URS) 14,50

Diskuswerfen
N. Romaschkowa (URS) 51,42
Y. Bagrjantsewa (URS) 47,08
N. Dumbadze (URS) 46,29

Speerwerfen
D. Zátopková (TCH) 50,47
A. Tschudina (URS) 50,01
J. Gortschakowa (URS) 49,76

Basketball

USA–URS–URU

Boxen

Fliegengewicht
N. Brooks (USA)
E. Basel (GER)
A. Bulakow (URS) u.
W. Toweel (SAF)

Bantamgewicht
P. Hämäläinen (FIN)
J. McNally (IRL)
G. Garbusow (URS) u.
J.H. Kang (KOR)

Federgewicht
J. Zachara (TCH)
S. Caprari (ITA)
L. Leisching (SAF) u.
J. Ventaja (FRA)

Leichtgewicht
A. Bolognesi (ITA)
A. Antkiewicz (POL)
G. Fiat (ROM) u.
E. Pakkanen (FIN)

Halbweltergewicht
C. Adkins (USA)
V. Mednow (URS)
E. Mallenius (FIN) u.
B. Visintin (ITA)

Weltergewicht
Z. Chychla (POL)
S. Schtscherbakow (URS)
V. Jörgensen (DEN) u.
G. Heidemann (GER)

Halbmittelgewicht
L. Papp (HUN)
T. van Schalkwyk (SAF)
B. Tischin (URS) u.
E. Herrara (ARG)

Mittelgewicht
F. Patterson (USA)
V. Tita (ROM)
B. Nikolow (BUL) u.
K. Sjölin (SWE)

Halbschwergewicht
N. Lee (USA)
A. Pacenza (ARG)
A. Perow (URS) u.
H. Siljander (FIN)

Schwergewicht
H.E. Sanders (USA)
Silbermedaille nicht vergeben
A. Nieman (SAF) u.
I. Koski (FIN)

Kanu

HERREN

Einer-Canadier – 1000 m
J. Holecek (TCH) 4:56,3
J. Parti (HUN) 5:03,6
O. Ojanperä (FIN) 5:08,5

Einer-Canadier – 10000 m
F. Havens (USA) 57:41,1
G. Novák (HUN) 57:49,2
A. Jindra (TCH) 57:53,1

Zweier-Canadier – 1000 m
DEN 4:38,3
TCH 4:42,9
GER 4:38,4

Zweier-Canadier – 10000 m
FRA 54:08,3
CAN 54:09,9
GER 54:28,1

Einer-Kajak – 1000 m
G. Fredriksson (SWE) 4:07,9
T. Strömberg (FIN) 4:09,7
L. Gantois (FRA) 4:20,1

Einer-Kajak – 10000 m
T. Strömberg (FIN) 47:22,8
G. Fredriksson (SWE) 47:34,1
M. Scheuer (GER) 47:54,5

Zweier-Kajak – 1000 m
FIN 3:51,1
SWE 3:51,1
AUT 3:51,4

Zweier-Kajak – 10000 m
FIN 44:21,3
SWE 44:21,7
HUN 44:26,6

DAMEN

Einer-Kajak
S. Saimo (FIN) 2:18,4
G. Liebhart (AUT) 2:18,8
N. Sawina (URS) 2:21,6

Radsport

1000 m Sprint
E. Sacchi (ITA) 12,0
L. Cox (AUS)
W. Potzernheim (GER)

1000 m Zeitfahren
R. Mockridge (AUS) 1:11,1
M. Morettini (ITA) 1:12,7
R. Robinson (SAF) 1:13,0

4000 m Verfolgung
ITA 4:46,1
SAF 4:53,6
GBR 4:51,5

2000 m Tandem
AUS 11,0
SAF
ITA

Straßenrennen (190,4 km)
A. Noyelle (BEL) 5:06:03,4
R. Grondelaers (BEL) 5:06:51,2
E. Ziegler (GER) 5:07:47,5

Mannschaft
BEL 15:20:46,6
ITA 15:33:27,3
FRA 15:38:58,1

Reitsport

Jagdspringen
P.J. d'Oriola (FRA) 8/0
O. Cristi (CHI) 8/4
F. Thiedemann (GER) 8/8

Preis der Nationen
GBR 40,75
CHI 45,75
USA 52,25

Dressur
H. St. Cyr (SWE) 556,5
L. Hartel (DEN) 541,0
A. Jousseaume (FRA) 541,0

Mannschaft
SWE 1593,0
SUI 1575,0
GER 1501,0

Military
H. von Blixen-Finecke (SWE) 28,33
G. Lefrant (FRA) 54,50
W. Büsing (GER) 55,50

Mannschaft
SWE 221,94
GER 235,49
USA 587,16

Fechten

HERREN

Florett
C. d'Oriola (FRA)
E. Mangiarotti (ITA)
M. di Rosa (ITA)

Mannschaft
FRA–ITA–HUN

Degen
E. Mangiarotti (ITA)
D. Mangiarotti (ITA)
O. Zappeli (SUI)

Mannschaft
ITA–SWE–SUI

Säbel
P. Kovacs (HUN)
A. Gerevich (HUN)
T. Berczelly (HUN)

Mannschaft
HUN–ITA–FRA

DAMEN

Florett
I. Camber (ITA)
I. Elek (HUN)
K. Lachmann (DEN)

Turnen

HERREN

Mehrkampf
V. Tschukarin (URS) 115,70
G. Schaginjan (URS) 114,95
J. Stalder (SUI) 114,75

Mannschaft
URS 574,35
SUI 567,50
FIN 564,20

Bodenturnen
W. Thoresson (SWE) 19,25
T. Uesako (JPN) u.
J. Jokiel (POL) 19,15

Reck
J. Günthard (SUI) 19,55
J. Stalder (SUI) und
A. Schwarzmann (GER) 19,50

Barren
H. Eugster (SUI) 19,65
V. Tschukarin (URS) 19,60
J. Stalder (SUI) 19,50

Seitpferd
V. Tschukarin (URS) 19,50
Y. Korolkow (URS) u.
G. Schaginjan (URS) 19,40

Pferdsprung
V. Tschukarin (URS) 19,20
M. Takemoto (JPN) 19,15
T. Uesako (JPN) u.
T. Ono (JPN) 19,10

Ringe
G. Schaginjan (URS) 19,75
V. Tschukarin (URS) 19,55
D. Leonkin (URS) u.
H. Eugster (SUI) 19,40

DAMEN

Achtkampf
M. Gorochowskaja (URS) 76,78
N. Botscharowa (URS) 75,94
M. Korondi (HUN) 75,82

Gruppen-Gymnastik mit Handgerät
SWE–URS–HUN

Bodenturnen
A. Keleti (HUN) 19,36
M. Gorochowskaja (URS) 19,20
M. Korondi (HUN) 1900

Schwebebalken
N. Botscharowa (URS) 19,22
M. Gorochowskaja (URS) 19,13
M. Korondi (HUN) 19,02

Stufenbarren
M. Korondi (HUN) 19,40
M. Gorochowskaja (URS) 19,26
A. Keleti (HUN) 19,40

Pferdsprung
J. Kalintschuk (URS) 19,20
M. Gorochowskaja (URS) 19,19
G. Minaitschewa (URS) 19,16

Hockey

IND–HOL–GER

Moderner Fünfkampf

L. Hall (SWE) 32
G. Benedek (HUN) 39
I. Szondi (HUN) 41

Mannschaft
HUN 166
SWE 182
FIN 213

Rudern

Einer
Y. Tjukalov (URS) 8:12,8
M. Wood (AUS) 8:14,5
T. Kocerka (POL) 8:19,4

Doppelzweier
ARG 7:32,2
URS 7:38,3
URU 7:43,7

Zweier o. Steuermann
USA 8:20,7
BEL 8:23,5
SUI 8:32,7

Zweier m. Steuermann
FRA 8:28,6
GER 8:32,1
DEN 8:34,9

Vierer o. Steuermann
YUG 7:16,0
FRA 7:18,9
FIN 7:23,3

Vierer m. Steuermann
TCH 7:33,4
SUI 7:36,5
USA 7:37,0

Achter
USA 6:25,9
URS 6:31,2
AUS 6:33,1

Schießen

Schnellfeuerpistole
K. Takács (HUN) 579
S. Kun (HUN) 578
G. Lichiardopol (ROM) 578

Freies Gewehr
A. Bogdanow (URS) 1123
R. Bürchler (SUI) 1120
L. Wainschtein (URS) 1109

Kleinkalibergewehr
I. Sirbu (ROM) 400/33
B. Andrejew (URS) 400/28
A. Jackson (USA) 399

Kleinkaliber – Dreistellungskampf
E. Kongshaug (NOR) 1164/53
V. Ylönen (FIN) 1164/49
B. Andrejew (URS) 1163

Trap
G.P. Généreux (CAN) 192
K. Holmquist (SWE) 191
H. Liljedahl (SWE) 190

Laufender Hirsch, Einzel- und Doppelschuß
J. Larsen (NOR) 413
P.O. Sköldberg (SWE) 409
T. Mäki (FIN) 407

Fußball

HUN–YUG–SWE

Schwimmen

HERREN

100 m Freistil
C. Scholes (USA) 57,4
H. Suzuki (JPN) 57,4
G. Larsson (SWE) 58,2

400 m Freistil
J. Boiteux (FRA) 4:30,7
F. Konno (USA) 4:31,3
P.O. Östrand (SWE) 4:35,2

1500 m Kraul
F. Konno (USA) 18:30,3
S. Hashizume (JPN) 18:41,4
T. Okamoto (BRA) 18:51,3

100 m Rücken
Y. Oyakawa (JPN) 1:05,4
G. Bozon (FRA) 1:06,2
J. Taylor (USA) 1:06,4

200 m Brust
J. Davies (AUS) 2:34,4
B. Stassforth (USA) 2:34,7
H. Klein (GER) 2:35,9

4 × 200-m-Freistilstaffel
USA 8:31,1
JPN 8:33,5
FRA 8:45,9

Turmspringen
S. Lee (USA) 156,28
J. Capilla Perez (MEX) 145,21
G. Haase (GER) 141,31

Kunstspringen
D. Browning (USA) 205,29
M. Anderson (USA) 199,84
R. Clotworthy (USA) 184,92

Wasserball
HUN–YUG–ITA

DAMEN

100 m Freistil

400 m Freistil
V. Gyenge (HUN) 5:12,1
E. Novak (HUN) 5:13,7
E. Kawamoto (USA) 5:14,6

100 m Rücken
J. Harrison (SAF) 1:14,3
G. Wielema (HOL) 1:14,5
J. Stewart (NZL) 1:15,8

200 m Brust
E. Szekély (HUN) 2:51,7
E. Novak (HUN) 2:54,4
H. Gordon (GBR) 2:57,6

4 × 100-m-Freistilstaffel
HUN 4:24,4
HOL 4:29,0
USA 4:30,1

Turmspringen
P. McCormick (USA) 79,37
P.J. Myers (USA) 71,63
J. Irwin (USA) 70,49

Kunstspringen
P. McCormick (USA) 147,30
M. Moreau (FRA) 139,34
Z.A. Jensen (USA) 127,57

Gewichtheben

Bantamgewicht
I. Udodow (URS) 315,0
M. Namdjou (IRN) 307,5
A. Mirzai (IRN) 300,0

Federgewicht
R. Tschimischkjan (URS) 337,5
N. Saksonow (URS) 332,5
R. Wilkes (TRI) 322,5

Leichtgewicht
T. Kono (USA) 362,5
Y. Lopatin (URS) 350,0
V. Barberis (AUT) 350,0

Mittelgewicht
P. George (USA) 400,0
G. Gratton (CAN) 390,0
S.J. Kim (KOR) 382,5

Halbschwergewicht
T. Lomakin (URS) 417,5
S. Stanczyk (USA) 415,0
A.Worobjew (URS) 407,0

Mittelschwergewicht
N. Schemansky (USA) 445,0
G. Nowak (URS) 410,0
L. Kilgour (TRI) 402,5

Schwergewicht
J. Davis (USA) 460,0
J. Bradford (USA) 437,5
H. Selvetti (ARG) 432,5

Ringen

FREISTIL

Fliegengewicht
H. Gemici (TUR)
Y. Kitano (JPN)
M. Mollaghassemi (IRN)

Bantamgewicht
S. Ishii (JPN)
R. Marmedbekow (URS)
K.S. Jadav (IND)

Federgewicht
B. Sit (TUR)
N. Guivehtchi (IRN)
J. Henson (USA)

Leichtgewicht

Weltergewicht
W. Smith (USA)
P. Berlin (SWE)
A. Modjtabavi (IRN)

Mittelgewicht
D. Tsimakuridse (URS)
G.R. Takhti (IRN)
G. Gurics (HUN)

Halbschwergewicht
V. Palm (SWE)
H. Wittenberg (USA)
A. Atan (TUR)

Schwergewicht
A. Mekokischwili (URS)
B. Antonsson (SWE)
K. Richmond (GBR)

GRIECHISCH-RÖMISCH

Fliegengewicht
B. Gurewitsch (URS)
I. Fabra (ITA)
L. Honkala (FIN)

Bantamgewicht
I. Hodos (HUN)
Z. Chihab (LIB)
A. Terian (URS)

Federgewicht
Y. Punkin (URS)
I. Polyak (HUN)
A. Rashed (EGY)

Leichtgewicht
S. Safin (URS)
G. Freij (SWE)
M. Athanasow (TCH)

Weltergewicht
M. Szilvasy (HUN)
G. Andersson (SWE)
K. Taha (LIB)

Mittelgewicht
A. Grönberg (SWE)
K. Rauhala (FIN)
N. Bjelow (URS)

Halbschwergewicht
K. Gröndahl (FIN)
S. Tschichladse (URS)
K.-E. Nilsson (SWE)

Schwergewicht
Y. Kotkas (URS)
J. Ružička (TCH)
T. Kovanen (FIN)

Segeln

5,5-m-Klasse
USA–NOR–SWE

6-m-Klasse
USA–NOR–FIN

Drachen
NOR–SWE–GER

Star
ITA–USA–POR

Finn-Dinghi
P. Elvström (DEN) 8209
C. Currey (GBR) 5449
R. Sarby (SWE) 5051

1956 CORTINA

Ski nordisch

HERREN

15 km Langlauf
H. Brenden (NOR) 49:39,0

30 km Langlauf
V. Hakulinen (FIN) 1:44:06,0
S. Jernberg (SWE) 1:44:30,0
P. Koltschin (URS) 1:45:45,0

50 km Langlauf
S. Jernberg (SWE) 2:50:27,0
V. Hakulinen (FIN) 2:51:45,0
F. Terentjew (URS) 2:53:32,0

4 × 10-km-Staffel
URS 2:15:30,0
FIN 2:16:31,0
SWE 2:17:42,0

Spezialspringen
A. Hyvarinen (FIN) 227,00
A. Kallakorpi (FIN) 225,00
H. Glass (GER) 224,50

Nordische Kombination
S. Stenersen (NOR) 455,00
B. Eriksson (SWE) 437,00
F. Gron-Gasienica (POL) 436,80

DAMEN

10 km Langlauf
L. Kosyrewa (URS) 38:11,0
R. Eroschina (URS) 38:16,0
S. Edström (SWE) 38:23,0

Toni Sailer

3 × 5-km-Staffel
FIN 1:09:01
URS 1:09:28,0
SWE 1:09:48,0

Ski alpin

HERREN

Abfahrtslauf
A. Sailer (AUT) 2:52,2
R. Fellay (SUI) 2:55,7
A. Molterer (AUT) 2:56,2

Riesenslalom
A. Sailer (AUT) 3:00,1
A. Molterer (AUT) 3:06,3
W. Schuster (AUT) 3:07,2

Spezialslalom
A. Sailer (AUT) 3:14,7
C. Igaya (JPN) 3:18,7
S. Sollander (SWE) 3:20,2

DAMEN

Abfahrtslauf
M. Berthod (SUI) 1:40,7
F. Dänzer (SUI) 1:45,4
L. Wheeler (CAN) 1:45,9

Riesenslalom
O. Reichert (GER) 1:56,6

Spezialslalom
R. Colliard (SUI) 1:52,3
R. Schöpf (AUT) 1:55,4
Y. Sidorowa (URS) 1:56,7

Eiskunstlauf

Herren
H.A. Jenkins (USA) 166,43
R. Robertson (USA) 165,79
D. Jenkins (USA) 162,82

Damen
T. Albright (USA) 169,97
C. Heiss (USA) 168,02
I. Wendl (AUT) 159,44

Paarlauf
E. Schwarz/K. Oppelt (AUT) 11,31
F. Dafoe/N. Bowden (CAN) 11,32
M. Nagy/L. Nagy (HUN) 11,03

Eisschnellauf

500 Meter
J. Grischin (URS) 40,2
R. Gratsch (URS) 40,8
A. Gjestvang (NOR) 41,0

1500 Meter
J. Grischin (URS) und
J. Michailow (URS) 2:08,6
T. Salonen (FIN) 2:09,4

5000 Meter
B. Schilkow (URS) 7:48,7
S. Ericsson (SWE) 7:56,7
O. Gontscharenko (URS) 7:57,5

10000 Meter
S. Ericsson (SWE) 16:35,9
K. Johannesen (NOR) 16:36,9
O. Gontscharenko (URS) 16:42,3

Bob

Zweierbob
ITA I 5:30,14
ITA II 5:31,45
SUI I 5:37,46

Viererbob
SUI I 5:10,44
ITA II 5:12,10
USA I 5:12,39

Eishockey

URS–USA–CAN

1956 MELBOURNE

Leichtathletik

HERREN

100 Meter
B. Morrow (USA) 10,5
W.T. Baker (USA) 10,5
H. Hogan (AUS) 10,6

200 Meter
B. Morrow (USA) 20,6
A. Stanfield (USA) 20,7
W.T. Baker (USA) 20,9

400 Meter
C. Jenkins (USA) 46,7
K.F. Haas (GER) 46,8
V. Hellsten (FIN) u.
A. Ignatiew (URS) 47,0

800 Meter
T. Courtney (USA) 1:47,7
D. Johnson (GBR) 1:47,8
A. Boysen (NOR) 1:48,1

Wladimir Kuz

1500 Meter
R. Delany (IRL) 3:41,2
K. Richtzenhain (GER) 3:42,0
J. Landy (AUS) 3:42,0

5000 Meter
V. Kuz (URS) 13:39,6
G. Pirie (GBR) 13:50,6
D. Ibbotson (GBR) 13:54,4

10000 Meter
V. Kuz (URS) 28:45,6
J. Kovacs (HUN) 28:52,4
A. Lawrence (AUS) 28:53,6

Marathon
A. Mimoun (FRA) 2:25:00,0
F. Mihalic (YUG) 2:26:32,0
V. Karvonen (FIN) 2:27:47,0

110 m Hürdenlauf
L. Calhoun (USA) 13,5
J. Davis (USA) 13,5
L. Shankle (USA) 14,1

400 m Hürdenlauf
G. Davis (USA) 50,1
E. Southern (USA) 50,8
J. Culbreath (USA) 51,6

3000 m Hindernislauf
C. Brasher (GBR) 8:41,2
S. Rozsnyoi (HUN) 8:43,6
E. Larsen (NOR) 8:44,0

4 × 100-m-Staffel
USA 39,5
URS 39,8
GER 40,3

4 × 400-m-Staffel
USA 3:04,8
AUS 3:06,2
GBR 3:07,2

20 km Gehen
L. Spirin (URS) 1:31:27,4
A. Mikenas (URS) 1:32:03,0
B. Junk (URS) 1:32:12,0

50 km Gehen
N. Read (NZL) 4:30:42,8
Y. Maskinskow (URS) 4:32:57,9
J. Ljunggren (SWE) 4:35:02,0

Hochsprung
C. Dumas (USA) 2,12
C. Porter (AUS) 2,10
J. Kaschkarow (URS) 2,08

Weitsprung
G. Bell (USA) 7,83
J. Bennett (USA) 7,68
J. Valkama (FIN) 7,48

Dreisprung
A.F. da Silva (BRA) 16,35
V. Einarsson (ISL) 16,26
V. Kreer (URS) 16,02

Stabhochsprung
R. Richards (USA) 4,56
R. Gutowski (USA) 4,53
G. Roubanis (GRE) 4,50

Kugelstoßen
P. O'Brien (USA) 18,57
W. Nieder (USA) 18,18
J. Skobla (TCH) 17,65

Diskuswerfen
A. Oerter (USA) 56,36
F. Gordien (USA) 54,81
D. Koch (USA) 54,40

Hammerwerfen
H. Connolly (USA) 63,19
M. Kriwonossow (URS) 63,03
A. Samotswetow (URS) 62,56

Speerwerfen
E. Danielsen (NOR) 85,71
J. Sidlo (POL) 79,98
V. Tsybulenko (URS) 79,50

Zehnkampf
M. Campbell (USA) 7937
R. Johnson (USA) 7587
V. Kusnjetsow (URS) 7465

Harold Connolly

DAMEN

100 m Lauf
B. Cuthbert (AUS) 11,5
C. Stubnick (GER) 11,7
M. Mathews (AUS) 11,7

200 m Lauf
B. Cuthbert (AUS) 23,4
C. Stubnick (GER) 23,7
M. Mathews (AUS) 23,8

80 m Hürdenlauf
S. (Strickland) de la Hunty (AUS) 10,7
G. Köhler (GER) 10,9
N. Thrower (AUS) 11,0

4 × 100-m-Staffel
AUS 44,5
GBR 44,7
USA 44,9

Hochsprung
M. McDaniel (USA) 1,76
M. Pissarewa (URS) 1,67
T. Hopkins (GBR) 1,67

Weitsprung
E. Krzesinska (POL) 6,35
W. White (USA) 6,09
N. Dwalischwili (URS) 6,07

Kugelstoßen
T. Tyschkewitsch (URS) 16,59
G. Sybina (URS) 16,53
M. Werner (GER) 15,61

Diskuswerfen
O. Fikotova (TCH) 53,69
J. Begliakowa (URS) 52,54
N. Ponomarjeva (URS) 52,02

Speerwerfen
I. Jaunzeme (URS) 53,86
M. Ahrens (CHI) 50,38
N. Konjajewa (URS) 50,28

Basketball

USA–URS–URU

Boxen

Fliegengewicht
T. Spinks (GBR)
M. Dobrescu (ROM)
J. Caldwell (IRL) u.
R. Libeer (FRA)

Bantamgewicht
W. Behrendt (GER)
S.C. Song (KOR)
F. Gilroy (IRL) u.
C. Barrientos (CHI)

Federgewicht
V. Safronow (URS)
T. Nicholls (GBR)
H. Niedzwiedzki (POL) u.
P. Hämälainen (FIN)

Leichtgewicht
R. McTaggart (GBR)
H. Kurschat (GER)
A. Byrne (IRL) u.
A. Lagetko (URS)

Halbweltergewicht
V. Jengibarian (URS)
F. Nenci (ITA)
H. Loubescher (SAF) u.
C. Dumitrescu (ROM)

Weltergewicht
N. Linca (ROM)
F. Tiedt (IRL)
K. Hogarth (AUS) u.
N. Gargano (GBR)

Halbmittelgewicht
L. Papp (HUN)
J. Torres (USA)
J. McCormack (GBR) u.
Y. Pietrzykowski (POL)

Mittelgewicht
G. Schatkow (URS)
R. Tapia (CHI)
G. Chapron (FRA) u.
V. Zalazar (ARG)

Halbschwergewicht
J.F. Boyd (USA)
G. Negrea (ROM)
C. Lucas (CHI) u.
R. Murauskas (URS)

Schwergewicht
T.P. Rademacher (USA)
L. Muchin (URS)
D. Bekker (SAF) u.
G. Bozzano (ITA)

Kanu

HERREN

Einer-Canadier – 1000 m
L. Rottmann (ROM) 5:05,3
I. Hernek (HUN) 5:06,2
G. Bucharin (URS) 5:12,7

Einer-Canadier – 10000 m
L. Rottmann (ROM) 56:41,0
J. Parti (HUN) 57:11,0
G. Bucharin (URS) 57:14,5

Zweier-Canadier – 1000 m
ROM 4:47,4
URS 4:48,60
HUN 4:54,3

Zweier-Canadier – 10000 m
URS 54:02,4
FRA 54:48,3
HUN 55:15,6

Einer-Kajak – 1000 m
G. Fredriksson (SWE) 4:12,8
J. Pissarew (URS) 4:15,3
L. Kiss (HUN) 4:16,2

Einer-Kajak – 10000 m
G. Fredriksson (SWE) 47:43,4
F. Hatlaczky (HUN) 47:53,3
M. Scheuer (GER) 48:00,3

Zweier-Kajak – 1000 m
GER 3:49,6
URS 3:51,4
AUT 3:55,8

Zweier-Kajak – 10000 m
HUN 43:37,0
GER 43:40,6
AUS 43:43,2

DAMEN

Einer-Kajak – 500 m
E. Dementjewa (URS) 2:18,9
T. Zenz (GER) 2:19,5
T. Soeby (DEN) 2:22,3

Radsport

1000 m Sprint
M. Rousseau (FRA) 11,4
G. Pesenti (ITA)
R. Ploog (AUS)

1000 m Zeitfahren
L. Faggin (ITA) 1:09,8
L. Foucek (TCH) 1:11,4
A. Swift (SAF) 1:11,6

4000 m Verfolgung
ITA 4:37,4
FRA 4:39,4
GBR 4:42,2

2000 m Tandemfahren
AUS–TCH–ITA

Straßenrennen – 187,73 km
E. Baldini (ITA) 5:21:17,0 Std.
A. Geyre (FRA) 5:23:16,0
A. Jackson (GBR) 5:23:16,0

Mannschaft
FRA 22
GBR 23
GER 27

Reitsport

Jagdspringen
H.G. Winkler (GER) 4
R. d'Inzeo (ITA) 8
P. Inzeo (ITA) 11

Preis der Nationen
GER–ITA–GBR

Dressur
H. St. Cyr (SWE) 860,00
L. Hartel (DEN) 850,00
L. Linsenhoff (GER) 832,00

Mannschaft
SWE 2475
GER 2346
SUI 2346

Military
P. Kastenman (SWE) 66,53
A. Lütke-Westhues (GER) 84,87
F. Weldon (GBR) 85,48

Mannschaft
GBR 355,48
GER 475,91
CAN 572,72

Fechten

HERREN

Florett
C. d'Oriola (FRA)
G. Bergamini (ITA)
A. Spallino (ITA)

Mannschaft
ITA–FRA–HUN

Degen
C. Paves (ITA)
G. Delfino (ITA)
E. Mangiarotti (ITA)

Mannschaft
ITA–HUN–FRA

Säbel
R. Karpati (HUN)
J. Pawlowski (POL)
L. Kusnjetsow (URS)

Mannschaft
HUN–POL–URS

DAMEN

Florett
G. Sheen (GBR)
O. Orban (ROM)
R. Garilhe (FRA)

Turnen

HERREN

Mehrkampf
V. Tschukarin (URS) 114,25
T. Ono (JPN) 114,20
Y. Titow (URS) 113,80

Mannschaft
URS 568,25
JPN 566,40
FIN 555,95

Bodenturnen
V. Muratow (URS) 19,20
N. Aihara (JPN) u.
W. Thoresson (SWE) u.
V. Tschukarin (URS) 19,10

Reck
T. Ono (JPN) 19,60
Y. Titow (URS) 19,40
M. Takemoto (JPN) 19,30

Barren
V. Tschukarin (URS) 19,20
M. Kubota (JPN) 19,15
T. Ono (JPN) u.
Takemoto (JPN) 19,10

Seitpferd
B. Schaklin (URS) 19,25
T. Ono (JPN) 19,20
V. Tschukarin (URS) 19,10

Pferdsprung
H. Bantz (GER) u.
V. Muratow (URS) 18,85
Y. Titow (URS) 18,75

Ringe
A. Assarjan (URS) 19,35
V. Muratow (URS) 19,15
M. Takemoto (JPN) u.
M. Kubota (JPN) 19,10

DAMEN

Mehrkampf
L. Latynina (URS) 74,93
A. Keleti (HUN) 74,63
S. Muratowa (URS) 74,46

Mannschaft
URS 444,80
HUN 443,50
ROM 438,20

Schwebebalken
A. Keleti (HUN) 18,80
E. Bosakowa (TCH) u.
T. Manina (URS) 18,63

Stufenbarren
A. Keleti (HUN) 18,96
L. Latynina (URS) 18,83
S. Muratowa (URS) 18,80

Pferdsprung
L. Latynina (URS) 18,83
T. Manina (URS) 18,80
A.S. Colling (SWE) u.
D. Tass (HUN) 18,73

Bodenturnen
L. Latynina (URS) u.
A. Keleti (HUN) 18,73
E. Leustean (ROM) 18,70

Gruppen-Gymnastik mit Handgerät
HUN–SWE–POL

Hockey

IND–PAK–GER

Moderner Fünfkampf

L. Holl (SWE) 4833,0
O. Mannonen (FIN) 4774,5
V. Korhonen (FIN) 4750,0

Mannschaft
URS–USA–FIN

Rudern

Einer
W. Iwanow (URS) 8:02,5
S. MacKenzie (AUS) 8:07,7
J. Kelly (USA) 8:11,8

Doppel-Zweier
URS 7:24,0 Min.
USA 7:32,2
AUS 7:37,4

Zweier o. Steuermann
USA 7:55,40 Min.
URS 8:03,90
AUT 8:31,00

Zweier m. Steuermann
USA 8:26.10
GER 8:29,20
URS 8:31,00

Vierer o. Steuermann
CAN 7:08,8
USA 7:18,40
FRA 7:20,90

Vierer m. Steuermann
ITA 7:19,40
SWE 7:22,40
FIN 7:30,90

Achter
USA 6:35,20
CAN 6:37,10
AUS 6:39,20

Schießen

Freie Pistole
P. Linnosvuo (FIN) 556
M. Umarow (URS) 556
O. Pinnion (USA) 551

Freies Gewehr
V. Borissow (URS) 1138
A. Erdman (URS) 1137
V. Ylonen (FIN) 1128

Kleinkalibergewehr
G.R. Quellette (CAN) 600
V. Borissow (URS) 599
G.S. Boa (CAN) 598

Kleinkalibergewehr – Dreistellungskampf
A. Bogdanow (USA) 1172
O. Horinek (TCH) 1172
N.J. Sundberg (SWE) 1167

Trap
G. Rossini (ITA) 195
A. Smelczynski (POL) 190
A. Ciceri (ITA) 188

Schießen auf laufenden Hirsch Doppel- und Einzelschuß
V. Romanenko (URS) 441
P.O. Sköldberg (SWE) 432
V. Sevryugin (URS) 429

Fußball

URS–YUG–BEL

Schwimmen

HERREN

100 m Freistil
J. Henricks (AUS) 55,4
J. Devitt (AUS) 55,8
G. Chapman (AUS) 56,7

400 m Freistil
M. Rose (AUS) 4:27,3
T. Yamanaka (JPN) 4:30,4
G. Breen (USA) 4:32,5

1500 m Freistil
M. Rose (AUS) 17:58,9
T. Yamanaka (JPN) 18:00,3
G. Breen (USA) 18:08,2

100 m Rücken
D. Theile (AUS) 1:02,2
J. Monckton (AUS) 1:03,2
F. McKinney (USA) 1:04,5

200 m Brust
M. Furukawa (JPN) 2:34,7
M. Yoshimura (JPN) 2:36,7
K. Junitschew (URS) 2:36,8

200 m Delphin
W. Yorzyk (USA) 2:19,3
T. Ishimoto (JPN) 2:23,8
G. Tumpek (HUN) 2:23,9

4 × 200-m-Freistilstaffel
AUS 8:23,6
USA 8:31,5
URS 8:34,7

Turmspringen
J. Capilla-Perez (MEX) 152,44
G. Tobian (USA) 152,41
R. Conner (USA) 149,79

Kunstspringen
R. Clotworthy (USA) 159,56
D. Harper (USA) 156,23
J. Capilla-Perez (MEX) 150,69

Wasserball
HUN–YUG–URS

DAMEN

400 m Freistil
L. Crapp (AUS) 4:54,6
D. Fraser (AUS) 5:02,5
S. Ruuska (USA) 5:07,1

100 m Rücken
J. Grinham (GBR) 1:12,9
C. Cone (USA) 1:12,9
M. Edwards (GBR) 1:13,1

200 m Rücken
U. Happe (GER) 2:53,1
E. Szekely (HUN) 2:54,8
E.M. ten Elsen (GER) 2:55,1

100 m Delphin
S. Mann (USA) 1:11,0
N. Ramey (USA) 1:11,9
M.J. Sears (USA) 1:14,4

4 × 100-m-Freistilstaffel
AUS 4:17,1
USA 4:19,2
SAF 4:25,7

Turmspringen
P. McCormick (USA) 84,85
J. Irwin (USA) 81,64
P.J. Myers (USA) 81,58

Kunstspringen
P. McCormick (USA) 142,36
J. Stunyo (USA) 125,89
I. McDonald (CAN) 121,40

Gewichtheben

Bantamgewicht
C. Vinci (USA) 342,5
V. Stogow (URS) 337,5
M. Namdju (IRN) 332,5

Federgewicht
I. Berger (USA) 352,5
Y. Minajew (URS) 342,5
M. Zielinski (POL) 335,0

Leichtgewicht
I. Rybak (URS) 380,0
R. Kiabutdinow (URS) 372,5
C.H. Kim (KOR) 370,0

Mittelgewicht
F. Bogdanowski (URS) 420,0
P. George (USA) 412,5
E. Pignatti (ITA) 382,5

Halbschwergewicht
T. Kono (USA) 447,5
V. Stepanow (URS) 427,5
J. George (USA) 417,5

Mittelschwergewicht
A. Worobjew (URS) 462,5
D. Sheppard (USA) 442,5
J. Debuf (FRA) 425,0

Schwergewicht
P. Anderson (USA) 500,0
H. Selvetti (ARG) 500,0
A. Pigaiani (ITA) 452,5

Ringen

FREISTIL

Fliegengewicht
M. Tsalkalamanidze (URS)
M. Khojastehpur (IRN)
H. Akbas (TUR)

Federgewicht
S. Sasahara (JPN)
J. Mewis (BEL)
E. Penttilä (FIN)

Leichtgewicht
E. Habibi (IRN)
S. Kasahara (JPN)
A. Bestajew (URS)

Weltergewicht
M. Ikeda (JPN)
J. Zengin (TUR)
V. Balawadse (URS)

Mittelgewicht
N. Stantschew (BUL)
D. Hodge (USA)
G. Schirtladse (URS)

Halbschwergewicht
G.R. Takhti (IRN)
B. Kulajew (URS)
P.S. Blair (USA)

Schwergewicht
H. Kaplan (TUR)
H. Mechmedow (BUL)
T. Kangasniemi (FIN)

GRIECHISCH-RÖMISCH

Fliegengewicht
N. Solowjew (URS)
I. Fabra (ITA)
D.A. Egribas (TUR)

Bantamgewicht
K. Wyrupajew (URS)
E. Vesterby (SWE)
F. Horvat (ROM)

Federgewicht
R. Mäkinen (FIN)
I. Polyak (HUN)
R. Dsneladse (URS)

Leichtgewicht
K. Lehtonen (FIN)
R. Dogan (TUR)
G. Toth (HUN)

Weltergewicht
M. Bayrak (TUR)
V. Manejew (URS)
P. Berlin (SWE)

Mittelgewicht
G. Kartosa (URS)
D. Dobreff (BUL)
R. Jansson (SWE)

Halbschwergewicht
V. Nikolajew (URS)
P. Sirakoff (BUL)
K.E. Nilsson (SWE)

Schwergewicht
A. Parfenow (URS)
W. Dietrich (GER)
A. Bulgarelli (ITA)

Segeln

5,5-m-Klasse
SWE–GBR–AUS

Drachen
SWE–DEN–GBR

Star
USA–ITA–BAH

Finn-Dinghi

12-m-Sharpie
NZL–AUS–GBR

1960 SQUAW VALLEY

Ski nordisch

HERREN

15 km Langlauf
H. Brusveen (NOR) 51:55,5
S. Jernberg (SWE) 51:58,6
V. Hakulinen (FIN) 52:03,0

30 km Langlauf
S. Jernberg (SWE) 1:51:03,9
R. Rämgard (SWE) 1:51:16,9
N. Anikin (URS) 1:52:28,2

50 km Langlauf
K. Hämälainen (FIN) 2:59:06,3
V. Hakulinen (FIN) 2:59:26,7
R. Rämgard (SUI) 3:02:46,7

4 × 10-km-Staffel
FIN 2:18:45,6
NOR 2:18:46,4
URS 2:21:21,6

Spezialspringen
H. Recknagel (GER) 227,20
N. Halonen (FIN) 222,60
O. Leodolter (AUT) 219,40

Nordische Kombination
G. Thoma (GER) 457,952
T. Knutsen (NOR) 453,000
N. Gussakow (URS) 452,000

Biathlon
K. Lestander (SWE) 1:33:21,6
A. Tyrväinen (FIN) 1:33:57,7
A. Priwalow (URS) 1:34:54,2

DAMEN

10 km Langlauf
M. Gussakowa (URS) 39:46,6
L. Baranowa (URS) 40:04,2
R. Eroschina (URS) 40:06,0

3 × 5-km-Staffel
SWE 1:04:21,4
URS 1:05:02,6
FIN 1:06:27,5

Ski alpin

HERREN

Abfahrtslauf
J. Vuarnet (FRA) 2:06,0
H.P. Lanig (GER) 2:06,5
G. Perillat (FRA) 2:06,9

Riesenslalom
R. Staub (SUI) 1:48,3
J. Stiegler (AUT) 1:48,7
E. Hinterseer (AUT) 1:49,1

Spezialslalom
E. Hinterseer (AUT) 2:08,9
M. Leitner (AUT) 2:10,3
C. Bozon (FRA) 2:10,4

DAMEN

Abfahrtslauf

Riesenslalom
Y. Rüegg (SUI) 1:39,9
P. Pitou (USA) 1:40,0
G. Minuzzo (ITA) 1:40,2

Spezialslalom
A. Heggtveit (CAN) 1:49,6
B. Snite (USA) 1:52,9
B. Henneberger (GER) 1:56,6

Eiskunstlauf

Herren
D. Jenkins (USA) 1440,20
K. Divin (TCH) 1414,30
D. Jackson (CAN) 1401,00

David Jenkins

Carol Heiss

Damen
C. Heiss (USA) 1490,10
S. Dijkstra (HOL) 1424,80
B. Roles (USA) 1414,90

Paarlauf
B. Wagner/R. Paul (CAN) 80,4
M. Kilius/H.J. Bäumler (GER) 76,7
N. Ludington/R. Ludington (USA) 76,2

Eisschnellauf

HERREN

500 Meter
J. Grischin (URS) 40,2
W. Disney (USA) 40,3
R. Gratsch (URS) 40,4

1500 Meter
R. Aas (NOR) u.

5000 Meter
V. Kossitschkin (URS) 7:51,3
K. Johannesen (NOR) 8:00,8
J. Pesman (HOL) 8:05,1

10000 Meter
K. Johannesen (NOR) 15:46,6
V. Kossitschkin (URS) 15:49,2
K. Backman (SWE) 16:14,2

DAMEN

500 Meter
H. Haase (GER) 45,9
N. Dontschenko (URS) 46,0
J. Ashworth (USA) 46,1

1000 Meter
K. Gussewa (URS) 1:34,1
H. Haase (GER) 1:34,3
T. Riwola (URS) 1:34,8

1500 Meter
L. Skoblikowa (URS) 2:25,2
E. Seroczynska (POL) 2:25,7
H. Pilejczyk (POL) 2:27,1

3000 Meter
L. Skoblikowa (URS) 5:14,3
V. Stenina (URS) 5:16,9
E. Huttunen (FIN) 5:21,0

Eishockey

USA–CAN–URS

1960 ROM

Leichtathletik

HERREN

100 Meter
A. Hary (GER) 10,2
D. Sime (USA) 10,2
P. Radford (GBR) 10,3

Armin Hary

200 Meter
L. Berutti (ITA) 20,5
L. Carney (USA) 20,6
A. Seye (FRA) 20,7

400 Meter
O. Davis (USA) 44,9
K. Kaufmann (GER) 44,9
M. Spence (SAF) 45,5

800 Meter
P. Snell (NZL) 1:46,3
R. Moens (BEL) 1:46,5
G. Kerr (JAM) 1:47,1

1500 Meter
H. Elliott (AUS) 3:35,5
M. Jazy (FRA) 3:38,4
I. Rozsavölgyi (HUN) 3:39,2

Herb Elliott

5000 Meter
M. Halberg (NZL) 13:43,4
H. Grodotzki (GER) 13:44,6
K. Zimny (POL) 13:44,8

10000 Meter
P. Bolotnikow (URS) 28:32,2
H. Grodotzki (GER) 28:37,0
D. Power (AUS) 28:38,2

Marathon
A. Bikila (ETH) 2:15:16,2
R. Ben Abdesselam (MAR) 2:15:41,6
B. Magee (NZL) 2:17:18,2

Abebe Bikila

110 m Hürdenlauf
L. Calhoun (USA) 13,8
W. May (USA) 13,8
H. Jones (USA) 14,0

400 m Hürdenlauf
G. Davis (USA) 49,3
C. Cushman (USA) 49,6
R. Howard (USA) 49,7

3000 m Hindernislauf
Z. Krzyszkowiak (POL) 8:34,2
N. Sokolow (URS) 8:36,4
S. Rschistschin (URS) 8:42,2

4 × 100-m-Staffel
GER 39,5
URS 40,1
GBR 40,2

4 × 400-m-Staffel
USA 3:02,2
GER 3:02,7
ANT 3:04,0

20 km Gehen
V. Golubnitschi (URS) 1:34:07,2
N. Freeman (AUS) 1:34:16,4
S. Vickers (GBR) 1:34:56,4

50 km Gehen
D. Thompson (GBR) 4:25:30,0
J. Ljunggren (SWE) 4:25:47,0
A. Pamich (ITA) 4:27:55,4

Hochsprung
R. Schawlakadze (URS) 2,16
V. Brumel (URS) 2,16
J. Thomas (USA) 2,14

Weitsprung
R. Boston (USA) 8,12
I. Robertson (USA) 8,11
I. Ter-Owanesian (URS) 8,04

Dreisprung
J. Schmidt (POL) 16,81
W. Goriajew (URS) 16,63
V. Kreyer (URS) 16,43

Stabhochsprung
D. Bragg (USA) 4,70
R. Morris (USA) 4,60
E. Landström (FIN) 4,55

Kugelstoßen
W. Nieder (USA) 19,68
P. O'Brien (USA) 19,11
D. Long (USA) 19,01

Diskuswerfen
A. Oerter (USA) 59,18
R. Babka (USA) 58,02
R. Cochran (USA) 57,16

Hammerwerfen
V. Rudenkow (URS) 67,10
G. Zsivotzky (HUN) 65,79
T. Rut (POL) 65,64

Speerwerfen
V. Tsybulenko (URS) 84,64
W. Krüger (GER) 79,36
G. Kulcsar (HUN) 78,57

Zehnkampf
R. Johnson (USA) 8392
C.K. Yang (ROC) 8334
V. Kusnjetsow (URS) 7809

DAMEN

100 m Lauf
W. Rudolph (USA) 11,0
D. Hyman (GBR) 11,3
G. Leone (ITA) 11,3

200 m Lauf
W. Rudolph (USA) 24,0
J. Heine (GER) 24,4
D. Hyman (GBR) 24,7

800 m Lauf
L. Schewtsowa (URS) 2:04,3
B. Jones (AUS) 2:04,4
U. Donath (GER) 2:05,6

80 m Hürdenlauf
I. Press (URS) 10,8
C. Quinton (GBR) 10,9
G. Birkemeyer (GER) 11,0

4 × 100-m-Staffel
USA 44,5
GER 44,8
POL 45,0

Hochsprung
I. Balas (ROM) 1,85
J. Jozwiakowska (POL) u.
D. Shirley (GBR) 1,71

Weitsprung
V. Krepkina (URS) 6,37
E. Krzesinska (POL) 6,27
H. Claus (GER) 6,21

Kugelstoßen
T. Press (URS) 17,32
J. Lüttge (GER) 16,61
E. Brown (USA) 16,42

Diskuswerfen
N. Ponomarjewa (URS) 55,10
T. Press (URS) 52,59
L. Manoliu (ROM) 52,36

Speerwerfen
E. Osolina (URS) 55,98
D. Zatopekova (TCH) 53,78
B. Kaledene (URS) 53,45

Basketball

USA–URS–BRA

Boxen

Fliegengewicht
G. Török (HUN)
S. Siwko (URS)
K. Tanabe (JPN) u.
A. Elguindi (UAR)

Bantamgewicht
O. Grigoriew (URS)
P. Zamparini (ITA)
O. Taylor (AUS) u.
B. Bendig (POL)

Federgewicht
F. Musso (ITA)
J. Adamski (POL)
W. Meyers (SAF) u.
J. Limmonen (FIN)

Leichtgewicht
K. Pazdzior (POL)
S. Lopopolo (ITA)
R. McTaggart (GBR) u.
A. Laudonio (ARG)

Halbweltergewicht
B. Nemecek (TCH)
C. Quartey (GHA)
O. Daniels (USA) u.
M. Kasprzyk (POL)

Weltergewicht
G. Benvenuti (ITA)
Y. Radonjak (URS)
L. Drogosz (POL) u.
J. Lloyd (GBR)

Leichtmittelgewicht
W. McClure (USA)
C. Bossi (ITA)
B. Lagutin (URS) u.
W. Fisher (GBR)

Mittelgewicht
E. Crook (USA)
T. Walasek (POL)
I. Monea (ROM) u.
Y. Feofanow (URS)

Halbschwergewicht
C. Clay (USA)
C. Pietrzykowski (POL)
A. Madigan (AUS) u.
G. Saraudi (ITA)

Schwergewicht
F. de Piccoli (ITA)
D. Bekker (SAF)
J. Nemec (TCH) u.
G. Siegmund (GER)

Cassius Clay

Kanu

HERREN

Einer-Canadier – 1000 m
J. Parti (HUN) 4:33,39
A. Silajew (URS) 4:34,41
L. Rottmann (ROM) 4:35,87

Zweier-Canadier – 1000 m
URS 4:17,94
ITA 4:20,77
HUN 4:20,89

Einer-Kajak – 1000 m
E. Hansen (DEN) 3:53,00
I. Szöllösi (HUN) 3:54,02
G. Fredriksson (SWE) 3:55,89

Zweier-Kajak – 1000 m
SWE 3:34,73
HUN 3:34,91
POL 3:37,34

4 × 500-m-Kajak-Staffel
GER 7:39,43
HUN 7:44,02
DEN 7:46,09

DAMEN

Einer-Kajak – 500 m
A. Seredina (URS) 2:08,08
T. Zenz (GER) 2:08,22
D. Walkowiak (POL) 2:10,46

Zweier-Kajak – 500 m
URS 1:54,76
GER 1:56,66
HUN 1:58,22

Radsport

1000 m Sprint
S. Gaiardoni (ITA) 11,1
L. Sterckx (BEL)
V. Gasparella (ITA)

1000 m Zeitfahren
S. Gaiardoni (ITA) 1:07,27
D. Gieseler (GER) 1:08,75
R. Wargaschkin (URS) 1:08,86

4000 m Verfolgung
ITA 4:30,90
GER 4:35,78
URS 4:34,05

2000 m Tandem
ITA 10,7
GER
URS

Straßenrennen (187,73 km)
V. Kapitonow (URS) 4:20:37,0
L. Trape (ITA) 4:20:37,0
W. van den Berghen (BEL) 4:20:57,0

100-km-Mannschafts-Zeitfahren
ITA 2:14:33,53
GER 2:16:56,31
URS 2:18:41,67

Reitsport

Jagdspringen
R. D'Inzeo (ITA) 12
P. D'Inzeo (ITA) 16
D. Broome (GBR) 23

Preis der Nationen
GER 46,50
USA 66,00
ITA 80,50

Dressur
S. Filatow (URS) 2144,0
G. Fischer (SUI) 2087,0
J. Neckermann (GER) 2082,0

Military
L. Morgan (AUS) 7,15
N. Lavis (AUS) −16,50
A. Bühler (SUI) −51,21

Mannschaft
AUS 128,18
SUI 386,02
FRA 515,71

Fechten

HERREN

Florett
V. Schdanowitsch (URS)
J. Sissikin (URS)
A. Axelrod (USA)

Mannschaft
URS–ITA–GER

Degen
G. Delfino (ITA)
A. Jay (GBR)
B. Chabarow (URS)

Mannschaft
ITA–GBR–URS

Säbel
R. Karpati (HUN)
Z. Horvath (HUN)
W. Calarese (ITA)

Rudolf Karpati

Mannschaft
HUN–POL–ITA

DAMEN

Florett
H. Schmid (GER)
V. Rastworowa (URS)
M. Vicol (ROM)

Mannschaft
URS–HUN–ITA

Turnen

HERREN

Mehrkampf
B. Schaklin (URS) 115,95
T. Ono (JPN) 115,90
Y. Titow (URS) 115,60

Boris Schaklin

Mannschaft
JPN 575,20
URS 572,70
ITA 559,05

Bodenturnen
N. Aihara (JPN) 19,450
Y. Titow (URS) 19,325
F. Menichelli (ITA) 19,275

Reck
T. Ono (JPN) 19,600
M. Takemoto (JPN) 19,525
B. Schaklin (URS) 19,475

Barren
B. Schaklin (URS) 19,400
G. Carminucci (ITA) 19,375
T. Ono (JPN) 19,350

Seitpferd
E. Ekman (FIN) u.
B. Schaklin (URS) 19,375
S. Tsurumi (JPN) 19,150

Pferdsprung
T. Ono (JPN) u.
B. Schaklin (URS) 19,350
W. Portnoi (URS) 19,225

Ringe
A. Assarjan (URS) 19,725
B. Schaklin (URS) 19,500
Y. Kapsazow (BUL) u.
T. Ono (JPN) 19,425

DAMEN

Mehrkampf
L. Latynina (URS) 77,031
S. Muratowa (URS) 76,696
P. Astachowa (URS) 76,164

Mannschaft
URS 382,320
TCH 373,323
ROM 372,053

Schwebebalken
E. Bosakova (TCH) 19,283
L. Latynina (URS) 19,233
S. Muratowa (URS) 19,232

Stufenbarren
P. Astachowa (URS) 19,616
L. Latynina (URS) 19,416
T. Ljukina (URS) 19,399

Pferdsprung
M. Nikolajewa (URS) 19,316
S. Muratowa (URS) 19,049
L. Latynina (URS) 19,016

Bodenturnen
L. Latynina (URS) 19,583
P. Astachowa (URS) 19,532
T. Ljukina (URS) 19,449

Hockey

PAK–IND–ESP

Moderner Fünfkampf

F. Nemeth (HUN) 5024
I. Nagy (HUN) 4988
R. Beck (USA) 4981

Mannschaft
HUN–URS–USA

Rudern

Doppel-Zweier
TCH 6:47,50
URS 6:50,49
SUI 6:50,59

Zweier o. Steuermann
URS 7:02,00
AUT 7:03,69
FIN 7:03,80

Zweier m. Steuermann
GER 7:29,14
URS 7:30,17
USA 7:34,58

Vierer o. Steuermann
USA 6:26,26
ITA 6:28,78
URS 6:29,62

Vierer m. Steuermann
GER 6:39,12
FRA 6:41,62
ITA 6:43,72

Achter
GER 5:57,18
CAN 6:01,52
TCH 6:04,84

Schießen

Freie Pistole
A. Guschtschin (URS) 560
M. Umarow (URS) 552
Y. Yoshikawa (JPN) 552

Schnellfeuerpistole
W. McMillan (USA) 587/147
P. Linnosvuo (FIN) 587/139
A. Sabelin (URS) 587/135

Freies Gewehr
H. Hammerer (AUT) 1129
H. Spillmann (SUI) 1127
V. Borissow (URS) 1127

Kleinkalibergewehr
P. Kohnke (GER) 590
J. Hill (USA) 589
E. Forcella-Pelliccioni (VEN) 587

Kleinkaliber – Dreistellungskampf
V. Schamburkin (URS) 1149
M. Nijasow (URS) 1145
K. Zähringer (GER) 1139

Trap
I. Dumitrescu (ROM) 192
G. Rossini (ITA) 191
S. Kalinin (URS) 190

Fußball

YUG–DEN–HUN

Schwimmen

HERREN

100 m Freistil
J. Devitt (AUS) 55,2
L. Larson (USA) 55,2
M. Dos Santos (BRA) 55,4

400 m Freistil
M. Rose (AUS) 4:18,3
T. Yamanaka (JPN) 4:21,4
J. Konrads (AUS) 4:21,8

100 m Rücken
D. Theile (AUS) 1:01,9
F. McKinney (USA) 1:02,1
R. Bennett (USA) 1:02,3

200 m Brust
W. Mulliken (USA) 2:37,4
Y. Osaki (JPN) 2:38,0
W. Mensonides (HOL) 2:39,7

200 m Delphin
M. Troy (USA) 2:12,8
N. Hayes (AUS) 2:14,6
D. Gillanders (USA) 2:15,3

4 × 200-m-Freistilstaffel
USA 8:10,2
JPN 8:13,2
AUS 8:13,8

4 × 100-m-Lagenstaffel
USA 4:05,4
AUS 4:12,0
JPN 4:12,2

Turmspringen
R. Webster (USA) 165,56
G. Tobian (USA) 165,25
B. Phelps (GBR) 157,13

Kunstspringen
G. Tobian (USA) 170,00
S. Hall (USA) 167,08
J. Botella (MEX) 162,30

Wasserball
ITA–URS–HUN

DAMEN

100 m Freistil
D. Fraser (AUS) 1:01,2
C. von Saltza (USA) 1:02,8
N. Steward (GBR) 1:03,1

400 m Frestil
C. von Saltza (USA) 4:50,6
J. Cederqvist (SWE) 4:53,9
C. Lagerberg (HOL) 4:56,9

100 m Rücken
L. Burke (USA) 1:09,3
N. Steward (GBR) 1:10,8
S. Tanaka (JPN) 1:11,4

200 m Brust

Anita Lonsborough

A. Lonsborough (GBR) 2:49,5 Min.
W. Urselmann (GER) 2:50,0
B. Goebel (GER) 2:53,6

100 m Delphin
C. Schuler (USA) 1:09,5
M. Heemskerk (HOL) 1:10,4
J. Andrew (AUS) 1:12,2

4 × 100-m-Freistil-Staffel

4 × 100-m-Lagenstaffel
USA 4:41,1
AUS 4:45,9
GER 4:47,6

Turmspringen
I. Krämer (GER) 91,28
P.J. Pope (USA) 88,94
N. Krutowa (URS) 86,99

Kunstspringen
I. Krämer (GER) 155,81
P.J. Pope (USA) 141,24
E. Ferris (GBR) 139,09

Gewichtheben

Bantamgewicht
C. Vinci (USA) 345,0
Y. Miyake (JPN) 337,5
E. Elm Khan (IRN) 330,0

Federgewicht
Y. Minajew (URS) 372,5
I. Berger (USA) 362,5
S. Manninoni (ITA) 352,5

Leichtgewicht
V. Buschujew (URS) 397,5
H.L. Tan (SIN) 380,0
A.W. Aziz (IRK)

Mittelgewicht
A. Kurynow (URS) 437,5
T. Kono (USA) 427,5
G. Veres (HUN) 405,0

Halbschwergewicht
I. Palinski (POL) 442,5
S. George (USA) 430,0
J. Bochenek (POL) 420,0

Mittelschwergewicht
A. Worobjew (URS) 472,5
T. Lomakin (URS) 457,5
L. Martin (GBR) 445,0

Schwergewicht
Y. Wlassow (URS) 537,5
J. Bradford (USA) 512,5
N. Schemansky (USA) 500,0

Ringen

FREISTIL

Fliegengewicht
A. Bilek (TUR)
M. Matsubara (JPN)
M. Saifpour-Saidabadi (IRN)

Bantamgewicht
T. McCann (USA)
N. Zalew (BUL)
T. Trojanowski (POL)

Federgewicht
M. Dagistanli (TUR)
S. Iwanow (BUL)
V. Rubaschwili (URS)

Leichtgewicht
S. Wilson (USA)
V. Sinjawski (URS)
E. Dimow (BUL)

Weltergewicht
D. Blubaugh (USA)
I. Ogan (TUR)
M. Bashir (PAK)

Mittelgewicht
H. Güngör (TUR)
G. Skirtladze (URS)
H.Y. Antonsson (SWE)

Halbschwergewicht

Schwergewicht
W. Dietrich (GER)
H. Kaplan (TUR)
S. Dsarassow (URS)

GRIECHISCH-RÖMISCH

Fliegengewicht
D. Pirvulescu (ROM)
O. Sayed (EGY)
M. Paziraye (IRN)

Bantamgewicht
O. Karawajew (URS)
I. Cernea (ROM)
P. Dinko (BUL)

Federgewicht
M. Sille (TUR)
I. Polyak (HUN)
K. Wyrupajew (URS)

Leichtgewicht
A. Koridze (URS)
B. Martinovic (YUG)
G. Freij (SWE)

Weltergewicht
M. Bayrak (TUR)
G. Maritschnigg (GER)
R. Schiermeyer (FRA)

Mittelgewicht
D. Dobrew (BUL)
L. Metz (GDR)
I. Taranu (ROM)

Halbschwergewicht
T. Kis (TUR)
K. Bimbaloff (BUL)
G. Kartosia (URS)

Schwergewicht
I. Bogdan (URS)
W. Dietrich (GER)
B. Kubat (TCH)

Segeln

5,5-m-Klasse
USA–DEN–SUI

Flying Dutchman
NOR–DEN—GER

Drachen
GRE–ARG–ITA

Star
URS–POR–USA

Finn-Dinghi
P. Elvström (DEN) 8171
A. Tschutschelow (URS) 6520
A. Nelis (BEL) 5934

1964 INNSBRUCK

Ski nordisch

HERREN

15 km Langlauf
E. Mäntyranta (FIN) 50:54,1
H. Grönningen (NOR) 51:34,8
S. Jernberg (SWE) 51:42,2

30 km Langlauf
E. Mäntyranta (FIN) 1:30:50,7
H. Grönningen (NOR) 1:32:02,3
I. Worontschichin (URS) 1:32:15,8

50 km Langlauf
S. Jernberg (SWE) 2:43:52,6
A. Rönnlund (SWE)

4 × 10-km-Staffel
SWE 2:18:34,6
FIN 2:18:42,4
URS 2:18:46,9

Spezialspringen (70 m)
V. Kankkonen (FIN) 229,90
T. Engan (NOR) 226,30
T. Brandtzäg (NOR) 222,90

Spezialspringen (90 m)
T. Engan (NOR) 230,70
V. Kankkonen (FIN) 228,90
T. Brandtzäg (NOR) 227,20

Nordische Kombination
T. Knutsen (NOR) 469,28
N. Kisseljew (URS) 453,04
G. Thoma (GER) 452,88

Biathlon
W. Melanin (URS) 1:20:26,8
A. Priwalow (URS) 1:23:42,5
O. Jordet (NOR) 1:24:38,8

DAMEN

5 km Langlauf
K. Bojarskich (URS) 17:50,5
M. Lehtonen (FIN) 17:52,9
A. Koltschina (URS) 18:08,4

10 km Langlauf
K. Bojarskich (URS) 40:24,3
E. Mekschilo (URS) 40:26,6
M. Gussakowa (URS) 40:46,6

3 × 5-km-Staffel
URS 0:59:20,2
SWE 1:01:27,0
FIN 1:02:45,1

Ski alpin

HERREN

Abfahrtslauf
E. Zimmermann (AUT) 2:18,16
L. Lacroix (FRA) 2:18,90
W. Bartels (GER) 2:19,48

Riesenslalom
F. Bonlieu (FRA) 1:46,71
K. Schranz (AUT) 1:47,09
J. Stiegler (AUT) 1:48,05

Spezialslalom
J. Stiegler (AUT) 2:11,13
W.W. Kidd (USA) 2:11,27
J.F. Heuga (USA) 2:11,52

Pepi Stiegler

DAMEN

Abfahrtslauf
C. Haas (AUT) 1:55,39
E. Zimmermann (AUT)

Riesenslalom
M. Goitschel (FRA) 1:52,24
C. Goitschel (FRA) u.

Marielle Goitschel

J. Saubert (USA) 1:53,11

Spezialslalom
C. Goitschel (FRA) 1:29,86
M. Goitschel (FRA) 1:30,77
J. Saubert (USA) 1:31,36

Christine Goitschel

Eiskunstlauf

Herren
M. Schnelldorfer (GER) 1916,9
A. Calmat (FRA) 1876,5
S. Allen (USA) 1873,6

Manfred Schnelldorfer

Damen
S. Dijkstra (HOL) 2018,5
R. Heitzer (AUT) 1945,5
P. Burka (CAN) 1940,0

Paarlauf
L. Belousowa/ O. Protopopow (URS) 104,4
M. Kilius/H. J. Bäumler (GER) 103,6
D. Wilkes/J. Revell (CAN) 98,5

Eisschnellauf

HERREN

500 Meter
R. McDermott (USA) 40,1
J. Grischin (URS) u.
W. Orlow (URS) u.
A. Gjestvang (NOR) 40,6

1500 Meter
A. Antson (URS) 2:10,3
C. Verkerk (HOL) 2:10,6
V. Haugen (NOR) 2:11,2

5000 Meter
K. Johannesen (NOR) 7:38,4
P. I. Moe (NOR) 7:38,6
F. A. Maier (NOR) 7:42,0

Knut Johannesen

10 000 Meter
J. Nilsson (SWE) 15:50,1
F. A. Maier (NOR) 16:06,0
K. Johannesen (NOR) 16:06,3

DAMEN

500 Meter
L. Skoblikowa (URS) 45,0
I. Jegorowa (URS) 45,4
T. Sidorowa (URS) 45,5

1000 Meter
L. Skoblikowa (URS) 1:32,2
I. Jegorowa (URS) 1:34,3
K. Mustonen (FIN) 1:34,8

1500 Meter
L. Skoblikowa (URS) 2:22,6
K. Mustonen (FIN) 2:25,5
B. Kolokoltsewa (URS) 2:27,1

3000 Meter
L. Skoblikowa (URS) 5:14,9
V. Stenina (URS) u.
P. H. Han (PRX) 5:18,5

Bob

Zweier-Bob
GBR I 4:21,90
ITA II 4:22,02
ITA I 4:22,63

Vierer-Bob
CAN I 4:14,46
AUT I 4:15,48
ITA II 4:15,60

Rodeln

HERREN

Einsitzer
T. Köhler (GDR) 3:26,77
K. Bonsack (GDR) 3:27,04
H. Plenk (GER) 3:30,15

Doppelsitzer
AUT 1:41,62
AUT 1:41,91
ITA 1:42,87

DAMEN

Einsitzer
O. Enderlein (GDR) 3:24,67
I. Geisler (GDR) 3:27,42
H. Thurner (AUT) 3:29,06

Eishockey

URS–SWE–TCH

1964 TOKIO

Leichtathletik

HERREN

100 Meter
R. Hayes (USA) 10,0
E. Figuerola (CUB) 10,2
H. Jerome (CAN) 10,2

200 Meter
H. Carr (USA) 20,3
O. Drayton (USA) 20,5
E. Roberts (TRI) 20,6

400 Meter
M. Larrabee (USA) 45,1
W. Mottley (TRI) 45,2
A. Badenski (POL) 45,6

Michael Larrabee

800 Meter
P. Snell (NZL) 1:45,1
W. Crothers (CAN) 1:45,6
W. Kiprugut (KEN) 1:45,9

1500 Meter
P. Snell (NZL) 3:38,1
J. Odlozil (TCH) 3:39,6
J. Davies (NZL) 3:39,6

Peter Snell

5000 Meter
R. Schul (USA) 13:48,8
H. Norpoth (GER) 13:49,6
W. Dellinger (USA) 13:49,8

10 000 Meter
W. Mills (USA) 28:24,4
M. Gammoudi (TUN) 28:24,8
R. Clark (AUS) 28:25,8

Marathon
A. Bikila (ETH) 2:12:11,2
B. Heatley (GBR) 2:16:19,2
K. Tsuburaya (JPN) 2:16:22,8

110 m Hürden
H. Jones (USA) 13,6
H. B. Lindgren (USA) 13,7
A. Michailow (URS) 13,7

400 m Hürden
R. Cawley (USA) 49,6
J. Cooper (GBR) 50,1
S. Morale (ITA) 50,1

3000 m Hindernis
G. Roelants (BEL) 8:30,8
M. Herriott (GBR) 8:32,4
I. Beljajew (URS) 8:33,8

4 × 100-m-Staffel
USA 39,0
POL 39,3
FRA 39,3

Gaston Roelants

4 × 400-m-Staffel
USA 3:00,7
GBR 3:01,6
TRI 3:01,7

20 km Gehen
K. Matthews (GBR) 1:29:34,0
D. Lindner (GER) 1:31:13,2
W. Golubnitschi (URS) 1:31:59,4

50 km Gehen
A. Pamich (ITA) 4:11:12,4
P. Nihill (GBR) 4:11:31,2
I. Pettersson (SWE) 4:14:17,4

Hochsprung
W. Brumel (URS) 2,18
J. Thomas (USA) 2,18
J. Rambo (USA) 2,16

Weitsprung
L. Davies (GBR) 8,07
R. Boston (USA) 8,03
I. Ter-Owanesian (URS) 7,99

Dreisprung
J. Schmidt (POL) 16,85
O. Fedosejew (URS) 16,58
V. Krawtschenko (URS) 16,57

Stabhochsprung
F. Hansen (USA) 5,10
W. Reinhardt (GER) 5,05
K. Lehnertz (GER) 5,00

Kugelstoßen
D. Long (USA) 20,33
R. Matson (USA) 20,20
V. Varju (HUN) 19,39

Diskuswerfen
A. Oerter (USA) 61,00
L. Danek (TCH) 60,52
D. Weill (USA) 59,49

Hammerwerfen
R. Klim (URS) 69,74
G. Zsivotzky (HUN) 69,09
U. Beyer (GER) 68,09

Speerwerfen
P. Nevala (FIN) 82,66
G. Kulcsar (HUN) 82,32
J. Lusis (URS) 80,57

Zehnkampf
W. Holdorf (GER) 7887
R. Aun (URS) 7842
H.-J. Walde (GER) 7809

DAMEN

100 Meter
W. Tyus (USA) 11,4
E. McGuire (USA) 11,6
E. Klobukowska (POL) 11,6

200 Meter
E. McGuire (USA) 23,0
I. Kirszenstein (POL) 23,1
M. Black (AUS) 23,1

400 Meter
B. Cuthbert (AUS) 52,0
A. Packer (GBR) 52,2
J. Amoore (AUS) 53,4

800 Meter
A. Packer (GBR) 2:01,1
M. Dupureur (FRA) 2:01,9
A. Chamberlain (NZL) 2:02,8

80 m Hürden
K. Balzer (GER) 10,5
T. Ciepla (POL) 10,5
P. Kilborn (AUS) 10,5

4 × 100-m-Staffel
POL 43,6
USA 43,9
GBR 44,0

Fünfkampf
I. Press (URS) 5246
M. Rand (GBR) 5035
G. Bystrowa (URS) 4956

Hochsprung
J. Balas (ROM) 1,90
M. Brown (AUS) 1,80
T. Tschentschick (URS) 1,78

Weitsprung
M. Rand (GBR) 6,76
I. Kirszenstein (POL) 6,60
T. Schtschelkanowa (URS) 6,42

Kugelstoßen
T. Press (URS) 18,14
R. Garisch (GER) 17,61
G. Sybina (URS) 17,45

Diskuswerfen
T. Press (URS) 57,27
I. Lotz (GER) 57,21
L. Manoliu (ROM) 56,97

Tamara Press

Speerwerfen
M. Penes (ROM) 60,54
M. Rudas (HUN) 58,27
Y. Gortschakowa (URS) 57,06

Basketball

USA–URS–BRA

Boxen

Fliegengewicht
F. Atzori (ITA)
A. Olech (POL)
S. Sorokin (URS) u.
R. Carmody (USA)

Bantamgewicht
T. Sakurai (JPN)
S. Chong (KOR)
J. F. Mendoza (MEX) u.
W. Rodriguez (URU)

Federgewicht
S. Stepaschkin (URS)
A. Villanueva (VEN)
C. Brown (USA) u.
H. Schulz (GER)

Leichtgewicht
J. Grudzien (POL)
V. Barannikow (URS)
R. Harris (USA) u.
J. McCourt (IRL)

Halbweltergewicht
J. Kulej (POL)
J. Frolow (URS)
E. Blay (GHA) u.
H. Galhia (TUN)

Weltergewicht
M. Kasprzyk (POL)
R. Tamulis (URS)
P. Purhonen (FIN) u.
S. Bertini (ITA)

Halbmittelgewicht
B. Lagutin (URS)
J. Gonzales (FRA)
N. Maiyegun (NGR) u.
J. Grzesiak (POL)

Mittelgewicht
V. Popentschenko (URS)
E. Schulz (GER)
F. Valle (ITA) u.
T. Walasek (POL)

Halbschwergewicht
C. Pinto (ITA)
A. Kisseljow (URS)
A. Nikolow (BUL) u.
Z. Pietrzykowski (POL)

Schwergewicht
J. Frazier (USA)
H. Huber (GER)
G. Ros (ITA) u.
V. Jemeljanow (URS)

Kanu

HERREN

Einer-Canadier – 1000 m
J. Eschert (GER) 4:35,14
A. Igorow (ROM) 4:37,89
Y. Penjajew (URS) 4:38,31

Zweier-Canadier – 1000 m
URS 4:04,64
FRA 4:06,52
DEN 4:07,48

Einer-Kajak – 1000 m
R. Petersson (SWE) 3:57,13
M. Hesz (HUN) 3:57,28
A. Vernescu (ROM) 4:00,77

Zweier-Kajak – 1000 m
SWE 3:38,54
HOL 3:39,30
GER 3:40,69

Vierer-Kajak – 1000 m
URS 3:14,67
GER 3:15,39
ROM 3:15,51

DAMEN

Einer-Kajak – 500 m
L. Schwedosiuk (URS) 2:12,87
H. Lauer (ROM) 2:15,35
M. Jones (USA) 2:15,68

Zweier-Kajak – 500 m
GER 1:56,95
USA 1:59,16
ROM 2:00,25

Radfahren

1000 m Sprint
G. Pettenella (ITA) 13,69
S. Bianchetto (ITA)
D. Morelon (FRA)

1000 m Zeitfahren
P. Sercu (BEL) 1:09,59
G. Pettenella (ITA) 1:10,09
P. Trentin (FRA) 1:10,42

4000 m Verfolgung
J. Daller (TCH) 5:04,75
G. Ursi (ITA) 5:05,96
P. Isaksson (DEN)

Mannschaft
GER 4:35,67
ITA 4:35,74
HOL 4:38,99

2000 m Tandem
ITA 10,75
URS
GER

Straßenrennen
M. Zanin (ITA) 4:39:51,63
K. Rodian (DEN) 4:39,51,65
W. Godefroot (BEL) 4:39:51,74

100 km Mannschafts-Zeitfahren
HOL 2:26:31,19
ITA 2:26:55,39
SWE 2:27:11,52

Reiten

Jagdspringen
P.J. d'Oriola (FRA) 9
H. Schridde (GER) 13,75
P. Robeson (GBR) 16,00

Preis der Nationen
GER 68,50
FRA 77,75
ITA 88,50

Dressur
H. Chammartin (SUI) 1504
H. Boldt (GER) 1503
S. Filatow (URS) 1486

Mannschaft
GER 2558
SUI 2526
URS 2311

Mannschaft
ITA–USA–GER

Fechten

HERREN

Florett
E. Franke (POL)
J.C. Magnan (FRA)
D. Revenu (FRA)

Mannschaft
URS–POL–FRA

Degen
G. Kriss (URS)
W. Hoskyns (GBR)
G. Kostawa (URS)

Mannschaft
HUN–ITA–FRA

Säbel
T. Pesza (HUN)
C. Arabo (FRA)
U. Mawlichanow (URS)

Mannschaft
URS–ITA–POL

DAMEN

Florett
I. Ujlaki-Rejtö (HUN)
H. Mees (GER)
A. Ragno (ITA)

Mannschaft
HUN–URS–GER

Turnen

HERREN

Zwölfkampf
Y. Endo (JPN) 115,95
S. Tsurumi (JPN) 115,40 u.
B. Schaklin (URS) 115,40
V. Lisitsky (URS) 115,40

Mannschaft
JPN 577,95
URS 575,45
GER 565,10

Bodenturnen
F. Menichelli (ITA) 19,45
V. Lisitski (URS) 19,35
Y. Endo (JPN) 19,35

Reck
B. Schaklin (URS) 19,625
J. Titow (URS) 19,550
M. Cerar (YUG) 19,500

Barren
Y. Endo (JPN) 19,675
S. Tsurumi (JPN) 19,450
F. Menichelli (ITA) 19,350

Seitpferd
M. Cerar (YUG) 19,525
S. Tsurumi (JPN) 19,325
J. Tsapenko (URS) 19,200

Pferdsprung
H. Yamashita (JPN) 19,600
V. Lisitski (URS) 19,325
H. Rantakari (FIN) 19,300

Ringe
T. Hayata (JPN) 19,475
F. Menichelli (ITA) 19,425
B. Schaklin (URS) 19,400

DAMEN

Mannschaft
URS 380,890
TCH 379,989
JPN 377,889

Schwebebalken
V. Caslavska (TCH) 19,449
T. Manina (URS) 19,399
L. Latynina (URS) 19,382

Stufenbarren
P. Astachowa (URS) 19,332
K. Makray (HUN) 19,216
L. Latynina (URS) 19,199

Pferdsprung
V. Caslavska (TCH) 19,483
L. Latynina (URS) 19,283 u.
B. Radochla (GER) 19,283

Boden
L. Latynina (URS) 19,599
P. Astachowa (URS) 19,500
A. Jánosi (HUN) 19,300

Hockey

IND–PAI–AUS

Judo

Leichtgewicht
T. Nakatani (JPN)
E. Hänni (SUI)
O. Stepanov (URS) u.
A. Bogoljubow (URS)

Mittelgewicht
I. Okano (JPN)
W. Hofmann (GER)
J. Bregman (USA) u.
U. Kim (KOR)

Schwergewicht
I. Inokuma (JPN)
A.H. Rogers (CAN)
A. Kidnadze (URS) u.
P. Tschikwiladse (URS)

Offene Klasse
A. Geesink (HOL)
A. Kaminaga (JPN)
K. Glahn (GER) u.
T. Boronovskis (AUS)

Moderner Fünfkampf

F. Török (HUN) 5116
I. Nowikow (URS) 5067
A. Mokojew (URS) 5039

Mannschaft
URS 14961
USA 14189
HUN 14173

Rudern

Einer
W. Iwanow (URS) 8:22,51
A. Hill (GER) 8:26,24
G. Kottmann (SUI) 8:29,68

Doppelzweier
URS 7:10,66
USA 7:13,16
TCH 7:14,23

Zweier o. Steuermann
CAN 7:32,94
HOL 7:33,40
GER 7:38,63

Vierer o. Steuermann
DEN 6,59,30
GBR 7:00,47
USA 7:01,37

Vierer m. Steuermann
GER 7:00,44
ITA 7:02,84
HOL 7:06,46

Achter
USA 6:18,23
GER 6:23,29
TCH 6:25,11

Schießen

Freie Pistole
V. Markkanen (FIN) 560
F. Green (USA) 557
Y. Yoshikawa (JPN) 554

Schnellfeuerpistole
P. Linnosvuo (FIN) 592
I. Tripsa (ROM) 591
L. Nacovsky (TCH) 590

Freies Gewehr
G. Anderson (USA) 1153
S. Kweliaschwili (URS) 1144
M. Gunnarsson (USA) 1136

Kleinkalibergewehr
L. Hammerl (HUN) 597
L. Wigger (USA) 597
T. Pool (USA) 596

Kleinkaliber – Dreistellungskampf
L. Wigger (USA) 1164
V. Christow (BUL) 1152
L. Hammerl (HUN) 1151

Trap
E. Mattarelli (ITA) 198
P. Senichev (URS) 194/25
W. Morris (USA) 194/24

Fußball

HUN–TCH–GER

Schwimmen

HERREN

100 m Freistil
D. Schollander (USA) 53,4
R. McGregor (GBR) 53,5
H.J. Klein (GER) 54,0

400 m Freistil
D. Schollander (USA) 4:12,2
F. Wiegand (GER) 4:14,9
A. Wood (AUS) 4:15,1

1500 m Freistil
R. Windle (AUS) 17:01,7
J. Nelson (USA) 17:03,0
A. Wood (AUS) 17:07,7

200 m Rücken
J. Graef (USA) 2:10,3
G. Dilley (USA) 2:10,5
R. Bennett (USA) 2:13,1

200 m Brust
I. O'Brien (AUS) 2:27,8
G. Prokopenko (URS) 2:28,2
C. Jastremski (USA) 2:29,6

200 m Butterfly
K. Berry (AUS) 2:06,6
C. Robie (USA) 2:07,5
F. Schmidt (USA) 2:09,3

4 × 100-m-Freistilstaffel
USA 3:33,2
GER 3:37,2
AUS 3:39,1

4 × 200-m-Freistilstaffel
USA 7:52,1
GER 7:59,3
JPN 8:03,8

4 × 100-m-Lagenstaffel
USA 3:58,6
GER 4:01,6
AUS 4:02,3

Turmspringen
R. Webster (USA) 148,58
K. Dibiasi (ITA) 147,57
T. Gompf (USA) 146,57

Kunstspringen
K. Sitzberger (USA) 159,90
F. Gorman (USA) 157,63
L. Andreasen (USA) 143,77

Wasserball
HUN–YUG–URS

DAMEN

100 m Freistil
D. Fraser (AUS) 59,5
S. Stouder (USA) 59,5
K. Ellis (USA) 1:00,8

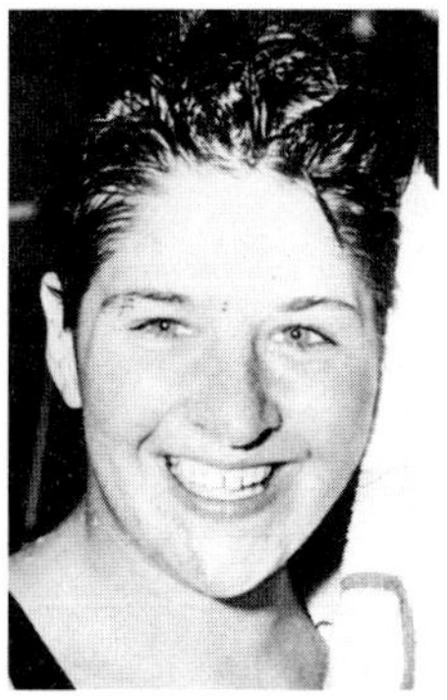

Dawn Fraser

400 m Freistil
V. Duenkel (USA) 4:43,3
M. Ramenofsky (USA) 4:44,6
T.L. Stickles (USA) 4:47,2

100 m Rücken
C. Ferguson (USA) 1:07,7
C. Caron (FRA) 1:07,9
V. Duenkel (USA) 1:08,0

200 m Brust
G. Prosumentschikowa (URS) 2:46,4
C. Kolb (USA) 2:47,6
S. Babanina (URS) 2:48,6

100 m Butterfly
S. Stouder (USA) 1:04,7
A. Kok (HOL) 1:05,6
K. Ellis (USA) 1:06,0

400 m Lagen
D. de Varona (USA) 5:18,7
S. Finneran (USA) 5:24,1
M. Randall (USA) 5:24,2

4 × 100-m-Freistilstaffel
USA 4:03,8 Min.
AUS 4:06,9
HOL 4:12,0

Turmspringen
L. Bush (USA) 99,80
I. Krämer-Engel (GER) 98,45
G. Aleksejewa (URS) 97,60

Kunstspringen
I. Krämer-Engel (GER) 145,0
J. Collier (USA) 138,36
P. Willard (USA) 138,18

Volleyball

HERREN
URS–TCH–JPN

DAMEN
JPN–URS–POL

Gewichtheben

Bantamgewicht
A. Wachonin (URS) 357,5
I. Földi (HUN) 355,0
S. Ichinoseki (JPN) 347,5

Federgewicht
Y. Miyake (JPN) 397,5
I. Berger (USA) 382,5
M. Nowak (POL) 377,5

Leichtgewicht
W. Baszanowski (POL) 432,5
V. Kaplunow (URS) 432,5
M. Zielinski (POL) 420,0

Mittelgewicht
H. Zdrazila (TCH) 445,0
V. Kurentsow (URS) 440,0
M. Ouchi (JPN) 437,5

Halbschwergewicht
R. Plukfelder (URS) 475,0
G. Tóth (HUN) 467,5
G. Veres (HUN) 467,5

Mittelschwergewicht
V. Golowanow (URS) 487,5
L. Martin (GBR) 475,0
I. Palinski (POL) 467,5

Schwergewicht
L. Schabotinski (URS) 572,5
J. Wlassow (URS) 570,0
N. Schemansky (USA) 537,5

Ringen

FREISTIL

Fliegengewicht
Y. Yoshida (JPN)
C. S. Chang (KOR)
S. Aliakbar-Haydari (IRN)

Bantamgewicht
Y. Uetake (JPN)
H. Akbas (TUR)
A. Abragimow (URS)

Federgewicht
O. Watanabe (JPN)
S. Iwanow (BUL)
N. Kokaschwilij (URS)

Leichtgewicht
E. Waltschew (BUL)
K.J. Rost (GER)
I. Horiuchi (JPN)

Weltergewicht
I. Ogan (TUR)
G. Sagaradze (URS)
M.A. Sanatkaran (IRN)

Halbschwergewicht
A. Medwed (URS)
A. Ayik (TUR)
S. Mustafow (BUL)

Schwergewicht
A. Iwanitski (URS)
L. Dschiber (BUL)
H. Kaplan (TUR)

GRIECHISCH-RÖMISCH

Fliegengewicht
T. Hanahara (JPN)
A. Keresow (BUL)
D. Pirvulescu (ROM)

Bantamgewicht
M. Ichiguchi (JPN)
V. Trostianski (URS)
I. Cernea (ROM)

Federgewicht
I. Polyak (HUN)
R. Rurua (URS)
B. Martinovic (YUG)

Leichtgewicht
K. Ayvaz (TUR)
V. Bularca (ROM)
D. Gwantseladse (URS)

Weltergewicht
A. Kolesow (URS)
S. Todorov (BUL)
D. Nyström (SWE)

Mittelgewicht
B. Simic (YUG)
J. Kormanik (TCH)
L. Metz (GER)

Halbschwergewicht
B. Radew (BUL)
P. Svensson (SWE)
H. Kiehl (GER)

Schwergewicht
T. Kozma (HUN)
A. Roschtschin (URS)
W. Dietrich (GER)

Segeln

5,5-m-Klasse
AUS–SWE–USA

Flying Dutchman
NZL–GBR–USA

Drachen
DEN–GER–USA

Starboote
BAH–USA–SWE

Finn-Dinghi
W. Kuhweide (GER) 7638
H. Barrett (USA) 6373
H. Wind (DEN) 6190

1968 GRENOBLE

Ski nordisch

HERREN

15 km Langlauf
H. Grönningen (NOR) 47:52,2
E. Mäntyranta (FIN) 47:56,1
G. Larsson (SWE) 48:33,7

30 km Langlauf
F. Nones (ITA) 1:35:39,2
O. Martinsen (NOR) 1:36:28,9
E. Mäntyranta (FIN) 1:36:55,3

50 km Langlauf
O. Ellefsäter (NOR) 2:28:45,8
W. Wedenin (URS) 2:29:02,5
J. Haas (SUI) 2:29:14,8

4 × 10-km-Staffel
NOR 2:08:33,5
SWE 2:10:13,2
FIN 2:10:56,7

Spezialspringen (70 m)
J. Raska (TCH) 216,5
R. Bachler (AUT) 214,2
B. Preiml (AUT) 212,6

Spezialspringen (90 m)
V. Beloussow (URS) 231,3
J. Raska (TCH) 229,4
L. Grini (NOR) 214,3

Nordische Kombination
F. Keller (GER) 449,04
A. Kälin (SUI) 447,99
A. Kunz (GDR) 444,10

Biathlon
M. Solberg (NOR) 1:13:45,9
A. Tichonow (URS) 1:14:40,4
V. Gundartsew (URS) 1:18:27,4

Biathlon-Staffel
URS 2:13:02,4
NOR 2:14:50,2
SWE 2:17:26,3

DAMEN

5 km Langlauf
T. Gustafsson (SWE) 16:45,2
G. Kulakowa (URS) 16:48,4
A. Koltschina (URS) 16:51,6

10 km Langlauf
T. Gustafsson (SWE) 36:46,5
B. Mördre (NOR) 37:54,6
I. Aufles (NOR) 37:59,9

3 × 5 km-Staffel
NOR 57:30,0
SWE 57:51,0
URS 58:13,6

Ski alpin

HERREN

Abfahrtslauf
J. C. Killy (FRA) 1:59,85

Jean-Claude Killy

G. Perillat (FRA) 1:59,93
J. D. Dätwyler (SUI) 2:00,32

Riesenslalom
J. C. Killy (FRA) 3:29,28
W. Favre (SUI) 3:31,50
W. Messner (AUT) 3:31,83

Spezialslalom
J. C. Killy (FRA) 1:39,73
H. Huber (AUT) 1:39,82
A. Matt (AUT) 1:40,09

DAMEN

Abfahrt
O. Pall (AUT) 1:40,87
I. Mir (FRA) 1:41,33
C. Haas (AUT) 1:41,41

Riesenslalom
N. Greene (CAN) 1:51,97
A. Famose (FRA) 1:54,61
F. Bochatay (SUI) 1:54,74

Nancy Greene

Spezialslalom
M. Goitschel (FRA) 1:25,86
N. Greene (CAN) 1:26,15
A. Famose (FRA) 1:27,89

Eiskunstlauf

Herren
W. Schwarz (AUT) 1904,1
T. Wood (USA) 1891,6
P. Péra (FRA) 1864,5

Damen
P. Fleming (USA) 1970,5
G. Seyfert (GDR) 1882,3
H. Maskova (TCH) 1828,8

Paarlaufen
L. Beloussowa/ O. Protopopow (URS) 315,2
T. Schuk/ A. Gorelik (URS) 312,3
M. Glockshuber/ W. Danne (GER) 304,4

Eisschnellauf

HERREN

500 Meter
E. Keller (GER) 40,3
M. Thomassen (NOR) 40,5
T. McDermott (USA) 40,5

1500 Meter
C. Verkerk (HOL) 2:03,4
A. Schenk (HOL) 2:05,0
I. Eriksen (NOR) 2:05,0

5000 Meter
F. A. Maier (NOR) 7:22,4
C. Verkerk (HOL) 7:23,2
P. Nottet (HOL) 7:25,5

10 000 Meter
J. Höglin (SWE) 15:23,6
F. A. Maier (NOR) 15:23,9
O. Sandler (SWE) 15:31,8

DAMEN

500 Meter
L. Titowa (URS) 46,1
M. Meyers (USA) 46,3 u.
D. Holum (USA) 46,3 u.
J. Fish (USA) 46,3

1000 Meter
C. Geijssen (HOL) 1:32,6
L. Titowa (URS) 1:32,9
D. Holum (USA) 1:33,4

1500 Meter
K. Mustonen (FIN) 2:22,4
C. Geijssen (HOL) 2:22,7
C. Kaiser (HOL) 2:24,5

3000 Meter
J. Schut (HOL) 4:56,2
K. Mustonen (FIN) 5:01,1
C. Kaiser (HOL) 5:01,3

Bob

Zweierbob
ITA 4:41,54
GER 4:41,54
ROM 4:44,46

Viererbob
ITA 2:17,39
AUT 2:17,48
SUI I 2:18,04

Rodeln

HERREN

Einsitzer
M. Schmid (AUT) 2:52,48
T. Köhler (GDR) 2:52,66
K. Bonsack (GDR) 2:53,33

Zweisitzer
GDR 1:35,85
AUT 1:36,34
GER 1:37,29

DAMEN

Einsitzer
E. Lechner (ITA) 2:28,66
C. Schmuck (GER) 2:29,37
A. Dünhaupt (GER) 2:29,56

Eishockey

URS–TCH–CAN

1968 MEXICO CITY

Leichtathletik

HERREN

100 Meter
J. Hines (USA) 9,9
L. Miller (JAM) 10,0
C. Greene (USA) 10,0

200 Meter
T. Smith (USA) 19,8
P. Norman (AUS) 20,0
J. Carlos (USA) 20,0

400 Meter
L. Evans (USA) 43,8
L. James (USA) 43,9
R. Freeman (USA) 44,4

800 Meter
R. Doubell (AUS) 1:44,3
W. Kiprugut (KEN) 1:44,5
T. Farrell (USA) 1:45,4

1500 Meter
K. Keino (KEN) 3:34,9
J. Ryun (USA) 3:37,8
B. Tümmler (GER) 3:39,0

5000 Meter
M. Gammoudi (TUN) 14:05,0
K. Keino (KEN) 14:05,2
N. Temu (KEN) 14:06,4

10 000 Meter
N. Temu (KEN) 29:27,4
M. Wolde (ETH) 29:28,0
M. Gammoudi (TUN) 29:34,2

Marathon
M. Wolde (ETH) 2:20:26,4
K. Kimihara (JPN) 2:23:31,0
M. Ryan (NZL) 2:23:45,0

110 m Hürden
W. Davenport (USA) 13,3
E. Hall (USA) 13,4
E. Ottoz (ITA) 13,4

Kipchoge Keino

400 m Hürden
D. Hemery (GBR) 48,1
G. Hennige (GER) 49,0
J. Sherwood (GBR) 49,0

3000 m Hindernis
A. Biwott (KEN) 8:51,0
B. Kogo (KEN) 8:51,6
G. Young (USA) 8:51,8

4 × 100-m-Staffel
USA 38,2
CUB 38,3
FRA 38,4

4 × 400-m-Staffel
USA 2:56,1
KEN 2:59,6
GER 3:00,5

20 km Gehen
W. Golubnitschi (URS) 1:33:58,4
J. Petraza (MEX) 1:34:00,0
N. Smaga (URS) 1:34:03,4

David Hemery

50 km Gehen
C. Höhne (GDR) 4:20:30,6
A. Kiss (HUN) 4:30:17,0
L. Young (USA) 4:31:55,4

Hochsprung
R. Fosbury (USA) 2,24
E. Caruthers (USA) 2,22
W. Gawrilow (URS) 2,20

Weitsprung
R. Beamon (USA) 8,90
K. Beer (GDR) 8,19
R. Boston (USA) 8,16

Dreisprung
V. Sanejew (URS) 17,39
N. Prudencio (BRA) 17,27
G. Gentile (ITA) 17,22

Stabhochsprung
R. Seagren (USA) 5,40
C. Schiprowski (GER) 5,40
W. Nordwig (GDR) 5,40

Kugelstoßen
R. Matson (USA) 20,54
G. Woods (USA) 20,12
E. Guschtschin (URS) 20,09

Diskuswerfen
A. Oerter (USA) 64,78
L. Milde (GDR) 63,08
L. Danek (TCH) 62,92

Hammerwerfen
G. Zsivotzky (HUN) 73,36
R. Klim (URS) 73,28
L. Lovasz (HUN) 69,78

Speerwerfen
J. Lusis (URS) 90,10 m
J. Kinnunen (FIN) 88,58
G. Kulcsar (HUN) 87,06

Zehnkampf
B. Toomey (USA) 8391
H. J. Walde (GER) 8111
K. Bendlin (GER) 8064

DAMEN

100 Meter
W. Tyus (USA) 11,0
B. Ferrell (USA) 11,1
I. Szewinska (POL) 11,1

200 Meter
I. Szewinska (POL) 22,5
R. Boyle (AUS) 22,7
J. Lamy (AUS) 22,8

400 Meter
C. Besson (FRA) 52,0
L. Board (GBR) 52,1
N. Petschenkina (URS) 52,2

800 Meter
M. Manning (USA) 2:00,9
I. Silai (ROM) 2:02,5
M. Gommers (HOL) 2:02,6

80 m Hürden
M. Caird (AUS) 10,3
P. Kilborn (AUS) 10,4
C. Cheng (TAI) 10,4

4 × 100-m-Staffel
USA 42,8
CUB 43,3
URS 43,4

Fünfkampf
I. Becker (GER) 5098
L. Prokop (AUT) 4966
A. T. Kovacs (HUN) 4959

Hochsprung
M. Rezkova (TCH) 1,82
A. Okorokowa (URS) 1,80
V. Kozir (URS) 1,80

Weitsprung
V. Viscopoleanu (ROM) 6,82
S. Sherwood (GBR) 6,68
T. Talischewa (URS) 6,66

Madeline Manning

Kugelstoßen
M. Gummel (GDR) 19,61
M. Lange (GDR) 18,78
N. Tschischowa (URS) 18,19

Diskuswerfen
L. Manoliu (ROM) 58,28
L. Westermann (GER) 57,76
J. Kleiber (HUN) 54,90

Speerwerfen
A. Nemeth (HUN) 60,36
M. Penes (ROM) 59,92
E. Janko (AUT) 58,04

Ingrid Becker

Basketball

USA–YUG–URS

Boxen

Halbfliegengewicht
F. Rodriguez (VEN)
Y. J. Jee (KOR)
H. Marbley (USA) u.
H. Skrzypczak (POL)

Fliegengewicht
R. Delgado (MEX)
A. Olech (POL)
S. de Oliveira (BRA) u.
L. Rwabwogo (UGA)

Bantamgewicht
V. Sokolow (URS)
E. Mukwanga (UGA)
E. Morioka (JPN) u.
K. C. Chang (KOR)

Federgewicht
A. Roldan (MEX)
A. Robinson (USA)
P. Waruinge (KEN) u.
I. Michailow (BUL)

Leichtgewicht
R. Harris (USA)
J. Grudzien (POL)
C. Cutov (ROM) u.
Y. Vujin (YUG)

Halbweltergewicht
J. Kulej (POL)
E. Regueiferos (CUB)
A. Nilsson (FIN) u.
J. Wallington (USA)

Weltergewicht
M. Wolke (GDR)
J. Bessala (CMR)
W. Mussalimow (URS) u.
M. Guilloti (ARG)

Halbmittelgewicht
B. Lagutin (URS)
R. Garbey (CUB)
J. Baldwin (USA) u.
A. Yaragoza (MEX) u.
A. Jones (USA)

Halbschwergewicht
D. Posniak (URS)
I. Monea (ROM)
G. Stankow (BUL) u.
S. Dragan (POL)

Schwergewicht
G. Foreman (USA)
I. Tschipulis (URS)
G. Bambini (ITA) u.
J. Rocha (MEX)

Kanu

HERREN

Einer-Canadier
T. Tatai (HUN) 4:36,14
D. Lewe (GER) 4:38,31
V. Galkow (URS) 4:40,42

Zweier-Canadier
ROM 4:07,18
HUN 4:08,77
URS 4:11,30

Einer-Kajak
M. Hesz (HUN) 4:02,63
A. Schaparenko (URS) 4:03,58
E. Hansen (DEN) 4:04,39

Zweier-Kajak
URS 3:37,54
HUN 3:38,44
AUT 3:40,71

Vierer-Kajak
NOR 3:14,38
ROM 3:14,81
HUN 3:15,10

DAMEN

Einer-Kajak
L. Pinajewa (URS) 2:11,09
R. Breuer (GER) 2:12,71
V. Dimitru (ROM) 2:13,22

Zweier-Kajak
GER 1:56,44
HUN 1:58,60
URS 1:58,61

Radfahren

1000 m Sprint
D. Morelon (FRA) 10,68
G. Turini (ITA)
P. Trentin (FRA)

1000 m Zeitfahren
P. Trentin (FRA) 1:03,91
N. C. Fredborg (DEN) 1:04,61
J. Kierzkowski (POL) 1:04,63

4000 m Verfolgung
D. Rebillard (FRA) 4:41,71
D. Frey (DEN) 4:42,43
X. Kurmann (SUI)

Mannschaft
DEN 4:22,44
GER 4:18,94
ITA 4:18,35

2000 m Tandem
FRA–HOL–BEL

Straßenrennen
P. Vianelli (ITA) 4:41:25,24
L. Mortensen (DEN) 4:42:49,71
G. Pettersson (SWE)
SWE 2:09:26,60
ITA 2:10:18,74

Reiten

Jagdspringen
W. Steinkraus (USA) 4,00
M. Coakes (GBR) 8,00
D. Broome (GBR) 12,00

Preis der Nationen
CAN 102,75
FRA 110,50
GER 117,25

Dressur
I. Kissimow (URS) 1572
J. Neckermann (GER) 1546
R. Klimke (GER) 1537

Mannschaft
GER 2699
URS 2647
SUI 2547

Military
J. Guyon (FRA) 38,86
D. Allhusen (GBR) 41,61
M. Page (USA) 52,31

Mannschaft
GBR 175,93
USA 245,87
AUS 331,26

Fechten

HERREN

Florett
I. Drimba (ROM)
J. Kamuti (HUN)
D. Revenu (FRA)

Mannschaft
FRA–URS–POL

Degen
G. Kulcsar (HUN)
G. Kriss (URS)
G. Saccaro (ITA)

Mannschaft
HUN–URS–POL

Säbel
J. Pawlowski (POL)
M. Rakita (URS)
T. Pesza (HUN)

Mannschaft
URS–ITA–HUN

DAMEN

Florett
Y. Nowikowa (URS)
P. Roldan (MEX)
I. Rejtö (HUN)

Mannschaft
URS–HUN–ROM

Turnen

HERREN

Zwölfkampf
S. Kato (JPN) 115,90
M. Woronin (URS) 115,85
A. Nakayama (JPN) 115,65

Mannschaft
JPN 575,90
URS 571,10
GDR 557,15

Bodenturnen
S. Kato (JPN) 19,475
A. Nakayama (JPN) 19,400
T. Kato (JPN) 19,275

Barren
A. Nakayama (JPN) 19,475
M. Woronin (URS) 19,425
V. Klimenko (URS) 19,225

Seitpferd
M. Cerar (YUG) 19,325
D. Laiho (FIN) 19,225
M. Woronin (URS) 19,200

Pferdsprung
M. Woronin (URS) 19,000
Y. Endo (JPN) 18,950
S. Diamidow (URS) 18,925

Ringe
A. Nakayama (JPN) 19,450
M. Woronin (URS) 19,325
S. Kato (JPN) 19,225

DAMEN

Achtkampf
V. Caslavska (TCH) 78,250
Y. Woronina (URS) 76,850
N. Kutschinskaja (URS) 76,75

Mannschaft
URS 382,85
TCH 382,20
GDR 379,10

Schwebebalken
N. Kutschinskaja (URS) 19,65
V. Caslavska (TCH) 19,575
L. Petrik (URS) 19,250

Stufenbarren
V. Caslavska (TCH) 19,650
K. Janz (GDR) 19,500
Y. Woronina (URS) 19,425

Pferdsprung
V. Caslavska (TCH) 19,775
E. Zuchold (GDR) 19,625
Y. Woronina (URS) 19,500

Bodenturnen
V. Caslavska (TCH) 19,675
L. Petrik (URS) 19,675
N. Kutschinskaja (URS) 19,65

Hockey

PAK–AUS–IND

Moderner Fünfkampf

B. Ferm (SWE) 4964
A. Balczo (HUN) 4953
P. Lednew (URS) 4795

Mannschaft
HUN–URS–FRA

Rudern

Einer
H. Wienese (HOL) 7:47,80
J. Meissner (GER) 7:52,00
A. Demiddi (ARG) 7:57,19

Doppelzweier
URS 6:51,82
HOL 6:52,80
USA 6:54,21

Zweier o. Steuermann
GDR 7:26,56
USA 7:26,71
DEN 7:31,84

Zweier m. Steuermann
ITA 8:04,81
HOL 8:06,80
DEN 8:08,07

Vierer m. Steuermann
NZL 6:45,62
GDR 6:48,20
SUI 6:49,04

Achter
GER 6:07,00
AUS 6:07,98
URS 6:09,11

Schießen

Freie Pistole
G. Kosick (URS) 562
H. Mertel (GER) 562
H. Vollmar (GDR) 560

Schnellfeuerpistole
J. Zapedzki (POL) 593
M. Rosca (ROM) 591
R. Suleimanow (URS) 591

Freies Gewehr
G. Anderson (USA) 1157
V. Kornew (URS) 1151
K. Müller (SUI) 1148

Kleinkalibergewehr
J. Kurka (TCH) 598
L. Hammerl (HUN) 598
I. Ballinger (NZL) 597

Kleinkalibergewehr – Dreistellungskampf
B. Klinger (GER) 1157
J. Writer (USA) 1156
V. Parkinowitsch (URS) 1154

Tontaubenschießen
J. R. Braithwaite (GBR) 198
T. Garrigus (USA) 196
K. Czekalla (GDR) 196

Wurftaubenschießen
Y. Petrow (URS) 198
R. Garagnani (ITA) 198
K. Wirnhier (GER) 198

Fußball

HUN–BUL–JPN

Schwimmen

HERREN

100 m Freistil
M. Wenden (AUS) 52,2
K. Walsh (USA) 52,8
M. Spitz (USA) 53,0

200 m Freistil
M. Wenden (AUS) 1:55,2
D. Schollander (USA) 1:55,8
J. Nelson (USA) 1:58,1

400 m Freistil
M. Burton (USA) 4:09,0
R. Hutton (CAN) 4:13,3
A. Mosconi (FRA) 4:13,3

1500 m Freistil
M. Burton (USA) 16:38,9
J. Kinsella (USA) 16:57,3
G. Brough (AUS) 17:04,7

100 m Rücken
R. Matthes (GDR) 58,7
C. Hickcox (USA) 1:00,2
R. Mills (USA) 1:00,5

200 m Rücken
R. Matthes (GDR) 2:09,6
M. Ivey (USA) 2:10,6
J. Horsey (USA) 2:10,9

200 m Brust
F. Muñoz (MEX) 2:28,7
V. Kosinski (URS) 2:29,2
B. Job (USA) 2:29,9

100 m Butterfly
D. Russell (USA) 55,9
M. Spitz (USA) 56,4
R. Wales (USA) 57,2

200 m Butterfly
C. Robie (USA) 2:08,7
M. Woodroffe (GBR) 2:09,0
J. Ferris (USA) 2:09,3

200 m Lagen
C. Hickcox (USA) 2:12,0
G. Buckingham (USA) 2:13,0
J. Ferris (USA) 2:13,3

400 m Lagen
C. Hickcox (USA) 4:48,4
G. Hall (USA) 4:48,7
M. Holthaus (GER) 4:51,4

4 × 100-m-Freistilstaffel
USA 3:31,7
URS 3:34,2
AUS 3:34,7

4 × 200-m-Freistilstaffel
USA 7:52,3
AUS 7:53,7
URS 8:01,6

4 × 100-m-Lagenstaffel
USA 3:54,9
GDR 3:57,5
URS 4:00,7

Turmspringen
K. Dibiasi (ITA) 164,18
A. Gaxiola (MEX) 154,49
E. Young (USA) 153,93

Kunstspringen
B. Wrightson (USA) 170,15
K. Dibiasi (ITA) 159,74
J. Henry (USA) 158,09

Wasserball
YUG–URS–HUN

DAMEN

100 m Freistil
J. Henne (USA) 1:00,0
S. Pedersen (USA) 1:00,3
L. Gustavson (USA) 1:00,3

200 m Freistil
D. Meyer (USA) 2:10,5
J. Henne (USA) 2:11,0
J. Barkman (USA) 2:11,2

400 m Freistil
D. Meyer (USA) 4:31,8
L. Gustavson (USA) 4:35,5
K. Moras (AUS) 4:37,0

800 m Freistil
D. Meyer (USA) 9:24,0
P. Kruse (USA) 9:35,7
M. Ramirez (MEX) 9:38,5

100 m Rücken
K. Hall (USA) 1:06,2
E. Tanner (CAN) 1:06,7
J. Swaggerty (USA) 1:08,1

200 m Rücken
L. Watson (USA) 2:24,8
E. Tanner (CAN) 2:27,4
K. Hall (USA) 2:28,9

100 m Brust

200 m Brust
S. Wichman (USA) 2:44,4
D. Bjedov (YUG) 2:46,4
G. Prosumentschikowa (URS) 2:47,0

100 m Butterfly
L. McClements (AUS) 1:05,5
E. Daniel (USA) 1:05,8
S. Shields (USA) 1:06,2

200 m Butterfly
A. Kok (HOL) 2:24,7
H. Lindner (GDR) 2:24,8
E. Daniel (USA) 2:25,9

200 m Lagen
C. Kolb (USA) 2:24,7
S. Pedersen (USA) 2:28,8
J. Henne (USA) 2:31,4

400 m Lagen
C. Kolb (USA) 5:08,5
L. Vidali (USA) 5:22,2
S. Steinbach (GDR) 5:25,3

4 × 100-m-Freistilstaffel
USA 4:02,5
GDR 4:05,7
CAN 4:07,2

4 × 100-m-Lagenstaffel
USA 4:28,3
AUS 4:30,0
GER 4:36,4

Turmspringen
M. Duchkova (TCH) 109,59
N. Lebanowa (URS) 105,14
A. Peterson (USA) 101,11

Kunstspringen
S. Gossick (USA) 150,77
T. Pogoschewa (URS) 145,30
K. O'Sullivan (USA) 145,23

Volleyball

HERREN
URS–JPN–TCH

DAMEN
URS–JPN–POL

Gewichtheben

Bantamgewicht
M. Nassiri (IRN) 367,5
I. Földi (HUN) 367,5
H. Trebicki (POL) 357,5

Federgewicht
O. Miyake (JPN) 392,5
D. Schanidse (URS) 387,5
U. Miyake (JPN) 385,0

Leichtgewicht
W. Baszanowski (POL) 437,5
P. Layaler (IRN) 422,5
M. Zielinski (POL) 420,2

Mittelgewicht
V. Kurentsow (URS) 475,0
M. Ouchi (JPN) 455,0
K. Bakos (HUN) 440,0

Halbschwergewicht
B. Selitzki (URS) 485,0
V. Beljajew (URS) 485,0
N. Ozimek (POL) 472,5

Mittelschwergewicht
K. Kangasniemi (FIN) 517,5
Y. Talts (URS) 507,5
M. Golab (POL) 495,5

Schwergewicht
L. Schabotinski (URS) 572,5
S. Reding (BEL) 555,0
J. Dube (USA) 555,0

Ringen

FREISTIL

Fliegengewicht
S. Nakata (JPN)
R. Sanders (USA)
S. Sukhbaatar (MGL)

Bantamgewicht
Y. Vetake (JPN)
D. Behm (USA)
A. Gorgori (IRN)

Federgewicht
M. Kaneko (JPN)
E. Todorov (BUL)
S. Seyed-Abassy (IRN)

Leichtgewicht
A. Morahed Ardabili (IRN)
E. Waltschew (BUL)
S. Danzandarjaa (MGL)

Weltergewicht
M. Atalay (TUR)
D. Robin (FRA)
D. Purev (MGL)

Mittelgewicht
B. Gurewitsch (URS)
M. Jigjid (MGL)
P. Gardschew (BUL)

Halbschwergewicht
A. Ayuk (TUR)
S. Lomidze (URS)
J. Csatari (HUN)

Schwergewicht
A. Medwed (URS)
D. Duraljew (BUL)
W. Dietrich (GER)

GRIECHISCH-RÖMISCH

Fliegengewicht
P. Kirow (BUL)
V. Bakulin (URS)
M. Yeman (TCH)

Bantamgewicht
J. Varga (HUN)
I. Baciu (ROM)
I. Kotschergin (URS)

Federgewicht
R. Rurua (URS)
H. Fujimoto (JPN)
S. Popescu (ROM)

Leichtgewicht
M. Munemura (JPN)
S. Horvath (YUG)
P. Galaktopoulos (GRE)

Weltergewicht
R. Vesper (GDR)
D. Robin (FRA)
K. Bajko (HUN)

Mittelgewicht
L. Metz (GDR)
V. Olenik (URS)
B. Simic (YUG)

Halbschwergewicht
B. Radew (BUL)
N. Yakowenko (URS)
N. Martinescu (ROM)

Schwergewicht
I. Kozma (HUN)
A. Roschtschin (URS)
P. Kment (TCH)

Segeln

5,5-m-Klasse
SWE–SUI–GBR

Flying Dutchman
GBR–GER–BRA

Drachen
USA–DEN–GDR

Starboot
USA–NOR–ITA

Finn-Dinghi
V. Mankin (URS)
H. Raudaschl (AUT)
F. Albarelli (AUT)

1972 SAPPORO

Ski nordisch

HERREN

15 km Langlauf
S. Lundbäck (SWE) 45:28,24
F. Simaschow (URS) 46:00,84
I. Formo (NOR) 46:02,68

30 km Langlauf
W. Wedenin (URS) 1:36:31,15
P. Tyldum (NOR) 1:37:25,30
J. Harviken (NOR) 1:37:32,44

50 km Langlauf
P. Tyldum (NOR) 2:43:14,75
M. Myrmo (NOR) 2:43:29,45
W. Wedenin (URS) 2:44:00,19

4 × 10-km-Staffel
URS 2:04:47,94
NOR 2:04:57,06
SUI 2:07:00,06

Spezialspringen (70 m)
Y. Kasaya (JPN) 244,2
A. Konno (JPN) 234,8
S. Aochi (JPN) 229,5

Spezialspringen (90 m)
W. Fortuna (POL) 219,9
W. Steiner (SUI) 219,8
R. Schmidt (GDR) 219,3

Nordische Kombination
U. Wehling (GDR) 413,340
R. Miettinen (NOR) 405,505
K.H. Luck (GDR) 398,800

Biathlon
M. Solberg (NOR) 1:15:55,50
H. Knauthe (GDR) 1:16:07,6
L. Arwidson (SWE) 1:16:27,03

Biathlon-Staffel
URS 1:51:44,92
FIN 1:54:37,25
GDR 1:54:57,67

DAMEN

5 km Langlauf
G. Kulakowa (URS) 17:00,50
M. Kajosmaa (FIN) 17:05,50
H. Sikolowa (TCH) 17:07,32

10 km Langlauf
G. Kulakowa (URS) 34:17,82
A. Olunina (URS) 34:54,11
M. Kajosmaa (FIN) 34:56,45

3 × 5-km-Staffel
URS 48:46,15
FIN 49:19,37
NOR 49:51,49

Ski alpin

HERREN

Abfahrtslauf
B. Russi (SUI) 1:51,43
R. Colombin (SUI) 1:52,07
H. Messner (AUT) 1:52,40

Riesenslalom
G. Thöni (ITA) 3:09,62
E. Bruggmann (SUI) 3:10,75
W. Mattle (SUI) 3:10,99

Slalom
F. Fernandez-Ochoa (ESP) 1:49,27
G. Thöni (ITA) 1:50,28
R. Thöni (ITA) 1:50,30

DAMEN

Abfahrtslauf
M.T. Nadig (SUI) 1:36,68
A. Pröll (AUT) 1:37,00
S. Corrock (USA) 1:37,68

Riesenslalom
M.T. Nadig (SUI) 1:29,90
A. Pröll (AUT) 1:30,75
W. Drexel (AUT) 1:32,35

Slalom
B. Cochran (USA) 1:31,24
D. Debernard (FRA) 1:31,26
F. Steurer (FRA) 1:32,69

Eiskunstlauf

Herren
O. Nepela (TCH) 2739,1
S. Tschetweruchin (URS) 2672,4
P. Péra (FRA) 2563,1

Damen
B. Schuba (AUT) 2751,5
K. Magnussen (CAN) 2673,2
J. Lynn (USA) 2663,1

Paarlauf
I. Rodnina/A. Ulanow (URS) 420,4
L. Smirnowa/A. Suraikin (URS) 419,4
M. Gross/U. Kagelmann (GDR) 411,8

Eisschnellauf

HERREN

500 Meter
E. Keller (GER) 39,44
H. Börjes (SWE) 39,69
W. Muratow (URS) 39,80

1500 Meter
A. Schenk (HOL) 2:02,96
R. Grönvold (NOR) 2:04,26
G. Claesson (SWE) 2:05,98

5000 Meter
A. Schenk (HOL) 7:23,61
R. Grönvold (NOR) 7:28,18
S. Stensen (NOR) 7:33,39

10000 Meter
A. Schenk (HOL) 15:01,35
C. Verkerk (HOL) 15:04,70
S. Stensen (NOR) 15:07,08

DAMEN

500 Meter
A. Henning (USA) 43,33
V. Krasnowa (URS) 44,01
L. Titowa (URS) 44,45

1000 Meter
M. Pflug (GER) 1:31,40
A. Keulen-Deelstra (HOL) 1:31,61
A. Henning (USA) 1:31,62

1500 Meter
D. Holum (USA) 2:20,85
C. Baas-Kaiser (HOL) 2:21,05
A. Keulen-Deelstra (HOL) 2:22,05

3000 Meter
C. Baas-Kaiser (HOL) 4:52,14
D. Holum (USA) 4:58,67
A. Keulen-Deelstra (HOL) 4:59,91

Bob

Zweierbob
GER II 4:57,07
GER I 4:58,84
SUI I 4:59,33

Viererbob
SUI I 4:43,07
ITA I 4:43,83
GER I 4:43,92

Rodeln

HERREN

Einsitzer
W. Scheidel (GDR) 3:27,58
H. Ehrig (GDR) 3:28,39
W. Fiedler (GDR) 3:28,73

Doppelsitzer
ITA 1:28,35
GDR 1:28,35
GDR 1:29,16

DAMEN

Einsitzer
A. Müller (GDR) 2:59,18
U. Rührold (GDR) 2:59,49
M. Schumann (GRD) 2:59,54

Eishockey

URS–USA–TCH

1972 MÜNCHEN

Leichtathletik

HERREN

100 Meter
W. Borsow (URS) 10,14
R. Taylor (USA) 10,24
L. Miller (JAM) 10,33

200 Meter
W. Borsow (URS) 20,00
L. Black (USA) 20,19
P. Mennea (ITA) 20,30

400 Meter
V. Matthews (USA) 44,66
W. Collett (USA) 44,80
J. Sang (KEN) 44,92

800 Meter
D. Wottle (USA) 1:45,9
J. Arschanow (URS) 1:45,9
M. Boit (KEN) 1:46,0

1500 Meter
P. Vasala (FIN) 3:36,3
K. Keino (KEN) 3:36,8
R. Dixon (NZL) 3:37,5

5000 Meter
L. Viren (FIN) 13:26,4
M. Gammoudi (TUN) 13:27,4
I. Stewart (GBR) 13:27,6

10000 Meter
L. Viren (FIN) 27:38,4
E. Puttemans (BEL) 27:39,6
M. Yifter (ETH) 27:41,0

Marathon
F. Shorter (USA) 2:12:19,8
K. Lismont (BEL) 2:14:31,8
M. Wolde (ETH) 2:15:08,4

110 m Hürden
R. Milburn (USA) 13,24
G. Drut (FRA) 13,34
T. Hill (USA) 13,48

400 m Hürden
J. Akii-Bua (UGA) 47,82
R. Mann (USA) 48,51
D. Hemery (GBR) 48,52

Frank Shorter

3000 m Hindernis
K. Keino (KEN) 8:23,6
B. Jipcho (KEN) 8:24,6
T. Kantanen (FIN) 8:24,8

4 × 100-m-Staffel
USA 38,19
URS 38,50
GER 38,79

4 × 400-m-Staffel
KEN 2:59,8
GBR 3:00,5
FRA 3:00,7

20 km Gehen
P. Frenkel (GDR) 1:26:42,4
V. Golubnitschi (URS) 1:26:55,2
H. Reimann (GDR) 1:27:16,6

50 km Gehen
B. Kannenberg (GER) 3:56:11,6
V. Soldatenko (URS) 3:58:24,0
L. Young (USA) 4:00:46,0

Hochsprung
J. Tarmak (URS) 2,23
S. Junge (GDR) 2,21
D. Stones (USA) 2,21

Weitsprung
R. Williams (USA) 8,24
H. Baumgartner (GER) 8,18
A. Robinson (USA) 8,03

Dreisprung
V. Sanejew (URS) 17,35
J. Drehmel (GDR) 17,31
N. Prudencio (BRA) 17,05

Stabhochsprung
W. Nordwig (GDR) 5,50
B. Seagren (USA) 5,40
J. Johnson (USA) 5,35

Kugelstoßen
W. Komar (POL) 21,18
G. Woods (USA) 21,17
H. Briesenick (GDR) 21,14

Diskuswerfen
L. Danek (TCH) 64,40
L. Silvester (USA) 63,50
R. Bruch (SWE) 63,40

Hammerwerfen
A. Bondartschuk (URS) 75,5
J. Sachse (GDR) 74,96
V. Chmelewski (URS) 74,04

Speerwerfen
K. Wolfermann (GER) 90,48
J. Lusis (URS) 90,46
W. Schmidt (USA) 84,42

Zehnkampf
N. Awilow (URS) 8454
L. Litwinenko (URS) 8035
R. Katus (POL) 7984

DAMEN

100 Meter
R. Stecher (GDR) 11,07
R. Boyle (AUS) 11,23
S. Chivas (CUB) 11,24

200 Meter
R. Stecher (GDR) 22,40
R. Boyle (AUS) 22,45
I. Szewinska (POL) 22,74

400 Meter
M. Zehrt (GDR) 51,08
R. Wilden (GER) 51,21
K. Hammond (USA) 51,64

800 Meter
H. Falck (GER) 1:58,6
N. Sabaite (URS) 1:58,7
G. Hoffmeister (GDR) 1:59,2

1500 Meter
L. Bragina (URS) 4:01,4
G. Hoffmeister (GDR) 4:02,8
P. Cacchi (ITA) 4:02,9

100 m Hürden
A. Ehrhardt (GDR) 12,59
V. Bufanu (ROM) 12,84
K. Balzer (GDR) 12,90

4 × 100-m-Staffel
GER 42,81
GDR 42,95
CUB 43,36

4 × 400-m-Staffel
GDR 3:23,0
USA 3:25,2
GER 3:26,5

Ludmila Bragina

Fünfkampf
M. Peters (GBR) 4801
H. Rosendahl (GER) 4791
B. Pollak (GDR) 4768

Weitsprung
H. Rosendahl (GER) 6,78
D. Yorgowa (BUL) 6,77
E. Suranowa (TCH) 6,67

Kugelstoßen
N. Tschischowa (URS) 21,03

Mary Peters

M. Gummel (GDR) 20,22
I. Christowa (BUL) 19,35

Diskuswerfen
F. Melnik (URS) 66,62
A. Menis (ROM) 65,06
V. Stojewa (BUL) 64,34

Speerwerfen
R. Fuchs (GDR) 63,88

Heide Rosendahl

J. Todten (GDR) 62,54
K. Schmidt (USA) 59,94

Bogenschießen

HERREN
J. Williams (USA) 2528
G. Jerwill (SWE) 2481
K. Laasonen (FIN) 2467

DAMEN
D. Wilber (USA) 2424
I. Szydlowska (POL) 2407
E. Gaptschenko (URS) 2403

Basketball

URS–USA–CUB

Boxen

Leichtfliegengewicht
G. Gedo (HUN)
U.G. Kim (PRK)
R. Evans (GBR) u.
E. Rodriguez (ESP)

Fliegengewicht

Bantamgewicht
O. Martinez (CUB)
A. Zamora (MEX)
G. Turpin (GBR) u.
R. Carreras (USA)

Federgewicht
B. Kusnjetsow (URS)
P. Waruinge (KEN)
C. Rojas (COL) u.
A. Botos (HUN)

Leichtgewicht
J. Szczepanski (POL)
L. Orban (HUN)
S. Mbugua (KEN) u.
A. Perez (COL)

Halbweltergewicht
R. Seales (USA)
A. Angelow (BUL)
Y. Vujin (YUG) u.
I. Daborg (NIG)

Weltergewicht
E. Correa (CUB)
J. Kajdi (HUN)
D. Murunga (KEN) u.
J. Valdez (USA)

Halbmittelgewicht
D. Kottysch (GER)
W. Rudkowski (POL)
A. Minter (GBR) u.
P. Tiepold (GDR)

Mittelgewicht
V. Lemeschew (URS)
R. Virtanen (FIN)
P. Amartey (GHA) u.
M. Johnson (USA)

Halbschwergewicht
M. Parlov (YUG)
G. Carrillo (CUB)
I. Ikhouria (NGR) u.
J. Gortat (POL)

Schwergewicht
T. Stevenson (CUB)
I. Alexe (ROM)
P. Hussing (GER) u.
H. Thomsen (SWE)

Kanu

HERREN

Einer-Canadier
I. Patzaichin (ROM) 4:08,94
T. Wichmann (HUN) 4:12,42
D. Lewe (GER) 4:13,63

Zweier-Canadier
URS 3:52,60
ROM 3:52,63
BUL 3:58,10

Einer-Kajak
A. Schaparenko (URS) 3:48,06
R. Petersson (SWE) 3:48,35
G. Csapo (HUN) 3:49,38

Zweier-Kajak
URS 3:31,23
HUN 3:32,00
POL 3:33,83

Vierer-Kajak
URS 3:14,02
ROM 3:15,07
NOR 3:15,25

DAMEN

Zweier-Kajak
URS 1:53,50
GDR 1:54,30
ROM 1:55,01

Kanu-Slalom

HERREN

Einer-Canadier
R. Eiben (GDR) 315,84
R. Kauder (GER) 327,89
J. McEwan (USA) 335,95

Zweier-Canadier
GDR 310,68
GER 311,90
FRA 315,10

Einer-Kajak
S. Horn (GDR) 268,56
N. Sattler (AUT) 270,76
H. Gimpel (GDR) 277, 95

DAMEN

Einer-Kajak
A. Bahmann (GDR) 364,50
G. Grothaus (GER) 398,15
M. Wunderlich (GER) 400,50

Radsport

1000 m Sprint
D. Morelon (FRA)
J.M. Nicholson (AUS)
D. Phakadse (URS)

1000 m Zeitfahren
N.C. Fredborg (DEN) 1:06,44
D. Clark (AUS) 1:06,87
J. Schütze (GDR) 1:07,02

4000 m Verfolgung
K. Knudsen (NOR) 4:47,74
X. Kurmann (SUI) 4:51,69
H. Lutz (GER)

Mannschaft
GER 4:22,14
GDR 4:25,25
GBR

2000 m Tandem
URS–GDR–POL

Straßenrennen
H. Kuiper (HOL) 4:14:37,0
K. Sefton (AUS) 4:15:04,0
J. Huelamo (ESP) 4:15:04,0

100 km Mannschafts-Zeitfahren
URS 2:11:17,8
POL 2:11:47,5
Bronze wegen Doping Hollands nicht vergeben

Reiten

Jagdspringen
G. Mancinelli (ITA) 8,00
A. Moore (GBR) 11,00
N. Shapiro (USA) 16,00

Preis der Nationen
GER–USA–ITA

Dressur
L. Linsenhoff (GER) 1229
E. Petuschkowa (URS) 1185
J. Neckermann (GER) 1177

Mannschaft
URS 5095
GER 5083
SWE 4849

Mannschaft
GBR 95,53
USA 10,81
GER –18,00

Fechten

HERREN

Florett
W. Woyda (POL)
J. Kamuti (HUN)
C. Noel (FRA)

Mannschaft
POL–URS–FRA

Degen
C. Fenyvesi (HUN)
J. La Degaillerie (FRA)
G. Kulcsar (HUN)

Mannschaft
HUN–SUI–URS

Säbel
W. Sidiak (URS)
P. Maroth (HUN)
V. Nazlymow (URS)

Mannschaft
ITA–URS–HUN

DAMEN

Florett
A. Ragno-Lonzi (ITA)
I. Bobis (HUN)
G. Gorochowa (URS)

Mannschaft
URS–HUN–ROM

Turnen

HERREN

Zwölfkampf
S. Kato (JPN) 114,650
E. Kenmotsu (JPN) 114,575
A. Nakayama (JPN) 114,325

Mannschaft
JPN 571,25
URS 564,05
GDR 559,70

Bodenturnen
N. Andrianow (URS) 19,175
A. Nakayama (JPN) 19,125
S. Kasamatsu (JPN) 19,025

Reck
M. Tsukahara (JPN) 19,725
S. Kato (JPN) 19,525
S. Kasamatsu (JPN) 19,450

Barren
S. Kato (JPN) 19,475
S. Kasamatsu (JPN) 19,375
E. Kenmotsu (JPN) 19,250

Seitpferd
V. Klimenko (URS) 19,125
S. Kato (JPN) 19,000
E. Kenmotsu (JPN) 18,950

Pferdsprung
K. Köste (GDR) 18,850
V. Klimenko (URS) 18,825
N. Andrianow (URS) 18,800

Ringe
A. Nakayama (JPN) 19,350
M. Woronin (URS) 19,275
M. Tsukahara (JPN) 19,225

DAMEN

Mannschaft
URS 380,50
GDR 376,55
HUN 368,25

Schwebebalken
O. Korbut (URS) 19,400
T. Lasakowitsch (URS) 19,375
K. Janz (GDR) 18,975

Stufenbarren
K. Janz (GDR) 19,675
O. Korbut (URS) 19,450 u.
E. Zuchold (GDR) 19,450

Pferdsprung
K. Janz (GDR) 19,525
E. Zuchold (GDR) 19,450
L. Turischtschewa (URS) 19,250

Bodenturnen
O. Korbut (URS) 19,575
L. Turischtschewa (URS) 19,550
T. Lasakowitsch (URS) 19,450

Handball

YUG–TCH–ROM

Hockey

GER–PAK–IND

Judo

Leichtgewicht
T. Kawaguchi (JPN)
Silber nicht vergeben
Y.I. Kom (PRK) u.
I. Mounier (FRA)

Weltergewicht
T. Nomura (JPN)
A. Yajkowski (POL)
D. Hötger (GDR) u.
A. Novikow (URS)

Mittelgewicht
S. Sekine (JPN)
S.L. Oh (PRK)
B. Jacks (GBR) u.
J.P. Cochet (FRA)

Leichtschwergewicht
S. Tschotschischwili (URS)
D.C. Starbrook (GBR)
P. Barth (GER) u.
C. Ishii (BRA)

Schwergewicht
W. Ruska (HOL)
K. Glahn (GER)
G. Onaschwili (URS) u.
M. Nishimura (JPN)

Allkategorie
W. Ruska (HOL)
V. Kusnetsow (URS)
A. Parisi (GBR) u.
J.C. Brondani (FRA)

Moderner Fünfkampf

A. Balczo (HUN) 5412
B. Onischenko (URS) 5335
P. Lednew (URS) 5328

Mannschaft
URS 15968
HUN 15348
FIN 14812

Rudern

Einer

Doppelzweier
URS 7:01,77
NOR 7:02,58
GDR 7:05,55

Zweier o. Steuermann
GDR 6:53,16
SUI 6:57,06
HOL 6:58,70

Zweier m. Steuermann
GDR 7:17,25
TCH 7:19,57
ROM 7:21,36

Vierer o. Steuermann
GDR 6:24,27
NZL 6:25,64
GER 6:28,41

Vierer m. Steuermann
GER 6:31,85
GDR 6:33,30
TCH 6:35,64

Achter
NZL 6:08,94
USA 6:11,61
GDR 6:11,67

Schießen

Freie Pistole
R. Skanaker (SWE) 567
D. Juga (ROM) 562
R. Dollinger (AUT) 560

Schnellfeuer-Pistole
J. Zapedzki (POL) 595
L. Faita (TCH) 594
V. Torschin (URS) 593

Laufender Keiler – 50 Meter
L. Schelesnjak (URS) 569
H. Bellingrodt (COL) 565
K. Kynoch (GBR) 562

Freigewehr
L. Wigger (USA) 1155
B. Melnik (URS) 1155
I. Pap (HUN) 1149

Kleinkalibergewehr
H.J. Li (PRK) 599
V. Auer (USA) 598
N. Rotaru (ROM) 598

Kleinkaliber – Dreistellungskampf
J. Writer (USA) 1166
L. Bassham (USA) 1157
W. Lippoldt (GDR) 1153

Trap
A. Scalzone (ITA) 199
M. Carrega (FRA) 198
S. Basagni (ITA) 195

Skeet
K. Wirnhier (GER) 195/25
E. Petrow (URS) 195/24
M. Buchheim (GDR) 195/23

Fußball

POL–HUN–GDR u. URS

Schwimmen

HERREN

100 m Freistil
M. Spitz (USA) 51,22
J. Heidenreich (USA) 51,65
W. Bure (URS) 51,77

200 m Freistil
M. Spitz (USA) 1:52,78
S. Genter (USA) 1:53,73
W. Lampe (GER) 1:53,99

400 m Freistil
B. Cooper (AUS) 4:00,27
S. Genter (USA) 4:01,94
T. McBreen (USA) 4:02,64

1500 m Freistil
M. Burton (USA) 15:52,58
G. Windeatt (AUS) 15:58:48
D. Northway (USA) 16:09,25

100 m Rücken
R. Matthes (GDR) 56,58
M. Stamm (USA) 57,70
J. Murphy (USA) 58,35

200 m Rücken
R. Matthes (GDR) 2:02,82
M. Stamm (USA) 2:04,09
M. Ivey (USA) 2:04,33

100 m Brust
N. Taguchi (JPN) 1:04,94
T. Bruce (USA) 1:05,43
J. Hencken (USA) 1:05,61

200 m Brust
J. Hencken (USA) 2:21,55
D. Wilkie (GBR) 2:23,67
N. Taguchi (JPN) 2:23,88

Mark Spitz

100 m Delphin
M. Spitz (USA) 54,27 Sek.
B. Robertson (CAN) 55,56
J. Heidenreich (USA) 55,74

200 m Delphin
M. Spitz (USA) 2:00,70
G. Hall (USA) 2:02,86
R. Backhaus (USA) 2:03,23

200 m Lagen
G. Larsson (SWE) 2:07,17
T. McKee (USA) 2:08,37
S. Furniss (USA) 2:08,45

400 m Lagen
G. Larsson (SWE) 4:31,981
T. McKee (USA) 4:31,983
A. Hargitay (HUN) 4:32,70

4 × 100-m-Freistilstaffel
USA 3:26,42
URS 3:29,72
GDR 3:32,42

4 × 200-m-Freistilstaffel
USA 7:35,78
GER 7:41,69
URS 7:45,76

4 × 100-m-Lagenstaffel
USA 3:48,16
GDR 3:52,12
CAN 3:52,26

Turmspringen
K. Dibiasi (ITA) 504,12
R. Rydze (USA) 480,75
F. Cagnotto (ITA) 475,83

Kunstspringen
V. Wasin (URS) 594,09
F. Cagnotto (ITA) 591,63
C. Lincoln (USA) 577,29

Wasserball
URS–HUN–USA

DAMEN

100 m Freistil
S. Nelson (USA) 58,59
S. Babashoff (USA) 59,02
S. Gould (AUS) 59,06

Shane Gould

200 m Freistil
S. Gould (AUS) 2:03,56
S. Babashoff (USA) 2:04,33
K. Rothammer (USA) 2:04,92

400 m Freistil
S. Gould (AUS) 4:19,04
N. Calligaris (ITA) 4:22,44
G. Wegner (GDR) 4:23,11

800 m Freistil
K. Rothammer (USA) 8:53,68
S. Gould (AUS) 8:56,39
N. Calligaris (ITA) 8:57,46

100 m Rücken
M. Belote (USA) 1:05,78
A. Gyarmati (HUN) 1:06,26
S. Atwood (USA) 1:06,34

200 m Rücken
M. Belote (USA) 2:19,19
S. Atwood (USA) 2:20,38
D.M. Gurr (CAN) 2:23,22

100 m Brust
C. Carr (USA) 1:13,58
G. Stepanowa (URS) 1:14,99
B. Whitfield (AUS) 1:15,73

200 m Brust
B. Whitfield (AUS) 2:41,71
D. Schoenfield (USA) 2:42,05
G. Stepanowa (URS) 2:42,36

100 m Delphin
M. Aoki (JPN) 1:03,34
R. Beyer (GDR) 1:03,61
A. Gyarmati (HUN) 1:03,73

200 m Delphin
K. Moe (USA) 2:15,57
L. Colella (USA) 2:16,34
E. Daniel (USA) 2:16,74

200 m Lagen
S. Gould (AUS) 2:23,07
C. Ender (GDR) 2:23,59
L. Vidali (ITA) 2:24,06

400 m Lagen
G. Neall (AUS) 5:02,97
L. Cliff (CAN) 5:03,57
N. Calligaris (ITA) 5:03,99

4 × 100-m-Freistilstaffel
USA 3:55,19
GDR 3:55,55
GER 3:57,93

4 × 100-m-Lagenstaffel
USA 4:20,75
GDR 4:24,91
GER 4:24,91

Turmspringen
U. Knape (SWE) 390,00
M. Duchkova (TCH) 370,92
M. Janicke (GDR) 360,54

Kunstspringen
M. King (USA) 450,03
U. Knape (SWE) 434,19
M. Janicke (GDR) 390,92

Volleyball

HERREN
JPN–GDR–URS

DAMEN
URS–JPN–PRK

Gewichtheben

Fliegengewicht
Y. Smalcerz (POL) 337,5
L. Szües (HUN) 330,0
S. Holczreiter (HUN) 327,5

Bantamgewicht
I. Földi (HUN) 377,5
M. Nassiri (IRN) 370,0
G. Tschetin (URS) 367,5

Federgewicht
N. Nurikjan (BUL) 402,5
D. Schanidse (URS) 400,0
J. Benedek (HUN) 390,0

Leichtgewicht
M. Kirschinow (URS) 460,0
M. Koutchew (BUL) 450,0
J. Kaczmarek (POL) 437,5

Mittelgewicht
Y. Bikow (BUL) 485,0
M. Trabulsi (LIB) 472,5
A. Silvino (ITA) 470,0

Leichtschwergewicht
L. Jensen (NOR) 507,5
N. Ozimek (POL) 497,5
G. Horvath (HUN) 495,0

Mittelschwergewicht
A. Nikolow (BUL) 525,0
A. Chopow (BUL) 517,5
H. Bettembourg (SWE) 512,5

Schwergewicht
Y. Talts (URS) 580,0
A. Kraitchew (BUL) 562,5
G. Grützner (GDR) 555,0

Wassili Alexejew

Superschwergewicht
A. Alexejew (URS) 640,0
R. Mang (GER) 610,0
G. Bonk (GDR) 572,5

Ringen

FREISTIL

Leichtfliegengewicht
R. Dimitrew (URS)
O. Nikolow (BUL)
E. Javadpour (IRN)

Fliegengewicht
K. Kato (JPN)
A. Alachwerdjew (URS)
H.K. Gwong (PRK)

Bantamgewicht
H. Yanagida (JPN)
R. Sanders (USA)
L. Klinga (HUN)

Federgewicht
Y. Abdulbekow (URS)
V. Akdag (TUR)
I. Krastew (BUL)

Leichtgewicht
D. Gable (USA)
K. Wada (JPN)
R. Aschuraljew (URS)

Weltergewicht
W. Wells (USA)
J. Karlsson (SWE)
A. Seger (GER)

Mittelgewicht
L. Tediaschwili (URS)
J. Peterson (USA)
V. Jorga (ROM)

Halbschwergewicht
B. Peterson (USA)
G. Strachow (URS)
K. Bajko (HUN)

Schwergewicht
I. Jarygin (URS)
K. Baianmunkh (MGL)
J. Csatari (HUN)

Superschwergewicht
A. Medwed (URS)
O. Duralyev (BUL)
C. Taylor (USA)

GRIECHISCH-RÖMISCH

Leichtfliegengewicht
G. Berceanu (ROM)
R. Aliabadi (IRN)
S. Anghelow (BUL)

Fliegengewicht
P. Kirow (BUL)
K. Hirayama (JPN)
G. Bognanni (ITA)

Bantamgewicht
P. Kazakow (URS)
H.J. Veil (GER)
R. Björlin (FIN)

Federgewicht
G. Markow (BUL)
H.H. Wehling (GDR)
K. Lipien (POL)

Leichtgewicht
S. Chisamutdinow (URS)
S. Apostolow (BUL)
G.M. Ranzi (ITA)

Weltergewicht
V. Macha (TCH)
P. Galaktopoulos (GRE)
J. Karlsson (SWE)

Mittelgewicht
C. Hegedus (HUN)
A. Narazenko (HUN)
M. Nenadic (YUG)

Halbschwergewicht
V. Resanzew (URS)
J. Corak (YUG)
C. Kwiecinski (POL)

Schwergewicht
N. Martinescu (ROM)
N. Jakowenko (URS)
F. Kiss (HUN)

Superschwergewicht
A. Roschtin (URS)
A. Tomow (BUL)
V. Dolipschi (ROM)

Segeln

Tempest
URS–GBR–USA

Soling
USA–SWE–CAN

Flying Dutchman
GBR–FRA–GER

Drachen
AUS–GDR–USA

Starboot
AUS–SWE–GER

Finn-Dinghi
S. Maury (FRA)
I. Hatzipavlis (GRE)
V. Potapow (URS)

1976 INNSBRUCK

Ski nordisch

HERREN

15 km Langlauf
N. Baschukow (URS) 43:58,47
J. Beljajew (URS) 44:01,10
A. Koivisto (FIN) 44:19,25

30 km Langlauf
S. Saweljew (URS) 1:30:29
W. Koch (USA) 1:30:58
I. Garanin (URS) 1:31:09

50 km Langlauf
I. Formo (NOR) 2:37:30
G.D. Klause (GDR) 2:38:13
B. Södergren (SWE) 2:39:39

4 × 10-km-Staffel
FIN 2:07:59
NOR 2:09,58
URS 2:10:51

Spezialspringen (70 m)
H.G. Aschenbach (GDR) 252
J. Danneberg (GDR) 246,2
K. Schnabl (AUT) 242

Karl Schnabl

Spezialspringen (90 m)
K. Schnabl (AUT) 234,8
A. Innauer (AUT) 232,9
H. Glass (GDR) 221,7

Nordische Kombination
U. Wehling (GDR) 423,39
U. Hettich (GER) 418,90
K. Winkler (GDR) 417,47

Biathlon
N. Kruglow (URS) 1:14:12
H. Ikola (FIN) 1:15:54
A. Jelisarow (URS) 1:16:05

Biathlon-Staffel
URS 1:57:55
FIN 2:01:45
GDR 2:04:08

DAMEN

5 km Langlauf
H. Takalo (FIN) 15:48,69
R. Smetanina (URS) 15:49,73
N. Baldischewa (URS) 16:12,82

10 km Langlauf
R. Smetanina (URS) 30:13,41
H. Takalo (FIN) 30:14,28
G. Kulakowa (URS) 30:38,61

4 × 5-km-Staffel
URS 1:07:49
FIN 1:08:36
GDR 1:09:57

Ski alpin

HERREN

Abfahrt
F. Klammer (AUT) 1:45,73
B. Russi (SUI) 1:46,06
H. Plank (ITA) 1:46,59

Riesenslalom
H. Hemmi (SUI) 3:26,97
E. Good (SUI) 3:27,17
I. Stenmark (SWE) 3:27,41

Spezialslalom
P. Gros (ITA) 2:03,29
G. Thöni (ITA) 2:03,73
W. Frommelt (LIE) 2:04,28

DAMEN

Abfahrt
R. Mittermaier (GER) 1:46,16
B. Totschnig (AUT) 1:46,68
C. Nelson (USA) 1:47,50

Riesenslalom
K. Kreiner (CAN) 1:29,13
R. Mittermaier (GER) 1:29,25
D. Debernard (FRA) 1:29,95

Spezialslalom
R. Mittermaier (GER) 1:30,54
C. Giordani (ITA) 1:30,87
H. Wenzel (LIE) 1:32,20

John Curry

Eiskunstlauf

Herren
J. Curry (GBR) 192,74
W. Kowaljew (URS) 187,64
T. Cranston (CAN) 187,38

Damen
D. Hamill (USA) 193,80

Dorothy Hamill

D. de Leeuw (HOL) 190,24
C. Errath (GDR) 188,16

Paarlauf
I. Rodnina/A. Saitzew (URS) 140,54

I. Rodnina / Saitzew

R. Kermer/R. Österreich (GDR) 136,35
M. Gross/U. Kagelmann (GDR) 134,57

Eistanz

L. Pachomowa/A. Gorschkow (URS) 209,92
I. Moissejewa/A. Minenkow (URS) 204,88
C. O'Connor/J. Millns (USA) 202,64

Eisschnellauf

HERREN

500 Meter
J. Kulikow (URS) 39,17
W. Muratow (URS) 39,25
D. Immerfall (USA) 39,54

1000 Meter
P. Müller (USA) 1:19,32
J. Didriksen (NOR) 1:20,45
W. Muratow (URS) 1:20,57

1500 Meter
J.E. Storholt (NOR) 1:59,38
J. Kondakow (URS) 1:59,97

10000 Meter
P. Kleine (HOL) 14:50,59
S. Stensen (NOR) 14:53,30
H. v. Helden (HOL) 15:02,02

DAMEN

500 Meter
S. Young (USA) 42,76
C. Priestner (CAN) 43,12
T. Awerina (URS) 43,17

1000 Meter
T. Awerina (URS) 1:28,43
L. Poulos (USA) 1:28,57
S. Young (USA) 1:29,14

1500 Meter
G. Stepanskaja (URS) 2:16,58
S. Young (USA) 2:17,06
T. Awerina (URS) 2:17,96

3000 Meter
T. Awerina (URS) 4:45,19
A. Mitscherlich (GDR) 4:45,23
L. Korsmo (NOR) 4:45,24

Bob

Zweier-Bob
GDR II 3:44,42
GER I 3:44,99
SUI I 3:45,70

Vierer-Bob
GDR I 3:40,43
SUI II 3:40,89
GER I 3:41,37

Rodeln

HERREN

Einsitzer
D. Günther (GDR) 3:27,68
J. Fendt (GER) 3:28,19
H. Rinn (GDR) 3:28,57

Doppelsitzer
GDR 1:25,60
GER 1:25,88
AUT 1:25,91

DAMEN

Einsitzer
M. Schumann (GDR) 2:50,62
U. Rührold (GDR) 2:50,84
E. Demleitner (GER) 2:51,05

Eishockey

URS–TCH–GER

1976 MONTREAL

Leichtathletik

HERREN

100 Meter
H. Crawford (TRI) 10,06
D. Quarrie (JAM) 10,08
W. Borsow (URS) 10,14

200 Meter
D. Quarrie (JAM) 20,23
M. Hampton (USA) 20,29
D. Evans (USA) 20,43

400 Meter
A. Juantorena (CUB) 44,26
F. Newhouse (USA) 44,40

1500 Meter
J. Walker (NZL) 3:39,17
I. van Damme (BEL) 3:39,27
P. Wellmann (GER) 3:39,33

5000 Meter
L. Viren (FIN) 13:24,76
D. Quax (NZL) 13:25,16
K.P. Hildenbrand (GER) 13:25,38

Lasse Viren

10000 Meter
L. Viren (FIN) 27:40,38
C. Lopez (POR) 27:45,17
B. Foster (GBR) 27:54,92

Marathon
W. Cierpinski (GDR) 2:09:55,0
F. Shorter (USA) 2:10:45,8
K. Lismont (BEL) 2:11:12,6

110 m Hürden
G. Drut (FRA) 13,30
A. Casanas (CUB) 13,33
W. Davenport (USA) 13,38

400 m Hürden
E. Moses (USA) 47,64
M. Shine (USA) 48,69
J. Gawrilenko (URS) 49,45

3000 m Hindernis
A. Gärderud (SWE) 8:08,02
B. Malinowski (POL) 8:09,11
F. Baumgartl (GDR) 8:10,36

Anders Gärderud

20 km Gehen
D. Bautista (MEX) 1:24:40,6
H. Reimann (GDR) 1:25:13,8
P. Frenkel (GDR) 1:25:29,4

4 × 100-m-Staffel
USA 38,33
GDR 38,66

Hochsprung
J. Wszola (POL) 2,25
G. Joy (CAN) 2,23
D. Stones (USA) 2,21

Weitsprung
A. Robinson (USA) 8,35
R. Williams (USA) 8,11
F. Wartenberg (GDR) 8,02

Dreisprung
V. Sanejew (URS) 17,29
J. Butts (USA) 17,18
J. de Oliveira (BRA) 16,90

Stabhochsprung
T. Slusarski (POL) 5,50
A. Kalliomäki (FIN) 5,50
D. Roberts (USA) 5,50

Kugelstoßen
U. Beyer (GDR) 21,05
J. Mironow (URS) 21,03
A. Baryschnikow (URS) 21,00

Diskuswerfen
M. Wilkins (USA) 67,50
W. Schmidt (GDR) 66,22
J. Powell (USA) 65,70

Mac Wilkins

Hammerwerfen
J. Sedych (URS) 77,52
A. Spriridonow (URS) 76,08
A. Bondartschuk (URS) 75,48

Speerwerfen
M. Nemeth (HUN) 94,58
H. Siitonen (FIN) 87,92
G. Megelea (ROM) 87,16

Zehnkampf
B. Jenner (USA) 8618
G. Kratschmer (GER) 8411
N. Awilow (URS) 8369

DAMEN

100 Meter
A. Richter (GER) 11,08
R. Stecher (GDR) 11,13
I. Helten (GER) 11,17

200 Meter
B. Eckert (GDR) 22,37
A. Richter (GER) 22,39
R. Stecher (GDR) 22,47

400 Meter
I. Szewinska (POL) 49,29
C. Brehmer (GDR) 50,51
E. Streidt (GDR) 50,55

800 Meter
T. Kasankina (URS) 1:54,94
N. Schterewa (BUL) 1:55,42
E. Zinn (GDR) 1:55,60

U. Klapezynski (GDR) 4:06,09

100 m Hürden
J. Schaller (GDR) 12,77
T. Anissimowa (URS) 12,78
N. Lebedjewa (URS) 12,80

4 × 100-m-Staffel
GDR 42,55
GER 42,59
URS 43,09

4 × 400-m-Staffel
GDR 3:19,23
USA 3:22,81
URS 3:24,24

Hochsprung
R. Ackermann (GDR) 1,93
S. Simeoni (ITA) 1,91
J. Blagojewa (BUL) 1,91

Weitsprung
A. Voigt (GDR) 6,72
K. McMillan (USA) 6,66
L. Alfejewa (URS) 6,60

Kugelstoßen
I. Christowa (BUL) 21,16
N. Tschischowa (URS) 20,96
H. Fibingerova (TCH) 20,67

Diskuswerfen
E. Schlaak (GDR) 69,00
M. Wergowa (BUL) 67,30
G. Hinzmann (GDR) 66,84

Speerwerfen
R. Fuchs (GDR) 65,94
M. Becker (GER) 64,70
K. Schmidt (USA) 63,96

Fünfkampf
S. Siegl (GDR) 4745
C. Laser (GDR) 4745
B. Pollak (GDR) 4740

Siegrun Siegl

Bogenschießen

HERREN
D. Pace (USA) 2571
H. Michinaga (JPN) 2502
G. Ferrari (ITA) 2495

DAMEN
L. Ryon (USA) 2499
W. Kowpan (URS) 2460
S. Rustamowa (URS) 2407

Basketball

Boxen

Leichtfliegengewicht
J. Hernandez (CUB)
B.U. Li (PRK)
P. Pooltarat (THH) u.
O. Maldonado (PUR)

Fliegengewicht
L. Randolph (USA)
R. Duvalong (CUB)
D. Torosjan (URS) u.
L. Blazynski (POL)

Bantamgewicht
Y.J. Gu (PRK)
C. Mooney (USA)
P. Cowdell (GBR) u.
C. Hwang (KOR)

Federgewicht
A. Herrera (CUB)
R. Nowakowski (GDR)
J. Paredes (MEX) u.
L. Kosedowski (POL)

Leichtgewicht
H. Davis (USA)
S. Cutov (ROM)
A. Rusevski (YUG) u.
V. Solomin (URS)

Halbweltergewicht
R. Leonard (USA)
A. Aldama (CUB)
V. Kolew (BUL) u.
K. Szczerba (POL)

Weltergewicht
J. Bachfeld (GDR)
P.J. Gamarro (VEN)
R. Skricek (GER) u.
V. Zilberman (ROM)

Halbmittelgewicht
J. Rybicki (POL)
T. Kacar (YUG)
V. Sawtschenko (URS) u.
R. Garbey (CUB)

Mittelgewicht
M. Spinks (USA)
R. Riskiew (URS)
A. Nastac (ROM) u.
L. Martinez (CUB)

Halbschwergewicht
L. Spinks (USA)
S. Soria (CUB)
C. Dafinoiu (ROM) u.
J. Gortat (POL)

Schwergewicht
T. Stevenson (CUB)
M. Simon (ROM)
J. Tate (USA) u.
C. Hill (BER)

Kanu

HERREN

Einer-Canadier – 500 m
A. Rogow (URS) 1:59,23
J. Wood (CAN) 1:59,58
M. Ljubek (YUG) 1:59,60

Einer-Canadier – 1000 m
M. Ljubek (YUG) 4:05,51
W. Jurtschenko (URS) 4:12,57
T. Wichmann (HUN) 4:14,11

Zweier-Canadier – 500 m
URS 1:45,81
POL 1:47,77
HUN 1:48,35

Zweier-Canadier – 1000 m
URS 3:52,76
ROM 3:54,28
HUN 3:55,66

Einer-Kajak – 500 m
V. Diba (ROM) 1:46,41
Z. Sztanity (HUN) 1:46,95
R. Helm (GDR) 1:48,30

Einer-Kajak – 1000 m
R. Helm (GDR) 3:48,20
G. Csapo (HUN) 3:48,84
V. Diba (ROM) 3:49,65

Zweier-Kajak – 500 m
GDR 1:35,87
URS 1:36,81
ROM 1:37,43

Zweier-Kajak – 1000 m
URS 3:29,01
GDR 3:29,33
HUN 3:30,36

Vierer-Kajak – 1000 m
URS 3:08,69
ESP 3:08,95
GDR 3:10,76

DAMEN

Einer-Kajak – 500 m
C. Zirzow (GDR) 2:01,05
T. Korschunowa (URS) 2:03,07
K. Rajnai (HUN) 2:05,01

Zweierkajak – 500 m
URS 1:51,15
HUN 1:51,69
GDR 1:51,81

Radsport

1000 m Sprint
A. Tkac (TCH) 10,78
D. Morelon (FRA)
H.J. Geschke (GDR)

1000 m Zeitfahren
K.J. Grünke (GDR) 1:05,92
M. Vaarten (BEL) 1:07,51
N. Fredborg (DEN) 1:07,61

4000 m Verfolgung
G. Braun (GER) 4:47,61
H. Ponsteen (HOL) 4:49,72
T. Huschke (GDR) 4:52,71

Mannschaft
GER 4:21,06
URS 4:27,15
GBR 4:22,41

Straßenrennen
B. Johansson (SWE) 4:46:52
G. Martinelli (ITA)
M. Nowicki (POL)

100 km Mannschafts-Zeitfahren
URS 2:08:53
POL 2:09:13
DEN 2:12:20

Reitsport

Jagdspringen

Alwin Schockemöhle

A. Schockemöhle (GER) 0
M. Vaillancourt (CAN) 12 + 4
F. Mathy (BEL) 12 + 8

Preis der Nationen
FRA–GER–BEL

Dressur
C. Stückelberger (SUI) 1486
H. Boldt (GER) 1435
R. Klimke (GER) 1395

Mannschaft
GER–SUI–USA

Military
E. Coffin (USA) 114,99
J. Plumb (USA) 125,85
K. Schultz (GER) 129,45

Mannschaft
USA–GER–AUS

Fechten

HERREN

Florett
F. dal Zotto (ITA)
A. Romankow (URS)
B. Talvard (FRA)

Mannschaft
GER–ITA–FRA

Degen
A. Pusch (GER)
J. Hehn (GER)
G. Kulcsar (HUN)

Mannschaft
SWE–GER–SUI

Säbel
V. Krowopuskow (URS)
V. Nazlimow (URS)
V. Sidiak (URS)

Mannschaft
URS–ITA–ROM

DAMEN

Florett
I. Schwarczenberger (HUN)
M.C. Collino (ITA)
E. Belowa (URS)

Mannschaft
URS–FRA–HUN

Turnen

HERREN

Zwölfkampf
N. Andrianow (URS) 116,650
S. Kato (JPN) 115,650
M. Tsukahara (JPN) 115,575

Mannschaft
JPN–URS–GDR

Bodenturnen
N. Andrianow (URS) 19,450
W. Martschenko (URS) 19,425
P. Kormann (USA) 19,300

Reck
M. Tsukahara (JPN) 19,675
E. Kenmotsu (JPN) 19,500
E. Gienger (GER) 19,475 u.
H. Boerio (FRA) 19,475

Barren
S. Kato (JPN) 19,675
N. Andrianow (URS) 19,500
M. Tsukahara (JPN) 19,475

Seitpferd
Z. Magyar (HUN) 19,700
E. Kenmotsu (JPN) 19,575
M. Nicolai (GDR) 19,525 u.
N. Andrianow (URS) 19,525

Pferdsprung
N. Andrianow (URS) 19,450
M. Tsukahara (JPN) 19,375
H. Kajiyama (JPN) 19,275

Ringe
N. Andrianow (URS) 19,650
A. Ditjatin (URS) 19,550
D. Grecu (ROM) 19,500

DAMEN

Achtkampf
N. Comaneci (ROM) 79,275
N. Kim (URS) 78,675
L. Turischtschewa (URS) 78,625

Mannschaft
URS–ROM–GDR

Schwebebalken
N. Comaneci (ROM) 19,950
O. Korbut (URS) 19,725
T. Ungureanu (ROM) 19,700

Nadia Comaneci

Stufenbarren
N. Comaneci (ROM) 20,000
T. Ungureanu (ROM) 19,800
M. Egervari (HUN) 19,775

Pferdsprung
N. Kim (URS) 19,800
L. Turischtschewa (URS) 19,650
C. Dombeck (GDR) 19,650

Bodenturnen
N. Kim (URS) 19,850
L. Turischtschewa (URS) 19,825
N. Comaneci (ROM) 19,570

Handball

HERREN
URS–ROM–POL

DAMEN
URS–GDR–HUN

Hockey

NZL–AUS–PAK

Judo

Leichtgewicht
H. Rodriguez (CUB)
E. Chang (KOR)
F. Mariani (ITA) u.
J. Tuncsik (HUN)

Weltergewicht
V. Newsorow (URS)
K. Kuramoto (JPN)
P. Vial (FRA) u.
M. Talaj (POL)

Mittelgewicht
I. Sonoda (JPN)
W. Dwoinikow (URS)
S. Obadov (YUG) u.
Y. Park (KOR)

Halbschwergewicht
K. Nimomiya (JPN)
R. Harschiladse (URS)
D. Starbrook (GBR) u.
J. Roethlisberger (SUI)

Schwergewicht
S. Novikow (URS)
G. Neureuther (GER)
S. Endo (JPN) u.
A. Coage (USA)

Offene Klasse
H. Uemura (JPN)
K. Remfry (GBR)
S. Tschotschischwili (URS) u.
J. Cho (KOR)

Moderner Fünfkampf

J. Pyciak-Peciak (POL) 5520
P. Lednew (URS) 5485
J. Bartu (TCH) 5466

Mannschaft
GBR–TCH–HUN

Rudern

HERREN

Pertti Karppinen

Einer
P. Karppinen (FIN) 7:29,03
P.M. Kolbe (GER) 7:31,67
J. Dreifke (GDR) 7:38,03

Doppelzweier
NOR 7:13,20
GBR 7:15,26
GDR 7:17,45

Doppelvierer
GDR 6:18,65
URS 6:19,89
TCH 6:21,77

Zweier o. Steuermann
GDR 7:23,31
USA 7:26,73
GER 7:30,03

Zweier m. Steuermann
GDR 7:58,99
URS 8:01,82
TCH 8:03,28

Vierer o. Steuermann
GDR 6:37,42
NOR 6:41,22
URS 6:42,53

Vierer m. Steuermann
URS 6:40,22
GDR 6:42,70
GER 6:46,96

Achter
GDR 5:58,29
GBR 6:00,82
NZL 6:03,51

DAMEN

Einer
C. Scheiblich (GDR) 4:05,56
J. Lind (USA) 4:06,21
E. Antonowa (URS) 4:10,24

Doppelzweier
BUL 3:44,36
GDR 3:47,86
URS 3:49,93

Doppelvierer
GDR 3:29,99
URS 3:32,49
ROM 3:32,76

Zweier o. Steuerfrau
BUL 4:01,22
GDR 4:01,64
GER 4:02,35

Vierer m. Steuerfrau
GDR 3:45,08
BUL 3:48,24
URS 3:49,38

Achter
GDR 3:33,32
URS 3:36,17
USA 3:38,68

Schießen

Freie Pistole
U. Potteck (GDR) 573
H. Vollmar (GDR) 567
R. Dollinger (AUT) 562

Schnellfeuer-Pistole
N. Klaar (GDR) 597
J. Wiefel (GDR) 596
R. Ferraris (ITA) 595

Kleinkalibergewehr
K. Smieszek (GER) 599
U. Lind (GER) 597
G. Luschtschikow (URS) 595

Kleinkaliber – Dreistellungskampf
L. Bassham (USA) 1162
M. Murdock (USA) 1162
W. Seibold (GER) 1160

Laufender Keiler
A. Gasow (URS) 579
A. Kedijarow (URS) 576
J. Greszkiewicz (POL) 571

Trap
D. Haldeman (USA) 190
A. Silva-Marques (POR) 189
U. Baldi (ITA) 189

Skeet
J. Panacek (TCH) 198
E. Swinkels (HOL) 198
W. Gawlikowski (POL) 196

Brian Goodell

Fußball

GDR–POL–URS

Schwimmen

HERREN

100 m Freistil
J. Montgomery (USA) 49,99
J. Babashoff (USA) 50,81

John Naber

P. Nocke (GER) 51,31

200 m Freistil
B. Furniss (USA) 1:50,29
J. Naber (USA) 1:50,50
J. Montgomery (USA) 1:50,58

400 m Freistil
B. Goodell (USA) 3:51,93
T. Shaw (USA) 3:52,54
W. Raskatow (URS) 3:55,76

1500 m Freistil
B. Goodell (USA) 15:02,40
B. Hackett (USA) 15:03,21
S. Holland (AUS) 15:04,66

100 m Rücken
J. Naber (USA) 55,49

David Wilkie

P. Rocca (USA) 56,34
R. Matthes (GDR) 57,22

200 m Rücken
J. Naber (USA) 1:59,19
P. Rocca (USA) 2:00,55
D. Harrigan (USA) 2:01,35

100 m Brust
J. Hencken (USA) 1:03,11
D. Wilkie (GBR) 1:03,43
A. Juzaitis (URS) 1:04,23

200 m Brust
D. Wilkie (GBR) 2:15,11
J. Hencken (USA) 2:17,26
R. Colella (USA) 2:19,20

200 m Delphin
M. Bruner (USA) 1:59,23
S. Gregg (USA) 1:59,54
B. Forrester (USA) 1:59,96

400 m Lagen
R. Strachan (USA) 4:23,68
T. McKee (USA) 4:24,62
A. Smirnow (URS) 4:26,90

4 × 200-m-Freistilstaffel
USA 7:23,22
URS 7:27,97
GBR 7:32,11

4 × 100 m Lagen
USA 3:42,22
CAN 3:45,94
GER 3:47,29

Turmspringen
K. Dibiasi (ITA) 600,51
G. Louganis (USA) 576,99
W. Alejnik (URS) 548,61

Kunstspringen
P. Boggs (USA) 619,05
F. Cagnotto (ITA) 570,48
A. Kosenkow (URS) 567,24

Wasserball
HUN–ITA–HOL

DAMEN

100 m Freistil
K. Ender (GDR) 55,65
P. Priemer (GDR) 56,49
E. Brigitha (HOL) 56,65

200 m Freistil
K. Ender (GDR) 1:59,26
S. Babashoff (USA) 2:01,22
E. Brigitha (HOL) 2:01,40

400 m Freistil
P. Thümer (GDR) 4:09,98
S. Babashoff (USA) 4:10,46
S. Smith (CAN) 4:14,60

800 m Freistil
P. Thümer (GDR) 8:37,14
S. Babashoff (USA) 8:37,59
W. Weinberg (USA) 8:42,60

100 m Rücken
U. Richter (GDR) 1:01,83
B. Treiber (GDR) 1:03,41
N. Garapick (CAN) 1:03,71

200 m Rücken
U. Richter (GDR) 2:13,43
B. Treiber (GDR) 2:14,97
N. Garapick (CAN) 2:15,60

100 m Brust
H. Anke (GDR) 1:11,16
L. Russanowa (URS) 1:13,04
M. Koschewaja (URS) 1:13,30

200 m Brust
M. Koschewaja (URS) 2:33,35
M. Urtschinia (URS) 2:36,08
L. Russanowa (URS) 2:36,22

100 m Delphin
K. Ender (GDR) 1:00,13
A. Pollack (GDR) 1:00,98
W. Boglioli (USA) 1:01,17

200 m Delphin
A. Pollack (GDR) 2:11,41
U. Tauber (GDR) 2:12,50
R. Gabriel-Kother (GDR) 2:12,86

4 × 100-m-Freistilstaffel
USA 3:44,82
GDR 3:45,50
CAN 3:48,81

4 × 100-m-Lagenstaffel
GDR 4:07,95
USA 4:14,55
CAN 4:15,22

Turmspringen
E. Waizechowskaja (URS) 406,59
U. Knape (SWE) 402,60
D. Wilson (USA) 401,07

Kunstspringen
J. Chandler (USA) 506,19
C. Köhler (GDR) 469,41
C. McIngvale (USA) 466,83

Volleyball

HERREN
POL–URS–CUB

DAMEN
JPN–URS–KOR

Gewichtheben

Fliegengewicht
A. Woronin (URS) 242,5
G. Köszegi (HUN) 237,5
M. Nassiri (IRN) 235

Bantamgewicht
N. Nurikjan (BUL) 262,5
G. Cziura (POL) 252,5
K. Ando (JPN) 250,0

Federgewicht
N. Kolesnikow (URS) 285,0
G. Todorow (BUL) 280,0
K. Hirai (JPN) 275

Leichtgewicht
Z. Kaczmarek (POL) 307,5
P. Korol (URS) 305,0
D. Senet (FRA) 300,0

Mittelgewicht
J. Mitkow (BUL) 335,0
W. Militosjan (URS) 330,0
P. Wenzel (GDR) 327,5

Leichtschwergewicht
W. Schari (URS) 365,0
B. Blagojew (BUL) 362,5
T. Stoitschew (URS) 360,0

Mittelschwergewicht
D. Rigert (URS) 382,5
L. James (USA) 362,5
A. Schopow (URS) 360

Schwergewicht
V. Christow (BUL) 400,0
J. Saizew (URS) 385,0
K. Semerdjew (URS) 385

Superschwergewicht
W. Alexejew (URS) 440,0
G. Bonk (GDR) 405,0
H. Losch (GDR) 387,5

Ringen

FREISTIL

Leichtfliegengewicht
H. Issajew (BUL)
R. Dimitriew (URS
A. Kudo (JPN)

Fliegengewicht
Y. Tadaka (JPN)
H.-D. Bruchert (GDR)
M. Arai (JPN)

Federgewicht
J.-M. Yang (KOR)
Y. Oidov (MGL)
G. Davis (USA)

Weltergewicht
J. Date (JPN)
L. Keaser (USA)
Y. Sugawara (JPN)

Mittelgewicht
J. Peterson (USA)
V. Nowofilow (URS)
A. Seger (GER)

Halbschwergewicht
L. Tediaschwili (URS)
B. Peterson (USA)
S. Morcov (ROM)

Schwergewicht
I. Yarygin (URS)
R. Hellickson (USA)
D. Kostov (BUL)

Superschwergewicht
S. Andijew (URS)
J. Balla (HUN)
L. Simon (ROM)

GRIECHISCH-RÖMISCH

Papiergewicht
A. Schumakow (URS)
G. Berceanu (ROM)
S. Anghelov (BUL)

Fliegengewicht
V. Kostantinow (URS)
N. Ginga (ROM)
K. Hirayama (JPN)

Bantamgewicht
P. Ukkola (FIN)
I. Frgic (YUG)
F. Mustafin (URS)

Federgewicht
K. Lipien (POL)
N. Davidian (URS)
L. Reczi (HUN)

Leichtgewicht
S. Nalbandyan (URS)
S. Rusu (ROM)
H.-H. Wehling (GDR)

Weltergewicht
A. Bykow (URS)
V. Macha (TCH)
K. Helbing (GER)

Mittelgewicht
M. Petkovic (YUG)
V. Tscheboksarow (URS)
I. Kolew (BUL)

Halbschwergewicht
V. Resanzew (URS)
S. Ivanow (BUL)
C. Kwiecinski (POL)

Schwergewicht
N. Balboschin (URS)
K. Goranow (BUL)
A. Skrzylewski (POL)

Superschwergewicht
A. Koltschinski (URS)
A. Tomow (BUL)
B. Codreanu (ROM)

Segeln

Flying Dutchman
GER–GBR–BRA

Tornado
GBR–USA–GER

470er
GER–ESP–AUS

Finn-Dinghi
J. Schumann (GDR)
A. Balaschow (URS)
J. Bertrand (AUS)

1980 LAKE PLACID

Ski nordisch

HERREN

15 km Langlauf
T. Wassberg (SWE) 41:57,63
J. Mieto (FIN) 41:57,64
O. Aunli (NOR) 42:28,62

30 km Langlauf
N. Simjatow (URS) 1:27:02,80
W. Rotschew (URS) 1:27:34,22
I. Lebanov (BUL) 1:28:03,87

50 km Langlauf
N. Simjatow (URS) 2:27:24,60
J. Mieto (FIN) 2:30:20,52
A. Sawjalow (URS) 2:30:52,52

4 × 10-km-Staffel
URS 1:57:03,46
NOR 1:58:45,77
FIN 2:00:00,18

Spezialspringen (70 m)
A. Innauer (AUT) 266,3
M. Deckert (GDR) 249,2
H. Yagi (JPN) 249,2

Spezialspringen (90 m)
J. Törmänen (FIN) 271,0
H. Neuper (AUT) 262,4
J. Puikkonen (FIN) 248,5

Nordische Kombination
U. Wehling (GDR) 432,200
J. Karjalainen (FIN) 429,500
K. Winkler (GDR) 425,320

Biathlon – 10 km
F. Ullrich (GDR) 32:10,69
W. Alikin (URS) 32:53,10
A. Aljabiew (URS) 33:09,16

Biathlon – 20 km
A. Aljabiew (URS) 1:08:16,31
F. Ullrich (GDR) 1:08:27,79
E. Rösch (GDR) 1:11:11,73

4 × 7,5-km-Staffel
URS 1:34:03,27
GDR 1:34:56,99
GER 1:37:30,26

DAMEN

5 km Langlauf
R. Smetanina (URS) 15:06,92
H. Riihivuori (FIN) 15:11,96
K. Jeriova (TCH) 15:23,44

10 km Langlauf
B. Petzold (GDR) 30:31,54
H. Riihivuori (FIN) 30:35,05
H. Takalo (FIN) 30:45,25

4 × 5-km-Staffel
GDR 1:02:11,10
URS 1:03:18,30
NOR 1:04:13,50

Ski alpin

Leonhard Stock

HERREN

Abfahrt
L. Stock (AUT) 1:45,50
P. Wirnsberger (AUT) 1:46,12
S. Podborski (CAN) 1:46,62

Riesenslalom
I. Stenmark (SWE) 2:40,74
A. Wenzel (LIE) 2:41,49
H. Enn (AUT) 2:42,51

Slalom
I. Stenmark (SWE) 1:44,26
P. Mahre (USA) 1:44,76
J. Lüthy (SUI) 1:45,06

DAMEN

Abfahrt
A. Moser (AUT) 1:37,52
H. Wenzel (LIE) 1:38,22
M.T. Nadig (SUI) 1:38,36

Riesenslalom
H. Wenzel (LIE) 2:41,66
I. Epple (GER) 2:42,12
P. Pelen (FRA) 2:42,41

Slalom
H. Wenzel (LIE) 1:25,09
C. Kinshofer (GER) 1:26,50
E. Hess (SUI) 1:27,89

Eiskunstlauf

Robin Cousins

Herren
R. Cousins (GBR) 189,48
J. Hoffmann (GDR) 188,72
C. Tickner (USA) 187,06

Damen
A. Pötzsch (GDR) 189,00
L. Fratianne (USA) 188,30
D. Lurz (GER) 183,04

Paarlauf
I. Rodnina/A. Saitzew (URS) 147,26
M. Tscherkassowa/ S. Schachrai (URS) 140,52
M. Mager/U. Bewersdorff (GDR) 140,52

Eistanz
N. Linitschuk/G. Karponossow (URS) 205,48
K. Regoeczy/A. Sallay (HUN) 204,52
I. Moissejewa/A. Minenkow (URS) 201,86

Eisschnellauf

HERREN

Eric Heiden

500 Meter
E. Heiden (USA) 38,03
E. Kulikow (URS) 38,37
L. de Boer (HOL) 38,48

1000 Meter
E. Heiden (USA) 1:15,18
G. Boucher (CAN) 1:16,68
F. Rönning (NOR) 1:16,91 u.
W. Lobanow (URS) 1:16,91

1500 Meter
E. Heiden (USA) 1:55,44
K. Stenshjemmet (NOR) 1:56,81
T. Andersen (NOR) 1:56,92

5000 Meter
E. Heiden (USA) 7:02,29
K. Stenshjemmet (NOR) 7:03,28
T. Oxholm (NOR) 7:05,59

10000 Meter
E. Heiden (USA) 14:28,13
P. Kleine (HOL) 14:36,03
T. Oxholm (NOR) 14:36,60

DAMEN

500 Meter
K. Enke (GDR) 41,78
L. Mueller (USA) 42,26
N. Petrusewa (URS) 42,42

1000 Meter
N. Petrusewa (URS) 1:24,10
L. Mueller (USA) 1:25,41
S. Albrecht (GDR) 1:26,46

1500 Meter
A. Borckink (HOL) 2:10,95
R. Visser (HOL) 2:12,35
S. Becker (GDR) 2:12,38

3000 Meter
B.E. Jensen (NOR) 4:32,13
S. Becker (GDR) 4:32,79
B. Heiden (USA) 4:33,77

Bob

Zweier-Bob
SUI II 4:09,36
GDR II 4:10,93
GDR I 4:11,08

Vierer-Bob
GDR I 3:59,92
SUI I 4:00,87
GDR II 4:00,97

Rodeln

HERREN

Einsitzer
B. Glass (GDR) 2:54,796
P. Hildgartner (ITA) 2:55,372
A. Winkler (GDR) 2:56,545

Doppelsitzer
GDR 1:19,331
ITA 1:19,606
AUT 1:19,795

DAMEN

Einsitzer
V. Sosulia (URS) 2:36,537
M. Sollmann (GDR) 2:37,657
I. Amantowa (URS) 2:37,817

Mannschaft USA

Eishockey

USA–URS–SWE

1980 MOSKAU

Leichtathletik

HERREN

Allan Wells

100 Meter
A. Wells (GBR) 10,25
S. Leonard (CUB) 10,25
P. Petrow (BUL) 10,39

200 Meter
P. Mennea (ITA) 20,19
A. Wells (GBR) 20,21
D. Quarrie (JAM) 20,29

400 Meter
V. Markin (URS) 44,60
R. Mitchell (AUS) 44,84
F. Schaffer (GDR) 44,87

Steve Ovett

800 Meter
S. Ovett (GBR) 1:45,4
S. Coe (GBR) 1:45,9
N. Kirow (URS) 1:46,0

Sebastian Coe

1500 Meter
S. Coe (GBR) 3:38,4
J. Straub (GDR) 3:38,8
S. Ovett (GBR) 3:39,0

5000 Meter
M. Yifter (ETH) 13:21,0
S. Nyambui (TAN) 13:21,6
K. Maaninka (FIN) 13:22,0

10000 Meter
M. Yifter (ETH) 27:42,7
K. Maaninka (FIN) 27:44,3
M. Kedir (ETH) 27:44,7

Marathon
W. Cierpinski (GDR) 2:11:03
G. Nijboer (HOL) 2:11:20
S. Dschumanasarow (URS) 2:11:35

110 m Hürden
T. Munkelt (GDR) 13,39
A. Casanas (CUB) 13,40
A. Putschkow (URS) 13,44

400 m Hürden
V. Beck (GDR) 48,70
W. Archipenko (URS) 48,86
G. Oakes (GBR) 49,11

3000 m Hindernis
B. Malinowski (POL) 8:09,7
F. Bayi (TAN) 8:12,5
E. Tura (ETH) 8:13,6

20 km Gehen
M. Damilano (ITA) 1:23:35
P. Potschenschuk (URS) 1:24:45
R. Wieser (GDR) 1:25:58

50 km Gehen
H. Gauder (GDR) 3:49:24
J. Llopart (ESP) 3:51:25
J. Iwtschenko (URS) 3:56:32

4 × 100-m-Staffel
URS 38,26
POL 38,33
FRA 38,53

4 × 400-m-Staffel
URS 3:01,1
GDR 3:01,3
ITA 3:04,3

Gerd Wessig

Hochsprung
G. Wessig (GDR) 2,36
J. Wszola (POL) 2,31
J. Freimuth (GDR) 2,31

Weitsprung
L. Dombrowski (GDR) 8,54
F. Paschek (GDR) 8,21
V. Podluschni (URS) 8,18

Dreisprung
J. Uudmäe (URS) 17,35
V. Sanejew (URS) 17,24
C. de Oliveira (BRA) 17,22

Wladislaw Kozakiewicz

Stabhochsprung
W. Kozakiewicz (POL) 5,78
K. Wolkow (URS) und
T. Slusarski (POL) je 5,65

Kugelstoßen
W. Kisseljow (URS) 21,35
A. Baryschnikow (URS) 21,08
U. Beyer (GDR) 21,06

Diskuswerfen
V. Raschtschupkin (URS) 66,46
I. Bugar (TCH) 66,38
L. Delis (CUB) 66,32

Speerwerfen
D. Kula (URS) 91,20
A. Makarow (URS) 89,64
W. Hanisch (GDR) 86,72

Hammerwerfen
J. Sedych (URS) 81,80
S. Litwinow (URS) 80,64
J. Tamm (URS) 78,96

Daley Thompson

Zehnkampf
D. Thompson (GBR) 8495
J. Kutsenko (URS) 8331
S. Schelanow (URS) 8135

DAMEN

100 Meter
L. Kontratjewa (URS) 11,06
M. Göhr (GDR) 11,07
I. Auerswald (GDR) 11,14

200 Meter
B. Wöckel (GDR) 22,03
N. Botschina (URS) 22,19
M. Ottey (JAM) 22,20

Marita Koch

400 Meter
M. Koch (GDR) 48,88
J. Kratochvilova (TCH) 49,46
C. Lathan (GDR) 49,66

800 Meter
N. Olisarenko (URS) 1:53,5
O. Minejewa (URS) 1:54,9
T. Prowidochina (URS) 1:55,5

1500 Meter
T. Kasankina (URS) 3:56,6
C. Wartenberg (GDR) 3:57,8
N. Olisarenko (URS) 3:59,6

100 m Hürden
V. Komissowa (URS) 12,56
J. Klier (GDR) 12,63
L. Langer (POL) 12,65

4 × 100-m-Staffel
GDR 41,60
URS 42,10
GBR 42,43

4 × 400-m-Staffel
URS 3:20,2
GDR 3:20,4
GBR 3:27,5

Hochsprung
S. Simeoni (ITA) 1,97
U. Kielan (POL) 1,94
J. Kirst (GDR) 1,94

Weitsprung
T. Kolpakowa (URS) 7,06
B. Wujak (GDR) 7,04
T. Skatschko (URS) 7,01

Kugelstoßen
I. Slupianek (GDR) 22,41
S. Kratschewskaja (URS) 21,42
M. Pufe (GDR) 21,20

Diskuswerfen
E. Jahl (GDR) 69,96 m
M. Wergowa (BUL) 67,90
T. Lessowaja (URS) 67,40

Speerwerfen
M. Colon (CUB) 68,40
S. Gunba (URS) 67,76
U. Hommola (GDR) 66,56

Fünfkampf
N. Tkatschenko (URS) 5083
O. Rukawischaikowa (URS) 4937
O. Kuragina (URS) 4875

Bogenschießen

HERREN
T. Poikalainen (FIN) 2455
B. Isatschenko (URS) 2452
G. Ferrari (ITA) 2449

DAMEN
K. Losaberidse (URS) 2491
N. Butusowa (URS) 2477
P. Meriluoto (FIN) 2449

Basketball

HERREN
YUG–ITA–URS

DAMEN
URS–BUL–YUG

Boxen

Halbfliegengewicht
S. Sabyrow (URS)
H. Ramos (CUB)
I. Moustafow (BUL) u.
Byong Uk Li (PRK)

Fliegengewicht
P. Lessow (BUL)
V. Miroschnitschenko (URS)
J. Varadi (HUN) u.
H. Russell (IRL)

Bantamgewicht
J. Hernandez (CUB)
B.J. Pinango (VEN)
M. Anthony (GUY) u.
D. Cipere (ROM)

Federgewicht
R. Fink (GDR)
A. Horta (CUB)
V. Rybakow (URS) u.
K. Kosedowski (POL)

Leichtgewicht
A. Herrera (CUB)
V. Demianenko (URS)

R. Nowakowski (GDR) u.
K. Adach (POL)

Halbweltergewicht
P. Oliva (ITA)
S. Konakbajew (URS)
A. Willis (GBR) u.
J. Aguilar (CUB)

Weltergewicht
A. Aldama (CUB)
J. Mugabi (UGA)
K.-H. Krüger (GDR) u.
K. Szczerba (POL)

Halbmittelgewicht
A. Martinez (CUB)
A. Koschkin (URS)
J. Franek (TCH) u.
D. Kästner (GDR)

Mittelgewicht
J. Gomez (CUB)
V. Sawtschenko (URS)
V. Silaghi (ROM) u.

Teofilo Stevenson

J. Rybicki (POL)

Halbschwergewicht
S. Kacar (YUG)
P. Skrzecz (POL)
H. Bauch (GDR) u.
R. Rojas (CUB)

Schwergewicht
T. Stevenson (CUB)
P. Saev (URS)
I. Levai (HUN) u.
J. Fanghänel (GDR)

Kanu

HERREN

Einer-Canadier – 500 m
S. Postrechin (URS) 1:53,37
L. Ljubenow (BUL) 1:53,49
O. Heukrodt (GDR) 1:54,38

Einer-Canadier – 1000 m
L. Ljubenow (BUL) 4:12,38
S. Postrechin (URS) 4:13,53
E. Leue (GDR) 4:15,02

Zweier-Canadier – 500 m
HUN 1:43,39
ROM 1:44,12
BUL 1:44,83

Zweier-Canadier – 1000 m
ROM 3:47,75
GDR 3:49,93
URS 3:51,28

Einer-Kajak – 500 m
W. Parfenowitsch (URS) 1:43,43
J. Sumegi (AUS) 1:44,12

Zweier-Kajak – 500 m
URS 1:32,38
ESP 1:33,65
GDR 1:34,00

Zweier-Kajak – 1000 m
URS 3:26,72
HUN 3:28,49
ESP 3:28,66

Vierer-Kajak
GDR 3:13,76
ROM 3:15,35
BUL 3:15,46

DAMEN

Einer-Kajak
B. Fischer (GDR) 1:57,96
V. Geschewa (BUL) 1:59,48
A. Melnikowa (URS) 1:59,66

Zweier-Kajak
GDR 1:43,88
URS 1:46,91
HUN 1:47,95

Radsport

1000 m Sprint
L. Heßlich (GDR) 11,40
Y. Cahard (FRA)
S. Kopylow (URS)

1000 m Zeitfahren
L. Thoms (GDR) 1:02,95
A. Panfilow (URS) 1:04,84
D. Weller (JAM) 1:05,24

4000 m Verfolgung
R. Dill-Bundi (SUI) 4:35,66
A. Bondue (FRA) 4:42,96
H.H. Örstedt (DEN) 4:36,54

Mannschaft
URS 4:15,70
GDR 4:19,67
TCH – Italien eingeholt –

Straßenrennen
S. Sukoruschenkow (URS) 4:48:28,9
C. Lang (POL) + 2:58,0
J. Barinow (URS) gleiche Zeit

100-km-Mannschafts-Zeitfahren
URS 2:01:21,7
GDR 2:02:53,2
TCH 2:02:53,9

Reiten

Jagdspringen
J.J. Kowalczyk (POL) 8,00
N. Korolkow (URS) 9,50
P. de las Heras (MEX) 12,00

Preis der Nationen
URS 20,25
POL 56,00
MEX 59,75

Dressur
E. Theurer (AUT) 1370
J. Kowschow (URS) 1300
V. Ugrimow (URS) 1234

Mannschaft
URS 4383
BUL 3580
ROM 3346

Military
F. Roman (ITA) –108,60
A. Blinow (URS) –120,80

Fechten

HERREN

Florett
W. Smirnow (URS)
P. Jolyot (FRA)
A. Romankow (URS)

Mannschaft
FRA–URS–POL

Degen
J. Harmenberg (SWE)
E. Kolczonay (HUN)
P. Riboud (FRA)

Mannschaft
FRA–POL–URS

Säbel
V. Krowopuskow (URS)
M. Burtsew (URS)
I. Gedovari (HUN)

Mannschaft
URS–ITA–HUN

DAMEN

Florett
P. Trinquet (FRA)
M. Maros (HUN)
B. Wysoczanska (POL)

Mannschaft
FRA–URS–HUN

Turnen

HERREN

Zwölfkampf
A. Ditjatin (URS) 118,650
N. Andrianow (URS) 118,225
S. Deltschew (BUL) 118,000

Mannschaft
URS 589,60
GDR 581,15
HUN 575,00

Bodenturnen
R. Brückner (GDR) 19,750
N. Andrianow (URS) 19,725
N. Ditjatin (URS) 19,700

Reck
S. Deltschew (BUL) 19,825
A. Ditjatin (URS) 19,750
N. Andrianow (URS) 19,675

Barren
A. Tkatschew (URS) 19,775
A. Ditjatin (URS) 19,750
R. Brückner (GDR) 19,650

Seitpferd
Z. Magyar (HUN) 19,925
A. Ditjatin (URS) 19,800
M. Nicolay (GDR) 19,775

Pferdsprung
N. Andrianow (URS) 19,825
A. Ditjatin (URS) 19,800
R. Brückner (GDR) 19,775

Ringe
A. Ditjatin (URS) 19,875
A. Tkatschew (URS) 19,725
J. Tabak (TCH) 19,600

DAMEN

Achtkampf
J. Dawidowa (URS) 79,150
N. Comaneci u.
M. Gnauck (GDR) 79,075

Schwebebalken
N. Comaneci (ROM) 19,800
J. Dawidowa (URS) 19,750
N. Schaposchnikowa (URS) 19,725

Stufenbarren
M. Gnauck (GDR) 19,875
E. Eberle (ROM) 19,850
S. Kräker (GDR) u.
M. Filatowa (URS) u.
M. Ruhn (ROM) 19,775

Pferdsprung
N. Schaposchnikowa (URS) 19,725
S. Kräker (GDR) 19,675
M. Ruhn (ROM) 19,650

Bodenturnen
N. Kim (URS) u.
N. Comaneci (ROM) 19,875
N. Schaposchnikowa (URS) u.
M. Gnauck (GDR) 19,825

Handball

HERREN
GDR–URS–ROM

DAMEN
URS–YUG–GDR

Hockey

HERREN
IND–ESP–URS

DAMEN
ZIM–TCH–URS

Judo

60 Kilogramm
T. Rey (FRA)
J. Rodriquez (CUB)
T. Kincses (HUN) u.
A. Jemisch(URS)

65 Kilogramm
N. Soloduchin (URS)
T. Damdin (MGL)
I. Nedkow (BUL) u.
J. Pawlowski (POL)

71 Kilogramm
E. Gamba (ITA)
N. Adams (GBR)
K.-H. Lehmann (GDR) u.

Angelo Parisi

R. Davaadalai (MGL)

78 Kilogramm
S. Schabareli (URS)
J. Ferrer (CUB)
B. Tchoullouyan (FRA)
H. Heinke (GDR)

95 Kilogramm
R. van de Walle (BEL)
T. Chubuluri (URS)
D. Lorenz (GDR) u.
H. Numan (HOL)

Über 95 Kilogramm
A. Parisi (FRA)
D. Saprjanow (BUL)
V. Kocman (TCH) u.
R. Kovacevic (YUG)

Offene Kategorie
D. Lorenz (GDR)
A. Parisi (FRA)
A. Ozsvar (HUN) u.
A. Mapp (GBR)

Moderner Fünfkampf

A. Starostin (URS) 5568
T. Szombathelyi (HUN) 5520
P. Lednew (URS) 5382

Mannschaft
URS 16126
HUN 15912
SWE 15845

Rudern

HERREN

Einer
P. Karppinen (FIN) 7:09,61
W. Jakuscha (URS) 7:11,66
P. Kersten (GDR) 7:14,88

Doppelzweier
GDR 6:24,33
YUG 6:26,34
TCH 6:29,07

Doppelvierer
GDR 5:49,81
URS 5:51,47
BUL 5:52,38

Zweier o. Steuermann
GDR 6:48,01
URS 6:50,50
GBR 6:51,47

Zweier m. Steuermann
GDR 7:02,54
URS 7:03,35
YUG 7:04,92

Vierer o. Steuermann
GDR 6:08,17
URS 6:11,81
GBR 6:16,58

Achter
GDR 5:49,05
GBR 5:51,92
URS 5:52,66

DAMEN

Einer
S. Toma (ROM) 3:40,69
A. Machina (URS) 3:41,65
M. Schröter (GDR) 3:43,54

Doppelzweier
URS 3:16,27
GDR 3:17,63
ROM 3:18,91

Doppelvierer
GDR 3:15,32
URS 3:15,73
BUL 3:16,10

Vierer m. Steuerfrau
GDR 3:19,27
BUL 3:20,75
URS 3:20,92

Achter
GDR 3:03,32
URS 3:04,29
ROM 3:05,63

Schießen

Freie Pistole
A. Melentjew (URS) 581
H. Vollmar (GDR) 568
L. Diakow (BUL) 565

Schnellfeuerpistole
C. Ion (ROM) 596
J. Wiefel (GDR) 596
G. Petritsch (AUT) 596

Kleinkalibergewehr
K. Varga (HUN) 599
H. Heilfort (GDR) 599
P. Saprjanow (BUL) 598

Kleinkaliber – Dreistellungskampf
V. Wlassow (URS) 1173
B. Hartstein (GDR) 1166
S. Johansson (SWE) 1165

Laufender Keiler
I. Sokolow (URS) 589
T. Pfeffer (GDR) 589
A. Gasow (URS) 587

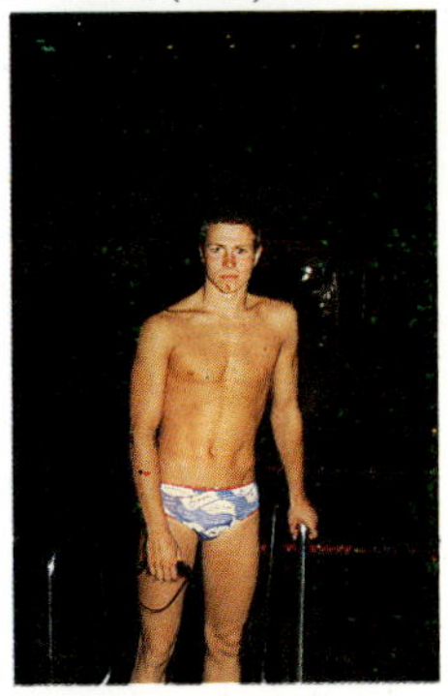
Wladimir Salnikow

Trap
L. Giovannetti (ITA) 198
R. Jambulatow (URS) 196
J. Damma (GDR) 196

Skeet
H. Rasmussen (DEN) 196
L. Carlsson (SWE) 196
R. Castrillo (CUB) 196

Fußball

TCH–GDR–YUG

Schwimmen

HERREN

100 m Kraul
J. Woithe (GDR) 50,40
P. Holmertz (SWE) 50,91
P. Johansson (SWE) 51,29

200 m Kraul
S. Kopljakow (URS) 1:49,81
A. Krylow (URS) 1:50,76
G. Brewer (AUS) 1:51,60

400 m Kraul
W. Salnikow (URS) 3:51,31

A. Taschajew (URS) 15:14,30
M. Metzger (AUS) 15:14,49

100 m Rücken
B. Baron (SWE) 56,53
V. Kusnjetsow (URS) 56,99
W. Dolgow (URS) 57,63

200 m Rücken
S. Wladar (HUN) 2:01,93
Z. Verraszto (HUN) 2:02,40
M. Kerry (AUS) 2:03,14

100 m Brust
D. Goodhew (GBR) 1:03,34
A. Miskarow (URS) 1:03,82
P. Evans (AUS) 1:03,96

200 m Brust
R. Schulpa (URS) 2:15,85
A. Vermes (HUN) 2:16,93
A. Miskarow (URS) 2:17,28

100 m Delphin
P. Arvidsson (SWE) 54,92
R. Pyttel (GDR) 54,94
D. Lopez (ESP) 55,13

200 m Delphin
S. Fesenko (URS) 1:59,76
P. Hubble (GBR) 2:01,20
R. Pyttel (GDR) 2:01,39

400 m Lagen
A. Sidorenko (URS) 4:22,89
S. Fesenko (URS) 4:23,43
Z. Verraszto (HUN) 4:24,24

4 × 200-m-Freistilstaffel
URS 7:23,50
GDR 7:28,60
BRA 7:29,30

4 × 100-m-Lagenstaffel
AUS 3:45,70
URS 3:45,92
GBR 3:47,71

Turmspringen
F. Hoffmann (GDR) 835,650
W. Alejnik (URS) 819,705
D. Ambarsumjam (URS) 817,440

Kunstspringen
A. Portnow (URS) 905,025
C. Giron (MEX) 892,104
G. Cagnotto (ITA) 871,500

Wasserball
URS–YUG–HUN

DAMEN

100 m Freistil
B. Krause (GDR) 54,79
C. Metschuck (GDR) 55,16
I. Diers (GDR) 55,65

200 m Freistil
B. Krause (GDR) 1:58,33
I. Diers (GDR) 1:59,64
C. Schmitt (GDR) 2:01,44

400 m Freistil
I. Diers (GDR) 4:08,76
P. Schneider (GDR) 4:09,16
C. Schmitt (GDR) 4:10,86

800 m Freistil
M. Ford (AUS) 8:28,90
I. Diers (GDR) 8:32,55
H. Dähne (GDR) 8:33,48

100 m Rücken
R. Reinisch (GDR) 1:00,86
I. Kleber (GDR) 1:02,07
P. Riedel (GDR) 1:02,64

200 m Rücken
R. Reinisch (GDR) 2:11,77
C. Polit (GDR) 2:13,75
B. Treiber (GDR) 2:14,14

100 m Brust
U. Geweniger (GDR) 1:10,22
E. Wasilkowa (URS) 1:10,41
S. Nielsson (DEN) 1:11,16

200 m Brust
L. Katschuschite (URS) 2:29,54 Min.
S. Warganowa (URS) 2:29,61
J. Bogdanowa (URS) 2:32,39

100 m Delphin
C. Metschuk (GDR) 1:00,42
A. Pollack (GDR) 1:00,90
C. Knacke (GDR) 1:01,44

200 m Delphin
I. Geissler (GDR) 2:10,44
S. Schönrock (GDR) 2:10,45
M. Ford (AUS) 2:11,66

400 m Lagen
P. Schneider (GDR) 4:36,29
S. Davies (GBR) 4:46,83
A. Czopek (POL) 4:48,17

4 × 100-m-Freistilstaffel
GDR 3:42,71
SWE 3:48,93
HOL 3:49,51

4 × 100-m-Lagenstaffel
GDR 4:06,67
GBR 4:12,24
URS 4:13,61

Turmspringen
M. Jäschke (GDR) 596,250
S. Emirsian (URS) 576,465
L. Tsodatse (URS) 575,925

Kunstspringen
I. Kalinina (URS) 725,910
M. Proeber (GDR) 698,895
K. Guthke (GDR) 685,245

Volleyball

Herren
URS–BUL–ROM

Damen
URS–GDR–BUL

Gewichtheben

Fliegengewicht
K. Osmanoliew (URS) 245,0
B.C. Ho (PRK) 245,0
G.S. Han (PRK) 245,0

Bantamgewicht
D. Nunez (CUB) 275,0
J. Sarkisjan (URS) 270,0
T. Dembonczyk (POL) 265,0

Federgewicht
V. Masin (URS) 290,0
S. Dimitrow (BUL) 287,5
M. Seweryn (POL) 282,5

Leichtgewicht
Y. Russew (BUL) 342,5
J. Kunz (GDR) 335,0
M. Pachow (BUL) 325,0

Mittelgewicht
A. Slatew (BUL) 360,0
A. Perwy (URS) 357,5
N. Kolew (BUL) 345,0

Leichtschwergewicht
J. Wardanian (URS) 400,0
D. Blagojew (BUL) 372,5
D. Poliacik (TCH) 367,5

Mittelschwergewicht
P. Baczako (HUN) 377,5
R. Alexandrow (BUL) 375,0
F. Mantek (GDR) 370,0

Schwergewicht bis 100 kg
O. Zaremba (TCH) 395,0
I. Nikitin (URS) 392,5
A. Blanco (CUB) 385,0

Schwergewicht bis 110 kg
L. Taranenko (URS) 422,5
V. Christow (BUL) 405,0
G. Szalai (HUN) 390,0

Superschwergewicht
S. Rachmanow (URS) 440,0
J. Heuser (GDR) 410,0
T. Rutkowski (POL) 407,5

Ringen

FREISTIL

Papiergewicht
C. Pollio (ITA)
S. Jang (PRK)
S. Kornilajew (URS)

Fliegengewicht
A. Beloglasow (URS)
W. Stecyk (POL)
N. Selimow (BUL)

Bantamgewicht
S. Beloglasow (URS)
H.P. Li (PRK)
D. Ouinbold (MGL)

Federgewicht
M. Abuschew (URS)
M. Doukow (BUL)
G. Hadjiioannidis (GRE)

Leichtgewicht
S. Absaidow (URS)
I. Yankow (BUL)
S. Sejdiu (YUG)

Weltergewicht
V. Raitschew (BUL)
J. Davaajaw (MGL)
D. Karabin (TCH)

Mittelgewicht
I. Abilow (BUL)
M. Aratsilow (URS)
I. Kovacs (HUN)

Halbschwergewicht
S. Oganesian (URS)
U. Neupert (GDR)
A. Cichon (POL)

Schwergewicht
I. Mate (URS)
S. Tscherwenkow (BUL)
J. Strnisko (TCH)

Superschwergewicht
S. Andiew (URS)
J. Balla (HUN)
A. Sandurski (POL)

GRIECHISCH-RÖMISCH

Papiergewicht
Z. Uschkempirow (URS)
C. Alexandru (ROM)
F. Seres (HUN)

Fliegengewicht
V. Blagidse (URS)
L. Racz (HUN)
M. Mladenow (BUL)

Bantamgewicht
S. Serikow (URS)
J. Lipien (POL)
B. Ljungbeck (SWE)

Federgewicht
S. Migiakis (GRE)
I. Toth (HUN)
B. Kramarenko (URS)

Leichtgewicht
S. Rusu (ROM)
A. Supron (POL)
L.-E. Skiöld (SWE)

Weltergewicht
F. Kocsis (HUN)
A. Bykow (URS)
M. Huhtala (FIN)

Mittelgewicht
G. Korban (URS)
J. Dolgowicz (POL)
P. Pavlow (BUL)

Halbschwergewicht
N. Nottny (HUN)
I. Kanygin (URS)
P. Dicu (ROM)

Schwergewicht
G. Raikow (BUL)
R. Bierla (POL)
V. Andrei (ROM)

Superschwergewicht
A. Koltschinsky (URS)
A. Tomow (BUL)
H. Bchara (LEB)

Segeln

Star
URS–AUT–ITA

Soling
DEN–URS–GRE

Flying Dutchman
ESP–IRL–HUN

Tornado
BRA–DEN–SWE

470er
BRA–GDR–FIN

Finn-Dinghi
E. Rechardt (FIN)
W. Marhofer (AUT)
A. Balaschow (URS)

Quellennachweis

Ein Buch wie dieses kann nicht ohne Verwendung früher erschienener Werke auskommen. Die Autoren schulden dafür Dank. Sie stützten sich vor allem auf folgende Werke:
Enzyklopädie der Olympischen Spiele von Erich Kamper (Harenberg, Dortmund, 1972). Dieses Buch enthält die kompletten Ergebnisse und Statistiken der Olympischen Sommerspiele der Neuzeit, bis einschließlich jener von 1968 in Mexiko City.
Lexikon der 14000 Olympioniken von Erich Kamper. Der 1983 erschienene Band enthält über jeden Medaillengewinner die bei Olympischen Spielen erzielten Ergebnisse. Außerdem sind sämtliche Spiele mit den Medaillengewinnern der einzelnen Disziplinen aufgeführt.
The Guinness Book of Olympic Records, herausgegeben von Norris McWhirter und Stan Greenberg (Penguin-Books, Harmondsworth, Middlesex, 1980). Es enthält Resultate und Statistiken aller noch heute im olympischen Programm enthaltenen Wettbewerbe.
The Guinness Book of Athletics, Facts and Feats von Peter Matthews (Guinness Superlatives, Enfield, Middlesex, 1982). Einzelheiten von olympischen Höhepunkten und viele andere Informationen.
Encyclopedia of Track and Field Athletics von Mel Watman (Robert Hale, London, und St. Martins Press, New York, Sydney, 1981). Allgemeinsammlung ausführlicher Informationen über die Leichtathletik.
The History of the Olympics, herausgegeben von Martin Tyler und Phil Soar (Marshall Cavendish, London, New York, Sydney, 1975). Mit allen Medaillengewinnern.
The 1980 Olympics Handbook von Norman Giller (Arthur Barker, London, 1980). Enthält Beschreibungen aller Sommerspiele bis 1976.
An Illustrated History of the Olympics von Richard Schaap (Alfred A. Knopf, New York, 1975). Gute Darstellung der jeweiligen Spiele, speziell aus amerikanischer Sicht.
The Modern Olympic Games von John Lucas (A. S. Barnes, 1980). Befaßt sich intensiv mit den politischen Problemen, die die Olympischen Spiele bedrängt haben.
The Olympic Games, herausgegeben von Lord Killanin und John Rodda (Barrie und Jenkins, London, 1976). Enthält Ergebnisse, Biographien und Hintergrundgeschichten von bekannten Autoren.
Alle Olympiabücher des Copress-Verlages, München. Enthalten ausführliche Darstellungen der jeweiligen Winter- und Sommerspiele, ausführliche Ergebnisse und einen großen statistischen Teil.
75 Olympische Jahre, NOK für Deutschland, herausgegeben vom NOK und Karl Adolf Scherer (proSport-Verlag München, 1970). Dokumentation der olympischen Bewegung in Deutschland von 1895 bis 1970. Entstehung und Entwicklung der beiden deutschen NOKs, Liste sämtlicher deutscher Olympiateilnehmer bis 1968.
Peter Arnold dankt auch jenen Bibliothekaren, die ihm bei der Materialsuche sehr behilflich waren, vor allem Carole Hampton von der Hamlyn Group Library.
Die offiziellen Berichte der British Olympic Association waren ebenfalls eine große Hilfe, und Dank gebürt auch den sehr hilfreichen Angestellten des Nationalen Olympischen Komitees von Großbritannien.
Beim Kapitel über Los Angeles 1984 unterstützte uns das Organisations-Komitee in den USA und sein Pressesprecher John A. Fransen.

Eine Bitte des Verlages an den Leser

Bei der Fülle des Materials, das wir in der Statistik bieten, kann es einfach nicht ausbleiben, daß bei der Zusammenstellung und beim Satz Fehler unterlaufen. Auch den erfahrensten Redakteuren, Setzern und Korrektoren kann die eine oder andere Unstimmigkeit entgangen sein – angesichts der vielen tausend Namen und Ergebnisse, die zu bearbeiten waren.
Da wir mit diesem Buch versucht haben, ein Standardwerk über die Olympischen Spiele zu schaffen, sind wir natürlich bestrebt, eventuelle Fehler in kommenden Auflagen zu korrigieren. Sollten Sie, verehrter Leser, also einen Satzfehler oder eine sonstige Unstimmigkeit entdekken, so schreiben Sie uns bitte. Schon heute bedanken wir uns für Ihre Mitarbeit.

COPRESS VERLAG
Schellingstraße 39–43, 8000 München 40

Abkürzungen der Ländernamen

(Diese Liste entspricht den offiziellen vom IOC verwendeten Abkürzungen.)

AFG	Afghanistan
AHD	Antillen (Holland)
ALB	Albanien
ALG	Algerien
AND	Andorra
ANT	Antigua
ARG	Argentinien
AUS	Australien
AUT	Österreich
BAH	Bahamas
BAN	Bangladesch
BAR	Barbados
BEL	Belgien
BEN	Benin
BER	Bermudas
BIR	Burma
BIZ	Belize
BOH	Böhmen
BOL	Bolivien
BOT	Botswana
BRA	Brasilien
BRN	Bahrein
BUL	Bulgarien
CAF	Zentralafrika
CAN	Kanada
CAY	Kaiman-Inseln
CEY	Ceylon
CGO	Republik Kongo
CHA	Tschad
CHI	Chile
CIV	Elfenbeinküste
CMR	Republik Kamerun
COK	Kongo-Kinshasa
COL	Kolumbien
CRC	Costarica
CUB	Kuba
CYP	Zypern
DAH	Dahomey
DEN	Dänemark
DOM	Dominikanische Republik
ECU	Ecuador
EGY	Ägypten
ENG	England
ESP	Spanien
EST	Estland
ETH	Äthiopien
FIJ	Fidschi-Inseln
FIN	Finnland
FRA	Frankreich
GAB	Gabun
GAM	Gambia
GBR	Großbritannien
GDR	Deutsche Demokratische Republik
GER	Deutschland
GHA	Ghana
GRE	Griechenland
GRN	Grenada
GUA	Guatemala
GUI	Guinea
GUY	Guyana
HAI	Haiti
HBR	Britisch-Honduras
HKG	Hongkong
HOL	Holland (Niederlande)
HON	Honduras
HUN	Ungarn
INA	Indonesien
IND	Indien
IRL	Irland (Republik Eire)
IRN	Iran
IRQ	Irak
ISL	Island
ISR	Israel
ISV	Jungfrau-Inseln
ITA	Italien
IVB	Britische Jungfrau-Inseln
JAM	Jamaica
JOR	Jordanien
JPN	Japan
KEN	Kenia
KHM	Kambodscha
KOR	Korea (Südkorea)
KUW	Kuwait
LAO	Laos
LAT	Litauen
LBA	Libyen
LBR	Liberia
LES	Lesotho
LIB	Libanon
LIE	Liechtenstein
LIT	Litauen
LUX	Luxemburg
MAD	Madagaskar
MAL	Malaysia
MAR	Marokko
MAW	Malawi
MEX	Mexiko
MGL	Mongolei
MLI	Mali
MLT	Malta
MON	Monaco
MOZ	Mozambique
MRI	Mauritius
MTN	Mauritanien
NCA	Nicaragua
NEP	Nepal
NGR	Nigeria
NGU	Papua-Neuguinea
NOR	Norwegen
NLZ	Neuseeland
PAK	Pakistan
PAN	Panama
PAR	Paraguay
PER	Peru
PHI	Philippinen
POL	Polen
POR	Portugal
PRK	Nordkorea
PUR	Puerto Rico
QAT	Quatar
RHO	Rhodesien
ROC	Volksrepublik China
ROM	Rumänien
SAF	Südafrika
SAL	El Salvador
SAU	Saudi Arabien
SCO	Schottland
SEN	Senegal
Sey	Seychellen
SIN	Singapur
SLE	Sierra Leone
SMR	San Marino
SOM	Republik Somali
SRI	Sri Lanka
SUD	Sudan
SUI	Schweiz
SUR	Surinam
SWE	Schweden
SWZ	Swaziland
SYR	Syrien
TAN	Tansania
TCH	Tschechoslowakei
THA	Thailand
TOG	Togo
TPE	Taipeh („National-China") auch Taiwan
TRI	Trinidad und Tobago
TUN	Tunesien
TUR	Türkei
UAE	Vereinigte Arabische Emirate
UGA	Uganda
URS	Sowjetunion (UdSSR)
USA	Vereinigte Staaten von Amerika
VEN	Venezuela
VIE	Vietnam
VOL	Obervolta
WAL	Wales
YAR	Südjemen (Arabische Republik Jemen)
YMD	Nordjemen (Demokratische Republik Jemen)
YUG	Jugoslawien
ZAI	Zaire
ZAM	Sambia
ZIM	Simbabwe

(Enthalten sind auch Namen von Ländern, die es nicht mehr gibt, oder von solchen, die bisher noch nie an Olympischen Spielen teilnahmen, aber 1984 dabei sein könnten)

1956, 1960 und 1964 auch unter GER, da gesamtdeutsche Mannschaft, 1968 zwei getrennte Mannschaftsteile unter einem Symbol.

1956, 1960 und 1964 Sportler aus beiden deutschen Staaten, da gesamtdeutsche Mannschaft, ab 1972 nur Sportler aus der Bundesrepublik.